Christoph Jung

Bulldogs

in Geschichte und Gegenwart

»Der beste Weg, einen Freund zu haben, ist der, selbst einer zu sein.«

Ralph Waldo Emerson

Danksagung

All den vielen Bulldogfreunden, die dieses Buch mit Rat, Beiträgen und Fotos unterstützt haben, insbesondere Gabi Mill-Rogel, gilt mein Dank. Ich bedanke mich auch bei den Bulldog-Züchtern, die mich mit ihren Erfahrungen, Hinweisen und Fotos unterstützt haben, so dass ich unmittelbar auf mehr als 100 Jahre aktive Züchtererfahrung zurückgreifen konnte. Hier geht mein besonderer Dank an Dagmar Weber-Knappe.

Halle, im Frühjahr 2011
Christoph Jung

© 2011 Kynos Verlag Dr. Dieter Fleig GmbH
Konrad-Zuse-Straße 3
D-54552 Nerdlen/Daun
www.kynos-verlag.de

Zeichnungen:

Wolfgang Felten aus »Peter und sein Freund Bulli« von Lili Martini S. 89 und S. 94

Abbildungen historischer Gemälde:

Kynologische Sammlung Dr. Fleig, Europäisches Hundemuseum Kloster Marienberg, Österreich: alle Bilder aus Kapitel 1, 53, 134−135, 138−139, 206, 215, 218;

Fotos:

Ingeburg Bischoff S. 113−114; Sony Ericsson S. 205; Fotolia S. 133, S. 136; Michael Maintke S. 92; Mirco Hastenteufel S. 81 sowie Vor- und Nachsatz; Otto Jung S. 10, S. 199; Kathrin Jagodka S. 122, S. 244; Varinia Jung Autorenfoto Rückseite; Lind und Ron Martin S. 200 und S. 203; Angleo Migliorini S. 225; Gabi Mill-Rogel S. 103, 105, 112, 210, 249, 222, 251, 283, 287; Dirk Pflückhahn S. 210; Ina Rengel S. 126; Richard Strebel, »die Deutschen Hunde« S. 50, S. 149; Illona Tetzlaff S. 97, S. 116; Ralf Treiber S. 173−176: Dagmar Weber-Knapp S. 156, 163, 179 231−232 und S. 156 (tierärztliche Fachklinik Walluf); Wells and Young Brewing S. 211; Gisela Wild S. 150, 177, 255; Mike Winter S. 82; Getty Images S. 213; Mack Trucks Inc. S. 208; David Leavitt S. 143; Andre' Mauvain S. 291; alle anderen Christoph Jung

Druckproduktion: ren-Medien, Filderstadt

ISBN 978-3-942335-13-3

Mit dem Kauf deses Buches unterstützen Sie
die Kynos-Stiftung Hunde helfen Menschen.
www.kynos-stiftung.de

Inhaltsverzeichnis

Vorwort

Schon ein paar Tage nach der Geburt, just als ich mit Muttern nach Hause kam, erwartete mich dort Asso, unser Boxer. So wuchs ich von Anfang an mit Hunden auf und ich fand es gut so. Auch in der Verwandtschaft hatte fast jeder seinen Hund. Die fand ich alle gut. Diese Freude an Hunden wurde auch nicht getrübt, als ich einmal von dem kleinen Schnauzer einer Tante in die Hand gezwackt wurde. Ich hatte ihm bis unter das Sofa nachgestellt. Da wurde kein großes Aufsehen drum gemacht, ich hätte ihm ja auch nicht so nachsetzen sollen, er hatte schließlich gezeigt, dass er seine Ruhe vor mir haben wollte. Die Lektion ward nun gelernt und es blieb wohl das einzige Mal.

Am besten aber fand ich ganz bestimmte Hunde. Immer wieder fuhren wir die paar Kilometer nach Holland. Kurz hinter der Grenze, etwas südlich von Venlo, lag Heiderust. Damals eine Art Streichelzoo und ein mir damals riesig erscheinender, großer Kinderspielplatz. Kinder waren hier willkommen wie in Holland überall. Das spürte man schon als Kleinkind und man spürte auch, dass es in Deutschland oft anders war. Aber das war alles nicht wirklich wichtig. Wirklich wichtig und noch heute in Erinnerung waren die schnaufenden Nilpferde dort. Stürmig, freudig wurde ich jedes Mal begrüßt, aufdringlich fast. Obwohl ich selber gerade erst laufen konnte und sicherlich deutlich weniger auf die Waage brachte als jeder einzelne dieser Bulldogs, wurde ich nie umgestoßen, nie körperlich in Bedrängnis gebracht. Ich war unter Englischen Bulldoggen. Bulldogs, so die offizielle Bezeichnung, soweit ich sehen konnte. Mitten unter einer guten Handvoll schnaufender und grunzender großer Köpfe, jeder größer als meiner. Ich spürte ihre poltrige Herzlichkeit, ihre Freude über meine Freude. Sie liebten mich und ich liebte sie.

Mein Herz ist seither an die Bulldogs verloren gegangen. Über Jahre hinweg musste ich immer wieder dahin. Sie prägten mich ein gutes Stück. Nach unserem Boxer hatten wir dann Madame, eine französischen Bulldogge, die 14 Jahre alt wurde, um dann aus der Narkose wegen einer angeblich nötigen Zahn-OP nicht mehr zu erwachen. Madame war ein herrliches, aufgewecktes Mädchen, an dem mein Herz hing und auch heute noch hängt. In meinen Träumen blieben aber immer diese Engländer von Heiderust, es blieb der schöne Traum vom »eigenen« Bulldog.

Während meines Studiums und in den ersten Berufsjahren war kein Platz für einen Hund an meiner Seite. Man wollte die Welt kennenlernen, das Studentenleben genießen und konnte schließlich beruflich bedingte Reisen nicht immer vermeiden. Ein Hund an meiner Seite hätte es in einem solchen Leben nicht wirklich gut gehabt. Das war mir klar. Und deshalb verzichtete ich auf »meinen« Bulldog – schweren Herzens. Doch der Wunsch und der Plan blieben immer lebendig. Ein Bulldog war längst beschlossene Sache im tiefsten Innersten.

Es war zwar sehr selten, doch immer wieder sah ich einmal einen Bulldog. Ich hielt auch immer Ausschau nach ihnen. Und ich sah ihn in allen möglichen Ländern. Auf einem Dorfplatz an der Seite eines alten Herren, abgeschieden, mitten im italienischen Apennin, als Smutje auf einer Hochsee-Yacht im Vancouver Hafen, als »Wachhunde« auf einer Ranch in Colorado. Wenn es immer möglich war, suchte ich den Kontakt zu Hund und Halter. Alle Halter waren stolz auf genau ihre Bulldogs. Immer durfte ich den Bulldog streicheln und immer hatte ich das Gefühl, dass es der Hund ebenso genoss. Nur im Mutterland unseres Bulldogs, in England, sah ich nie einen. Zumindest lebend sah ich ihn dort nie. Als Figur, als Symbol, als Werbeträger stand er in jedem zweiten Pub und an jeder dritten Ecke, aus Plastik, Blech, gedruckt auf Papier.

Wo auch immer ich einen Bulldog sah, regte sich der Stachel in meinem Herzen, der mir unmissverständlich sagte, dass kein Weg an ihm vorbei führt. In den 90er Jahren sollte der Traum schließlich wahr werden. Der Traum vom »eigenen« Bulldog, ein Traum, der bis heute lebendig ist und tatsächlich lebendig wurde.

Ich lernte viele Bulldogs kennen, nicht nur die meinen. Herrliche Persönlichkeiten, unverwechselbar. Leider lernte ich auch das Leid kennen, das wir Menschen diesen Hunden regelrecht angezüchtet haben. Und je mehr ich mich dieser Sache annahm, umso mehr Schmutz kam unter den Teppichen der Zucht hervor. Soll man dazu schweigen, wegschauen? Ich sagte mir: »nein!« Unsere Bulldogs sind von uns Menschen vollständig abhängig, auf unsere Fürsorge nun einmal gnadenlos angewiesen. Ich möchte meinen Bulldogs in die Augen schauen und sagen können, dass ihr Schicksal bei mir in guter Obhut ist, zumindest mit allem, was ich bewirken kann. Ich will ihnen sagen können, dass ich nicht wegschaue, dass ich es nicht stillschweigend geschehen lasse, wenn ihnen Leid angetan wird – mein Beitrag zu unserer Freundschaft.

Die Freundschaft zu den Bulldogs hat mir neue Horizonte geöffnet. Wir Menschen haben einen vierbeinigen Freund und Partner, einen echten Freund. Und der Bulldog ist zudem ein ganz besonderer Freund. Er öffnet uns die Welt der Hunde, aber auch einen besonderen Zugang zur Welt der Menschen, zu unserer eigenen Welt. Es lohnt sich, den Bulldog und die konkreten Bulldog-Persönlichkeiten kennenzulernen. Und wir werden hier einigen dieser Bulldog-Persönlichkeiten tatsächlich begegnen.

Wir werden Devil kennenlernen, der das genaue Gegenteil seines Namens war, mit einem so außergewöhnlich lieben, einnehmenden Charakter, dass er noch Jahre danach jedem ein herzhaftes Schmunzeln ins Gesicht der Erinnerung zaubert. Die Zucht hatte ihm zwar keine Nase, dafür aber einen kräftigen Vorbiss und einige andere Fehlfunktionen mitgegeben, wie vielen anderen seiner Kollegen. Wir sehen Connor und Bruno, die vitalen Halbstarken, die man auch als Prototypen lebendiger und gesunder Bulldogs bezeichnen kann, als Blaupausen für eine gesundete Zucht. Wir sehen Orphelia und Berta, zwei resolute wie selbstbewusste Bulldog-Ladies, die keine andere Königin an ihrer Seite dulden. Wir erfahren einiges von Willi, der mit seinem eigensinnigen, sturen und geradlinigen Charme überzeugte und Hannibal, seinen ewigen Kontrapart, der Willi schließlich überflügelte. Wir denken an Tiffy, die Grande Dame der Bulldogs, die noch als wahrer Methusalem eine solch einnehmende Autorität ausstrahlte, dass sie ohne Umschweife von allen anderen Bulldogs anerkannt wurde, ja selbst auf uns Menschen von besonderer Würde wirkte. Wir lernen Mags, Henry, Bonzo, Britta, Emma-Bella-Lola, Higgins, Stella und schließlich Delius kennen und noch viele Bulldogs mehr. Jeder einzigartig, jeder ein eigenes, besonderes Kapitel für unser Buch von den Bulldogs.

Kapitel 1

Die Geschichte des Bulldogs

Am Anfang war der Wolf

Hunde begleiten uns seit Jahrtausenden. Sie sind die engsten Begleiter des Menschen. Und Menschen sind die engsten Begleiter der Hunde. Viele Menschen sind ihr Leben lang tagein tagaus mit ihren Hunden zusammen, teilen ihr Leben, teilen Freud und Leid mit ihrem besten Freund. Und doch birgt der Hund noch viele Geheimnisse. Und wir werden sehen, der Bulldog birgt noch ein paar Geheimnisse mehr. Vielleicht werden wir einige davon lüften können.

Eines dieser Geheimnisse um unsere Hunde ist die Frage, wie diese wunderbare Partnerschaft überhaupt entstand. Wie lernten sich Menschen und Hunde oder besser gesagt, die Vorfahren der heutigen Menschen und die Vorfahren der heutigen Hunde, kennen? Es ist gar nicht so selbstverständlich, dass sich zwei Arten so eng miteinander verbinden. Ganz im Gegenteil, gerade wenn zwei Arten dasselbe Gebiet bewohnen und bejagen und es dabei sogar auf die gleiche Beute abgesehen haben, ist eine Freundschaft untereinander eher unwahrscheinlich. Mensch und Wolf waren direkte Konkurrenten um die Nahrung, um die Ressourcen der Natur, und das bedeutete nichts anderes als Konkurrenten im Kampf um das nackte Überleben.

Mit Hilfe der Genetik und ihrer Analyse der Erbinformationen können wir in die Vergangenheit der Hunde schauen und die Verwandtschaft von Lebewesen erkennen. Auf der Grundlage von etlichen unterschiedlichen Untersuchungen der Erbinformationen sind sich heute alle Genetiker einig, dass unsere Hunde von den Wölfen, dem Canis

lupus oder im Englischen gerne Grau-Wolf genannt, abstammen. Der Wolf ist der einzige Vorfahre der Hunde und auch der einzige Vorfahre der Bulldogge. Unser Bulldog stammt vom Wolf ab. Die Forscher sind sich noch uneins, wann die Wölfe und die Vorfahren unserer heutigen Hunde getrennte Wege gingen. Die Schätzungen gehen hier von vor gut 16.000 Jahren bis vor weit mehr als 40.000 Jahren. Auch ist man sich noch uneins, wo und wie diese Entwicklung vonstatten ging. Der renommierte Genetiker Peter Savolainen sieht den Hotspot der ersten Hunde im Nordosten des heutigen China vor 16.000 Jahren.[1] Viele andere seiner Kollegen sehen das anders. Die US-Forscher Parker, Wayne oder Boyko sehen mehrere Gegenden der Welt, wo aus Wölfen Hunde wurden. Sie wollen weitere Hotspots etwa in Mesopotamien oder in Afrika nachgewiesen haben.[2] Und auch Peter Savolainen schließt solche parallelen Entwicklungen nicht aus.

Es spricht vieles dafür, dass es zu unterschiedlichen Zeiten an unterschiedlichen Orten zu ähnlichen Entwicklungen kam. Das heißt, dass unsere Vorfahren, die Cro-Magnon-Menschen, in unterschiedlichen Epochen und mit unterschiedlichen Wolfspopulationen ein engeres Verhältnis eingingen. Diese Sicht wird auch durch Funde der Archäologen bestärkt. Im Oktober 2008 berichtete ein belgisches Archäologen-Team vom Königlich Belgischen Institut für Naturwissenschaften um Mietje Germonpré von einem prähistorischen Hundeschädel, der in der Höhle von Goyet in Belgien oberhalb der Maas, also genau am anderen Ende der euroasiatischen Landmasse, gefunden wurde.[3] Nach den Untersuchungen der belgischen Archäologen sei er das weltweit älteste uns be-

[1] Jun-Feng Pang, Peter Savolainen et al., »mtDNA Data Indicate a Single Origin for Dogs South of Yangtze River, Less Than 16,300 Years Ago, from Numerous Wolves,« in: Molecular biology and evolution, 26, Nr. 12, 2009.

[2] Adam R. Boyko, Heidi G. Parker et al., »Complex population structure in African village dogs and its implications for inferring dog domestication history,« in: PNAS, August 3, 2009.
The IGF1 small dog haplotype is derived from Middle Eastern gray wolves, Gray, Sutter, Ostrander, Wayne, MC Biology 2010

[3] Mietje Germonpré et al., »Fossil dogs and wolves from Palaeolithic sites in Belgium, the Ukraine and Russia: Osteometry, ancient DNA and stable isotopes,« in: Journal of Archaeological Science 36, 2009.

kannte Fossil eines Hundes. Das Alter dieses Schädels wurde anhand zuverlässiger Methoden auf 31.700 Jahre geschätzt. Dieser Hund an der Maas ist also doppelt so alt wie Savolainens erste Hunde am Jangtse in China. Aber manche bezweifeln, dass das Fossil von Goyet tatsächlich ein Hunde- und nicht doch ein Wolfsschädel sei. Im Juli 2010 gaben Tübinger Archäologen[4] bekannt, einen 14.000 Jahre alten Hundeschädel ohne Zweifel identifiziert zu haben. Sie hatten sich einen Oberkiefer genauer angeschaut, der bereits über einhundert Jahre in den Archiven schlummerte. Man hatte ihn 1873 in der Höhle Kesslerloch in der Schweiz gefunden, dann aber als Wolfsfossil in eine Schachtel im Archiv abgelegt. Hannes Napierala und Hans-Peter Uerpmann vermaßen den Knochen ganz exakt und verglichen die Werte mit fossilen und heutigen Wölfen und anderen aus der Familie der Hunde. Der Befund ist eindeutig. Dieser Knochen ist von einem Hund, und zwar von einem Hund der bereits viele Generationen vorher zum Hund geworden war.

Auch eine dritte Wissenschaftsdisziplin kann uns Hinweise über die Abstammung des Hundes und damit unseres Bulldogs geben. Es ist die Verhaltensforschung oder Ethologie. Unsere Hunde zählen zur Gruppe der Hundeartigen, der Caniden. Hierzu zählen neben den Wölfen auch die Kojoten und Schakale, aber auch Füchse oder der seit neuerem auch in Europa ansässige Marderhund. Keiner der Hundeartigen hat ein so ausgeprägtes soziales Wesen wie der Wolf. Die meisten Hundeverwandten wie etwa die Füchse sind sogar Einzelgänger, von der Paarungszeit einmal abgesehen. Gerade dieses hochentwickelte Sozialverhalten gab dem Wolf erst die Voraussetzung, als eigentlich sehr wehrhaftes Raubtier mit den steinzeitlichen Clans der Cro-Magnon-Menschen in einen engeren Kontakt zu treten. Der Wolf, Kommunikation mit und Einordnung in die Gruppe gewohnt, konnte sich nach einer sehr langen Übergangszeit auch in die menschliche Gruppe einordnen. Und vielleicht hat in diesem Entwicklungsprozess auch

der Mensch hie und da etwas vom Wolf abgeschaut. Günther Bloch hat mit seinen Beobachtungen wild lebender Wölfe in Kanada nachgewiesen, dass Wölfe und Raben über Generationen andauernde feste Bindungen untereinander eingehen und sich dabei gegenseitig bei der Jagd helfen[5]. Die unterschiedlichen Gruppen der Wölfe können eigenständige Kulturen entwickeln, eben auch Kulturen der Zusammenarbeit mit anderen Spezies. Wahrscheinlich sind einzelne Gruppen der Wölfe und einzelne Clans der Steinzeitmenschen solche Partnerschaften eingegangen und haben sich dann über Generationen hinweg miteinander arrangiert. Doch dieses Kapitel der frühen Geschichte von Mensch und Wolf, der sich gerade aufmachte, Hund zu werden, ist noch weitgehend unerforscht.

Wissenschaftlich unstrittig nachgewiesen ist allerdings, dass der Hund das Tier ist, das mit großem Abstand den Menschen am besten verstehen kann. Hunde verstehen uns Menschen besser als jeder Affe. Untersuchungen des Max-Planck-Instituts für evolutionäre Anthropologie haben gezeigt, dass diese Orientierung auf den Menschen beim Hund sogar genetisch verankert ist.[6] Selbst Welpen besitzen diese angeborene Grundorientierung auf den Menschen, sogar dann, wenn sie ohne Menschen sozialisiert wurden.

Darwins Entstehung der Arten und der Bulldog

Vergleicht man Hunde mit ihrem Stammvater Wolf, so nimmt man gerne den Chihuahua und die Deutsche Dogge. Diese beiden Hunderassen verkörpern anschaulich, wie variabel diese Nachkommen des Wolfes in Größe und Gewicht sein können. Der Bulldog ist ein weiteres Paradebeispiel dieser Variabilität eines Wolfs-Enkels. Kein Geringerer als Charles Darwin führt in seinem bahnbrechenden Werk *Die Entstehung der Arten* den Bulldog als ein prägnantes Beispiel an, wie

---

[4] Napierala, H. und Uerpmann, H.-P., » A ,New' Palaeolithic Dog from Central Europe,« in: *International Journal of Osteoarchaeology, 7,* 2010.

[5] Günther Bloch: *Wolf und Rabe. Langzeituntersuchungsergebnisse zur Sozialisation und zum Zusammenleben von zwei Arten in einer sozialen Mischgruppe.* Abstrakt, 8/2009.

[6] Brian Hare, Michelle Brown, Christina Willemson, und Michael Tomasello, »The Domestication of Social Cognition in Dogs,« in: *Science,* Vol. 298, 22. November 2002 und Adam Miklosi: *Dog Behaviour, Evolution and Cognition.* Oxford, 2009.

stark sich die Arten unter der Bedingung von Domestikation verändern können.[7] Und der Bulldog ist tatsächlich ein ganz besonderer Hund. Er hat in seiner Geschichte Wandlungen durchgemacht wie keine andere Hunderasse neben ihm. Das betrifft zum einen sein Erscheinungsbild, zum anderen nicht weniger seinen Einsatzzweck. Man kann getrost behaupten, dass der Bulldog das Lebewesen ist, das durch den Menschen am meisten und weitestgehenden geformt und immer wieder umgeformt wurde. Es ist ein Wunder der Natur, dass solche tiefgreifenden Wandlungen überhaupt möglich sind. Und das innerhalb kürzester Zeit.

Was sind Hunderassen?

Bleiben wir zunächst noch kurz bei den Hunden ganz allgemein. Der Begriff Hunde »rasse« ist wissenschaftlich, zoologisch, eigentlich nicht korrekt. Alle Hunde gehören zu ein und derselben Art, können sich untereinander verpaaren und dabei Nachkommen in die Welt setzen, die wiederum lebendige, später fortpflanzungsfähige Welpen hervorbringen können. Die einzelnen Hunderassen sind lediglich vom Menschen geschaffene, künstliche Varianten einer einzigen Art. Die Einteilung in Rassen ist einzig eine letztlich willkürliche Maßnahme des Menschen. Ließe man die Hunde laufen und sich verpaaren nach ihrem Gusto, so kämen innerhalb kürzester Zeit überall Hunde vom Typ der Dorf-, Schensi- oder Pariahunde heraus wie wir sie auch überall sehen, ob in Afrika, Südamerika oder Indien; schlank, mittelgroß mit normaler, eher schlanker, langer Schnauze und normalem Schwanz, ohne irgendwelche Extreme oder Übertreibungen.

Der Mensch brauchte verschiedene Hundequalitäten

Die Entstehung verschiedener Rassen hatte zunächst einen ganz praktischen Hintergrund. Für die verschiedenen Arbeiten brauchte der Mensch verschiedene Hilfestellungen durch den Hund. Als sich dann die Arbeit des Menschen aufteilte und die verschiedenen Berufe entstanden, entstanden mit ihnen endgültig auch die verschiedenen Rassen der Hunde. Die Hirten brauchten einen Hirtenhund und der Bauer einen, der sein Gehöft bewachte und den Ratten nachstellte. Die Rassen waren aber keineswegs wie heute genetisch isolierte Gruppen von Hunden. Ganz im Gegenteil; man unterschied die Rassen nicht primär nach dem Äußeren, vielmehr nach ihrer Eignung für den Einsatzzweck. So war, ohne dass die Menschen dies bewusst betrieben hätten, trotz der Herausbildung verschiedener Hundetypen eine enorme genetische Vielfalt und Robustheit der Hunde gesichert. Es gab keine künstlichen genetischen Schranken, wie sie heute unter den Rassen, ja sogar zwischen den konkurrierenden Züchtervereinen ein und derselben Rasse aufgebaut werden. Hinzu kommen bei vielen Rassen auch noch künstliche genetische Isolierungen nach Farbschlägen oder Fellstrukturen. Das ist eine enorme, völlig unnütze Belastung für die Gesundheit der Population und sicherlich nicht im Interesse der Hunde. Glücklicherweise gehören Isolierungen nach Farb- oder Fellvarianten zu denjenigen Auswüchsen der modernen Zucht, die dem Bulldog einmal erspart blieben. Allerdings hat es in einzelnen Fällen auch bereits vor Tausenden Jahren genetisch weitgehend isolierte Hundeschläge gegeben. Besonders bei Herdenschutzhunden in unzugänglichen, abgeschiedenen Bergregionen haben sich solche isolierten Schläge bis in die Neuzeit erhalten. Ein echter Maremmano aus den Abruzzen in Italien ist auf den ersten Blick selbst für einen Fachmann kaum von einem originalen Pyrenäenberghund in Frankreich zu unterscheiden. Trotzdem waren es über lange Zeit genetisch vollkommen isolierte Populationen. Die extrem harten und gnadenlosen Bedingungen der Bergwelt sorgten aber dafür, dass nur die wirklich gesunden Hunde am Leben blieben und sich trotz Inzucht nur solche gesunden fortpflanzen konnten.

---

[7] Charles Darwin: *The Origin of Species by Means of Natural Selection, or the Preservation of favoured Races in the Struggle for Life.* London, 1872, S. 392.

Andererseits entstand mit der endgültigen Domestizierung der Hunde und der ersten Herausbildung von Rassen auch ein reger Austausch der Hunde unter den Völkern und damit zugleich ein Austausch an genetischer Vielfalt. Besonders schöne und leistungsfähige Hunde waren wertvolle Tauschobjekte und Geschenke. So wird der tibetischen Dogge Do Khyi nachgesagt, schon in der frühen Antike nach Europa gekommen zu sein. Aristoteles berichtet in *Geschichte der Tiere* neben dem Canis molossis auch von »indischen Hunden«, was als eine Anspielung auf den Dho Kyi interpretiert werden kann. Praktisch alle Hunde waren über Jahrtausende hinweg Teil und Produkt eines lebendigen Austauschs an Genen entlang des Netzes der Handelsbeziehungen der Menschen. Die Ableitung einer bestimmten heutigen Hunderasse in gerader Linie, quasi wie bei Königshäusern, von Hundetypen aus der Antike gehört in das Reich der Legenden oder besser als Vermarktungsstrategie zu einer Rasse verstanden.

Die Molosser

Der Bulldog ist aus Hunden vom Typ der Molosser hervorgegangen. Dieser schon in der frühesten Geschichte der Menschheit bekannte Hundetyp zeichnet sich durch besondere Kraft und Mut sowie eine große, kräftige Gestalt mit einem ausgeprägten, eher gedrungenen, fast bärenartigen Kopf, aber sehr kräftigem, eher breitem Fang mit langen Lefzen aus. Allerdings waren diese Hunde vom Typ des Molossers keine einheitliche Rasse und erst recht keine genetisch abgeschlossene. Mit »Molosser« wurden in der Welt der Antike des Mittelmeers im Erscheinungsbild ähnliche Hundetypen aus allen Regionen der Welt bezeichnet, unabhängig vom Verwandtschaftsgrad. Der Typ des Bulldogs, Mastiffs oder Molossers, und wir werden später noch näher auf diese Begriffe eingehen, ist in den verschiedensten Regionen der Erde schon vor etlichen tausenden von Jahren unabhängig voneinander parallel entstanden. Wir kennen

heute Dokumente aus dem alten Ägypten, aus dem antiken China, von den Babyloniern, den Sumerern, sogar den Inkas und anderen Völkern, die Hunde vom Typ der Molosser beschreiben. Bei den Griechen und Römern finden wir dann bereits zahlreiche konkrete Belege. Der Mentor der deutschen Haustierforschung, Archäologe Norbert Benecke berichtet über 2.500 Jahre alte Hundefunde in Südamerika: »Bemerkenswert ist das Auftreten von Schädeln mit stark verkürztem Gesichtsteil, die in der Form Schädeln rezenter Bulldoggen sehr ähnlich sind. Altperuanische Hundeplastiken geben ebenfalls den Bulldoggentyp häufig wieder.«[8] Und es kann hier mit an Sicherheit grenzender Wahrscheinlichkeit davon ausgegangen werden, dass diese Bulldoggen nicht mit denen zur gleichen Zeit im fernen Epirus oder Etruskien an der Adria lebenden verwandt waren. Daher wenn im Folgenden »Molosser« verwendet wird, dann nicht als Begriff für eine züchterisch oder genetisch getrennte Rasse, sondern als Begriff für Hunde eines bestimmten Typus.

Die Bezeichnung »Molosser« selbst wird seit mehr als 2.400 Jahren verwendet. Kein Geringerer als Aristoteles (384–322 vuZ) beschreibt in seiner *Historia animalium* (Dt: Geschichte der Tiere) den epirotischen Hirtenhund mit: »In Molottien zeichnet sich die Hunderasse, die als Begleitung der Herden dient, durch die Größe und den Mut gegen die wilden Tiere vor denjenigen anderer aus.« Molossis, die von den Molottien besiedelte Region, liegt im heutigen Epirus an der Westküste Griechenlands. Aristoteles verwendet hier den Begriff für Hirtenhunde. Wir werden aber sehen, dass zu jener Zeit auch die schweren Kriegs- und Lagerhunde als Molosser bezeichnet wurden. Schließlich werden in der antiken Literatur, wie auch bei Xenophon in *Kynegetikos* (380 vuZ), mit dem Begriff Molosser ganz allgemein besonders wertvolle, kräftige Hunde bezeichnet. Der Begriff Molosser drückt eine besondere Anerkennung für bestimmte Hundeschläge aus. Sie sollen mutig, stark, kraftvoll und damit auch wertvoll sein.

[8] Norbert Benecke: *Der Mensch und seine Haustiere.* Stuttgart, 2001.

Erste Zeugnisse

Durch teilweise über 4.000 Jahre alte Reliefs wurden die Kriegshunde der Babylonier, Assyrer, Ägypter oder Chinesen bekannt. Die Ägypter unterschieden in ihren Abbildungen bereits fünf Hundetypen, den Windhund Tesem, den Allrounder vom Typ Basenji, brackenartige Jagdhunde, später sogar Schoßhündchen und schließlich die Kriegshunde oder schweren Lagerhunde vom Typ der Molosser. Bekannt wurden uns diese schweren Hunde auch durch die in Stein gemeißelten, 3.750 Jahre alten Reliefs der Babylonier, die die gefürchteten Kriegshunde des Feldherrn Hammurabi zeigen. Schon zu diesen Zeiten hatten sich parallel in den verschiedenen Hochkulturen Asiens Hunde vom Typ Molosser herausgebildet. Auch die Assyrer des Assurbarnipals verewigten ihre Molosser bereits vor 2.600 Jahren in Stein. Sie hinterließen uns Reliefs und die Terracotta-Plastik des Molossers von Ninive, einer antiken Stadt in Mesopotamien. Auch Alexander der Große führte solche Hunde auf seinen Kriegszügen mit. Schon aus vorrömischer Zeit, aus der Zeit der Etrusker, stammt eine Vase mit fünf Molossern, als Kampfhunde dargestellt, die bei Caere im heutigen Latium gefunden wurde. Die für ihre Zeit militärisch hoch entwickelten Kulturen in Kappadokien, im Zentrum der heutigen Türkei, bildeten bereits vor 3.000 Jahren spezielle Hunde-Bataillone aus. Kriegshunde waren in unserer frühen Geschichte ein durchaus üblicher Teil der Waffenarsenale ver-

schiedenster Völker und Kulturen. Kriegshunde sollten feindliche Reihen aufbrechen und insbesondere Pferde angreifen und samt bewaffnetem Krieger zu Fall bringen. Sie dienten auch als persönlicher Schutz für den einzelnen Krieger.

Eine etruskische Vase aus Caere, ca. 525 v. Chr., zeigt Herakles und den »Höllenhund« Cerberus.

So verwundert es nicht, dass solchen Hunden eine besondere Wertschätzung auch im monetären und gesellschaftlichen Sinne entgegengebracht wurde. In praktisch allen Kulturen der Antike finden wir Abbildungen von Hunden des Types Molosser auf Münzen geprägt. Welcher Hund kann zu heutigen Zeiten noch von sich behaupten, auf einer Münze oder einem Geldschein abgebildet zu sein? Diese

Molosser und Löwen im Muster des Zepters von Hierakonpolis aus dem alten Ägypten.

Gepanzerte oder mit einer jacke bekleidete
Leib und Camer Hunde.

Hunde vom Bulldogtyp bei der Wildschweinjagd. Radierung von Johann Elias Ridinger, 2. Hälfte des 18.
Jahrhunderts. Sammlung Dr. Fleig.

Wertschätzung drückt sich nicht zuletzt auch in den schriftlichen Dokumenten berühmter antiker Philosophen und Schriftsteller sowie in zahlreichen Kunstwerken dieser Zeit aus. Noch heute kann man im Vatikan die Molosser Statue des Nikias besichtigen. Die im Vatikan gezeigte Molosserfigur aus Marmor ist eine römische Kopie nach einem bereits damals berühmten griechischen Werk aus dem dritten Jahrhundert vor unserer Zeitrechnung. Im Britischen Museum zu London finden wir ebenfalls einen historischen Molosser aus den Zeiten Caesars. Der Hund von Alcibiades, nach einem ehemaligen Besitzer der Statue auch »Jennings' dog« genannt, soll bereits vom römischen Schriftsteller Plinius beschrieben worden sein. Ein in Hierakonpolis, dem religiösen und politischen Zentrum des alten Oberägyptens, gefundenes Zepter aus Elfenbein zeigt Molosser in einer Reihe abwechselnd mit Löwen. An dieser heiligen Stelle der alten Ägypter wurden auch in Gräbern beerdigte Hunde gefunden.

Hunde vom heute so genannten Typ des Molossers begleiten den Menschen also bereits seit vielen Tausenden von Jahren. Diese besonders kräftigen Hunde leisteten in unterschiedlichen Funktionen, sei es als Hirtenhund, Treibhund, Jagdhund, Wach- und Schutzhund oder als Kriegshund wertvolle Beiträge zum Gedeihen der verschiedensten Kulturen unserer Vorfahren. Molosser entstanden dabei nicht als genetisch getrennte Hunderasse, sondern vielmehr unabhängig voneinander in den verschiedensten Kulturen zu unterschiedlichen Zeiten; das aber über die ganze Erde verteilt. Molosser wanderten mit ihren Menschen durch die Welt, sei es als Teilnehmer der Kriegszüge, als Beschützer der Reisenden oder als Tauschobjekte und vermischten sich so immer wieder mit den Molosser-Schlägen anderer Regionen.

Antike Hundekämpfe

Tierkämpfe sind im alten Rom seit 2.100 Jahren bekannt. Die Tierhatzen, venationes genannt, gehörten zum Standard-Programm der Unterhaltungsbranche jener Zeit. Für Brot und Spiele mussten Millionen Tiere auf grausame Art und Weise ihr Leben lassen. Hunde vom Typ der Molosser zählten mehr als 600 Jahre lang zu den wichtigsten Akteuren dieser brutalen Schaukämpfe in den antiken Arenen. Tausende von Gladiatoren-Hunden wurden für blutige Schauspiele alleine im Circus Maximus und im Kolosseum verbraucht. Um die Spannung zu erhöhen, wurden Löwen, Tiger, Leoparden, Nilpferde, Elefanten und unzählige andere Arten in die Arenen geschickt. Hinzu kamen die menschlichen Kämpfer, die Gladiatoren oder auch nur die dem Tode geweihten Sklaven und Delinquenten.

Der Verbrauch an Tieren war immens. Nach und nach wurden weite Gebiete rund um das Mittelmeer regelrecht entvölkert. Löwen, Leoparden, Tiger wurden zur Mangelware und entsprechend teuer. »Kaiser Trajan schließlich stellte den Rekord auf. Nach seinem Sieg gegen Bewohner des Balkans, die Daker, im Jahr 107 nach Christus, ließ er 10.000 Gladiatoren und 11.000 wilde Tiere antreten. Die Schlachtschau dauerte 123 Tage.« So notiert der Spiegel Nr. 47 von 2003. Auf dem Höhepunkt des Römischen Reiches gab es 186 Amphitheater. Regelmäßig wurden in all diesen Arenen Tierkämpfe oder Tierhatzen ausgetragen. Auch nördlich der Alpen gab es zahlreiche dieser Arenen der Tierhatzen. Von Wien kennen wir das Hetztheater, das 3.000 Zuschauern Platz bot. Noch heute zeugt hiervon die Hetzgasse im Zentrum der österreichischen Hauptstadt. Allerdings gibt es selbst hier Zeugnisse der Achtung vor dem Hund selbst zu jener Zeit. So fand man am Judenplatz, zwanzig Gehminuten von der Hetzgasse entfernt, ein Hundeskelett mitten in den Resten des römischen Legionslagers. Tierschutz war vielleicht schon vor 1.500 Jahren ein Thema, vermutet die Stadtarchäologin Karin Fischer Ausserer, denn: »Wir haben die tierischen Überreste von Archäozoologen untersuchen lassen und es hat sich folgendes herausgestellt: Der Hund war verkrüppelt und sehr alt. Das bedeutet wohl, dass das Tier nicht nur einen Nutzen erfüllt hat, denn sonst hätte er körperlich intakt sein müssen.«[9] Vielleicht war es ein alter Gladiatoren-Hund, dem man als Anerkennung sein Gnadenbrot gönnte? Die letzte Tierhatz Roms ließ König Theoderich im Jahr 523 veranstalteten. Doch sollte dieses Kapitel für die Vorfahren unseres Bulldogs noch lange nicht zu Ende sein.

Das Ansehen der britischen Hunde in der Antike

Da die wilden Beutegreifer und andere exotische Tiere in Reichweite des Römischen Reiches bereits um das Jahr 200 selten geworden waren, suchte man preiswerten Ersatz. So wurden in den späten Zeiten Roms wieder verstärkt die Gladiatoren-Hunde, die Molosser, eingesetzt. Namentlich Hunde aus der römischen Provinz Britannien waren hoch im Kurs. So berichten es verschiedene Zeitzeugen wie der griechische Geschichtsschreiber und Geograph Strabon vor mehr als zweitausend Jahren. Er listet, wie auch einhundert Jahre später der berühmte Tacitus, Hunde als ein typisches Exportgut der Briten auf. Und der bringt die britischen Hunde gleich auch in Verbindung mit ihrer Eignung für den Kampf.[10]

Das Jahr 390 – Die erste Beschreibung eines Bulldogs

Der römische Schriftsteller Claudian beschreibt im Jahr 390 die britischen Hunde als »stark genug, das Genick eines großen Stieres zu brechen«[11]. Auch die typisch bulldogartige Kampfesweise dieser Hunde ist von Claudian dokumentiert: »Der britische Hund, der die Schnauze des Stieres auf den Boden bringt.«[12] Der Senator und Konsul Quintus Aurelius Symmachus berichtet von britischen Bullen-Hunden im Kolosseum. Hier finden wir möglicherweise um 400 auch die erste schriftliche Verwendung der Bezeichnung »Bulldog«, natürlich in der Umschreibung der Schriftsprache seiner Zeit, in Latein.[13]

Wenn Sie nun diese Zeilen lesen und möglicherweise zu Ihren Füßen ein Bulldog grunzt, so steckt diese ganze Geschichte in diesem Ihrem Hund. Und wir können einerseits mit Stolz auf unseren Hund schauen, mit Respekt vor dem Durchstandenen und im Dienste des Menschen Geleisteten und Erlittenen. Aber wir müssen auch ein wenig Scham empfinden angesichts dessen, was unsere Vorfahren mit den seinen angestellt hatten.

Hundekämpfe bei Kelten und Germanen

Die Briten waren offenbar schon immer dem Spiel besonders zugetan und offensichtlich auch der Hundezucht. Die Römer beherrschten die Insel bis in das Jahr 410. Wir können davon ausgehen, dass sie auch die Tradition der Wettkämpfe mit Hunden hinterließen. Vielleicht war es aber bereits vor der römischen Besatzung Teil der Kultur bestimmter Stämme der Kelten oder Germanen gewesen, Tierkämpfe zu veranstalten. Von den Germanen wissen wir, dass sie Hunde hoch schätzten und verehrten. Hunde waren bei den Germanen als Nahrung tabu, im Gegensatz zu den Kelten, die gelegentlichen Verzehr von Hundefleisch nicht verschmähten. Von den Germanen des Festlandes ist nicht bekannt, dass sie Tierkämpfe und speziell auch Hundekämpfe veranstalteten. Hunde wurden als Teil des Hausstandes angesehen. Sie gehörten zum Bild der Gottheit Holda und beschützten mit ihr die Häuser. Hunde wurden regelmäßig begraben, teils in den Gräbern der Menschen.

[9] Für Stadtarchäologen sind Abfälle wichtig, Bericht auf der Internetseite http://derstandard.at/1277337018516/Fuer-Stadtarchaeologen-sind-Abfaelle-wichtig 09. Juli 2010, 19:09

[10] Strabon, Geographika 4.5 :"Britannien produziert Weizen, Rinder, Gold, Silber… und Jagdhunde mit scharfen Sinnen. Die Kelten nutzen diese wie ihre heimischen Hunde auch für Kriegszwecke.«

[11] Claudian, On the Consulship of Stilicho, Buch III, Seite 65

[12] Claudian, On the Consulship of Stilicho, Buch III, Seite 65

[13] P. Reinagle, The Sportman's Cabinet, 1803, und Robert Leighton, The New Book of the Dog, 1907.

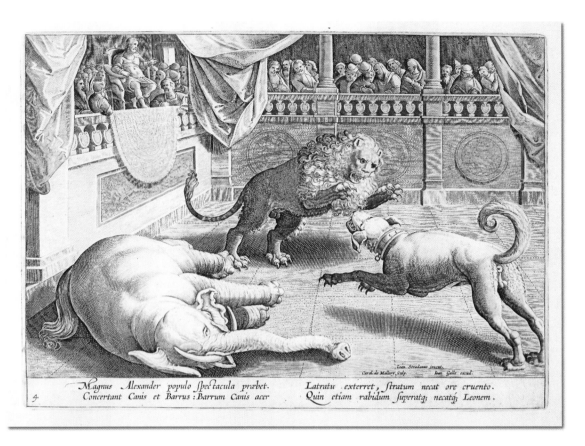

Hund mit Löwen und Elefanten im antiken Circus zur Zeit Kaiser
Alexanders. Stich von Stradanus (1523-1605). Sammlung Dr. Fleig.

Aus der Zeit nach dem Zerfall des römischen Imperiums sind die ersten schriftlichen Zeugnisse
germanischer Gesetzgebung überliefert. Und das
sind nur sehr wenige. Aber selbst in diesen wenigen schriftlichen Zeugnissen der Germanen spielen Hunde eine evident große Rolle. Die späten
Germanen taxierten sogar die verschiedenen Hundetypen per Gesetz mit einem monetären Wert.
Im Lex Alamannorum und Lex Baiuvariorum, die
ältesten schriftlichen Urkunden der Germanen,
wird dem Hund ein ganzes Kapitel, das Kapitel 20
»von Hunden und ihrer Buße« gewidmet. Dort werden exakt Strafen und Schadensersatzhöhen bei
Vergehen gegen einen Hund katalogisiert. Nach

dem Lex Burgundionum musste der Dieb eines
Hundes zudem in aller Öffentlichkeit das Hinterteil des gestohlenen Hundes küssen.

Die ersten Jahrhunderte nach dem Zerfall der römischen Verwaltungsstrukturen und dem Beginn
des Mittelalters haben uns nur sehr wenige schriftliche und kulturelle Zeugnisse hinterlassen. Es
kann aber davon ausgegangen werden, dass die
Tradition der Hundekämpfe durchgängig erhalten
blieb. Erst 700 Jahre später finden sich erste
schriftliche Zeugnisse. William Fitz-Stephen, ein
Adjutant des Erzbischofs von Canterbury Thomas
Beckett, hat bereits Anno 1174 eine Beschrei-

bung der City of London verfasst, in der von Hundekämpfen berichtet wird. Auch etwas spätere Werke dokumentieren die Existenz von speziellen Hundekampfarenen in den Zentren der größeren Städte des mittelalterlichen Englands.

Über zweitausend Jahre Hundekampf in Britannien

Wir halten fest, dass britische Hunde schon bei den Römern hoch im Kurs waren. Sie waren über Hunderte Jahre ein wesentlicher Exportartikel der Provinz Britanniae. Sie galten als besonders starke, mutige und zum Kampf mit dem Bullen in den Arenen geeignete Hunde. Schon in den frühesten nachrömischen Zeugnissen wird die Tradition der Hundekämpfe dokumentiert. Um 400 wird, wie wir oben bereits gesehen haben, sogar die besondere Kampfesweise der britischen Bulldoggen dokumentiert. Wir können also davon ausgehen, dass es eine uralte, über mindestens zweitausend Jahre durchgängig gepflegte Tradition des Hundekampfes auf der Insel gab. Und wo es Hundekämpfe gibt, muss es auch einen Zuchtbetrieb geben, der diese Hunde hervorbringt.

Antike Hundezucht

Kehren wir noch einmal zurück in das alte Rom. Es liegt auf der Hand, dass der Mensch bei der Produktion der Molosser selbst Hand anlegte. Wenn Molosser schon in Marmor und Bronze abgebildet wurden, so kümmerte man sich auch besonders darum, solche prachtvollen Hunde gezielt zu erhalten. Und tatsächlich ist die Hundezucht im alten Rom umfangreich von zeitgenössischen Schriftstellern dokumentiert.

Schon vor mehr als zweitausend Jahren entstand ein Buch, das speziell dem Hund und der Jagd mit ihm gewidmet war. Im dritten Band seines Werkes *Rerum rusticarum*, unterscheidet der Naturforscher und Schriftsteller Marcus Terentius Varro bereits

verschiedene Hunderassen nach Einsatzzweck. Bemerkenswert ist eine klare Differenzierung bei den Hirtenhunden, den Pastorales. Diese werden ausdrücklich in Hütehunde als ausführender Arm des Hirten und Herdenschutzhunde als selbständig arbeitende Beschützer und Verteidiger der Herden unterschieden. Letztere werde als vom Typ Molosser beschrieben. Etwa 150 Jahre später erweitert und vertieft Lucius Iunius Moderatus Columella in seinem zwölfbändigen Standardwerk zur Landwirtschaft *De re rustica* die Beschreibungen der verschiedenen Hunderassen und deren Zucht. Neben den Hirtenhunden unterschieden die Römer nun Wachhunde, Metzgerhunde, Schoßhunde und Jagdhunde. Der Karthager Marcus Aurelius Nemesianus schrieb um 284 in seiner Lehrdichtung *Cynegetica*: »Neben den Hunderassen in Sparta und Molossus sollte man auch die Hunde aus Britannien schätzen.«[14]

Die antike Zucht unterschied sich allerdings grundlegend von der modernen Rassehundezucht. Der römische Ansatz der Hundezucht war auf Leistungsfähigkeit, Charakter, Veranlagung sowie, je nach Bedarf, auch auf das äußere Erscheinungsbild ausgerichtet. Eine genetische Isolation, wie sie heute Standard ist, kannte man nicht. Hunde wurden nach den bevorzugten Eigenschaften verpaart. Dabei wurden geeignet erscheinende Hunde auch aus weit entfernten Regionen importiert, wie wir es nicht nur von den britischen Hunden wissen. So wurden auch als Molosser bezeichnete Hunde aus dem Himalaya, vielleicht einem Ahnen des Do Khyi, oder aus Britannien, möglicherweise einem Ahnen des Mastiffs und Bulldogs, bunt zusammengewürfelt. Hauptziel war, dass die gewünschten Eigenschaften hervorkamen. So wurde ein wertvolles genetisches Potenzial aufgebaut, das der Gesundheit, Widerstandskraft und Vitalität der Hunde nur zuträglich sein konnte. Marcus Terentius Varro gibt dabei Empfehlungen, wo man am besten den für sich passenden Hund erwirbt: »Will man einen Schäferhund kaufen, solle man sich weder an den Metzger noch an den Jäger wenden.

---

[14] Nemensian, *Cynegetitea*, S.504: »atque iterum blandas canibus componere mentes. sed non Spartanos tantum tantumve Molossos pascendum catulos: divisa Britannia mittit veloces nostrique orbis venatibus aptos«

Denn die Metzgerhunde sind nicht darauf dressiert, dem Vieh zu folgen, und die Jagdhunde überlassen die Schafe ihrem Schicksal, um dem erstbesten Hasen oder Hirsch, der ihren Weg kreuzt, nachzulaufen.«

Noch im späten oströmischen Reich, lange nach dem Niedergang des antiken Roms, werden die Hundezucht und namentlich auch die Molosser in der *Geoponica* beschrieben. Die Geoponica ist ein Lexikon zur Landwirtschaft und besteht aus einer Sammlung von zwanzig landwirtschaftlichen Büchern, die im 10. Jahrhundert für den byzantinischen Herrscher Konstantin VII. Porphyrogenitus angefertigt wurde.

Von England über Rom nach ganz Europa

Die aus den verschiedensten Regionen der Erde stammenden Molosser der Römer wurden wiederum im ganzen Imperium verbreitet. Schon allein zur Bedienung der bis zu 186 Arenen des Römischen Reiches bedurfte es einer vernetzten Infrastruktur zur Rekrutierung, Verbreitung und zum Austausch der Hunde. Die Hunde vom Typ der Molosser wurden aber nicht nur für die Arenen gebraucht – oder besser gesagt missbraucht. Ihr häufigster Einsatzzweck lag in verschiedenen Gewerken. Wir haben schon gehört, dass molossoide Hunde als Hirtenhunde zur Bewachung und Verteidigung der Herden eingesetzt wurden. Und nicht nur die Herden wurden durch diese wehrhaften wie Respekt einflößenden Hunde verteidigt. Auch das ganze Hab und Gut der großen Bauern, Handwerker und Händler wurde ihrem Schutz anvertraut. Zudem kann man aus dem schon bei den alten Römern dokumentierten Einsatz bei Hirten seine dann im Mittelalter dokumentierte Verwendung beim Hüten und Hetzen von Bullen und Rinderherden ableiten. Die aus Britannien stammenden Molosser verbreiteten sich über Rom unter den Völkern des Imperiums. Dort vermischten sie sich mit den regional vorhandenen, aber genetisch nicht-verwandten Molossern sowie Molossern aus aller Herren Länder. Vom kontinentalen Europa wiederum werden Hunde vom Typ Molosser seit der Antike auf die Insel quasi re-importiert. Auch aus dem Mittelalter ist der Import von Molossern dokumentiert. Von daher ist es nicht verwunderlich, wenn man heute feststellt, dass die Molosser der britischen Inseln wie auch die Molosser der Alpen und anderer Regionen des Kontinents genetisch eng miteinander verwandt sind.

Bulldog und Molosser

Unser Bulldog ist ein direkter Abkömmling dieser Molosser. Mastiff und Bulldog sind die unmittelbaren Erben der Molosser der Antike. Allerdings nicht nur sie. Die ganze Gruppe der heute als Molosser bezeichneten Hunde, ob von der Insel oder dem Kontinent, weist eine erstaunlich nahe Verwandtschaft untereinander auf. Durch modernste Genetik werden die zahlreichen, nicht selten prosaisch aufgemachten Beschreibungen vieler früher Schriften bestätigt. Die manchen Rassen angedichtete Abstammung direkt und unmittelbar von bestimmten Hunden der Antike oder gar der Vorgeschichte bestätigt sich als Legende, als ein Märchen ohne Realitätsbezug, was schließlich durch die Genetik nur untermauert wird. Die Genetikerin Heidi G. Parker von der University of Washington veröffentlichte im Mai 2004 in der angesehenen Zeitschrift *Science* eine genetische Karte von 85 Hunderassen.[15] Genetisch kann man diese Hunderassen in fünf Gruppen unterteilen. Eine dieser Gruppen bilden unsere Molosser. Neben Rottweiler, Boxer, Schweizer Sennenhunden oder dem Neufundländer bilden Mastiff und Bulldog das Herz dieser Gruppe.

---

15 Heidi G. Parker et al., »Genetic Structure of the Purebred Domestic Dogs«, in: *Science* 304, 2004

Hören wir dem römischen Schriftsteller Gratius Faliscus mit seinem Gedicht *Cynegeticon*[16] zu, wie
er bereits vor über zweitausend Jahren Molosser
als auch die Zuchtmethoden seiner Zeit episch
dokumentiert:

O wie wichtig ihr Preis, wie unübersetzet ihr Nutzen!
Lüstert schöner Gestalt, und so nur lügender Zierden;
Dieses Gut nur allein geht ab den britannischen Hunden.
Doch wenn's Jagen erheischt, und verlangt wird muthiges Streiten,
Und es rufet der stürmende Mars im äußersten Kampfe;
Dann nicht bewundre allein die schnellen molossischen Jäger.
.....
Regeren Sinn; es nehmen Gelonen den Muth vom hyrcan'schen
Vater, so auch die calydonische Hündin verliert, nur
Durch den molossischen Vater gebessert, die windige Sprache.

(Übersetzung von Friedrich Christian
Gustav Perlet, 1826)

»Bullenbeißer«, *Druck von H. Reichert. Sammlung Dr. Fleig.*

---

[16] Friedrich Christian Gustav Perlet (Hrsg.), *Cynegeticon od. Jagdgesang*, 1826, S.14

Von der Antike zum Mittelalter

Verlassen wir die Antike und kommen nun zum Mittelalter in Europa und namentlich auf den britischen Inseln, um hier weiter nach den Ahnen der Bulldogs zu suchen. Auch wenn das Mittelalter nur halb so lange zurückliegt wie das antike Rom, so zeigt sich die Quellenlage keineswegs einfacher, ganz im Gegenteil. Das Mittelalter wird nicht ohne Grund als ein dunkles Kapitel der Geschichte Europas bezeichnet. Auch das noch bis in die spät-germanische Zeit hohe Ansehen des Hundes wurde im Mittelalter durch eine abwertende Haltung anderer Lebewesen namentlich den Hunden gegenüber verdrängt, die ohne Seele seien und deren einziger Sinn darin bestünde, dem Menschen wohlgefällig zu sein.

Durch Klerus und Adel war der gemeine Hund des gemeinen Volkes kaum mehr der Rede wert und erst recht nicht einer Erwähnung in den in Latein gehaltenen Schriften dieser Epoche. Bis Gutenberg den Buchdruck erfand, wurde jedes einzelne Exemplar und jeder einzelne Buchstabe aufwändig per Hand in den Scriptorien der christlichen Klöster gefertigt. Da versteht es sich schon fast von selbst, dass man diese wertvollen, teuren Ressourcen nicht einem profanen, als seelenlos abgewerteten Diener des einfachen Volkes widmet. Das gemeine Volk selbst war eh kaum einmal Gegenstand der höfischen Gemälde, Literatur und Musik des Mittelalters. Wenn gar das Thema Hund angeschnitten wurde, so in Beschreibungen zur Jagd des Edelmannes oder bei den schon erwähnten Arenen der Tierhatzen. Auch Zeugnisse in Skulpturen oder Gemälden zeigen, wenn überhaupt, lediglich Jagdhunde und hier meist auch nur die als besonders edel geltenden Wind- und Hetzhunde des Adels. Zudem ist die Qualität und Realitätsnähe der mittelalterlichen bis hin zu frühen neuzeitlichen Zeichnungen und Gemälden nicht selten eher der plakativen Phantasie des Künstlers, denn einer naturnahen oder gar wissenschaftlich korrekten Abbildung geschuldet.

»The Bull-Dog«, Grafik von Howett, um 1800, Sammlung Dr. Fleig.

Alaunt, Molosser, Bandog, Bulldog

Die Einteilung der Hunde nach genetischen Schranken und Stammbäumen war, wie schon in der Antike, auch im Mittelalter unbekannt. Diese Isolierung ist lediglich eine Erscheinung der modernen Rassehundezucht seit der zweiten Hälfte des 19. Jahrhunderts. Hunde wurden bis dahin nach ihrer Verwendung bezeichnet und – wenn überhaupt – gezüchtet. Gezielte Zucht traf im Mittelalter lediglich Jagdhunde des Adels sowie später die Schoßhündchen der adeligen Burgfräulein. Ansonsten unterlagen nur die Hunde für die Arenen des Tierkampfes, also unsere Molosser, einer gewissen züchterischen Betreuung. Es ging nicht zuletzt um viel Geld, das bei diesen Spektakeln auf Kosten der Hunde verdient werden konnte.

Wenn wir auch kaum schriftliche Zeugnisse aus dieser Zeit haben, so können wir aus den Begriffen, die in diesen frühesten schriftlichen Dokumenten verwendet werden, einiges auf die Hunde selbst schließen. Neben den Beschreibungen des städtischen oder Landlebens sind hierzu die ersten überlieferten fremdsprachlichen Wörterbücher wertvolle Quellen. Später kommen Schauspiele, Tragödien und Komödien sowie hie und da ein paar Dokumente aus den gesellschaftlichen und wirtschaftlichen Leben als Quelle unserer Nachforschungen hinzu. Kein Geringerer als William Shakespeare hinterlässt uns reiches Material. Allerdings ist selbst die sprachliche Geschichte des Wortes »Bulldog« keineswegs geradlinig.

Die Geschichte seines Namens »Bulldog«

Eigentlich ist nur die Herkunft des zweiten Teils seines Namens klar: dog oder dogge. »Dog« ist das englische Wort für Hund, das noch von dem »Hound« für Spür- oder Jagdhund zu unterscheiden ist. Der Begriff Dog stammt – ebenso wie Hounda/Hunda/Hundr für Hound – aus dem germanischen Sprachraum. Es lautete im Mittelenglischen »Dogge« sowie im Altenglischen »Dogga«. Im skandinavischen Sprachstamm blieb es beim Begriff Dogge. Die heute als Deutsche Dogge bezeichnete Hunderasse wird im Englischen auch heute noch als »Great Dane« bezeichnet und tatsächlich, bezeichnete man vor gut einhundert Jahren mit Dogge genau diesen großen dänischen Hund. Noch in der *Cynographia* von 1685 wird Hund aus dem Lateinischen mit Englisch Dogge übersetzt.[17] Man kann also beide hinteren Teil-Begriffe für unsere Hunderasse verwenden, Bulldog wie Bulldogge. Die offizielle FCI-Bezeichnung lautet heute schlicht nur »Bulldog«. Während der hintere Teil des Begriffs »Bulldog« klar zu sein scheint, bereitet der erste Teil »Bull« einiges an Kopfschmerzen. Die Etymologie, die Wissenschaft von der Herkunft und Geschichte der Wörter, gibt uns keine wirklich eindeutigen Auskünfte.

Nehmen wir erst einmal den vorderen Teil des Wortes, so wie er ist: Bull. Naheliegend ist die Ableitung von Bull, dem heutigen englischen Wort für den Stier oder den Bullen. Bull wurde früher im Englischen wie auch im Deutschen als Wort für das heutige »rund« gebraucht, z.B. bei Bullauge oder Bulle als Bezeichnung eines Dokumentes mit rundem Siegel. Noch heute finden wir in den Wörterbüchern als Übersetzung des englischen bull neben dem Stier auch die Bulle als Form eines Dokumentes, wie sie im Mittelalter üblich waren. Auch das heutige englische Wort für Kugel »Bowl« soll hiervon abstammen. Die gemeinsame Wurzel führt man auf das lateinische »bulla« für Wasserblase zurück. Bull könnte also auch als eine Anspielung auf eine eher runde Kopfform oder den rundlich, gedrungenen Körperbau des Bulldogs verstanden werden.

Eine weitere Herleitung für Bull kommt schließlich von Lärmen. Das heutige noch im Deutschen verwendete »Boller« oder »Böller« stammt hierher wie auch das bereits von den Sprachforschern Gebrüder Grimm so abgeleitete Wort bellen.

28   [17] Christianus Franciscus Paullinus, Johannes Caius, Johannes Henricus Meibomius: *Cynographia curiosa, seu canis descriptio*, 1685.

Dreimal Bull

Die Sprachwissenschaft gibt uns also drei verschiedene Erklärungen für das »Bull« in der Bezeichnung für unsere Bulldogge – die Ableitung vom Stier oder Bullen, die Ableitung von einem Wort für »rund« sowie eine weitere Ableitung aus einem Begriff für in Deutsch »Bellen«. Letztere ist allerdings eher unwahrscheinlich, da »Bellen« im Englischen schon seit langem mit »barke« bezeichnet wird.

Nur, der Begriff »Bulldog« oder »Bulldogge« – bis Anfang 1900 meist getrennt geschrieben, also Bull-Dog oder Bull-Dogge – findet in der Geschichte und Literatur seltener und erst später Erwähnung, zuerst 1609 durch Ben Jonson. In den früheren Quellen ist, wie wir noch sehen werden, meist von einem Bond-dog, Bandog, Bandedogge oder Bandogge die Rede. Und »Bond« oder »Band«, »Ban« steht hier für angebunden oder angekettet. Diese Interpretation wird untermauert durch das historische kynologische Werk von Johannes Caius, der 1576 in »Of Englishe dogges« schreibt: »whom wie call the Bandogge, the Tydogge, or The Mastyue« Und der Begriff »Tydogge« sollte auf das moderne Englisch »Tie«, anbinden, zu beziehen sein.

Man muss immer berücksichtigen, dass bis etwa in das Jahr 1500 Latein fast die alleinige Schriftsprache war und es erst aus der Zeit danach eine größere Anzahl an Dokumenten in englischer Sprache gibt. Von daher kann es keine reichhaltige Quellenlage geben, die uns vor 1500 das Wort »Bulldog« so wie es ist überliefert. Wir finden noch zahlreiche weitere mittelalterliche Begriffe für die Vorfahren des heutigen Bulldog:

Die Lösung dieses Sprach-Wirrwarrs liegt möglicherweise im Bulldog selbst. Wir werden uns diesen wunderbaren Hund selbst ja noch genauer anschauen. Und wir werden sehen, dass selbst im heutigen Bulldog noch alles das zu finden ist, was hier an verschiedenen sprachlichen Herleitungen diskutiert wird. Historisch zweifelsfrei belegt ist seine Herkunft als Bullenbeißer, als ein Hund, der es mit Stieren aufnehmen kann, sei es im Kampf oder beim Treiben oder Hüten der Rinder. Dass man den Bulldog als Hund mit eher rundem Kopf bezeichnen kann, liegt auf der Hand. Aber auch die Rolle als Ketten- und Wachhund können wir in unseren heutigen Bulldoggen wiederfinden. Bulldogs sind sehr wachsam und können aus scheinbar tiefstem Schlaf heraus blitzartig Aufschnellen und im tiefen, eindringlichen Groll dem vermeintlichen Störenfried entgegen schießen. Dabei ist ihre Wirkung auch heute noch nicht zu unterschätzen. Durch das tiefe, eindrucksvolle Bellen und durch seine imposante, sich noch machtvoller aufbauende, jetzt grimmig dreinschauende Gestalt zeigt der Bulldog gleich unmissverständlich an, »hier kommt mir keiner rein«. Wer die herzensgute und friedvolle, menschenfreundliche Seele in diesem grollenden Ungetüm nicht kennt, wird sich eilig trollen. Zum Charakter des Bulldogs werden wir später aber noch viel mehr erfahren, aber schon jetzt können wir festhalten, dass wir alle sprachlichen Erklärungen seines Namens wiederfinden werden. Wir wollen noch kurz auf einige weitere Namen und Begriffe eingehen, die für das Verstehen der Geschichte des Bulldogs eine hilfreiche Grundlage bilden.

Bull-Dog – Bullen-Hund	Bond-Dogge – Kettenhund
Bull-Dog – Hund mit rundem Kopf	Band-Dog – Kettenhund
Bold-Dog – kühner Hund	Bährenbeißer – Bärenbeißer
Bandog – Kettenhund	Bollbeißer – Bullenbeißer

Handkolorierter Kupferstich des Mastiffs »Wolsey« von Vincent Brooks, 1876. Sammlung Dr. Fleig.

Mastiff

Aus dem Molosser der Antike wurde in Britannien der Mastiff oder Mastif oder Mastive. Wahrscheinlich hatten die heutigen Mastiffs und die heutigen Bulldogs vor mehr als fünfhundert Jahren dieselben Vorfahren. Die größere Variante wurde mit der Zeit zum heutigen Mastiff, die kleinere zum Bulldog. Wenn in alten Schriften also von Mastiffs berichtet wird, so interessiert uns das auch ganz besonders für den Bulldog. Die frühe Geschichte des Bulldogs und des Mastiffs ist nicht zu trennen und identisch.

Alaunt

Ein weiterer Begriff, der zunächst gar nicht in unsere Vorstellung passt, ist der Alaunt. Mit »Alaunt« wurden schon in der Antike und bis ins Mittelalter hinein ganz allgemein größere, und möglicherweise auch eher helle, Hunde bezeichnet. Das Wort selbst stammt aus dem Keltischen und meint etwa hell oder weiß. Noch heute heißt die Dogge auf Italienisch wie Spanisch alano. Eine sprachliche Brücke zum Bulldog gibt es über das »bold«, das neben kühn auch weiß bedeuten kann, siehe Baltische Staaten.

Mastin, Meyershund und Bollenbeißer

Als letztes wollen wir noch die Meyershunde aus der deutschsprachigen Literatur des späten Mittelalters einführen. Mit Meyerei bezeichnete man früher die größeren von Gutsherren verpachteten Bauernhöfe. Und hier werden kräftige Hunde beschrieben, die in der englischen Literatur als Mastiff oder Bandog bezeichnet werden. In dem von Randle Cotgrave 1611 verfassten Französisch-Englischen Wörterbuch wird Bandog mit Kettenhund oder Meiershund übersetzt. Es heißt: »A ban-dogge = Dogue, chien dogue, chien de metaire«. An anderer Stelle heißt es bei Cotgrave: »Mastin = Mastive or Bandog«. Und mit »Mastin« wird noch heute der Mastin Español, der spanische Mastiff, bezeichnet. In einem anderen Wörterbuch aus dieser Zeit wird Mastive mit »a big contrey curr«, »großem Bauernhund« übersetzt. Die historischen Begriffe sind also fließend und keinesfalls mit den heute relativ eindeutigen Rassebezeichnungen zu verwechseln. Ebenso wechseln Bezeichnungen wie Hovawart, Meyershund, Bollenbeißer oder Bollbeißer in der alten Literatur fließend. In den *Zoologischen Beyträgen zur XIII. Ausgabe des Linnäeischen Natursystems: Die Säugethiere*, Band 1 aus dem Jahre 1792 übersetzt Johann August Donndorf den Bull-dog (engl.) mit Bullenbeisser, Bärenbeisser (deutsch). So übersetzt auch der Leipziger Zoologie-Professor J. Viktor Carus (1823–1903) den von Charles Darwin in seinem Hauptwerk Die Entstehung der Arten mehrfach exakt so erwähnten »Bull-Dog« noch um die Jahrhundertwende nicht wirklich exakt als »Bullenbeißer«.

Man kann also davon ausgehen, dass die Autoren der mittelalterlichen und historischen Texte nach ihrem persönlichen Gusto diesen oder jenen Begriff verwendeten, wenn sie nur einen starken, wehrhaften und wachsamen Hund vom Typ des Molossers meinten. Allerdings gibt es immer Hinweise, dass schon zu jenen Zeiten zwischen Mastiff- und Bulldog-Typen unterschieden wurde.

Die Vorfahren des Bulldogs im Mittelalter und der Neuzeit bis 1800

Unter den oben genannten Begriffen werden die Vorfahren des Bulldogs in vier Funktionen beschrieben.

*Mastiff-Bronze von Denay,
1850. Sammlung Dr. Fleig.*

Der Bulldog als Wach- und Schutzhund

Hunde waren im Mittelalter allgegenwärtig. Kein Hof, der auf seine Dienste verzichten könnte. Die größeren und kräftigeren unter ihnen bewachten auch die größeren Besitze. Die großen Bauernhöfe wurden von den großen Hunden bewacht. Die Kettenhunde, Meyershunde, Ban- oder Bonddogs waren flächendeckend verbreitet. In der Regel waren sie angekettet oder zumindest angebunden. Schließlich legte der Adel größten Wert darauf, dass die Hunde des einfachen Volks nicht jagten. Das sollte alleine sein Privileg bleiben. Auch die fahrenden Händler brauchten den Schutz der großen und wehrhaften Hunde vor allerlei Wegelagerern oder Dieben.

Der Bulldog als Hüte- und Treibhund

Schließlich waren kräftige und mutige Hunde unverzichtbar, um das Rindvieh auf den damals meist nicht eingefriedeten Weiden zu kontrollieren und auch gezielt in einen Stall treiben zu können. Rinder- oder Kuhhirten gab es vor 1850 allerorten in Europa. Auch die Viehhändler und Metzger dieser Tage brauchten solche Hunde, um namentlich die Bullen in den Schlachthof treiben zu können. Wie die meist eher undifferenzierten Bezeichnungen für die verschiedenen Hunde, so werden auch die verschiedenen Schläge der Hunde selbst fließend und undifferenziert ineinander übergegangen sein. Großvieh wie Rinder wird seit vielen Tausenden von Jahren gehalten. Während die Ger-

Drei bullartige Hunde »Wasp, Child and Billy«, kolorierter Kupferstich von H.B. Chalon, 1809, Sammlung Dr. Fleig.

manen eher kleine Rinder hatten, züchteten die Engländer bereits sehr früh große Rassen mit langen Hörnern heraus, die Longhorns. Diese besonders kräftigen Rinder wurden nur im Winter in kleine Stallungen gebracht. Die meiste Zeit standen sie auf offenen Weiden, etwa vergleichbar mit der heutigen Schafhaltung. Dort mussten sie gehütet und zuweilen auf eine andere Weide getrieben werden. Wenn ein Rind sich allzu weit von der Herde entfernt hatte oder beim Viehtrieb nicht zügig genug den gewünschten Weg ging, bissen die Treibhunde kurz und leicht in den Bereich der Fesseln der hinteren Beine. Der Archäologe Norbert Benecke[18] berichtet von Ausgrabungen, die mittelgroße bis große Hunde mit typischen Verletzungen zeigen, wie sie beim Austreten eines Rindes entstehen.

Der Bulldog als Jagdhund

Der Bulldog und seine Vorfahren waren die Begleiter des Adels bei der Jagd auf wehrhaftes Wild wie Bär, Wisent, Wildschwein oder Dachs. Auch beim Erlegen der letzten Auerochsen werden diese Hunde geholfen haben.

Der Zuchtochse. Steindruck, Gotha 1829 Carl Hellfarth's Steindruckerei. Sammlung Dr. Fleig.

Weißer und brauner Molossoide auf Wildschwein, Öl auf Holz, Abraham Hondius, 1685. Sammlung Dr. Fleig.

[18] Norbert Benecke: *Der Mensch und seine Haustiere.* Stuttgart, 2001.

33

Der Bulldog als Kampfhund

Legendär und seine hervorstechende Besonderheit
ist die Verwendung des Bulldogs als Kampfhund
in den Arenen und Pits des Mittelalters bis ins 19.
Jahrhundert hinein. Die Hunde waren wichtige Akteure der Unterhaltungsbranche, ob auf den großen Arenen Londons oder den kleinen Arenen
des »gemeinen Volkes«, den so genannten Pits in
den Scheunen der Dörfer und Hinterhöfen der
Vorstädte.

*Auerochsenjagd.
Antonie Tempesta
(1555-1630).
Sammlung Dr. Fleig.*

*Hundekampf gegen einen Affen in der Westminster Pit. Kolorierter Kupferstich, London, ca. 1820.
Sammlung Dr. Fleig.*

Namentlich auf den britischen Inseln hat der sportliche Wettstreit – oder was darunter verstanden wurde – und das Wetten hierauf eine uralte Tradition. Und hier geht es um viel Geld. Zum einen kann man bei den Wetten viel Geld gewinnen und noch mehr verlieren. Zum anderen werden die guten Kämpfer unter den Hunden auch monetär geschätzt. Schließlich bringen sie für den Besitzer auch noch gute Einnahmen an Preisgeldern, bei Welpenverkäufen und Decktaxen. Für ihre Kampfhunde konnten die Briten aus dem riesigen Pool an kräftigen Bauernhunden vom Typ der Mastiffs oder Bulldogs schöpfen, die sich dort tagtäglich beim Hüten und Treiben der wehrhaften und nicht ungefährlichen Rinder bewähren mussten. Es liegt in der Natur der Sache, dass man bevorzugt auf erprobte, besonders leistungsfähige Schläge bei der Auswahl der Hunde für die Arenen zurückgriff und diese Entwicklung gezielt förderte.

In *Mayster of Game*, einer mittelalterlichen Abhandlung über die Jagdkunst aus dem Jahre 1406, beschreib der zweite Herzog von York, Edmund de Langley (1373–1415) drei Arten von Alaunts, also großen Hunden. Eine dieser Arten bezeichnet der Herzog als Metzgerhunde, Alaunts of bocherie, die »good for Baytyng of the bulle« sein sollten. Hier haben wir einen sehr frühen, mittelalterlichen Hinweis auf den Bezug auf Kampf mit Bullen und Stieren für den Einsatz unserer Bulldogs. Im ausgehenden Mittelalter, um 1500, finden wir ansonsten nur einige wenige Hinweise, wenn von Bonddogges, Bandogges oder Bolddogges berichtet wird. Aus einem satirischen Gedicht von Cocke Lorell aus dem Jahr 1520 ist ein Vers erhalten: »Than come one with two Bolddogges at his tayle.« Edgar Farman führt einen W.Wulcher an, der um 1500 »hic Molossus – a Bonddogge« erwähnt.[19]

Mit dem Aufblühen der Naturwissenschaften nach dem Ende des Mittelalters erhalten wir wesentlich ergiebigere Quellen, um etwas mehr Licht in die Geschichte unseres Bulldogs zu bringen. Etwa tausend Jahre liegen nach dem Niedergang des Römischen Reiches mehr oder weniger im Dunkeln. Freilich haben sich die Hunde völlig unbeeindruckt von dem kulturellen Niedergang und dem Desinteresse der mittelalterlichen Literatur vermehrt und haben dem Menschen fortwährend ihre Dienste geleistet.

1570 – *De Canibus Britannicis*

Um 1570 schuf Johannes Caius, Hofarzt von Elisabeth I., das noch in Latein verfasste Frühwerk der postantiken Kynologie *De Canibus Britannicis* mit dem Untertitel »Über die Unterschiede, Namen, Natur und Eigenschaften der britischen Hunde«. Ein ganzes Kapitel wird dem »Mastive or Bandedog« gewidmet. Und obwohl das Werk in Latein geschrieben wurde, verwendet Dr. Caius hier ausdrücklich die englischen Begriffe seiner Zeit exakt wie hier angeführt. Gleich im einleitenden Satz hält er fest, dass dieser Hund Mastiff oder Bandedog genannt wird. Hier haben wir einen starken Hinweis darauf, dass noch zu dieser Zeit der Bulldog und der Mastiff als eine Hundeart gesehen wurden. Caius ordnet sie als Hirtenhunden ein und verwendet auch den Oberbegriff »Molosso«. In markanten Worten beschreibt er diese Hunde, die für vielfältige Einsatzzwecke in verschiedenen Varianten gehalten wurden, so als Wachhund für Höfe und Werkstätten, als Metzgerhund, zum Hüten der Bullen, zum Schutz der Felder vor Wildschweinen, als Jagdhund auf Fuchs, Dachs und Wildschwein, als Schutzhund für Reisende oder als Zughund. Die Bandedogs oder Mastiffs werden als überaus starke und grimmige Hunde beschrieben, ohne jede Furcht, aber von besonderem Mut und besonderer Kampfeskraft. Ihren Herren würden sie, ohne auf ihr eigenes Leben zu achten, verteidigen. Sie seien die stärksten Hunde überhaupt. Drei würden reichen, einen Bären zu töten, vier einen Löwen.

---

[19] Edgar Farman: *The Bull Dog*. 1899.

Manche dieser Hunde würden speziell für den Kampf mit Bären und Bullen, aber auch Menschen in den Arenen trainiert. Die Männer würden mit Schwertern und Spießen bewaffnet mit den Hunden kämpfen, berichtet Caius. Er beschreibt auch die Kampfesweise mit Stieren, die von den Bandedogs an den Ohren gepackt und zu Boden gezogen würden. Diese trainierten Hunde seien schließlich so stark und furchterregend geworden, dass der König von England, Heinrich VI. Tudor (1457–1509), befohlen habe, alle diese Hunde aufzuhängen.

Durch einen Befehl König Heinrichs konnten die traditionellen Hundekämpfe in den englischen Arenen und Pits freilich nicht aus der Welt geschafft werden, zumal sich die meisten Könige selbst daran erfreuten. Der deutsche Jurist Paul Hentzner bereiste als Tutor eines schlesischen Adligen im 16. Jahrhundert England. In seinem Reisebericht über das Jahr Anno 1598 ist in hervorragender Weise das Alltagsleben im »Elisabethanischen Zeitalter« dokumentiert. Dabei erwähnt er auch die Arenen der Tierkämpfe. Paul Hentzner berichtet von: » ...wie ein Theater aufgebauten Gebäuden in denen die großen Englischen Bull-Dogs gegen Bären und Stiere kämpfen. Das sei nicht ohne großes Risiko für die Hunde, die von den Hörnern der einen und den Zähnen des anderen und es kommt nicht selten vor, dass ein Hund in der Arena getötet wird. Wird ein Hund getötet oder ermüdet er ist sofort der nächste da.«[20]

Hundekampf. Henry Alken, London, 1820.

---

[20] Paul Hentzner: *Itinerarium Germaniae, Galliae, Angliae, Italiae, cum Indice Locorum, Rerum atque Verborum*, 1612. Hentzner's Travels, von Horace Walpole 1797 besorgte Übersetzung ins Englische.

Dabei ist der Originaltext von Hentzner in lateinischer Sprache gehalten. Horace Walpole ließ den Text 1797, wie hier wiedergegeben, ins Englische übersetzen und dabei wurde der Begriff »Bulldogs« verwendet. In der originalen Ausgabe von Hentzner schreibt dieser wörtlich »magnis illis canibus & molossiss Anglicis, quos lingua vernacula Docken appellant« –zu deutsch: »Die großen britischen Hunde und Molosser, die das Volk Doggen (Docken) nennt.«
Er verweist also ausdrücklich auf die landesübliche Bezeichnung für diese englischen Molosser, die in den Arenen mit Bullen kämpfen, als »Docken«.

Viele Zeugnisse aus dieser Zeit beschreiben die Vorfahren unserer Bulldogs allerdings nicht als Kampfhund in den Arenen, sondern vielmehr als Wach- und Hütehund. William Harrison beschreibt 1577 in *A Description of Elizabethan England* die »Köter der Schäfer oder Mastiffs«: »Denn viele von ihnen liegen tagsüber in schweren Fesseln und Ketten, da sie sonst zu viel Schaden anrichten würden. Es ist ein großer Hund, starrsinnig, hässlich, jähzornig, von massigem Körper (und deshalb von geringer Beweglichkeit), schrecklich und furchterregend anzusehen und oftmals grimmiger und blutrünstiger als jeder griechische oder korsische Köter.«[21]

Giles Fletcher, Minister unter Königin Elisabeth und Botschafter in Russland, schmeichelt nicht gerade der russischen Folklore, wenn er sie mit dem Heulen der großen Bandoggen vergleicht: »When they sing you woulde thinke a kowe lowed, or some great bandogge howled.« (*Of the Russe Common Wealth*, 1591).[22] Und bleiben wir noch kurz auf dem Kontinent. Der Schweizer Naturwissenschaftler Conrad Gesner widmet in seinem *Allgemeinen Thier-Buch* ein ganzes Kapitel »Von den Hunden und dem Wolff«. Er berichtet von »Hunden so die Meyerhöff und die Schiffe verhüten« und beschreibt diese exakt so wie es der oben genannte William Harrison zur etwa gleichen Zeit in England für die Mastiffs macht.

1609 – Der erste »Bull-dog«

Der Dichter der englischen Renaissance Ben Jonson (1572–1637) verwendet wohl zum ersten Mal das Wort »Bull-dog« in der Literatur ausdrücklich und wortwörtlich. In seiner 1609 uraufgeführten Komödie »*Epicoene: or, The silent woman. A comedy*« verwendet er diesen Begriff gleich zweimal:

Act III. Scene I.
»I'll ha' you chain'd up with your Bull-dogs and Bear-dogs«
Act IV. Scene II.
»Mrs. Ott. Do I want Teeth, and Eye-brows, thou Bull-dog?«

Sein berühmter Zeitgenosse und Dichter-Kollege William Shakespeare (1564–1616) verwendet zwar nicht ausdrücklich den Begriff »Bull-dog«, doch er erwähnt gleich in mehreren Werken die Ban-dogs, Mastiffs, Bullen-Beißer seiner Zeit.

Henry VI, Part II
»The time when screech-owls cry and ban-dogs howl«

King Lear, Act 3, Scene 6
»Mastiff, grey-hound, mongrel grim«

Henry V Part III
»That island of England breeds very valiant creatures; their mastiffs are of unmatchable courage.«

Macbeth, 3. Akt, 1. Szene in der deutschen Übersetzung:

»Im Verzeichnis geht ihr als Männer, so wie Windhunde, Wachtelhunde, Pudel, Möpse, Bullen-Beißer, Schäferhunde, alle unter dem allgemeinen Namen Hund begriffen werden; die besondere Bestimmung unterscheidet den schnellen, den langsamen, den schlauen, den Haushüter, den Jäger, einen jeden durch eine gewisse Gabe der gütigen

[21] Zitiert nach Judith Daws: *Bulldog*, 2001.
[22] Giles Fletcher: *Of the Russe Common Wealth*, 1591.
Conrad Gesner (Autor), Gerhild Tieger (Herausgeber), Von den Hunden und den Wolff - aus Allgemeines Thier-Buch von 1669, 2008.

Natur, die seiner Art eigen ist, und ihn aus der allgemeinen Gattung auszeichnet.«

Auch in einem weiteren Klassiker der britischen Literatur, *Robin Hood*, wird an verschiedenen Stellen von »Ban-Dogs« berichtet. In der auf sehr frühe Quellen zurückgehenden Ballade ”Robin Hood and the Curtal Friar”, heißt es:

»The fryar sett his neave to his mouth,
 A loud blast he did blow;
Then halfe a hundred good bandoggs
Came raking all on a rowe.«

1631 − »Two good Bulldoggs« please

Edgar Farman berichtet in seiner 1899 erschienenen Monografie *The Bulldog*, einem echten Klassiker der Bulldog-Geschichte, von mehreren Briefwechseln aus der Zeit um 1631. Prestwick Eaton aus St Sebastian bestellt in einem Brief an George Willingham in St Swithin´s Lane, City of London »a good Mastive dogge« und − »two good Bulldoggs«. Er bittet darum, dass diese schon mit dem nächsten Schiff verschickt werden. Außerdem bestellt er unter anderem eine Kiste der edelsten Brände. Später bittet er um eine weitere Lieferung

»Lucy, a celebrated bullbitch«, nach Smith, 1834. Sammlung Dr. Fleig.

dieser Hunde, so berichtet es Farman. Dieser Briefwechsel ist in verschiedener Hinsicht bemerkenswert. Zum einen werden Bulldogs und Mastiffs klar unterschieden. Und das vor fast vierhundert Jahren. Aus der Bestellung geht zudem hervor, dass man diese speziellen Hunde nicht mehr auf jedem Bauernhof finden konnte, ansonsten hätte sich Prestwick Eaton die aufwändige Lieferung per Schiff aus London sparen können. Schließlich werden Wert und Wertschätzung der als Bulldog und Mastiff bezeichneten Hunde unterstrichen durch die Zusammenstellung mit gewiss ebenfalls nicht alltäglichen Luxusgütern.

Vierhundert Jahre »Bulldog«

Schon bei den Römern, wie von Claudian 390, gibt es erste präzise Beschreibungen des Bulldogs, freilich in Latein und noch ohne wörtliche Benennung als »Bulldog«. Um 1600 finden wir zum ersten Mal das Wort Bulldog schriftlich dokumentiert. In Verbindung mit dieser ersten Erwähnung bei Ben Jonson kann also davon ausgehen, dass bereits zu dieser Zeit die Herausbildung des eigentlichen Bulldogs in Abgrenzung zum Mastiff stattgefunden hatte. Die Bezeichnung Mastiff wird aber weiterhin entweder als Oberbegriff für den Bulldog oder als Bezeichnung für den größeren Schlag des gleichen Hundetyps verwendet.

In seinem Bericht von einer Reise um die Erde, *A new voyage round the world* beschreibt der Abenteurer William Dampier 1699 wohl einen Tiger im Vergleich mit sowohl Bulldog als auch Mastiff in dem Satz: »Eine Tiger-Katze ist von der Größe eines Bulldogs mit vier Beinen aber ansonsten in der Körperform wie ein Mastiff.« Vierzig Jahre später treibt John Chamberlain in seiner *Description of Great Britain* die begriffliche Verwirrung auf die Spitze, wenn er von »Bull Dog Mastiffs« schreibt.

Der große Naturforscher Charles Darwin fasst

diese Phase der Entwicklung des Bulldogs kurz zusammen: »Der Bulldog ist eine Englische Rasse und wie ich von Mr. G.R. Jesse gehört habe, scheint er seit Shakespeares Zeiten vom Mastiff zu stammen; er existierte sicher bereits 1631 wie Prestwick Eaton's Briefe zeigen.«[23] Der Bulldog zählt damit, neben den Jagd- und Schoßhunden des Adels, zu den ältesten tatsächlich dokumentierten Rassen überhaupt.

Der tausendjährige Kampf des Bulldogs in den Pits und Arenen

Wir haben schon gesehen, dass Wettkämpfe und Wetten aller Art eine lange Tradition auf den britischen Inseln haben. In der römischen Provinz Britanniae waren die Arenen weit verbreitet. Die Insel war berühmt für ihre Molosser, die regelmäßig nach Rom exportiert wurden und dort im Kolosseum zu sehen waren. Es ist durchaus vorstellbar, dass die Faszination für Kampfspiele und auch Tierhatzen bereits bei unter den Kelten in vorrömischer Zeit verbreitet war. Hundekämpfe haben auf der Insel also eine mindestens zweitausendjährige ununterbrochene Tradition. Lediglich die Akteure dieser Kämpfe variierten. Hunde waren allerdings immer dabei. Der zweitausendjährige Kampf der Bulldogs in den Pits und Arenen schreibt seine blutige Geschichte.

Kampfhunde

Dass Hunde zu den Standardakteuren eines zweifelhaften Sports missbraucht wurden, liegt fast auf der Hand. Hunde sind von Natur aus wehrhafte Beutegreifer. Hunde sind allerorten verbreitet. Hunde lassen sich leicht produzieren und reproduzieren. Und Hunde lassen sich hervorragend abrichten und erziehen. Schließlich sind sie billig zu halten. Die Kriegs- und Kampfhunde der Antike, des Mittelalters und der Neuzeit bis zum Verbot der Hundekämpfe 1835 sind aber keineswegs

---

[23] Charles Darwin: *The variation of animals and plants under domestication*, 1875, S.43ff.

mit dem zu verwechseln, was heute gemeinhin als »Kampfhund« bezeichnet wird. Noch bis zu dem schrecklichen Vorfall in Hamburg im Jahr 2000, wo zwei unangeleinte »Pitbulls« eines vielfach vorbestraften Kriminellen einen kleinen Jungen regelrecht zerfleischten, war das Scharfmachen von Hunden in Deutschland vom Staat geduldete Praxis. Obwohl es durch geltendes Tierschutzrecht verboten war, Hunde aggressiv zu machen, bediente sich die Halbwelt ganz ungeniert und vom Staat völlig unbehelligt bei einschlägigen Zwingern. Diese verpaarten über Generationen gezielt als besonders aggressiv eingestufte Elterntiere und deprivierten dann noch zusätzlich die Welpen. Durch gezielte Grausamkeiten wurden schon die Welpen seelisch gebrochen und so die Basis geschaffen, sie später in der Hand ihrer meist zwielichtigen Halter als Waffe zu missbrauchen. Die sogenannten »Kampfhunde«, die zuweilen auch heute noch durch besondere Aggressivität Menschen gegenüber auffallen, sind in den allermeisten Fällen das erste Opfer solcher Menschen. Es sind mental kranke und gequälte, missbrauchte Hunde. Der reinrassige, heutige Bulldog bleibt von solchem Missbrauch glücklicherweise weitgehend verschont, weil sich mit ihm heute weder körperlich noch mental ein nennenswertes Aggressionspotenzial mobilisieren lässt.

Doch kommen wir zurück zu den echten Kampfhunden. Sie waren die tierischen Gladiatoren der Pits und Arenen über mehrere Epochen der Menschheit und sind in keiner Weise zu vergleichen mit den als »Kampfhund« bezeichneten Tieren heutiger Tage. Wie die menschlichen Gladiatoren mussten diese Hunde neben einer überzeugenden Kampfkraft aber ganz wesentlich auch über eine andere Eigenschaft verfügen. Sie mussten kontrollierbar sein. Sie durften ihre tödliche Wirkung keinesfalls zu einem anderen Zeitpunkt als gewünscht entfalten. Im Ring kämpfen wie eine Bestie, außerhalb fromm wie ein Lamm – so sollten, ja mussten sie sein. Darüber hinaus mussten sie zuverlässig zwischen »Freund und Feind« unterscheiden können. Wobei, so die Ironie der Geschichte, der eigentliche Feind, der Besitzer und Ausbilder, als Freund identifiziert werden musste. Nicht zuletzt mussten die Hunde jederzeit, auch mitten im Gefecht, abrufbar sein, etwa wenn der Gegner kapituliert hatte oder der Schiedsrichter es wollte. Höchste Disziplin, Menschenfreundlichkeit und coole Gelassenheit außerhalb des Pits waren also wesentliche Kennzeichen eines echten Kampfhundes. Die heutigen als sogenannte »Kampfhunde« bezeichneten armen Hunde sind das genaue Gegenteil hiervon.

Ein Bulldog, der etwa den Schiedsrichter oder einen Sekundanten angriff oder außerhalb des Pits aggressiv geworden war, wurde sofort disqualifiziert und verlor so seinen ganzen Wert. Schon alleine aus dieser monetären Überlegung heraus und schlicht zum Selbstschutz wurde über Hunderte, ja Tausende Jahre hinweg streng darauf geachtet, dass diese potenziell gefährlichen Hunde bestens kontrollierbar und außerhalb des Pits lammfromm waren. Auch heute noch ist der Bulldog geradezu sprichwörtlich bekannt für dieses blitzschnelle Umschalten von fast welpenhafter Freundlichkeit oder lethargisch anmutender Gelassenheit auf grollendes, Furcht einflößendes, leidenschaftliches Losschießen auf einen vermeintlichen Gegner – und umgekehrt wieder ebenso.

Die echten Kampfhunde stellten einen erheblichen Wert dar. Unser Bulldog war bereits vor Hunderten von Jahren das Objekt menschlicher Geldgier. Mit einem guten Bulldog konnten hohe Preisgelder eingespielt werden. War der Hund schließlich ein berühmter Gladiator, so lockte er viele Zuschauer in die Arenen, auch hier floss wieder Geld. Schließlich konnten auch Beteiligungen an Wetteinsätzen, den eigentlichen großen Geschäften rund um die Kämpfe, große Vermögen einspielen. Last but not least stieg der Zuchtwert eines solchen aus den Kämpfen hervorgegangenen, echten Champion und entsprechend hoch stiegen die Preise für Welpen und Decktaxen. Für

Henry Alken, London, 1820. Sammlung Dr. Fleig

viele Menschen aus dem Volk war die Zucht eines solchen Champions die einzige realistische Chance auf das »große Geld« und einen, wenn auch bescheidenen, gesellschaftlichen Aufstieg.

In Pits und Arenen

In zahlreichen Werken werden seit dem 16. Jahrhundert die Arenen der Tierhatzen beschrieben, die es in der City of London und den Zentren der anderen wichtigen Städte Englands seiner Zeit gab. Auch auf dem Land gehörten Hundekämpfe fest zum Unterhaltungsprogramm der Bauern und einfachen Leute. Hier waren es nicht Arenen, sondern einfache Umzäunungen oder Gruben, die Pits, in denen das oft tödliche Spektakel abgehalten wurde. Der heute fälschlich als Rassebezeichnung gebrauchte Begriff »Pitbull« ist eigentlich nur

eine allgemeine Bezeichnung, die einen Hund für den Pit des Hundekampfes meint.

Die Menschen hatten schon früher viel Fantasie, wenn es um die eigene Belustigung ging. Wie wir es von den Römern wissen, so wissen wir es auch vom England der nachrömischen Zeit; die Hunde mussten gegen alle möglichen tierischen und auch menschlichen Gegner antreten. Der Bulldog musste so auch gegen menschliche Kämpfer antreten, die allerdings mit Schwertern, Messern, Spieß und Schild schwer bewaffnet waren. Der Ausgang stand von vorneherein fest. Eine Chance hatte der Hund nur, wenn es gegen andere Tiere ging. Die Bulldogs mussten gegen Stiere oder Bullen, Bären, Dachse, Ponys, Wildschweine, Affen und hie und da sogar Löwen oder eben gegeneinander antreten. Johannes Caius berichtet 1570 in *De Canibus Britannicis*, drei Bulldogs würden reichen, einen Bären zu besiegen, vier würden einen Löwen niederkämpfen. Lediglich bei den Ratten hatte der Hund ein vergleichsweise leichtes Spiel. Hier ging es nicht um das eigene Leben. Hier zählte nur die Anzahl der innerhalb einer bestimmten Zeit getöteten Ratten. Für diese Veranstaltungen nahm man allerdings keine Bulldoggen oder Mastiffs, sondern Terrier. Alle anderen tierischen Gegner waren durchaus ernst zu nehmen. Ein ausgewachsenes Pavian-Männchen etwa kann eine mächtige Kampfmaschine sein. Es ist flink und äußerst beweglich und verfügt über ein sehr starkes Gebiss mit großen Eckzähnen, das dem eines Mastiffs oder damaligen Bulldogs kaum nachsteht.

In *The present state of Great-Britain and Ireland* von 1718 lässt Guy Miege seiner Begeisterung über den Mut der Bulldogs freien Lauf: »Unsere Mastiffs, speziell solche, die wir Bulldogs nennen, sind unglaublich mutig. Nur einer dieser Hunde alleine kämpft gegen einen Stier oder Bär, Löwen oder Tiger; und er wird seinen Biss nicht lockern bis er entweder gewonnen oder sein Leben gelassen hat. Während der Regentschaft König Charles II wurde ein Löwe von diesen Hunden getötet.«

Der Kampf gegen einen Löwen wird schon allein aus finanziellen und logistischen Gründen ein eher seltenes Spektakel zumindest in England selbst gewesen sein. Man brachte aber die Hunde zum Löwen. In den Kolonien des Empire ergötzte man sich an dem Spektakel Bulldogs gegen Löwen. Die Briten demonstrierten den kolonialisierten Völkern anhand des Muts und der Kampfkraft der Bulldogs auch ihre eigene Stärke und vermeintliche Überlegenheit. John Fryer berichtet in seinem Buch *A new account of East-India and Persia* von 1698, »ein echter Bulldog ist ein zu hartes Match für einen dieser Löwen, wie er es oft am persischen Hof zur Empfehlung seines Mutes gezeigt hat.«

Bulldog gegen Affen − Kupferstich nach Samuel Howitt, 1799. Sammmlung Dr. Fleig.

42

Der große Schriftsteller Jack London beschreibt den Kampf einer Bulldogge gegen den Wolfs-Mischling in seinem Roman *Wolfsblut*: »Wolfsbluts letzter Kampf – Wolfsblut hatte gegen alle Arten von Hunden gekämpft, war in vielen Kämpfen auf Leben und Tod Sieger geblieben und hatte so seinem grausamen Herrn viel Geld eingebracht. Doch eines Tages wurde ihm eine Bulldogge namens Cherokee in den Käfig geführt. Viele Zuschauer waren zu dem Kampf gekommen, denn eine Bulldogge hatte man in Dawson noch nicht gesehen. Auch Wolfsblut kannte diese Art von Gegner noch nicht.«

Dann beginnt der Kampf im Pit: »Plötzlich raste Cherokee krummbeinig und geschwind vorwärts. Wolfsblut schnappte zu. Cherokee blutete an einem Ohr und hatte einen Schlitz an dem dicken Hals. Nach diesem Angriff war Wolfsblut weggesprungen, aber Cherokee verfolgte ihn. Immer wieder sprang Wolfsblut zu, biss und sprang unverletzt zurück. Aber unablässig folgte ihm der seltsame Feind, ohne sich zu beeilen, aber entschlossen. Die Wetten in der Menge stiegen immer höher. Nie hatte er einen Hund gesehen, der keinen dichten Pelz hatte, dessen weiches Fleisch bei jedem Biss blutete, aber der nie aufschrie, wie er es von anderen Hunden gewohnt war. An die weiche Stelle unten an der Kehle konnte er nicht kommen, dazu war die Dogge zu niedrig. ... Cherokee hatte ihn an der Kehle gepackt. Dieser wollte ihn abschütteln, denn das Gewicht am Hals machte ihn rasend. So rannte er immer im Kreis herum, wandte sich hin und her und versuchte die Last abzuschütteln. Doch Cherokee hielt fest.«

Bull-Baiting und Bear-Baiting

Bull-Baiting und Bear-Baiting waren die Haupteinsatzzwecke des Bulldogs. Der Londoner Schriftsteller Thomas Dekker (1572–1632) beschreibt die »Brot und Spiele« der englischen Hauptstädter seiner Zeit, in deren Mittelpunkt »Games« mit Bären,

Bullen und Hunden stehen. In London gab es gleich mehrere »Bear-Garden«, wie die Tierkampf-Arenen genannt wurden. Paris Garden, Hockley-in-the-Hole oder Whitehall waren die berühmtesten dieser Arenen über Jahrhunderte hinweg. Es ist historisch belegt, dass Könige wie Heinrich VII. oder Elizabeth I. große Fans dieser Veranstaltungen waren. Als das Parlament auf Druck der frommen Puritaner das Bear-Baiting an Sonntagen verbieten wollte, legte Königin Elizabeth sofort ihr Veto dagegen ein.

Robert Laneham[24] hinterlässt uns einen lebendigen Eindruck von einer solchen Veranstaltung im Jahr 1575: »Während im inneren Bereich dreizehn Bären warteten, waren die großen Bandogs im äußeren Ring angebunden. Dann wurden die Bären zu viert in die Arena gebracht. Dann die Hunde zu ihnen gelassen. Ein wilder Kampf geht sofort los. Die Hunde stürzen sich auf die Schnauze des Bären und beißen sich dort fest. Der Bär schlägt mit seinen Krallen auf die Hunde ein. Überall fließen Unmengen an Blut. Hautfetzen fliegen herum. Man hört lautes Gebrüll und Geheule. Es ist ein herrlicher Sport. Es macht viel Spaß, diese Bestien zu beobachten.«

Beim Bear-Baiting auf dem Land wurde der einzelne Bär angekettet und musste so gegen zwei oder drei Bulldogs kämpfen. Ermüdete ein Hund oder wurde er verletzt, sorgte man sofort für frischen Nachschub. Thomas Pearce berichtet in seinen »Idstone Papers« ebenfalls von der Grausamkeit der Hundekämpfe jener Zeit. Allerdings findet er im Gegensatz zu Robert Laneham keinen Gefallen an dem Leiden der Tiere. Um den Kampf zu verlängern, so klagt er an, habe man gelegentlich den Bären geblendet, so dass er nicht genau sehen konnte, wohin er mit seinen gefährlichen Pranken schlagen musste, um sich zu verteidigen.

Ende des 16. Jahrhunderts brach in der Arena von Paris Garden eine Tribüne zusammen und meh-

---

24 Robert Laneham's Letter: Describing a Part of the Entertainment Unto Queen Elizabeth at the Castle of Kenilworth in 1575.

H.Alken del.   London, Published by T.M.Lean Jan.t 1820.   L.Clark sculpt

BEAR BAITING.

Kampf gegen Bären. Henry Alken, London, 1820. Sammlung Dr. Fleig.

rere Zuschauer starben. Das wurde von den Puritanern als Zeichen Gottes gedeutet, Tierhatzen nun endlich zu verbieten. Doch auch diesmal gab es zu starken Widerstand des englischen und schottischen Adels. Die Tierkämpfe wurden erst zweihundert Jahre später verboten. Das Bear-Baiting kam seither aus der Mode, wohl auch durch den Umstand begünstigt, dass die Bären auf den britischen Inseln inzwischen ausgerottet waren.

Game Bull und Bulldog

Der Klassiker der Tierkampf-Veranstaltungen in ganz England war seit jeher der Kampf der Bulldogs gegen einen Stier. Dabei gab es die verschiedensten Formen. Mal sollten die Bullen durch Städte, Dörfer, Ländereien gehetzt werden, bei anderen Spektakeln waren die Stiere angekettet oder in einer robusten Umzäunung wie den Arenen. Beim »Pinning« ging es darum, dem Stier möglichst viele Verletzungen in seinem empfindlichen Nasenbereich beizubringen. Ein Stier, bereits verletzt, aber noch voll in Besitz seiner Kräfte, galt als »Game Bull« und war der Favorit des gröhlenden Publikums. Die außerhalb des Kampfplatzes gelassen ausharrenden Bulldogs wurden meist zu zweit oder dritt auf den Stier gehetzt. Explosionsartig wandelte sich der dösende, friedliche Hund in eine aggressive Kampfmaschine. Und es ging ja tatsächlich um Leben und Tod. Eine falsche Bewegung, ein kurzer Moment fehlender Aufmerksamkeit und schon hatte der wütende Stier den Hund bei den Hörnern und katapultierte ihn, von seinen Hörnern durchbohrt, in hohem Bogen durch die Luft. Stiere kämpfen für gewöhnlich mit nach unten möglichst flach auf dem Boden gesenktem Kopf, um den Angreifer mit seinen spitzen Hörnern abzuwehren. Hierzu scharren sie sich gelegentlich sogar kleine Vertiefungen in den Boden, um so keine Angriffsfläche von unten zu bieten. Außerdem verfügt er mit seinen Hufen über weitere tödliche Waffen. Der Bulldog hatte es nun in seiner zweifelhaften Karriere als Bullen-Kämpfer gelernt, den Stier ebenfalls ganz flach von unten anzugreifen und dabei seine empfindliche Nasenspitze oder die Ohren zu attackieren. Hier war auch der mächtigste unter den Bullen verletzlich. Das grausame Spiel begann. Ein Bulldog nach dem anderen stürzte sich auf den vor Wut und Erregung schnaubenden Stier. War ein Hund verletzt, getötet oder ermüdet, so wurde er umgehend durch einen neuen ersetzt. Hatte sich erst einmal ein Bulldog in der Schnauze des Stiers verbissen, so war das Schicksal des Kolosses besiegelt. Der Bulldog war über Jahrhunderte für genau diesen Moment optimiert worden. Einmal im Kampf an der richtigen Stelle zugebissen, ließ er nun nicht mehr los, selbst wenn sein ganzer Körper durch die Luft geschleudert wurde. Wie Schraubzwingen bohrten sich die Zähne seines breiten und mächtigen Gebisses in den Stier und hielten eisern fest. Hatte ein Bulldog sein Werk verrichtet, dauerte es nicht lange, bis dies auch dem nächsten Bulldog gelang. Der Stier hatte den Kampf verloren. Erst dann und auf Befehl ihres Halters lösten die Bulldogs ihren Tod bringenden Biss.

BULL BAITING.
London, Published by Thos. McLean, 26 Haymarket

BULL BAITING.

BULL BAITING.

Bull Baiting. Stiche von Henry Alken, London 1820. Sammlung Dr. Fleig.

Die Mär vom Vorbiss

Es ist allerdings eine nur schwache Mär, dass der Vorbiss heutiger Bulldogs aus jenen Tagen stamme. Die damaligen Bulldogs sind mit den übertypisierten, überschweren Bulldogs der heutigen Champion-Zucht nicht zu vergleichen. Es waren drahtige Hunde, die sich schnell und wendig bewegen und frei atmen konnten, mit deutlich abgesetzten Schnauzen. Sie hatten keinerlei Vorbiss. Der heutige Vorbiss ist lediglich eine anatomische Folge der extrem zurückgezüchteten Schnauzen und damit auch Oberkiefer und in deren Folge sich aufbiegenden Unterkiefer. Auch ist es lediglich eine schwache Legende, die extrem kurze Schnauze heutiger Bulldogs sei der Notwendigkeit geschuldet, beim Festbeißen in den Stier besser Luft zu bekommen oder gar damit das Blut besser abfließen könne. Man sollte sich lieber einmal die Bilder und Berichte von Bulldogs aus der Zeit der Hundekämpfe anschauen. Man wird keinen einzigen Bericht finden, der eines dieser alten Züchter-Märchen auch nur ansatzweise bestätigt. Tatsache ist vielmehr, dass die heute bei den Hundeausstellungen der FCI und anderer Hundeverbände zu Champions gekürten Bulldogs, keine einzige Minute im Kampf gegen einen Stier bestehen würden. Zu sehr haben ihr Körper und ihre Konstitution unter der Schau-Zucht gelitten.

Tatsache ist allerdings auch, dass der alte Kämpfer auch in unseren heutigen Bulldogs zumeist noch erhalten ist, aber eher versteckt. Der heutige Bulldog kann immer noch in Sekundenbruchteilen und explosionsartig von Schlaf oder demonstrativem Desinteresse auf Angriff umschalten. Wenn gekämpft wird, dann gleich mit voller Wucht, allerdings ohne aus der Kontrolle zu geraten. Meist wird versucht, den Gegner von ganz unten zu attackieren. Ein gesunder Bulldog ist dabei immer noch erstaunlich beweglich, flink und schnell und vor allem sehr leidenschaftlich. Der alte Kämpfer hat in seinem Temperament überlebt. Und selbst im wildesten Kampfesgetümmel lässt sich der Bulldog jederzeit problemlos abrufen. Nach einer kurzen Erholungspause kann er dann genauso schnell wieder auf Lethargie umschalten und legt sich dösend an seinen Platz, als sei nie etwas gewesen.

Die Qualen des alten Bulldogs

Wer seinen Bulldog als Partner oder Freund schätzt oder doch zumindest als Lebewesen respektiert, würde ihn nie als Akteur zu den Tierkämpfen lassen. Es kann aber nur spekuliert werden, wie außerhalb der Arenen mit ihm umgegangen wurde. Wir haben schon die Berichte gehört, wie Bulldogs für den Kampf in den Arenen trainiert wurden. Ansonsten verfügen wir lediglich über Quellen aus der letzten Phase, als Hundekämpfe bereits von einem wachsenden Teil der aufgeklärten, bürgerlichen Bevölkerung kritisch gesehen wurden. Joseph Strutt (1749–1802) mit seiner Enzyklopädie zur Historie des englischen Sports *The sports and pastimes of the people of England from the earliest period* und der gute alte Bulldog-Man Edgar Farman sind hier die wichtigsten Zeitzeugen.

Zumindest in der Endphase der Hundekämpfe gab es eine Ausbeutung der Bulldogs, die man als barbarisch kennzeichnen muss. Praktisch jeder Atemzug dieser Hunde wurde zu Geld gemacht. Und die Hunde selbst wurden immer noch hoch gehandelt. Auf der Rückseite eines Gemäldes von 1808 ist eine Notiz vermerkt, die eine Quittung für die 120 Guineas darstellt, die für den abgebildeten Bulldog ihren Besitzer wechselten. Eine stolze Summe zu jener Zeit. Wir haben oben schon berichtet, dass die Besitzer der Bulldogs in den Arenen mit Preisgeldern, Wetteinsätzen, Antrittsgeldern bereits umfassend Kasse machen konnten. Damit aber nicht genug.

Dokumentiert ist das traurige Schicksal einer Bulldog-Hündin aus dem Jahre 1810. Die alte Hündin, die bereits mehrfach geworfen hatte, wird von ihrem Besitzer mit ihren aktuellen Welpen in die

Arena geführt. Die Welpen werden dem Publikum angepriesen. Nun startet eine grausame Marketing-Aktion. Es ist wohl die grausamste Methode zur Erzielung von Top-Preisen für Welpen in der ganzen Geschichte der Menschheit. Die Bulldog-Hündin wird auf einen Stier gehetzt und verbeißt sich auf das Kommando ihres Besitzers brav in die Schnauze des Stieres. Es ist kaum fassbar und treibt einem heute noch Betroffenheit und Zornesröte ins Gesicht, was nun geschah. Aber der Besitzer schneidet der Hündin mit einer Heckenschere bei lebendigem Leib nach und nach Fleischstücke heraus. Die Hündin hält, wie sie es gelernt und bereits in ihren Genen verankert hat, trotzdem tapfer fest bis in den eigenen Tod. Der Tierquäler hat sein Ziel erreicht. Die Aktion hat beim Publikum mächtig Eindruck hinterlassen und treibt den Welpenpreis in die Höhe. Nun kann er die Welpen für viel mehr Geld verkaufen. Sie gehen, wie berichtet wird, weg für fünf Guineas das Stück.

Ein anderes Dokument beschreibt einen Bulldog-Besitzer, der aus demselben Zweck und in derselben Situation der Hündin bei lebendigem Leib den Kopf abschneidet. Es sind eine Reihe solcher Grausamkeiten an unseren Bulldogs in der Literatur überliefert, die der Verfasser dieser Zeilen dem Leser ersparen will. Er kann aber versichern, dass dem Bulldog im Dienste des Menschen nicht eine einzige denkbare Grausamkeit erspart wurde.

Doch wir sollten nicht allzu weit mit dem ausgestreckten Finger auf unsere Vorfahren zeigen. Was dem Bulldog durch weite Teile der Zucht heute systematisch und bewusst angetan wird, ist nicht minder schlimm und grausam und führt letzten Endes zu noch mehr Leid für die Hunde. Der Umgang mit diesen so charakterstarken, charmanten und treuen Hunden ist nicht immer ein rühmliches Kapitel für ein Lebewesen, das sich selbst als »sapiens« und manchmal sogar als »die Krone der Schöpfung« bezeichnet.

Bulldoggen um 1800. Sammlung Dr. Fleig.

Das Verbot der Hundekämpfe von 1835

Das 19. Jahrhundert leitete das Ende dieser zweitausend Jahre alten Tradition der Tierkämpfe in England ein. Durch das Zeitalter der Aufklärung sah man nun in den Tieren Mitlebewesen und nicht, wie in der seit dem Mittelalter herrschenden Ideologie, lediglich dienstbare Objekte des Menschen ohne Seele und Rechte. Menschen setzten sich nun wieder aktiv für die Rechte und den Schutz der Tiere ein. Der moderne Tierschutz nahm erste Formen an. Bereits 1802 wurde ein Verbot des Bull-Baiting und Bear-Baiting im britischen Unterhaus diskutiert. Doch damals gab es noch keine Mehrheit für den Schutz der Tiere. Gegner argumentierten wie Colonel Grosvenor damit, dass sie ein verbrieftes Recht auf Kämpfe mit Bulldogs erhalten hätten: »If a treaty has signed between bull-dogs and bulls the death warrant of the country would be signed.«[25] Aus der Grafschaft Stamford des Fürsten William Earl Warrenne wurde am 24. Mai 1802 eine Petition gegen ein Verbot des Bull-Baiting an das Londoner Parlament gerichtet. Man berief sich auch hier auf achthundert Jahre alte, verbriefte Rechte auf Bull-Baiting und Bull-Running.

Trotzdem kamen die Hundekämpfe aus der Mode. So beklagt die Zeitschrift British Field Sports im Jahr 1818 den Rückgang der Hundekämpfe. Das grausame Spiel mit Tieren erfuhr zunehmend eine gesellschaftliche Ächtung. Joseph Strutt beschreibt den gesellschaftlichen Niedergang des Bull- and Bear-bating von einem königlichen Sport noch zu Zeiten Elisabeth's zu einem Ereignis der »am meisten despektierlichen Teile« des Volkes.

Im Jahr 1822 beschloss das House of Commons nun endlich das erste Tierschutzgesetz des United Kingdom. Doch die Hundekämpfe wurden noch nicht verboten. Zwei Jahre später wurde die britische Tierschutzorganisation, die »Royal Society for the Prevention of Cruelty to Animals« gegründet. Nicht zuletzt durch ihr Drängen beschloss das Parlament in London 1835 eine Erweiterung des Tierschutzgesetzes, das nun auch die Hundekämpfe verbot. Der »Cruelty to Animals Act 1835« war eine grundlegende Zäsur für unseren Bulldog. Die Zeiten des Missbrauchs als Gladiator der Arenen zur Belustigung des Volkes waren endlich und endgültig vorbei – zumindest im zivilisierten Europa.

Allerdings sollte die »Royal Society for the Prevention of Cruelty to Animals« 173 Jahre später noch einmal einen wesentlichen Beitrag zu einer nicht minder wichtigen Zäsur für das Überleben des Bulldogs leisten müssen. Im Jahr 2008 leitete der britische Kennel Club erst nach breitem öffentlichem Druck eine Wende in der Hundezucht ein. Als eine der ersten Maßnahmen wurde der Standard für den Bulldog geändert. Die schlimmsten Verkrüppelungen durch die Zucht finden seither keinerlei Rechtfertigung mehr im Rassestand. Doch dazu später mehr.

Auch in den deutschen Fürstentümern und Königreichen wurden Hundekämpfe nach und nach verboten. In der Allgemeinen deutschen Garten-Zeitung, Band 13 von 1835, finden wir unter der Rubrik »Artistische Beilagen« noch eine Annonce für den Kampf zweier Bulldoggen. Anderen Ortes waren Hundekämpfe längst verboten. Am 10. Februar 1842 verkündeten die *Neuen Rostock'schen Nachrichten und Anzeigen* sogar das amtliche Verbot der Haltung von Bulldoggen im Rostocker Jurisdictionsbezirk.

In den USA waren Hundekämpfe bereits lange vor dem Londoner Beschluss in allen Bundesstaaten verboten worden. In Kanada wurden Tierkämpfe allerdings erst 1892 verboten. Und wir wissen aus Jack Londons Roman Wolfsblut sehr anschaulich und eindringlich, wie im hohen Norden Amerikas Hundekämpfe abliefen. Nur in Spanien haben die großen Arenen des Tierkampfes bis in die heutigen Tage überlebt.

---

[25] *Sporting magazine*, Band 20, 1802 S.189

Kapitel 2

Die Herausbildung des heutigen Bulldogs

Das 19. Jahrhundert war eine Zeit des grundlegenden Wandels für den Bulldog. Und es war auch eine Zeit des grundlegenden Wandels für die Menschen nicht nur in England, Europa oder Nordamerika.

Die industrielle Revolution eroberte die Insel und den Kontinent. Die absolute Herrschaft des Adels war gebrochen. Die Kirche wurde in ihre Schranken gewiesen. »Freiheit, Gleichheit, Brüderlichkeit« schallte durch die Straßen von Paris und später die Frankfurter Paulskirche. 1830 wurde die Sklaverei im Vereinigten Königreich abgeschafft. Das Bürgertum kam auf und wurde selbstbewusst. Ein nie gekannter Aufschwung in Wissenschaft und Technik sorgte für sprunghafte Veränderungen der Lebensverhältnisse. Die Longhorns wurden nun nicht mehr mit Pferden und Bulldogs zum Markt oder Schlachthof getrieben, vielmehr in den Waggons der dampfenden Lokomotiven transportiert. In Fabriken billig hergestellte Drähte umzäunten die Weiden. Das Hüten der Rinderherden bedurfte keiner Kuhhirten und Hirtenhunde mehr. In den Fabriken wurde zugleich der Kuhhirte als Arbeiter gebraucht, und man brauchte dort viele Arbeiter. Die Städte explodierten und entvölkerten das umliegende Land. Die Arbeiter wollten in den tristen Siedlungen neben stinkenden und fauchenden Fabriken wenigstens ein bisschen alte Heimat, etwas Natur. Und so brachten sie ihre Hühner, Kaninchen, Tauben und Hunde mit. Für deren Nachschub entwickelte sich erstmals eine Hundezucht. Freilich durften diese Hunde nicht mehr allzu groß sein. Hierzu mangelte es an Platz wie auch an Futter.

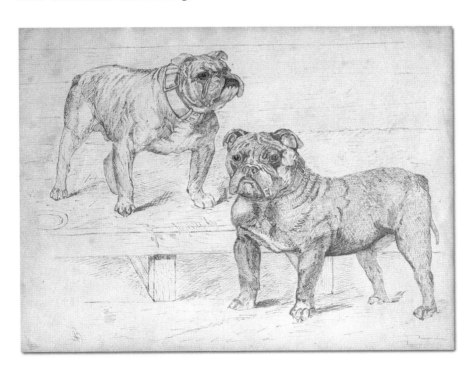

Neues Verhältnis zum Hund

Die Aufklärung brachte zu dieser Zeit ein neues Verständnis der Tiere in die Köpfe und Herzen der Menschen. Über tausend Jahre hinweg war durch christlichen Klerus und Adel verkündet worden, dass die Erde dem Menschen Untertan zu sein habe und Tiere keine Seele hätten. Allein der Mensch sei auserwählt. Die Existenz der Tiere, namentlich der Hunde, habe ihren Sinn allein zum Wohlgefallen und Nutzen des Menschen. Die hellsten und mutigsten Köpfe der Menschheit lehnten sich gegen diese Weltsicht auf. Jetzt entwickelten die Menschen wieder Respekt vor ihren Mitgeschöpfen, Respekt, wie sie ihn in vorchristlichen Zeiten über Jahrtausende hinweg bereits erbracht hatten. Einer der bedeutendsten Denker unserer Zeit, der Philosoph Immanuel Kant, erklärte zu jener Zeit öffentlich: »Denn der Mensch, der schon gegen Tiere solche Grausamkeiten ausübt, ist auch gegen Menschen eben so abgehärtet. Man kann das menschliche Herz schon kennen, auch in Ansehung der Tiere.«[26] Und der verweist auf eine Aussage von John Locke aus dem Jahr 1693 »Denn die Gewohnheit, Tiere zu quälen und zu töten, wird allmählich ihren Sinn auch gegen den Menschen verhärten.«[27]

Der Hund wurde Gegenstand naturwissenschaftlichen Interesses. Auch die Anfänge der modernen Kynologie wurden in dieser Zeit durch den französischen Zoologen Frédéric Georges Cuvier begründet. In einem seiner kynologischen Werke bezeichnet er den »Hund als die größte Errungenschaft des Menschen«. Charles Darwin bekennt öffentlich: »Es lässt sich kaum bezweifeln, dass die Liebe zum Menschen beim Hund zu einem Instinkt geworden ist.«[28] Vor diesem Hintergrund waren Hundekämpfe in England bei großen Teilen der städtischen Bevölkerung schon lange vor deren Verbot 1835 aus der Mode gekommen. Dieser grausame »Sport« frönte bereits ein Nischendasein auf den abgeschiedenen Winkeln des Landes wie auch in Hinterhöfen und Lagerhallen der Seehäfen mit ihren Spelunken und illegalen Wettbüros. Aus dem ehemals königlichen Sport im Zentrum Londons war ein Ereignis der »am meisten despektierlichen Teile« des Volkes geworden, wie ein Zeitzeuge festhält. Es waren immerhin Könige wie Elisabeth I., die Begründerin des British Empire, die regelmäßig die Arenen aufgesucht und sich öffentlich als Fan des Bulldogs bekannt hatten. Selbst diese zweifelhafte Ehrung durch die Royals schien der Bulldog nun verloren zu haben. Unser Bulldog hatte binnen weniger Jahre all die gesellschaftlichen Stellungen verloren, die er über viele Jahrhunderte inne hatte. Vom königlichen Sport war er in die Hinterhöfe der Halbwelt und Niederungen des englischen Landlebens abgetaucht. Als Hütehund für die Bullen auf den Weiden und als Treibhund für den Transport zum Schlachthof ward er ebenfalls nicht mehr gebraucht.

Bulldog – weltweit erster Rassehund

Doch man hatte die Leistungen und den einzigartigen Charakter dieser Hunde nie ganz vergessen. Nach wie vor galt der Bulldog als das Symbol für Mut und Entschlossenheit. Bei allen Redeschlachten im britischen House of Commons um das Verbot der Hundekämpfe wurde von den Parlamentariern der Pro- wie auch Contra-Seite immer mit großem Respekt von den einzigartigen Leistungen und Eigenschaften des Bulldogs gesprochen. So kann man es in den alten Parlaments-Protokollen zahlreichen Reden entnehmen. Spätestens mit dem offiziellen Verbot der Hundekämpfe aber brach das wirtschaftliche Interesse am Bulldog zunächst weitestgehend zusammen. Die Hundekämpfe waren in die Illegalität gedrängt worden. Das ehemals große Geschäft mit den Kämpfen, den Hunden und Wetten, führte nunmehr nur noch ein zudem illegales Nischendasein auf Penny-Niveau. Der Bulldog, der seit Jahrhunderten, Jahrtausenden ein überaus vielseitiger, ja unverzichtbarer und hoch angesehener Helfer und

---

[26] Immanuel Kant, *Vorlesung über Moralphilosophie*, 1777

[27] John Locke, *Some Thoughts Concerning Education*, 1693 - in der Übersetzung Deermann, 1967

[28] Charles Darwin, *On the origin of species by means of natural selection, or the preservation of favoured races in the struggle for life*. London: John Murray. 1st edition, 1st issue., 1859, S. 215

Akteur des Menschen war, stand plötzlich quasi mittel- und arbeitslos dar. Es wäre beinahe sein Untergang geworden.

Doch die »neuen Zeiten« entwickelten zugleich ein neues Interesse am Hund auf ebenfalls ganz neuer Basis. In den Städten wandte man sich den Hunden als Begleiter, als Hobby zu. Man wollte das Stück Natur an seiner Seite, dem man respektvoll und mit Interesse gegenüber stand. Die Entwicklungen, die den alten Bulldog zu Fall gebracht hatten, brachten nun den neuen Bulldog hervor. Der Bulldog wurde spätestens Mitte des 19. Jahrhunderts als Begleithund interessant. Mit dem Bulldog wurde England der Vorreiter der heutigen Rassehundezucht. Eine solche Rassehundezucht mit Rasse-Standards und Zuchtbüchern hatte es vorher nie gegeben. England machte weltweit den Anfang – mit dem Bulldog. Das Kreieren nationaler Rassen wurde ein Statussymbol, eine Frage des Prestiges, eine Frage der Ehre in den von Nationalismen und Selbstherrlichkeit geprägten kolonialen Kaiser- und Königreichen. So besann man sich auch schnell des Bulldogs als des »britischsten aller Hunde«. Man wollte den Bulldog unbedingt als britischen Nationalhund, als dem Symbol

vermeintlich überlegener britischer Tugenden, als den Hund der königlichen Begründerin des glorreichen British Empire retten. Der Bulldog, kaum in die Gosse gefallen, wurde wieder auf den Thron der Nation gehoben. So wurde der Bulldog zum weltweit ersten Rassehund der Geschichte. Im Februar 1865 wurde der erste offizielle Standard für den Bulldog verabschiedet. Es war zugleich der erste Standard für einen Hund weltweit. Doch der Reihe nach.

Die Krise des Bulldogs

In der Zeit zwischen 1830 und 1860 hatte der Bulldog eine schwere Zeit zu überstehen. In seinen alten Verwendungen war er nicht mehr gefragt, die Zeit für seine neuen, bis heute gültigen Verwendungen reifte gerade erst heran. Die eher selten gewordenen Bulldogs fristeten ihr Dasein als »Pothouse-Dogs« in den einfachen Kneipen der Vorstädte und Häfen. Sein Ruf schien ruiniert. Doch das Interesse der Engländer am Bulldog war nie erloschen. Dass der Bulldog selbst in seiner Krisenzeit ein hohes Ansehen hatte, wird an einigen Begebenheiten dieser Zeit, die uns überliefert sind,

Der Hundehändler Ben White 1825. Sammlung Dr. Fleig.

deutlich. Schiffsnamen sind ein solches Zeichen. 1845 wurde ein Kreuzer der Royal Navy auf den Namen Bulldog getauft. Die »Her Majesty's Ship Bulldog« lief dann 1865 in einer Seeschlacht vor Haiti auf Grund und wurde zerstört. Viele weitere HMS Bulldogs sollten in der Royal Navy folgen. Auch im zivilen Bereich wurden Schiffe auf den Namen Bulldog getauft. Zur Erforschung der Möglichkeiten für das erste atlantische Seekabel setzte die »British & Canadian Telegraph Company (Northern Line)« ab 1859 den »Explorer Bulldog« ein.

Einige Hundehändler und Züchter wie Ben White erkannten bereits vor 1830 das Potenzial einer kommerziellen Zucht des Bulldogs. Der Großzüchter und Hundehändler Bill George investierte dann sehr früh in die wirtschaftliche Zukunft des neuen Bulldogs. Um 1840 begann er im großen Stil mit der kommerziellen Zucht dieser Hunde. Und er sollte Recht behalten. Später bei den weltweit ersten Hundeausstellungen war der Bulldog mit dabei, ja er stand nicht selten im Zentrum des Interesses. Schon 1855 sehen wir Bulldogs im Mittelpunkt eines Gemäldes, das eine Hundeausstellung zeigt. »The Queen´s Head Tavern«, so heißt das Ölgemälde von R.Marshall, stellt eine der ersten dieser Hundeausstellungen, die »Dog Show at Jammy Shaw´s Public House« in London dar, in deren Zentrum unser Bulldog steht. Aus dem Jahr 1860 ist erstmals ein eigener Ring nur für Bulldogs bei einer Ausstellung in Birmingham dokumentiert. Der Bulldog war gerettet − vorerst.

"MR. PUNCH'S VISIT TO A VERY REMARKABLE PLACE."

By permission o the proprietors of " Punch."
Mr. Punch's visit to Bill George, at " Canine Castle." From a drawing by Leech. Published in " Punch " in 1846.

Karikatur eines kommerziellen Hundezüchters aus der Zeitschrift »The Punch«, England 1846.

Der neue Bulldog

Allerdings war es nicht mehr der Bulldog der Arenen und Pits und auch nicht mehr der Bulldog der Viehtriebe und Rinderhirten. Auch wollte man in den meisten Fällen nicht mehr den großen, scharfen Kettenhund zum Schutz und zur Bewachung der Gehöfte. Der Bulldog, der 1850 überlebt hatte, war bereits ein anderer Hund geworden. Und die Veränderungen des Bulldogs erfolgten erstaunlich schnell, sowohl in seiner äußeren Erscheinung als auch von seinem Wesen her. Da die breite Basis seiner naturwüchsigen »Zucht« auf den Farmen der Insel als Wach-, Hütehunde und Bull-Baiter weitgehend verloren gegangen war, wurde der Bulldog nun das Objekt von kommerziell ausgerichteten Züchtern in den Vorstädten und der Peripherie der Städte. In seinem Buch über Hunde gibt H.D. Richardson schon 1857 die erste Rassebeschreibung des neuen Bulldogs. Er gibt als Größe 20 Inches, etwa 50 cm an. Doch Richardson ist kein unkritischer Chronist. Er beklagt bereits zu dieser frühen Zeit die Folgen der mit der modernen Rassehundezucht einhergehenden Inzucht: »Der British Bull Dog ist, wenn er ein guter Hund ist, eines der mutigsten Tiere überhaupt. Doch ich bin verpflichtet, mein Lob zu qualifizieren, denn, wie ich selbst gesehen habe, gibt es auch Bull Dogs, die absolut feige sind. Ich führe diesen Verfall seiner Moral auf die Praxis der fortgesetzten Inzucht zurück, die zu einer Beeinträchtigung seiner geistigen Fähigkeiten führt.«

Charles Darwin

Charles Darwin, einer der größten Naturwissenschaftler aller Zeiten, kommt an zahlreichen Stellen auf den Bulldog zu sprechen. In seinen Büchern wie *Die Entstehung der Arten*, dem bahnbrechenden Hauptwerk, oder in *Das Variieren der Tiere und Pflanzen im Zustande der Domestikation* geht er immer wieder auf den Bulldog als Beispiel der Veränderbarkeit der Arten ein. Im Letztgenannten,

das bereits 1868 als Buch erschien, schreibt Darwin: »Es kann keinen Zweifel daran geben, dass der originale Bulldog der Gegenwart, jetzt, wo er nicht mehr zum Bullen-Hetzen verwendet wird, stark in der Größe reduziert wurde, ohne ausdrückliche Intention von Seiten der Züchter.«[29]

Mit dem Rückgang des Bullen-Hetzens, der Verstädterung sowie der veränderten Motivation seiner Liebhaber, waren viele Bulldogs bereits Mitte des 19. Jahrhunderts sichtlich kleiner geworden. Die beginnende Inzucht tat ihr übriges. Ausgewachsene Bulldogs mit zuweilen weniger als zwanzig Kilogramm waren keine Seltenheit mehr. Man stritt sogar um die Notwendigkeit einer Untergrenze. Bei der Hundeausstellung von 1860 in Londoner Stadtteil Chelsea kam es zu offenen Auseinandersetzungen um das erlaubte Gewicht der Bulldogs. Letztlich einigte man sich auf einen Bulldog mit einem Wunschgewicht in etwa der Spanne, wie es heute ein gesunder Bulldog auch hat. Zahlreiche Gewinner dieser ersten Bulldog-Ausstellungen der 1850er und 60er Jahre sind überliefert. Einer dieser Bulldogs, den Edgar Farman als besonders brilliant beschreibt, hieß »The German's Dog« und gehörte einem Mr. Berdetta. Die Tendenz zu den kleinen Bulldogs lebte fünfzig Jahre später um die Jahrhundertwende 1900 als »Toy-Bulldog« noch einmal auf. Diese kleinen Bulldogs der ganz frühen Zeit sollten dann zu den Gründervätern und -müttern der Französischen Bulldogge zählen. Der Standard des Bulldogs von 1875 schließlich legt ein Gewicht von 50 britischen Pounds fest. Der heute gültige Standard fordert ein Gewicht von 55 Pounds für Rüden (25 kg) und 50 Pounds (23 kg) für Hündinnen.

Der erste Bulldog-Club, der erste Rassehunde-Verein weltweit

Der neue Bulldog war bereits entstanden, da scherte man sich nun um dessen offiziellen Standard. Er sollte schließlich der britische National-

---

[29] Charles Darwin, *The variation of animals and plants under domestication*. London: John Murray. 1st edition, first issue. Volume 1., 1868, S. 42

hund sein und er sollte dem britischen National-stolz zur Ehre gereichen. Und die Ansprüche an einen Nationalhund waren als damals führende Weltmacht des Imperialismus nicht gering. Deshalb musste man den Bulldog endgültig aus dem Pot-house-Millieu herausholen und zu einem seriösen, gutbürgerlichen, wertigen Hund ohne jeden Zwei-fel emporheben, der jedem britischen Gentleman zur Ehre gereichen sollte. Schon in den fünfziger Jahren sorgten sich Londoner Gentlemen daher aktiv um das britische Nationalgut. Der Bulldog sollte keineswegs mit ausländischen, speziell spa-nischen Bulldoggen, auch »milk-card dogs« ge-nannt, vermischt werden. Auch Terrier waren höchst unerwünscht. Man fürchtete den Unter-gang des Bulldogs. Er sollte, ja er musste eine »reine englische Rasse« und Bulldog bleiben.

Nicht zuletzt von Edgar Farman, Bulldog-Liebha-ber und -Züchter, der später für viele Jahre eine wichtige Rolle in der Bulldog-Szene spielen sollte, haben wir recht genaue Aufzeichnungen über den Verlauf der Gründung des ersten Bulldog-Clubs. Die Londoner Gentlemen R.S. Rockstro, C.C. Stockdale, F.C. Parker, E. Brent und S. Wickens hat-ten schon über Jahre hinweg das Geschehen be-obachtet und sich Sorgen um den Bulldog als National-Hund gemacht. Anfang der 60er Jahre des 19. Jahrhunderts ergriff Mr. Rockstro die Ini-tiative zur Gründung eines speziellen Bulldog-Ver-eines. Man muss bedenken, dass es zu dieser Zeit ansonsten noch keinerlei Rassehunde-Clubs gab. Einen Verein speziell um eine bestimmte Rasse zu gründen, war eine Innovation, einzigartig zu jener Zeit. Doch am 3. November 1864 trafen sich diese Herren in London. Der erste Club für den Bulldog wurde gegründet. Der »Bulldog Club« war zugleich der erste Rassehunde-Verein der Ge-schichte überhaupt. Zum Ziel wurde der Erhalt und die Verbesserung des »old English Bulldog« erklärt, insbesondere sollte unter allen Umständen eine Vermischung mit anderen Hunderassen ver-hindert werden.

Der erste Standard des Bulldogs, der Philo Kuon Standard

So machte man sich auch gleich an die Ausarbei-tung eines Standards für den Bulldog. Samuel Wi-ckens übernahm diese Aufgabe. Unter dem Pseudonym »Philo Kuon«, Hundefreund, veröffent-lichte er im Februar 1865 den ersten Bulldog-Standard. Wickens Beschreibung des »The British Bull Dog« ging als »Philo Kuon Standard« in die Geschichte ein. Dabei gab er dem Bulldog die la-teinische Bezeichnung »Canis Pugnax«, was so viel wie Kampfhund bedeutet. In der Beschreibung ging es dann allerdings ganz friedlich zu. Man wollte einen gutmütigen Bulldog, der als Begleit-hund eines Gentleman in Großstädten wie Lon-don vorzeigbar war und keinen Raufer. Insbesondere sollte mit dem Bulldog »Good Old England« und sein British Empire identifiziert wer-den können. Schon der erste Standard beschreibt im Wesentlichen die charakteristische Erscheinung des Bulldogs, wie er seither als Hund oder als Symbol in unser Bewusstsein eingeprägt ist. Er lässt aber mehr Variationen zu und deckt ein breiteres Spektrum an Hunden ab. Die im ersten Standard beschriebenen Hunde könnten heute durchaus auch an einen etwas größeren französischen Bully ohne Fledermausohren oder einen kleinen aber sehr kräftigen Boxer erinnern. Die heutigen über-schweren, stark befalteten und tiefer gelegten Show-Bulldogs mit extrem breitem Brustkorb und Korkenzieherruten findet man hier nicht, auch nicht ansatzweise. Die Rassegründer wollten einen gesunden Bulldog als Begleithund ohne Übertrei-bungen. Der heutige Show-Bulldog wurde im ers-ten Standard nicht beschrieben. Auch die oft als angeblich »ursprünglich« angepriesenen so ge-nannten »Old- English-Bulldogs« und andere Bull-dog-Abwandlungen oder besser Mischlinge finden sich in den ersten Standards kaum wieder. Im Gegenteil, wandte man sich damals schon massiv gegen das dort eingekreuzte Terrierblut, sogar ausdrücklich im Standard selbst. Es waren eher schlanke, drahtige, aus heutiger Sicht eher kleine, aber schon typische Bulldogs, die den Rassegründern vorschwebten. Zum Gewicht schreibt Wickens, dass es selten Exemplare über 28 kg gäbe und dann wäre der Verdacht der Einkreuzung von Mastiffs angebracht. Bei Exemplaren unter 10 kg müsse man die Einkreuzung von Terriern annehmen. Beides war ausdrücklich nicht gewünscht.

Die Veröffentlichung des ersten Rassehundestandards überhaupt, der Philo Kuon Standard für den Bulldog, war die größte Leistung dieses ersten Bulldog Clubs. Es war aber zugleich seine einzige. Es fehlte an Vorbildern und man hatte offensichtlich unterschiedliche Vorstellungen von Hunden und der Arbeit eines Rassehunde-Clubs. Der Kennel Club als Dachverband sollte erst knapp zehn Jahre später, 1873, gegründet werden und das auch nur auf Basis der Arbeit und der guten wie schlechten Erfahrungen der Bulldogger. Samuel Wickens schwebte bereits in den 60er Jahren die Gründung einer »Philo Kuon Society« als Dachverband vor, zu der er persönlich aber nie kommen sollte. Trotzdem war die Existenz des ersten Rassehundevereins zu jener Zeit eine so bemerkenswerte Entwicklung, dass sogar die deutsche Jagd-Zeitung in Band 9 von 1866 anerkennend notierte, »es gibt in England einen eigenen Bulldog-Klub«.

Die Züchter scherten sich zunächst allerdings wenig darum, dass es jetzt einen Standard gab. Dem ersten Bulldog Club fehlte zudem die Kraft und vielleicht auch der Wille, seinen eigenen Standard in der Szene praktisch durchzusetzen. Der Trend ging zunächst weiter in Richtung leichtere Hunde. Bulldogs von 12 kg und weniger waren keine Seltenheit. Allerdings gab es auch schon damals Bulldogs, die dem heutigen Idealbild eines typvollen, aber gesunden und vitalen Bulldogs entsprechen. In diese Richtung dachten zu dieser Zeit schon einige Bulldog-Freunde, die nun die Initiative ergreifen sollten.

The Bulldog Club (später: incorporated)

Es war James W. Berrie, der schon lange unzufrieden mit der Betreuung des Bulldogs war. Berrie sah immer noch die akute Gefahr, dass der britische Bulldog mit anderen Hunden, namentlich den »spanischen Bulldogs des Mr. Frank Adcock« oder Terriern vermischt wurde. Er nahm die Initiative zur Neugründung eines Bulldog Clubs in die Hand. 1874 organisierte er ein erstes Treffen, wieder in London. Diesmal sollte die Gründung des Vereins auf tragfähigen Säulen stehen und auch praktisch in das Zuchtgeschehen um den Bulldog wirken. Das musste bestens vorbereitet sein. Nach einer langen Zusammenkunft wurden tief in der Nacht die nötigen Beschlüsse gefasst. Vorstand, Rassestandard, Ausstellungsordnung, Richterordnung und andere Dinge sollten zur Gründung optimal vorbereitet sein. Insbesondere sollte es Einigkeit in der Frage geben, welchen Bulldog man überhaupt haben wolle. Viele Besprechungen sollten noch folgen. Man einigte sich auf den »Old English Bulldog«, der im Wesentlichen dem von Samuel Wickens zehn Jahre zuvor beschriebenen »Philo Kuon Standard« entsprechen sollte, der allerdings nun genauer gefasst war. Die charakteristischen Merkmale eines Bulldogs sollten eine kurze Schnauze, der massive Kopf wie ein breites Maul sein. Als Standardgewicht gab man 50 lbs vor. Andere sahen dagegen in dem Gemälde von »Crib und Rosa« (s.S 138) das Bild eines idealen Bulldogs, wie Edgar Farman berichtet. Es gab also immer noch keine klare Linie, wie man sich den Bulldog der Zukunft vorstellte.

Am 13. April 1875 war es soweit. Der »The Bulldog Club« wurde von vierzig Gentlemen und Offizieren der Queen gegründet. In den Vorstand wurde der berühmte Kynologe, Tiermaler und später langjährige Vorstand des Kennel Clubs Vero Shaw gewählt. James W. Berrie wurde zum Präsidenten vorgeschlagen, lehnte aber ab. Er wurde der erste Vize-Präsident.

Bulldog – seit 1864 Zucht nach Standard.

Es war Berries Plan, den Bulldog-Liebhaber und -Züchter, den Duke of Hamilton für den Vorsitz zu gewinnen. Nachdem dieser aber wiederholt abgelehnt hatte, ließ sich James W. Berrie zum ersten Präsidenten des »The Bulldog Club« wählen. Er sollte diese Funktion über vierzig Jahre hinweg bis zu seinem Tod bekleiden. James W. Berrie ist der Vater des modernen Bulldogs. Bemerkenswert ist auch, dass man sich schon 1875 ausdrücklich gegen eine Mitgliedschaft von Hundehändlern und Züchtern wehrte, die Mischlinge beziehungsweise »neue Typen von Bulldogs« züchten wollten.

Für die Mitgliedschaft war ansonsten ein Jahresbeitrag von 1 Guinea fällig. Dieser Jahresbeitrag ist auch heute noch, über 135 Jahre später, stabil und entspricht 2010 etwa 1,05 Britischen Pfund. Der neu gegründete Club ging sofort mit Engagement, zielgerichtet und mit fast schon militärischer Disziplin an die Arbeit. Er schrieb damit in vielerlei Hinsicht Geschichte der modernen Rassehundezucht. Nicht nur war es der erste Rassehunde-Club überhaupt, auch begründete er ein neues Ausstellungswesen. Es wurde beschlossen, spezielle Rasserichter zu berufen und auszubilden, auch ein Novum in der Rassehundezucht.

Im Mai 1875 wurde der bereits vor der Gründung ausgearbeitete Standard formell verabschiedet. Man beschloss zugleich, jedes Jahr eine Bulldog-Ausstellung zu organisierten. Die erste Club-Show wurde am 14./15. Juli 1876 im gerade neu erbauten Alexander Palace in London ausgerichtet. Es gab zwei Bulldog-Klassen, eine über und eine unter 20 lbs, etwa 10 kg Der Bulldog war in der Praxis also noch weit davon entfernt, das angepeilte Norm-Gewicht von 50 lbs zu zeigen.

Zusammen mit dem gerade erst gegründeten Dachverband »The Kennel Club«, mit dem man nicht zuletzt auch personell eng verflochten war, wurde ein Zuchtbuchwesen aufgebaut. Die ersten Bulldogs wurden somit offiziell. Wohl einer der frühesten offiziellen Hunde der modernen Rassehundezucht überhaupt war der 1854 geworfene Bulldog Parcival's Captain. Er wird im ersten Band der noch heute fortgeführten Stammbücher des Kennel Clubs registriert. Als numerisch erster Bulldog wird dort allerdings der 1864 von Jacob Lamphier gezüchtete Adam eingetragen.

Der »The Bulldog Club« (nun incorporated) wuchs rasant und gedieh. Edgar Farman, Bulldog-Liebhaber und -Züchter, war zeitweilig Vize-Präsident und Mitglied des Vorstandes des Kennel Clubs wie auch des »The Bulldog Club« zugleich. Er schreibt gut zwanzig Jahre später in dem von ihm verfassten Klassiker der Bulldog-Geschichte: »The Bulldog Club Incorporated ist der älteste Zuchtverein der Welt und so auch die Mutter aller Bulldog-Clubs.« Und dieser Verein sollte über Jahre hinweg zum führenden und finanzstärksten aller Rasseclubs weltweit werden, wie Farman anmerkt.

Bulldogs nach Vero Shaw, 1881.

117.000 Euro für einen Bulldog

Für Englische Bulldoggen wurden immer höhere Preise erzielt, die später zu den höchsten zählten, die in früherer Zeit überhaupt für Hunde erzielt werden konnten. Super Champion Rodney Stone wechselte 1901 schließlich für eintausend Pfund Sterling den Besitzer. Nach der offiziellen Umrechnungstabelle des House of Commons entspricht das einer heutigen Kaufkraft von 117.592 Euro! Ein wahrhaft stolzer Preis. Schließlich musste er schon damals seinen Kaufpreis wieder refinanzieren, indem er im großen Stil als Deckrüde wirkte. Als früher »Popular Sire« ist er noch heute im Stammbaum fast aller Bulldogs der Insel und Mitteleuropas nachweisbar.

Die verschiedenen Clubs wetteiferten auch international um die führende Rolle in der Bulldog-Zucht. Längst kamen aus anderen Nationen

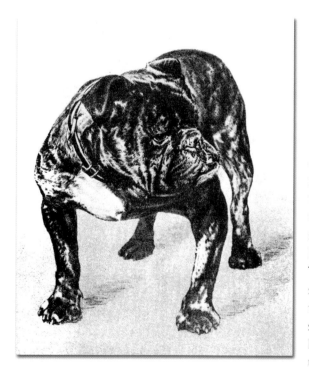

CH. Rodney Stone, der erste 1000-Pfund-Bulldog der Welt, 1901.

Stimmen, der Bulldog sei eigentlich kein britischer Nationalhund, habe vielmehr kontinental-europäische Wurzeln. Man neidete den Briten ihren so charaktervollen Nationalhund. Deutsche Züchter gaben ihm sogar germanische Wurzeln, wie wir noch sehen werden. Der Bulldog hatte um 1900 wieder seine gesellschaftliche Spitzenstellung erreicht, die er genau hundert Jahre zuvor verloren hatte. Allerdings nicht als mutiger, fast unbezwingbarer Kämpfer und leistungsfähiger Arbeitshund; die hoch bewerteten Top-Champions dieser Zeit waren bereits zu Show-Bulldogs degradiert worden.

Der Bulldog im Griff der Show-Zucht

Schon 1881, also unmittelbar nach Schaffung des offiziellen Bulldogs, hatte das schon damals berühmte Vorstandsmitglied Vero Shaw in *Das illustrierte Buch vom Hund* vor den Fehlentwicklungen seiner Zucht als Show-Hund gewarnt. Vero Shaw warnte fast schon prophetisch vor den Übertreibungen bestimmter Körpereigenschaften, namentlich zu großen Köpfen, krummen Beinen und Senkrücken. Der Bulldog sei als früherer König der Hunde kaum noch wiederzuerkennen. Nun, gerade ein paar Jahrzehnte nach Begründung der modernen Rassehundezucht, hatte diese den Bulldog aber vollständig eingeholt. Die damaligen Show-Bulldogs waren zwar nicht so tiefgestellt, extrem befaltet und insbesondere nicht so massiv und überschwer gebaut wie heute. Dafür glänzten sie mit extrem nach außen gestellten und gekrümmten vorderen Läufen. Der Kynologe und Tiermaler Ludwig Beckmann trifft bereits 1895 in seinem Werk »Die Rassen des Hundes« einen kritischen Punkt der Zucht des Bulldogs: »Leider schätzt der Züchter nur Extreme und sucht die Rassezeichen nicht nur zu erreichen, sondern zu übertreiben.«[30]

[30] Ludwig Beckmann, *Die Rassen des Hundes*, 2 Bände, 1895, Reprint 1983 durch den Kynos-Verlag, Bd.2 S.38

Der Bulldog war bereits zu dieser Zeit ein Opfer von Extremzucht, von zweifelhaften Modevorstellungen des Menschen auf Kosten und zu Lasten der Hunde; wenn auch die damalige Überzüchtung im Vergleich zur heutigen als geradezu harmlos und vernachlässigbar zu bezeichnen ist.

»The Bulldog Club (incorporated)« ist auch heute noch der größte und wichtigste Zuchtverein um den Bulldog. Er ist der älteste Rasseclub weltweit. Allerdings hat er sich in der Praxis immer weiter von den Idealen seiner Gründer entfernt. Der Show-Bulldog steht heute im Mittelpunkt, überschwer, kurzatmig und ohne Kondition, eine bedauernswerte Karikatur des Bulldogs seiner Gründergeneration und anklagendes Dokument menschlicher Abgründe. Hinter einem heutigen Champion des »The Bulldog Club« oder von Crufts könnten sich locker zwei Champions der Zeit um 1900 verstecken. Auch wurde bei den Show-Champions die Länge der Beine locker halbiert, dafür die Breite des Brustkorbs verdoppelt. Zum 125-jährigen Jubiläum im Jahr 2000 konnte der Club Mitglieder aus allen Kontinenten, aus Deutschland, Österreich und der Schweiz vorweisen, so auch die Schweizerin Imelda Angehrn, die in der zweiten Hälfte des 20. Jahrhunderts mit Abstand größte und einflussreichste Bulldog-Züchterin des deutschsprachigen Raumes. Knapp zehn Jahre später wendet sich derselbe »The Bulldog Club« engagiert gegen den neuen Standard des »The Kennel Clubs«, der endlich die Überzüchtung beenden und die Gesundung des Bulldogs begründen soll.

Bulldog – Aufschwung in aller Welt

Der Bulldog war nicht nur Vorreiter in Sachen Rassehundezucht, er war auch der erste moderne Rassehund auf dem internationalen Parkett. Schon im 19. Jahrhundert gründeten sich zahlreiche Bulldog-Clubs unter anderem in den USA, Australien, Deutschland, Österreich, Belgien und Frankreich.

Bis 1899 gab es unter anderen diese Bulldog Clubs:

The American Bulldog Club mit Sitz in New York
The Bulldog Club, Vorsitzender Karl Löewi, Alserstrasse 35, Wien
Bull-Doggen Klub, Vorsitzender Carl Nietzow, Reinickendorf, Berlin
Bull-Doggen Klub (Allemand), Vorsitzender G. Horrmann, Reuchlinstrasse 1, Stuttgart

Hinzu kamen noch zahlreiche weitere Clubs mit regionaler Bedeutung namentlich auch in Deutschland. Diese schlossen sich um die Jahrhundertwende nach und nach zu nationalen Bulldog Clubs zusammen. Der »Schweizer Club für English Bulldogs« gründete sich 1906. Derweil ging die Entwicklung im Mutterland des Bulldogs genau anders herum. So wurde bereits 1892 ein zweiter Bulldog-Club, der »The British Bulldog Club«, als Konkurrenz-Verein zum »The Bulldog Club« in Manchester gegründet. Inhaltliche Unterschiede sind in der weiteren Arbeit allerdings nicht erkennbar.

»The American Bulldog Club« mit Sitz in New York war einer der Vorreiter auf dem nordamerikanischen Kontinent. Er war nicht wie heute ein Verein um die so genannte Rasse Amerikanische Bulldogge. Unter Führung von Mr. E. K. Austin verband sich dieser Club 1902 mit anderen US-Bulldog-Clubs zum All American »The Bulldog Club of America«. Der Bulldog blickt auf eine lange Tradition in Nordamerika zurück. Eine Anzeige in der Virginia Gazette vom 18. April 1774 belegt die Existenz von Bulldogs bereits vor Gründung der Vereinigten Staaten selbst. Auch hatte sich schon sehr früh ein reges Vereinsleben um den Bulldog herausgebildet. Schon 1877 veranstaltete der auch heute noch bekannte Westminster Kennel Club in New York eine Dog-Show, von der eine Liste mit neun Bulldogs überliefert ist.

Der Bulldog im deutschen Kaiserreich und der Weimarer Republik

Der Bulldog war in Deutschland schon sehr früh eine beliebte Hunderasse. In Kapitel Eins haben wir gesehen, dass es Hunde vom Typ Bulldog überall in Mittel- und Westeuropa gab. In Deutschland nannte man sie meist Bullenbeißer. Auch wurde das englische Wort Bulldog in der Regel mit dem deutschen Wort Bullenbeißer übersetzt. Von ihren Molosser-Wurzeln her, ihrem Einsatzzweck, Charakter und ihrer äußeren Erscheinung her waren die Bullenbeißer des Kontinents durchaus mit den Bulldogs der Insel vergleichbar und in Herkunft und Genetik auch eng verwandt.

Das Mitglied der kaiserlichen Akademie der Wissenschaften, Leopold Joseph Fitzinger, stellt 1867 in seinem Werk »Die Raçen des zahmen Hundes« die These auf, der Bulldog stamme aus Kontinental-Europa, namentlich dem Südwesten Europas

Schon 1880 kommerzielle Zucht der Bulldogs in Deutschland.

und sei nur eine Variante des Bullenbeißers. Jedoch waren es nun einmal die Engländer gewesen, die dem Bulldog die Weihen einer offiziellen Rasse gegeben hatten, samt Standard, ehrwürdigem Verein, offiziellen Papieren und Championaten. Das war den deutschen Hundefreunden nicht verborgen geblieben. Aber sie brauchen noch fast zwanzig Jahre, um dann 1888 in Berlin mit dem »Deutschen Doggen Club« den heute ältesten kynologischen Rassezuchtverein Deutschlands zu gründen. Die Nachfrage nach Rassehunden war aber auch in Deutschland bereits entstanden. Das Geschäft mit Rassehunden blühte. In den *Fliegenden Blättern* vom 25. Juli 1880 finden wir eine große Werbeanzeige der »Großen Race-Hunde-Züchterei und Dressur-Anstalt Köstritz, Neuss«, die neben Berhardiner Berghunden und Deutschen Doggen auch Englische Bulldoggen feilbietet.

Bullenbeißer, Boxer und Bulldog

Die Beliebtheit des englischen Bulldogs in Deutschland war ein Dorn in den Augen des mit Gründung des deutschen Kaiserreichs aufblühenden Nationalismus. Man wollte den Bulldog nicht dem britischen Rivalen überlassen. So entstanden in Deutschland bereits Bulldog-Vereine, lange bevor der Deutsche Schäferhund durch Rittmeister von Stephanitz als Rasse begründet wurde. Nach der Deutschen Dogge und dem Teckel ist der Bulldog eine der ältesten auch in Deutschland offiziell betreuten Hunderassen. Er stand dabei in Konkurrenz zu seinen nächsten Verwandten, den verschiedenen Bullenbeißer-Schlägen. Auch waren Bulldog und Bullenbeißer auf dem Kontinent immer wieder vermischt worden. Zwischen Bulldogs, Boxern, Broholmern, Bullenbeißern und anderen kleineren bis mittleren Molossern waren die Grenzen fließend. Doch der Bulldog genoss zunächst das Hauptinteresse der Hundeszene. Ein mit königlichen Ehren ausgestatteter Rassehund mit offiziellen Papieren war da einem vermeintlich rasselosen Köter ohne Stammbaum weit überlegen; selbst wenn er als Nationalhund vom imperialen Konkurrenten beansprucht wurde. Auch konnte ein Züchter mit einem reingezüchteten Bulldog ganz andere Preise erzielen. Und so versuchte man, aus dem englischen Bulldog einen Deutschen zu machen. Aber andere Bullenbeißer-Freunde blieben deshalb nicht inaktiv. Die einen wollten den Bulldog zum Deutschen machen, die anderen mit dem Boxer eine unstrittig »deutsche« Konkurrenz etablieren. Den Bullenbeißern war das eh gleich.

Der deutsch-nationale Bulldog

Die deutschen Bulldog-Leute versuchten derweil weiter, dessen Deutschtum zu fördern. In seinem Buch *Der Englische Bulldog* von 1903 schreibt der zu seiner Zeit profilierteste deutsche Bulldog-Züchter Heinrich von Werden: »Der Bulldog ist vielmehr aller Wahrscheinlichkeit spanischen, wenn nicht germanischen Ursprungs und ist in England nur zu dem heutigen Typ herangezüchtet worden ... Gelingt es auf dem Kontinent, die Bulldog-Rasse konstant und rein in diesem Typ zu erhalten, so wird über Jahr und Tag das Epitheton »englisch« verschwinden und wir können mit Fug und Recht den englischen Bulldog einfach als Bulldog ohne fremdländische Bezeichnung benennen.«[31] So wurde aus der Bulldog-Zucht eine Aufgabe von national-kaiserlichem Rang.

So konnte man auch guten Gewissens den Bulldog für gute Goldmark verkaufen, ohne die nationale, kaisertreue Ehre zu verletzen, weder als Züchter noch als Halter. Schließlich hatte man ja einen im Kern germanischen Hund und darüber hinaus noch einen Beitrag geleistet, diesen aus den Fängen des Empire zu befreien. Auch in Deutschland erzielten Bulldogs zuweilen sehr hohe Preise. Von Werden berichtet von einem Persimon, der für zehntausend Mark den Besitzer wechselte. Züchter könnten für gute Exemplare tausend bis sogar zweitausend Mark erlösen, berichtet Heinrich von Werden weiter. Für Champion Pressgang, der um 1900 nicht weniger als fünftausend Mark an Preisgeldern eingebracht habe, nimmt der Besitzer ein Deckgeld von zweihundert Mark, »im Voraus zu zahlen«, wie Werden berichtet. Eintausend Mark entsprachen zu seiner Zeit einer Kaufkraft von 2010 etwa fünftausend Euro – stolze Preise und Deckgelder also.

Bulldogs und Bullenbeißer nach Richard Strebel.

[31] Heinrich von Werden, *Der Englische Bulldog*, Frankfurt, 1903

Es gab natürlich nicht wenige Hundeleute, die der Deutschtümelei beim Bulldog kritisch gegenüber standen, namentlich die Vertreter der gerade ins Leben gerufenen deutschen Hunderassen. Mit nicht weniger Nationalismus und wohl auch etwas Neid wurde der Bulldog von diesen Leuten als körperlicher und charakterlicher Krüppel niedergemacht, der eben von denselben fragwürdigen Qualitäten sei, wie die Nation, die er repräsentiere.

1904 – Vereinigung der deutschen Bulldog-Clubs zum »Kontinentalen Bulldog-Klub«

Schon im 19. Jahrhundert gab es etliche Bulldog-Clubs in Deutschland, Österreich oder der Schweiz. Wir haben oben bereits einige dieser Vereine angeführt. Der Kynologe Dr. Dieter Fleig verweist auf den Grafen Bylandt, ein großer Bulldog-Freund seiner Zeit, der bereits 1897 von acht Bulldog-Clubs unter dem Dach der »Delegierten Commission« berichtet.[32] In »Dogs of all Nations« listet Bylandt Bulldog-Clubs mit -Sitz in Berlin, Wien, Köln, Frankfurt, Mannheim, München und gleich zwei Stuttgarter Clubs auf. Man kann davon ausgehen, dass der Graf von denselben Vereinen spricht, die auch Edgar Farman ein Jahr später aufzählt. Von Werden berichtet von einem Bulldog des »Cölner Bulldog Klubs«, der 1902 auf der Ausstellung des »Düsseldorfer Bulldog Klubs« – welche Ironie – den Titel holt.[33] Schon einige Jahre vor 1900 war der »Verband Continentaler Bulldog-Züchter und Liebhaber« in Frankfurt am Main gegründet worden. Erster Vorsitzender war F.W. Pelzer aus Eppstein im Taunus, der zu jener Zeit auch deutscher Meister im Schach war. Alles in Allem sind bereits um 1900 fast ein Dutzend Bulldog-Vereine alleine in Deutschland nachweisbar.

Seinem 1903 erschienenen Bulldog-Buch gibt der Autor Heinrich von Werden im Schlusswort folgenden Wunsch mit: »Diese Vereinigungen bezwecken die Hebung der Bulldog-Zucht und des Bulldog-Sports, vermitteln An- und Verkäufe von guten Bulldogs, arrangieren Spezial-Ausstellungen, stellen gute, unparteiische Preisrichter auf, stiften Ehrenpreise, unterhalten Stammbücher und erstreben last but not least eine Vereinigung aller bestehenden Bulldog-Klubs und -Vereine.« Und er schließt mit einem Toast auf den Bulldog: »In diesem Sinne ein kräftiges vivat, floreat, crescat der edlen Bulldog-Zucht!«

Sein Wunsch nach Vereinigung der bestehenden Bulldog-Clubs und -Vereine sollte schon bald zur Realität werden. Bereits ein Jahr später, 1904,

Anzeige aus dem Jahr 1903, kurz vor der Vereinigung der deutschen Bulldog-Clubs.

---

[32] Dieter Fleig, *Kampfhunde*, Band 2, Mürlenbach, 1995
[33] Heinrich von Werden, *Der Englische Bulldog*, Frankfurt, 1903

wurde der »Kontinentale Bulldog-Klub« als Vereinigung der bestehenden Bulldog-Clubs und -Vereine tatsächlich gegründet. Der große deutsche Kynologe und Bulldog-Halter Richard Strebel berichtet in seinem 1904/1905 erschienenen Handbuch in zwei Bänden mit dem Titel *Die deutschen Hunde* über diese Gründung des ersten nationalen Bulldog Vereins: »In Deutschland haben wir jetzt nach dem Zusammenschluss der verschiedenen Klubs einen, der als Kontinentaler Bulldog-Klub eifrig an der Arbeit ist, sein rühriger Präsident, der Herr F.W.Pelzer, wird Sorge tragen, dass das richtige Verständnis für den Bulldog in weitere Kreise getragen wird.«[34] Und Strebel sollte Recht behalten. Der Kontinentale Bulldog-Klub entfaltete eine professionelle, wirkungsvolle Arbeit um den Bulldog.

Der Bulldog auf seinem gesellschaftlichen Höhepunkt in Deutschland

Bis zum Ausbruch des Ersten Weltkrieges 1914 sollte der Bulldog auf seinem gesellschaftlichen Zenit in Deutschland bleiben. Er war auch in Deutschland geachtet und angesehen, wenn auch nicht unumstritten. Die Bulldog-Halter kamen aus den »besten Kreisen« der Gesellschaft. Ein Bulldog förderte das Prestige seiner Halter und Züchter. Monetär ging es ihm also bestens. Ob unser Bulldog sich dabei immer wohl gefühlt hat, steht auf einem anderen Blatt. Es gibt eine ganze Reihe von Hinweisen, dass es bereits zu dieser Zeit zuchtbedingte Krankheiten gab. Auch werden Bulldogs als nicht gerade die fittesten Hunde angeführt. Richard Strebel berichtet von einem Test, bei dem

Champions 1900.

[34] Richard Strebel, *Die Deutschen Hunde* in 2 Bänden, 1903/1904, Nachdruck Kynos-Verlag 1986, hier Bd I S. 222ff

die Besitzer mit ihren Bulldogs 10 Meilen (16,11 km) spazieren gehen sollten. Einige Bulldogs hätten diese Strecke nicht geschafft und aufgeben müssen. Leider muss man davon ausgehen, dass heute noch viel mehr Bulldogs angesichts einer solchen Strecke aufgeben müssten. Die heutigen Show-Champions nach dem bis 2010 geltenden FCI-Standard schaffen wahrscheinlich durch die Bank weg noch nicht einmal ein Viertel dieser Strecke.

Noch 1914, immerhin in der Hochzeit nationalistischer Hetze der europäischen Völker untereinander, namentlich auch Engländer und Deutsche, und dann dem Beginn des Ersten Weltkrieges war es möglich, mit dem Thema Bulldog an der preußischen Königlich Tierärztlichen Hochschule zu Berlin zu promovieren. Der Tierarzt Wilhelm Hinz erlangte mit einer Arbeit über »Die Zucht des englischen Bulldogs« die Doktorwürde bei Prof. Dr. Kärnbach. Wilhelm Hinz, selbst langjähriger Bulldog-Liebhaber und -Züchter, begründet die Bedeutung seiner Arbeit auch mit dessen wirtschaftlicher Bedeutung, »zumal da sich in letzter Zeit die Reinzucht der verschiedenen Rassen des Haushundes zu solcher Blüte entfaltet hat, dass mit ihr auch als nationalökonomischer Faktor gerechnet wird«, wie er ausführt. Jedenfalls waren Wilhelm Hinz und die Königlich Tierärztliche Hochschule zu Berlin mit dieser Feststellung zur Ökonomie der Hundezucht ehrlicher als die nachfolgenden Generationen an Züchtern und Kynologen, die sich pauschal den Heiligenschein einer Zucht lediglich aus Gründen der Liebhaberei in ihre Satzungen schrieben und schreiben.

Jähes Ende im Ersten Weltkrieg

Mit dem Ausbruch des Ersten Weltkrieges wurde ein jähes Ende dieser Blütezeit des Bulldogs in Deutschland eingeleitet. Die Wirren des Krieges, die Verarmung weiter Teile des Mittelstandes und schließlich zu Kriegsende viele Jahre des Hungers

und bitterer Armut, zudem Seuchen wie der spanischen Grippe, die einen erheblichen Anteil der Bevölkerung dahinraffte und für große Verunsicherung sorgte, ließen den Bulldog weitgehend aus Deutschland verschwinden. Und auch in den Jahrzehnten danach ging es ihm kaum besser. Zwar hatte er immer noch Symbolkraft und ein hohes Ansehen in der Bevölkerung, wie sich an Werbeanzeigen oder der Beliebtheit von Filmen oder Comics mit seinem Konterfei ablesen lässt. Auch nannte die Mannheimer Maschinenfabrik Lanz zu jener Zeit ihren legendären Schlepper und Traktor nach dem Bulldog. Aber der Bulldog hatte keine Lobby mehr im deutschen Bürgertum, die entscheidende Impulse für die Erholung seiner Zucht setzen konnte. Die Weltwirtschaftskrise 1929, gerade einmal zehn Jahre nach Ende des Weltkrieges, machte die Lage nicht einfacher. Als 1933 die Hitlerfaschisten an die Macht kamen, war es in Deutschland endgültig um den Englischen Bulldog geschehen.

Der Bulldog als Feindfigur der Hitler-Faschisten

Der Bulldog wurde nach und nach als Feindfigur der Hitler-Faschisten ins Visier genommen. Der britische Nationalhund repräsentierte in den Augen der Nazis den Feind. Später, als 1940 Winston Churchill Kriegspremier wurde, war das Feindbild mit Bulldog perfekt. Sicher sind die Ähnlichkeiten in der Physiognomie von Churchill und einem Bulldog kaum zu übersehen. Auch verkörperte der Premier viele Charakterzüge des Bulldogs und bediente sich zuweilen aktiv und gezielt an dessen Symbolkraft.

Die nur noch sehr vereinzelten Bulldog-Halter hatten im Deutschland jener Zeit einen schweren Stand. Das deutsche Bulldog-Leben verlagerte sich soweit möglich in die Niederlande. Dort war der Bulldog nach wie vor hoch im Kurs und weit verbreitet. Ein emsiges Züchterleben mit engen Verbindungen nach England begleitete hier den Bulldog. Nach der Besetzung der Niederlande durch die Hitler-Armeen war auch dieser Rückzugsraum tabu. Bulldog-Halter wurden auf offener Straße angepöbelt und als Verräter dargestellt. Man setzte sie unter Druck, die Hunde abzuschaffen. Es wurde als undeutsch erklärt, den britischen Nationalhund zu halten oder gar zu züchten. Soweit überliefert, kam die Bulldog-Zucht in Deutschland nach und nach fast vollständig zum Erliegen. Die Nazis verzichteten auf den Versuch, wie noch im Kaiserreich, den Bulldog zu einem germanischen Hund zu verklären. Dafür war er nun schon zu evident vom britischen Empire vereinnahmt. Zudem war der Bulldog längst ein Superstar in Hollywood geworden. Und schließlich hatte man seit knapp vierzig Jahren mit dem Deutschen Schäferhund einen eigenen deutschen Nationalhund, auch wenn sich Rassegründer Rittmeister von Stefanitz öffentlich gegen die Vereinnahmung seiner Hunde durch die Faschisten wehrte.

Otti Heermann und Wilhelm Herz

Otti Heermann war eine mutige Frau. Sie ließ sich von den Nazis nicht einschüchtern. Sie beschützte und verteidigte ihre Bulldogs wie einige weitere deutsche Bulldogger durch die ganze Zeit des Hitler-Faschismus, den Weltkrieg und auch die Unwägbarkeiten der ersten Besatzungszeit. Otti Heermann war die Vorsitzende des »Clubs für Englische Bulldogs« der inzwischen aus dem vereinigten »Kontinentalen Bulldog-Klub« von 1904 hervorgegangen war. Im April 1936 sollte Otti Heermann auf der Internationalen Reichssiegerausstellung in Köln die Bulldogs richten. Die Nazis setzten sie unter Druck, nur einen Bulldog aus deutscher Zucht zum Sieger zu erklären. Doch sie ließ sich nicht einschüchtern und richtete alleine nach der Qualität der Hunde. Snowball war eine Hündin aus den Niederlanden, und was für eine gute! Otti Heermann ließ hieran keinen Zweifel und erklärte Snowball zum internationalen Champion 1936. Ihr Besitzer war Dr. van Ommen Kloeke, der Präsident des niederländischen Bulldog-Clubs. Die Nazis reagierten sofort. Ein paar Wochen nach der Reichssiegerausstellung in Köln wurde Otti Heermann die Erlaubnis zum Richten entzogen. Und das war erst der Auftakt der Schikanen, schon zu einer Zeit, als die Nazis noch mit der Olympiade in Berlin international um Reputation bemüht waren. Von einem NSdAP-Ortsgruppenleiter musste sie sich dann belehren lassen, dass Bulldoggen undeutsch seien: »Bei meiner Vernehmung hatte ich wirklich mit den Zähnen, den echten und den falschen, geklappert, denn meiner Auslandsrasse, englische Bulldoggen, war man überhaupt nicht wohl gesonnen. Immer wieder hörte ich, dass ein würdiger Deutscher keine englischen Hunde züchten und halten solle.«[35] Und der ganze Wahnwitz der faschistischen Ideologie wird in diesem Bericht Otti Heermanns dokumentiert: »Ich habe vor Angst gezittert, dass man mir meine englischen Bulldogs gewaltsam nehmen könnte, hatten sie doch auch die Nazi-Standarten auf der Straße angebellt und giftig angebrüllt. Weil es englische Hunde waren, handelte es sich um ein verschärftes Delikt!«

Nazi-»Würde« und Bulldogs

Nicht anders erging es ihrem Vereinskollegen Wilhelm Herz aus Lampertheim bei Worms. Im April 1943 wurde er von Ortsgruppenleiter Grünewald aufgefordert, seine »Englischen Bulldoggen abzuschaffen, da es einem deutschen Manne nicht würdig wäre, solche Hunde zu züchten.« Daraufhin wendete sich Herz in einem Brief an den Gauleiter Sprenger, einen mächtigen Nazi-Funktionär, mit den Worten, »dass es nicht würdig eines deutschen Mannes wäre, sich an einem englischen Hund zu rächen.« Wahrlich, Wilhelm Herz, stur und mutig wie eine Bulldogge, ein würdiger Bulldogger.[36]

---

[35] Otti Heermann, zitiert in *Der Englische Bulldog*, Kari Wolfsjäger, 1976
[36] Wilhelm Herz in einem Brief vom 30.04.1943 aus Sammlung des Sohnes Hermann Herz, Bürstadt, veröffentlicht von Dagmar Weber-Knappe http://www.vonderstubentraenke.de/historie-neu.html

Man kann es sich heute kaum noch vorstellen, welche Widrigkeiten Bulldog-Halter und Züchter wie Wilhelm Herz oder Otti Heermann mit ihren drei Bulldogs Ex, Eiche und Blackman zu überwinden hatten. War es eh schon schwer genug, überhaupt drei Hunde in einer von Bomben heimgesuchten Stadt wie Kassel, wo selbst die meisten Menschen Hunger litten, durchzubringen, so hatten sie mit ihren Engländern zusätzliches Leid zu ertragen. Es waren ja nicht nur die alltäglichen Pöbeleien und die ständige Angst, eifrige Hitlerjungen würden ihre Bulldogs wegnehmen und einfach töten. In den Bombennächten fand Otti Heermann manchmal keinen Platz in den Luftschutzbunkern. Brave Blockwarts ließen ihre englischen Hunde nicht mit in die schützenden deutschen Bunker. Also blieb Otti Heermann draußen bei ihren Bulldogs, völlig ungeschützt vor Bränden und Bomben. Auch für die Hunde muss es eine schaurige Zeit gewesen sein. Alleine der Donner und die Druckwellen der Bomben und Minen forderte auch den Hunden das Äußerste ab. Man muss sich überhaupt einmal und ganz allgemein das Schicksal der Hunde, Katzen, Papageien und anderer Haustiere in solchen Bombennächten vor Augen führen. Doch selbst in solchen Situationen zeigten ihre Bulldogs Charakter, wenn auch zuweilen von der sturen Art. Otti Heermann selbst gibt uns einen weiteren Eindruck von dem Leben in dieser Zeit: »Aus allen Angriffen habe ich meine Hunde retten können. Aus dem brennenden Haus in der Kaiserstraße holte ich sie raus, schloss sie ein in ihre Reisekiste, die ich eigentlich nur zum Besuch der Hundeausstellungen angeschafft hatte. Eine ganze böse Nacht lang standen meine Hunde in ihren Kisten auf der Straße. Immer waren sie geduldig und folgsam, immer fügten sie sich in Unabänderliches, was ich sogar von meinem temperamentvollen Blackman sagen konnte. Dann bekamen wir Notquartiere in einer kleinen Villa in der Schloßteichstraße. Alle drei Bulldogs fügten sich, nahmen auch zeitweilig mit dem Aufenthalt in der Waschküche des Hauses vorlieb. Ich musste alles verhüten, Mitbewohner zu verärgern. Wenn man Hunde hat, muss man immer den untersten Weg gehen.«[37]

Die »völkische« Ideologie der Faschisten fand sogar Einzug in die Welt der Kynologie. Der Zoologe Prof. Dr. Otto Fehringer schreibt 1940 in seinem Buch Unser Hund über den englischen Bulldog: »Sowie der Boxer als verkleinerte Form der Deutschen Dogge bezeichnet werden kann, so ist der Bulldog die Verkleinerung des Mastiffs und teilt sich mit diesem den Ruf, englischer Nationalhund zu sein. Jedenfalls muss er dauernd in aller Welt zu Karikaturen auf den britischen Nationalcharakter herhalten. Seine kaltschnäuzige Ruhe, die Arroganz, die in seinem Gesichtsausdruck zu liegen scheint, ferner das blindwütige Drauflosgehen, wenn er einmal gereizt wird, das zähe Festhalten von allem, was er einmal gepackt hat, all das passt zu diesem Zerrbild eines Briten; dazu noch eine Stummelpfeife ins Maul und John Bull ist fertig. ...Nur blind, taub, einohrig sollte er möglichst nicht sein, wenn er noch einen Ausstellungspreis bekommen will; sonst ist alles erlaubt.«[38]

Auf den wissenschaftlichen Gehalt dieser Aussagen eines deutschen Zoologie-Professors muss man nicht weiter eingehen. Man erhält aber einen kleinen Eindruck, welchem Druck Bulldog-Halter zu jener Zeit in Deutschland und den besetzen Gebieten selbst gegenüber vermeintlichen Hundefreunden und -fachleuten standhalten mussten. Der in der späteren Bundesrepublik hoch geehrte, spätere Mitbegründer und erste Direktor des »Kurpfälzischen Tiergartens Heidelberg« lässt in späteren Ausgaben seiner Bücher solche pseudokynologischen Ergüsse zu Bulldog wie auch Boxer still und leise unter den Teppich fallen. Eine abwertende wie unsachliche vom »alten Geist« inspirierte Beschreibung des Hundes der alliierten Sieger tut er allerdings noch 1954 kund. Um es mit Wilhelm Herz zu sagen, eines Kynologen und Zoologen nicht würdig.

---

[37] Otti Heermann, zitiert in *Der Englische Bulldog*, Kari Wolfsjäger, 1976

[38] Otto Fehringer, *Unser Hund*: Das grosse illustrierte Hundebuch für alle, 1940

Champions 1900–1933

Champion 1900

Champion 1913

Champion 1923

Champion 1928

Champion 1931

Champion 1933

Der Wiederaufbau

Otti Heermann machte sich nach Ende des Weltkrieges sofort an den Wiederaufbau des Bulldog-Lebens in Deutschland. Und sie erhielt dabei wichtige und tatkräftige Hilfe. Es war Dr. van Ommen Kloeke, der Präsident des niederländischen Bulldog-Clubs, der maßgeblichen Anteil am Wiederaufbau des »Clubs für Englische Bulldogs« hatte. Er war der Besitzer von Snowball, der Hündin, die Otti Heermann 1936 auf der Reichssiegerausstellung in Köln mutig zum Champion erklärt hatte. 14 Jahre später, am 6. August 1950, fand nun in Dortmund die erste Ausstellung des Clubs für Englische Bulldogs nach dem Krieg statt. Neun Bulldogs stellten sich Richterin Otti Heermann. Sie notiert in ihrem Bericht: »Unsere Zucht ist im Aufstieg begriffen und alle Mühe lohnt sich! Selbstverständlich sind noch Mängel und Fehler in der Zucht vorhanden. Aber unsere Züchter werden sich bemühen, diese herauszuzüchten. Ich habe alle erschienenen Bulldogs freundlich beurteilt, denn Züchter und Besitzer sollen den Mut zum weiteren Aufbau unserer Zucht behalten. Ich bin von dem Resultat dieser ersten Sonderausstellung nach dem Krieg angenehm überrascht und muss meinen Dank aussprechen für die liebenswürdige und sportliche Art unserer Mitglieder. Ich bemerkte nirgends ein Zeichen von Missfallen, auch wenn ich Mängel erwähnen musste.«[39]

Der »Engelse Bulldog Club Nederland« unterstützte aktiv die Vereinstätigkeit um den Bulldog in der BRD. Der Präsident und seine Frau Mia van Ommen Kloeke Evers, die bis 2005 aktiv dem Bulldog verbunden blieb und bis zu ihrem Tod im April 2010 als Ehrenkörmeisterin geehrt wurde, engagierten sich persönlich. Dabei hatten Haltung und Zucht des Bulldogs in den Niederlanden und selbst in England durch den Weltkrieg ebenfalls stark gelitten. Trotzdem gelang es relativ schnell, wieder eine züchterische Basis für den Bulldog in ganz Deutschland zu etablieren. Das galt für die Bundesrepublik ebenso wie für die damalige DDR,

hier aus eigener Kraft, in der bis zur Wiedervereinigung ebenfalls Bulldogs gezüchtet werden sollten. Auch heute noch stammen einige der erfahrensten Bulldog-Züchterinnen des Kontinents aus der ehemaligen DDR.

Es zählt zu den Verdiensten Otti Heermanns, dass beim Aufbau der Bulldog-Zucht in Deutschland nicht allzu sehr auf extreme Typen gesetzt wurde. Man wollte vielmehr relativ gesunde, vitale Bulldogs, die in der Mehrzahl wohl sehr schön dem neuen Standard des Kennel Clubs von 2009 entsprochen hätten. Otti Heermann gelang es aber nicht, neue Kräfte und Nachfolger für die Führungspositionen einzubinden. So erlebte der Club für Englische Bulldogs noch vor ihrem Tod 1964 einen tiefen Niedergang.

Der Club für Englische Bulldogs im Niedergang

Nach dem Tode Otti Heermanns übernahm Ober-Ingenieur Willi Seemann aus Haueneberstein zunächst kommissarisch die Leitung des Clubs für Englische Bulldogs (CEB). Später wurde er zum Ersten Vorsitzenden gewählt. Doch das Charisma und der Einfluss einer Otti Heermann waren nicht so schnell zu kompensieren. Unter den Züchtern dominierten inzwischen Missgunst und Zwietracht. Die Zahl der auf Ausstellungen vertretenen Bulldoggen sank wieder. Die Führung beklagte eine schlechte Zahlungsmoral bei den Beiträgen, blieb aber passiv. Seemann gelang es nicht, den Verein zusammenzuhalten und zu neuen Erfolgen zu führen. Er kapitulierte schließlich vor den Intrigen einiger Mitglieder und legte sein Amt nieder. Zum 31.12.1968 erklärte er zusammen mit Kassierer Kurt Grimm seinen Austritt aus dem Club für Englische Bulldogs. Vorher richtete Seemann noch einen Brand-Brief an den Dachverband des Clubs, den Verband für das Deutsche Hundewesen (VDH) in Dortmund mit der Bitte, sich um den CEB zu kümmern.

---

[39] Otti Heermann, zitiert in *Der Englische Bulldog*, Kari Wolfsjäger, 1976

1971 – Der VDH rettet den Club für Englische Bulldogs

Der VDH nahm diese Bitte ernst. Aber erst 1971 waren seine Bemühungen erfolgreich. VDH-Hauptgeschäftsführer Hans Ditthardt bat mit Schreiben vom 17. März 1971 den Bulldog-Züchter Rudolf Maaß aus Lübeck ganz offiziell, Maßnahmen zum Wiederaufleben des Clubs für Englische Bulldogs zu ergreifen. Am 6. November 1971 tagte in Aachen unter Federführung des VDH eine außerordentliche Jahreshauptversammlung des CEBs mit 13 stimmberechtigten Mitgliedern. Ein Vorstand und weitere Gremien wurden gebildet. Die Züchterin Kari Wolfsjäger wurde zur Ersten Vorsitzenden und zugleich Zuchtleiterin des CEB gewählt. Der Club für Englische Bulldogs hatte sich neu konstituiert.

Dewrie Drummer Boy - Top Bulldog der 1970er Jahre.

Blütezeit des Clubs für Englische Bulldogs

Ein reges Vereinsleben wurde organisiert. Die Bulldog-Zucht in Deutschland lebte auf. Eine Blütezeit des CEBs begann. Vorsitzende Kari Wolfsjäger hatte großes Geschick in der Gewinnung neuer, nicht selten auch prominenter und kapitalkräftiger Mitglieder und Förderer des CEB. So wurde über Jahre hinweg die Mitgliederzeitung unentgeltlich vom Burda-Verlag gedruckt. Promis und gestandene Persönlichkeiten der Gesellschaft übernahmen Ehrenämter. Für die erste Club-Show im April 1972 in Köln-Deutz wurden 70 Bulldogs gemeldet. Die Mitgliederzahl wuchs bereits im Jahr 1973 auf 218. Zur Weltsiegerausstellung in Dortmund 1973 traten 30 Bulldogs an.

Der Bericht des Vorstandes zur Generalversammlung des CEB am 27.10.1973 in Hannover-Döhren stellt fest: »Mit fast 220 Mitgliedern sind wir der größte europäische Spezialclub für Englische Bulldogs außerhalb Englands.« Und »Dass wir in diesem Jahr Welpen nach Italien, in die Schweiz und nach Amerika abgeben konnten, ist sehr erfreulich. Die Tatsache, dass Bestellungen aus Chile, ja selbst aus England, dem Mutterland des Bulldogs, vorliegen, zeigt, dass wir mit unseren Zuchterfolgen auf dem richtigen Weg sind.« Vorsitzende Kari Wolfsjäger selbst war darunter die aktivste, am meisten geschäftstüchtige und auch erfolgreichste Züchterin des CEB. Allerdings wurde nicht zimperlich mit vereinsinterner Kritik umgegangen. Mitglieder um Rudolf Maaß versuchten verschiedentlich, effektive Kontrollmechanismen wie etwa einen Richter-Ausschuss zu etablieren, scheiterten aber immer wieder an dem Widerstand Wolfsjägers.

Der CEB hatte innerhalb von nur zwei Jahren eine wirklich außerordentliche Entwicklung genommen, die ihm sogar internationales Ansehen eingebracht hatte. Zahlreiche Mitglieder kamen aus dem Ausland wie den Niederlanden, England und der Schweiz. Kari Wolfsjäger selbst wurde als Richterin zu Ausstellungen in New York wie auch im April 1974 vom ehrwürdigen »Leodensian Bulldog Club Nord-England« nach Leeds berufen. Regelmäßig wurden eigene Ausstellungen organisiert, oft mit internationaler Beteiligung. Die Welpen aus den Zwingern des CEBs waren sehr gefragt. 1974 wurde der CEB als e.V. in Dortmund eingetragen. Zum – vermeintlich – 75-jährigen

Bestehen des CEB wurde am 15./16.Mai 1976 eine internationale Clubshow in Brühl organisiert. Der damals renommierte Züchter Ernie Hubbard aus New Jersey, USA, konnte als Richter gewonnen werden. Der CEB war auf seinem Höhepunkt. Allerdings ging diese Entwicklung bereits auf Kosten und zulasten der Hunde selbst. Die als vorzüglich bewerteten Bulldogs waren inzwischen deutlich schwerer und extremer als noch die Hunde der 50er und 60er Jahre. Die Hochzeit des Vereinslebens der 70er Jahre war zugleich Beginn und Ausgangspunkt einer Hochzeit der Extremzucht, der zunehmenden Erscheinungen von Qualzucht beim Bulldog im deutschsprachigen Raum.

Der Kommerz nimmt Oberhand

Die Erste Vorsitzende Kari Wolfsjäger hatte wesentlichen Anteil an der Blüte des CEBs. Aber diese Blüte hatte auch eine Schattenseite. Es häuften sich Beschwerden über kranke Bulldogs, unseriöse Geschäftspraktiken und Verstöße gegen die Zuchtordnung. Kari Wolfsjäger als Vorsitzende bügelte diese Beschwerden regelmäßig ab. Nicht ohne Grund, war sie doch höchstpersönlich in diese Praktiken involviert. Wolfsjäger war die erfolgreichste Züchterin der frühen 70er Jahre im deutschsprachigen Raum. Mit ihrem Zwinger Cincinatti belegte sie bei Ausstellungen regelmäßig erste Plätze und züchtete zahlreiche Champions. Welpen ihres Zwingers waren sehr begehrt und erzielten gute Preise. Bei nicht wenigen war Bulldog-Zucht eine wesentliche Grundlage, wenn nicht gar die Hauptgrundlage des Lebensunterhaltes geworden. Und man konnte nicht schlecht hiervon leben.

Ein Kampf zwischen echten Liebhabern des Bulldogs und kommerziellen Züchtern um Wolfsjäger, für die der Gewinn im Mittelpunkt stand, entbrannte. Kari Wolfsjäger konnte zunächst die Züchterinteressen durchsetzen und die Beschwer-

den erfolgreich abblocken. Doch das sollte sich schlagartig ändern. Als später sogar der Bundesgeschäftsführer des Deutschen Tierschutzbundes, Klaus Ennulat, beim VDH vorstellig wurde, nahm sich dieser der zahlreichen Beschwerden an. Der VDH führte eine Untersuchung der Zustände im CEB durch.

Ausschluss aus dem VDH

Das Ergebnis war niederschmetternd, der VDH-Vorstand war ob des Umgangs mit Hunden und Kunden durch den CEB empört. So schloss er am 15. März 1976 den Club für Englische Bulldogs e.V. aus dem VDH aus. Der Justitiar des VDH, Rechtsanwalt Dr. S. Schlegel, schreibt in der Begründung des Beschlusses: »Die Gründe, die den Vorstand des VDH zu diesem folgenschweren Schritt veranlasst haben, sind in den unglaublichen Vorfällen zu sehen, die nicht nur frühere Mitglieder und Käufer von Welpen zu Rügen veranlasst, sondern auch der Anlass waren, das der Bundesgeschäftsführer des Deutschen Tierschutzbundes, Herr Rechtsanwalt Ennulat, sich beschwerdeführend einschalten musste. Zusammenfassend ist zu sagen, dass der Club für Englische Bulldogs e.V. in seinen Reihen Mitglieder duldet, die gegen tierschützerische Gedanken und gegen Zuchtbestimmungen verstoßen. Besonders erschwerend ist, dass diese Vorwürfe gegen ein Mitglied in konzentriertem Maße erhoben werden, das in leitender Funktion des CEB tätig ist: Frau Kari Wolfsjäger.« – ein vernichtendes Urteil des VDH-Vorstandes.

Gegen den CEB wurde vom VDH-Vorstand ein förmliches Ausschlussverfahren eingeleitet und die nächste Mitgliederversammlung des VDH musste nun abschließend entscheiden. Zudem war im Frühjahr 1976 mit dem »Deutschen Club für Englische Bulldogs e.V.« ein zweiter Bulldog-Verein um Robin Preston gegründet worden, der Antrag auf Mitgliedschaft im VDH gestellt hatte.

Der Club für Englische Bulldogs am Ende

Erst ein neuer kommissarischer Vorstand um den Hauptgeschäftsführer der Düsseldorfer Handwerkskammer Dr. Bernhard Deermann und den Juristen Prof.Dr. Wilhelm Dittmer, beides keine Züchter, konnte den Vollzug dieses Ausschlusses abwenden. In kleiner Runde wurde im Hause des VDH in Dortmund ein Deal ausgehandelt. Die Mitglieder der beiden Bulldog-Vereine CEB und DCEB sollten zunächst einen gemeinsamen neuen Verein, den ACEB, gründen. Leuten wie Wolfsjäger sollte dieser neue Verein allerdings verschlossen bleiben. Der CEB sollte dann auf Wunsch des VDH liquidiert werden. Der neu gegründete Verein sollte in den VDH mit allen Rechten und als einziger Bulldog-Verein umgehend aufgenommen werden. Und so kam es dann auch.

1977 – Gründung des »Allgemeinen Clubs für Englische Bulldogs«

Am 9. März 1977 gründeten sieben Unterzeichnende den »Allgemeinen Club für Englische Bulldogs« (ACEB). Dr. Bernhard Deermann, Robin Preston und Dr. Ulrich Schäfer bildeten das Präsidium, Friedrich Krudewig wurde Zuchtleiter und Doris Ehrenstein Geschäftsführerin. Deermann wurde später von der Mitgliederversammlung des ACEB zum Ersten Vorsitzenden gewählt. Unmittelbar nach Gründung des ACEBs wurde wie geplant und mit dem VDH abgestimmt der CEB durch einstimmigen Beschluss der Mitgliederversammlung am 21. Mai 1977 entsprechend §18(2) der Satzung offiziell aufgelöst. Daraufhin stellte der gerichtlich bestellte Liquidator Rolf Ehrenstein die Auflösung fest. Diese wurde im VDH-Organ Unser Rassehund im Juli 1977 dann bekannt gegeben. Der CEB existierte nicht mehr und ging mit den meisten seiner am Schluss noch 171 Mitglieder im ACEB auf. Über 70 Jahre hinweg hatte der CEB dem Bulldog die Treue gehalten. Leute wie Otti Heermann hatten den Bulldog

unter großem persönlichem Einsatz durch den Zweiten Weltkrieg und vor dem Hass der Nazis retten können. Aus Geldgier einiger Züchter war der CEB in seinen letzten Jahren aber so tief gesunken, dass er wegen Tierquälerei aus dem VDH ausgeschlossen werden sollte. Nun hatte der ACEB das Erbe des CEB übernommen. Er war jetzt der einzige Verband, der den Bulldog im VDH und in der BRD ganz allgemein vertrat. Kari Wolfsjäger und einige andere CEB-Züchter versuchten letztlich auch per Gericht, eine Mitgliedschaft im ACEB zu erzwingen. Dem ACEB gelang es aber erfolgreich, Leuten wie Kari Wolfsjäger die Mitgliedschaft zu verwehren.

Moderne Zuchtordnung und neue Erfolge

Zuchtleiter Krudewig und Dr.med.vet. Witteborg entwickelten im ACEB eine Zuchtordnung, die das Wohl und die Gesundheit des Bulldogs berücksichtigte. Eine für die damalige Zeit keineswegs selbstverständliche HD-Untersuchung wurde vorgeschrieben, Inzucht und Inzestzucht ausdrücklich verboten. Hündinnen durften erst ab einem Alter von 15 Monaten belegt werden. Dr. Witteborg entwickelte detaillierte Anweisungen, wie eine HD-Aufnahme anzufertigen und zu interpretieren sei. Man begann wieder, die Gesundheit der Englischen Bulldoggen ernst zu nehmen. Auch auf ein seriöses Geschäftsgebaren seiner Züchter legte der Vorstand großen Wert.

So wundert es nicht, dass der Vorstand bei einigen Züchtern nicht gerade gut gelitten war. Der Kampf mit unseriösen und einseitig kommerziell orientierten Züchtern ging wie schon beim aufgelösten CEB weiter. Er führte in einigen Fällen zu juristischem Streit zwischen Vorstand und Zuchtleitung auf der einen und einzelnen Züchtern auf der anderen Seite. Eine Züchterin aus Norddeutschland verkaufte einer alten Dame einen überlebensunfähigen Welpen ohne Schließmuskel und musste erst juristisch gezwungen werden, den Kaufpreis zurückzuerstatten. Dr. Deermann entschuldigte sich im Namen des ACEB persönlich bei der alten Dame. Dieselbe Züchterin musste wiederholt wegen Verstößen gegen die Zuchtordnung angemahnt werden. Insgesamt eine erschreckend kaltschnäuzige Tierquälerei, so die Auffassungen des damaligen ACEB-Vorstands. Bemerkenswert, dass solche Personen später über lange Jahre hinweg führende Positionen im ACEB bekleiden können. Im Mai 1978 wurde in Brühl eine der erfolgreichsten Bulldog-Veranstaltungen seiner Zeit durchgeführt. Die Richter Dora Wakefield und Prinz Alexander von Ratibor und Corvey hatten ein volles Pensum und mussten 87 Bulldogs aus dem In- und Ausland richten. Dr. Deermann, Dr. Schäfer und Doris Ehrenstein wurden mit der silbernen Ehrennadel des VDH ausgezeichnet. Es gab ein Kinderprogramm, eine Tombola, selbstgebackenen Kuchen, Filmvorführungen und ein festliches Abendessen. Zu dieser Zeit zählte der ACEB bereits um die 200 Mitglieder. Frau Angehrn und Frau Preston erhielten für ihre Bulldogs Urkunden als Deutsche Champions. Imelda Angehrn aus Gossau in der Schweiz war, nach dem Ausfall des Zwingers Cincinatti von Kari Wolfsjäger, nun dabei, mit ihrem Zwinger Pickwick zur mit Abstand größten und angesehensten Bulldogzüchterin des Kontinents aufzusteigen, eine Führungsrolle, die sie bis ins neue Jahrtausend halten konnte. Mit ihrem Pickwick Eick hatte sie bereits Anfang der 70er Jahre den ersten internationalen Champion. Zum 01.01.1979 eröffnete der ACEB schließlich das neue Zuchtbuch in das die Eintragungen des CEB und DCEB eingingen. Es war zu seiner Zeit das einzige Zuchtbuch für Englische Bulldoggen in der BRD, ein weiteres wurde in der DDR geführt.

1980 – Der ACEB entzweit, vier der sieben Gründungsmitglieder treten aus

1980 eskalierte der Streit zwischen Vorstand und der inzwischen Mehrheit der Züchterschaft im ACEB. Der erste Vorsitzende Dr. Deermann und

Zuchtleiter Friedrich Krudewig sahen im ACEB schließlich keine Basis mehr für das Wohl und die Gesundheit des Bulldogs. Mit ihnen traten einige weitere Mitglieder, zusammen vier der sieben Gründungsmitglieder des ACEBs, aus selbigem aus. Die kommerziell eingestellten Züchter hatten nun das uneingeschränkte Sagen im ACEB. Die oben angesprochenen Verfahren gegen unseriöse Zuchtpraktiken wurden nach und nach sämtlich eingestellt. Dr. Deermann zog sich allerdings nicht gänzlich aus dem Vereinsleben um und für den Bulldog zurück, sondern gründete dem »Verein der Freunde Englischer Bulldogs« einen neuen Verein, allerdings keinen Zuchtverein. Der Gedanke, der dieser Vereinsgründung zugrunde lag, war seiner Zeit weit voraus, vielleicht zu weit. Es sollte ein Verein nur für Freunde des Bulldogs sein, auch gedacht als Gegenpol zu Seite der Züchter. Züchter und andere kommerziell involvierte Personen sollten daher nicht Mitglied werden können. Aber auch dieser Verein wurde als Objekt der Eitelkeit und Selbstdarstellung vermeintlicher Bulldogfreunde missbraucht und löste sich schließlich in Bedeutungslosigkeit auf.

Kommerz, Ränkeleien und Selbstdarstellung auf Kosten der Hunde

Leider war das Vereinsleben um den English Bulldog immer wieder geprägt von persönlich ausgetragenen Ränken, Intrigen, Eitelkeiten und Kommerz-Interessen – rücksichtslos zu Lasten des Wohls unserer Bulldogs ausgetragen. Wenn auch nur zehn Prozent der Energie, die gerade von den Szene-Größen der 70er bis 90er Jahre für ihre ständigen Ränkeleien und Selbstdarstellungen aufwendet wurde, wenn nur diese zehn Prozent für das Wohl des Bulldogs tatsächlich investiert worden wären – es wäre heute schon gut um den Bulldog bestellt. Aber leider ist es anders gekommen. War die Zuchtordnung unter dem Vorsitzenden Dr. Deermann noch diskutiert und veröffentlicht worden, so wurde aus ihr nach und nach ein Staatsgeheimnis gemacht. Nicht ohne Grund. Denn, wenn sie überhaupt den Namen verdient, wird die Zuchtordnung den Anforderungen an das Wohl und die Gesundheit des Bulldogs in keiner Weise gerecht. Sie fällt sogar hinter die Mindestanforderungen im später erstellten Qualzuchtgutachten der Bundesregierung zurück, z.B. wenn mehr als zwei Schnittgeburten bei Hündinnen zugelassen werden, aber nicht nur da.

Das in den 70er Jahren so aufgeblühte gesellschaftliche Leben um den Bulldog kam nach und nach vollständig zu erliegen. Auch die damaligen Wurfzahlen wurden in mehr als vierzig Jahren danach nicht wieder erreicht. Nicht anders erging es der Aufgabe des Vereins, über den Bulldog zu informieren und für ihn zu werben. Die Aufgabe, sich um in Not geratene Bulldogs zu kümmern, überließ man fast vollständig anderen. Stattdessen ging der Hickhack unter manchen Züchter-Dynastien munter weiter. Immer dabei die Größen aus den 70er Jahren, die meist aus dem Hintergrund heraus Regie führten, aber die Fäden in der Hand hielten. Die vom Titel her Vorsitzenden des ACEBs wechselten lange Zeit beinahe im Jahrestakt. Die vereinsinterne Kommunikation »funktionierte« zuweilen nur noch per Anwalt. Der ACEB schrumpfte, trotz Wiedervereinigung, auf zeitweilig weniger als hundert Mitglieder und sah einem andauernden, tragischen Aderlass an der gerade für den Bulldog so wichtigen Züchtererfahrung tatenlos zu. Viel zu viele der wirklich engagierten, fachkompetenten und am Bulldog ehrlich interessierten Züchter kehrten diesem Verein nach und nach den Rücken, die meisten stellten die Bulldogzucht ganz ein.

Verpasste Chancen

So wundert es kaum, dass der Verein immer weiter an Einfluss in der Bulldog-Szene verlor. Zahlreiche Bulldog-Zuchtvereine gründeten sich daher außerhalb des VDHs. Gerade einmal um die hundert Welpen fanden pro Jahr über den ACEB einen neuen Halter. Der Großteil der Bulldogs kam nun, weitestgehend unkontrolliert, aus zwielichtigen Vereinen, dem Ausland, von Hundehändlern und Vermehrern. Nur vereinzelt blieben erfahrene Züchterinnen, die den ACEB wegen der destruktiven Dauerstreiterei verlassen hatten, bei der Stange. Diese Züchterinnen und Züchter betreuen seit vielen Jahren den Großteil der ganz wenigen, aber umso wertvolleren Zuchtstätten, bei denen man über die Jahre hinweg relativ gesunde und vitale Bulldogs erhalten konnte und kann. Ein Pfund für die Zukunft des Bulldogs.

So wundert es ebenfalls kaum, dass der ACEB die Chancen, die sich in den 90er Jahren aus der Wiedervereinigung Deutschlands für den Bulldog ergaben, nicht wirklich genutzt hat. Zwar kamen einige erfahrene und kompetente Züchter aus der ehemaligen DDR zum ACEB, aber deren großes Potenzial wie auch die genetische Reserve an guten Bulldogs blieben weitgehend ungenutzt. Ein Hund aus der DDR oder Russland ist im Stammbaum natürlich bei weitem nicht so repräsentativ und damit wertsteigernd wie ein Champion von Crufts oder einer Europasieger-Show des VDH, auch wenn letztere krank und eigentlich bemitleidenswert sein sollten. Weitere Chancen zur Verbesserung der Gesundheit der Population blieben ebenfalls ungenutzt. Über Imelda Angehrns langjährige freundschaftliche Verbundenheit zu dem Schweizer Kynologen Hans Räber hatte der ACEB sogar einen direkten Draht in die wichtige Standardkommission der weltweit obersten kynologischen Instanz überhaupt, der Fédération Cynologique Internationale (FCI). Hans Räber, Autor der zweibändigen *Enzyklopädie der Rassehunde*, war selbst lange Jahre Mitglied der Standardkommission der FCI. Der ACEB wie auch Räber verzichteten leider darauf, ihren Einfluss für einen Standard des Bulldogs geltend zu machen, der weniger Raum für die Belastung seiner Gesundheit zulassen würde. Dies sollte erst 2009 durch den Kennel Club geschehen.

Eine Dokumentation der Qualzucht

In England feierte derweil der The Bulldog Club (incorporated) mit dem neuen Jahrtausend auch sein 125-jähriges Bestehen. Das war Anlass für eine Sonderausgabe seiner Zeitschrift The Bulldog, die nicht zuletzt auch die weltweite Verbreitung der Bulldogzucht dokumentiert. Züchter aus den verschiedensten Ländern, sogar aus Japan und Australien, präsentieren in zumeist ganzseitigen Anzeigen ihre Zwinger, Zuchterfolge und Champions. Hier versammelt sich die Crème der Show-Zucht des Bulldogs und handelt Zuchthunde und Decktaxen. Das seit seiner Gründung jährlich erscheinende Heft ist eine Dokumentation der Zucht des Bulldogs, zumindest der des Show-Bulldogs. Bei wahren Freunden dieser herrlichen Hunde lösen die meisten der dort präsentierten Bulldogs allerdings keine guten Gefühle aus. Es ist bedrückend zu sehen, wie die Hunde mit den Jahren immer schwerer, faltiger, tiefergelegter, kurz lebensunfähiger werden. Man kann *The Bulldog* spätestens seit den 80er Jahren des 20. Jahrhunderts als eine Dokumentation von Qualzucht ansehen. Angesichts stattlicher Umsätze und nicht selten kommerzieller Vollerwerbs-Bulldogzuchtbetriebe schert das die breite Mehrheit der dort versammelten Züchter nicht. So wurde der Bulldog zu einem Synonym für Extremzucht, für die Auswüchse in der Hundezucht.

Bulldogs präsentiert zum 125-jährigen Jubiläum des »The Bulldog Club« in der Festschrift *The Bulldog*, Nr. 70, Juli 2000, Jubiläumsausgabe zum 125jährigen Bestehen von »The Bulldog Club (Incorporated)«

Shaftcrag White Mischief

Praetorian Bacchus

Kratos Tivoli Gold

Neue Hoffnung

Es begann zunächst mit einer anderen Hunderasse, einer, die dem Bulldog kaum ähnlich ist, dem Cavalier King Charles Spaniel. Carol Fowler, eine ältere britische Lady, hatte bereits drei ihrer kleinen Spaniels durch zuchtbedingte Erbkrankheiten verloren. Dem wollte sie nicht weiter zuschauen. In der Tierärztin Clare Rusbridge fand sie eine kompetente wie engagierte Mitstreiterin. Carol Fowler brachte die Missstände der Zucht beim Cavalier King Charles Spaniel an die Öffentlichkeit. Clare Rusbridge suchte und fand internationale Partner in der Wissenschaft und unter praktizierenden Veterinären. Schließlich verklagte man den britischen Zuchtverband. Die missliche Situation des Cavalier King Charles Spaniels hatte inzwischen die Aufmerksamkeit der Medien erweckt. So auch die der Filmproduzentin Jemima Harrison, die schon mehrere Natur- und Tierfilme gemacht hatte. Auch der größte britische TV-Sender BBC stellte sich schließlich auf die Seite von Carol Fowler und ihrem Cavalier King Charles Spaniel.

Jemima Harrison kommentiert ihre TV-Dokumentation: »Ein schockierender Enthüllungsbericht über einen der größten Tierschutzskandale unserer Zeitgeschichte. Zwei Jahre lang wurde daran gearbeitet, jetzt bringt ‚Pedigree Dogs Exposed' ein Ausmaß an Gesundheits- und Tierschutzproblemen bei Rassehunden ans Licht der Öffentlichkeit, Probleme die verursacht wurden durch Jahrzehnte von Inzucht und durch eine Zucht, die sich im wesentlichen konzentriert auf ‚Schönheit', anstatt auf Gesundheit und Zweck. Der Film behauptet, unterstützt durch überzeugende Zeugnisse von Top-Experten, dass ohne radikale Verbesserungen, viele unserer meist geliebten Rassen vom Untergang bedroht sind.«

Auch die größte britische Tierschutzorganisation, die »Royal Society for the Prevention of Cruelty to Animals« (RSPCA), die schon 1835 dem Bulldog beim Verbot der Hundekämpfe entscheidend geholfen hatte, stellte sich nun offen auf die Seite der Hundefreunde. Der sich immer honorig gebende The Kennel Club geriet in die Defensive. Das Fass lief endgültig über, als im August 2008 schließlich, zur besten Sendezeit, die Dokumentation *Pedigree Dogs Exposed* (etwa: »Rassehunde bloßgestellt«) von der BBC ausgestrahlt wurde. Professor James Serpell von der University of Pennsylvania bringt darin die Lage auf den Punkt:

»Ich habe das Gefühl, die Leute wissen nicht, welches Leid den Hunden angetan wird.«

Die Dokumentation von Jemima Harrison entsetzt die Welt der britischen Hundehalter. Viele sind empört und traurig zugleich. In den Foren oder auf Youtube bekennen viele Hundefreunde, dass sie die ganze Zeit weinen mussten. 14 Hunderassen wurden dann von RSPCA und BBC auf eine Art Index der Qualzucht gesetzt. Hierzu gehören auch zwei Nationalhunde: der Deutsche Schäferhund und unser Bulldog. Nachhaltige Maßnahmen zur Gesundung dieser Hunderassen sowie namentlich genannt weiterer zwölf Rassen wurden zur Bedingung für eine weitere Zusammenarbeit gemacht.

Sensationeller Kurswechsel im Kennel Club

Im Oktober 2008 gab dann der britische The Kennel Club, die wichtigste Rassehundeorganisation der Welt, einen sensationellen Kurswechsel bekannt. Mit einem »Breed Health Plan« sollen endlich die Weichen in der Rassehundezucht auf Gesundheit und Wohlergehen der Hunde umgestellt werden. So räumt die Geschäftsführerin des Kennel Clubs, Caroline Kisko, ein: »Wir haben die allgemeine öffentliche Stimmung wahrgenommen und festgestellt, dass hier mehr getan werden muss.« Der Breed Health Plan sieht ausdrücklich vor, dass in Zukunft keine Merkmale mehr gezüchtet werden dürfen, die die Hunde beim Sehen,

Laufen oder freiem Atmen behindern können. Ebenso wird der Inzucht der Kampf angesagt. Diese Wende kann Bahn brechende Bedeutung haben – nicht nur für den Bulldog.

Zunächst ist es schon ein Meilenstein, wenn der mit Abstand wichtigste Zuchtverband der Welt offiziell feststellt, dass bisher zu wenig für die Gesundheit der Hunde getan wurde und nun eine Wende dringend nötig sei. Bisher waren aus den Zuchtvereinen, namentlich auch dem ACEB, all solche Hinweise rüde abgekanzelt worden und Kritiker als Netzbeschmutzer oder Ahnungslose diffamiert worden. Nun werden genau solche Missstände vorbehaltlos eingeräumt. Der Kennel Club, der auch für den Standard des Bulldogs verantwortlich zeichnet, dokumentiert nun genau das, was viele Züchter und Zuchtvereine immer leugneten. Aber selbst jetzt verweigerte sich der Allgemeine Club für Englische Bulldogs einer Besinnung, eines Nachdenkens darüber, ob man vielleicht doch mehr für die Gesundheit der Hunde tun solle, ja im Sinne des Tierschutzes müsse.

Kampagne der Show-Zucht gegen gesunde Bulldogs

Der Kennel Club legte dann im Januar 2009 einen Interim-Standard für den Bulldog als Diskussionsgrundlage vor. Dieser sollte so gehalten sein, dass die extremen Auswüchse der Zucht nicht mehr durch den Standard gedeckt werden können, teils sogar ausdrücklich verboten sind wie etwa eine starke Falte über der Nase, die das Atmen regelmäßig behindert. Einzelheiten zum neuen Standard finden Sie im Kapitel zur Zucht. Wer aber nun die Illusion hatte, die Bulldog-Clubs in England oder Deutschland würden diesen Änderungen mit Beifall oder doch zumindest konstruktiver Kritik gegenüber stehen, sah sich bitter enttäuscht. Ein einziges Gekeife und Gezeter ging durch die Welt der Show-Zucht. Das Ende des

Bulldogs wurde heraufbeschworen. Vorne dran »The Bulldog Breed Council«, der 19 britische Bulldog-Zuchtvereine vertritt. In einer Petition verteidigt dieser seine Praxis der Show-Zucht. Es wird dreist die Behauptung aufgestellt, der Bulldog habe keine gesundheitlichen Probleme und bräuchte demzufolge auch keine Standardänderung – Punkt. Zum Beweis werden auf Youtube Videos vorgeführt, die Bulldogs zeigen, die über einen Rasen nicht einmal hundert Meter hin und zurück laufen, ohne vor Atemnot umzufallen. Solche »Leistungen« bereits als Indiz einer vermeintlich gesunden Zucht zu präsentieren, muss allerdings als Hinweis auf die tatsächliche Dekadenz und Tierquälerei gewertet werden, die die Show-Zucht längst erfasst hat. Kritische Kommentare wurden freilich sofort gelöscht.

In das gleiche Horn stieß zunächst auch der deutsche ACEB auf seiner Homepage. Der Kurs des Kennel Clubs und der neue Standard wurden öffentlich abgelehnt, ohne allerdings auch nur ein einziges inhaltliches Argument zu bringen. Unter der Überschrift »Bye Bye English Bulldog??« las man dort: »Für alle English Bulldog Züchter und Liebhaber gilt es nun zusammen zu halten, damit es den English Bulldog auch im nächsten Jahrzehnt noch so gibt wie wir Ihnen kennen und lieben gelernt haben!!!« [40]

»Wie wir ihn kennen und lieben gelernt haben...«

...mit all seinen entzündeten Falten, mehr als 80% Schnittgeburten, keuchender Atmung, Herz- und Bewegungsproblemen etwa? Show-Bulldogs, denen nicht selten erst bei Professor Oechtering in Leipzig oder in anderen Tierkliniken operativ das freie Atmen ermöglicht wird? Bulldogs, die mit einem Durchschnitt von nur fünf bis sechs Jahren nach der Bordeaux-Dogge die niedrigste Lebenserwartung aller Rassehunde überhaupt haben? So sollte der Bulldog jedenfalls nicht erhalten bleiben. Nach öffentlichen Protesten des Autors und auf Druck von seriösen Züchtern innerhalb des ACEBs

[40] Auf Website www.aceb-ev.de vom 22.02.2009

wurde dieses Pamphlet nach zwei Monaten schließlich aus dem Netz genommen. Im Mai 2009 lädt der ACEB dann aber Carol Newman, prominente Show-Bulldog-Züchterin und erklärte Gegnerin der Wende des The Kennel Clubs, als Ausstellungsrichterin für die Europasieger-Schau des VDH in Dortmund ein. Ein Affront gegen alle Bestrebungen zur Gesundung des Bulldogs.

Von den zahlreichen Bulldog-Zuchtvereinen in Deutschland bekannte sich nur der Französische und Englische Bulldoggen e.V. zum neuen Standard des Kennel Clubs. Allerdings spielt dieser in der Zucht von französischen Bullys erfahrene Verein in der Zucht der Engländer zu dieser Zeit keine praktische Rolle. Trotzdem gab es innerhalb wie außerhalb des ACEBs nicht wenige Züchter, die den neuen Standard begrüßten und in manchen Fällen bereits seit Jahren beherzigten. Das deutsche Portal zum Bulldog, www.bulldogge.de, schreibt: »Wir möchten ausdrücklich darauf hinweisen, dass hier nur die Vereine gemeint sind und nicht jeder diesen Vereinen angeschlossene Züchter. Auch in den hier angesprochenen Vereinen gibt es sehr verantwortungsbewusste Züchter, in deren Händen der Bulldog gut aufgehoben ist und die nicht konform mit der offiziellen Vereinspolitik gehen, Züchter, die auch jetzt schon gesunde Bulldogs züchten und sicher kein Problem mit der Modifikation des Standards haben werden.«[41] Man kann nur hoffen, dass sich diese Züchter durchsetzen werden. Mit dem neuen Standard des Kennel Clubs ist jedenfalls eine gute Vorlage gegeben.

Der neue Standard – ein Meilenstein für das Wohl des Bulldogs

Im Oktober 2009 verabschiedete und veröffentlichte der The Kennel Club den neuen Standard für den Bulldog. Dieser neue Standard ist ein deutliches Bekenntnis für das Wohl und die Gesundheit dieser ersten von heute über zweihundert durch den Kennel Club betreuten Rassen. Der Bulldog hat ein Recht auf Gesundheit, auf freies Atmen, auf Laufen, auf ein hundegerechtes Leben mit voller Lebenserwartung. Der neue Standard wurde im Jahr 2011 von der FCI verabschiedet und schafft hierzu die beste Grundlage von offizieller Seite her. Er muss nur durch Züchter wie Welpenkäufer im wahrsten Sinne des Wortes mit Leben erfüllt werden.

Ende 2008 hatte das britische Parlament seinen Ausschuss für Tierschutz damit beauftragt, die gesundheitliche Perspektive in der Rassehundezucht zu untersuchen. Anfang November 2009 legte dieser nun seinen Bericht vor: »A Healthier Future for Pedigree Dogs report.« In diesem Bericht äußerten die Parlamentarier ihre Zweifel an dem Willen der Mehrheit der Züchterschaft, sich tatsächlich für die Gesundheit der Hunde einzusetzen. Der Bericht macht daher zahlreiche Vorschläge, welche Maßnahmen zur Durchsetzung der Wende in der Hundezucht ergriffen werden sollten. Als Ultima Ratio schließt er aber auch eine gesetzliche Verpflichtung nicht aus.

Sollte es wieder das britische Parlament sein, dass, wie schon 175 Jahre zuvor beim Verbot der Hundekämpfe, den Bulldog erst durch ein Machtwort, durch ein Gesetz retten muss?

---

41 Auf Webseite www.bulldogge.de vom März 2009

Entwicklung der Zucht des Bulldogs

Bis 1830
Gelegentliche Zucht als Kampfhund ohne genetische Isolation

Um 1830–1865
Beginn der Zucht des Bulldogs als Begleithund

1890–1970
Zucht nach Standard mit einem relativ gleichmäßigen, gemäßigten Bulldogtyp; züchterische Übertreibungen lediglich in einzelnen Merkmalen wie krumme, nach außen gestellte Vorderläufe

1970–2010
Hochphase des Raubbaus an der Gesundheit des Bulldogs; immer extremere Übertreibungen, massive Häufung der Erscheinungen von Qualzucht

1865–1875
Herausbildung der Grundlagen für eine Zucht nach
Standard, Philo Kuon Standard, Gründung The Bulldog
Club, Schaffung der Grundlagen der modernen
Rassehundezucht

1875–1890
Beginn der Zucht des Bulldogs nach Standard

2011
Neuer FCI - Standard nach Vorgaben
des Kennel Clubs

2009
Neuer Standard des Kennel Clubs legt Grundlagen
für die Gesundung des Bulldogs

Kapitel 3
Bulldog –
Der richtige Hund für die heutige Zeit

»Spricht man in Deutschland von dem Bulldog und nennt nur diesen Namen, so überläuft selbst manchem wetterharten Mann ein Gänsehaut in der vollständig irren Ansicht, der Bulldog sei ein besonders gefährlicher, falscher, hinterlistiger Bursche, welchem man am liebsten meilenweit aus dem Weg gehe.

In Wirklichkeit ist der heutige Bulldog ein äußerst gutmütiger, anhänglicher, zutraulicher, lieber Geselle, welcher bei richtiger Behandlung bezüglich Treue und Anhänglichkeit von keinem anderen Hunde übertroffen wird. Er ist im allgemeinen ruhig und schwerfällig, daher ist eine gute Portion Anregung notwendig, um ihn aus seiner Ruhe herauszubringen; einmal in Wut versetzt, ist er ein gefährlicher Gegner, welcher seinen Herren bis aufs Blut verteidigt. Beim Angriff geht er, keine Furcht mehr kennend, seiner Kraft bewusst, offen und ehrlich auf den Feind los.

Für Kinder ist er der beste und zuverlässigste Gefährte; der Bulldog sucht die Gesellschaft der Kinder gerne auf. Ich selbst besitze stets zirka sechs Bulldogs und mehr, niemals habe ich irgendeine Tücke bei dieser Rasse bemerkt. Meine Kinder spielen mit ihnen, nehmen sie aus dem Zwinger, ziehen sie an, fahren sie in einem Wagen spazieren, alles, alles lässt sich der Bulldog gefallen.«

So wird der Bulldog in *Brehms Tierleben* von 1915 beschrieben.[42] Dabei lässt Brehm den ersten Vorsitzenden des Kontinentalen Bulldog Klubs und Bulldog-Züchter F.W. Pelzer berichten. Wir werden uns diesen »hinterlistigen Burschen« einmal genauer anschauen.

Der Charaktertyp

Der Bulldog ist vor allem eins, ein Charaktertyp. Der Bulldog hat Persönlichkeit. Und jeder einzelne Bulldog ist eine ganz individuelle Persönlichkeit. Denn jeder Bulldog ist anders. Doch auch wenn es immer einzelne ganz gegensätzliche konkrete Eigenschaften gibt, so sind alle unverwechselbar eines: Bulldog. Ihren besonderen Charme mag man mögen oder auch nicht. Dass er ihn hat, ist jedoch unstrittig. Und selbst der pikierteste Hunde-Hasser wird unumwunden einräumen, dass dieses Lebewesen etwas Besonderes hat. Und er ist auch etwas Besonderes. Wenn man nicht wüsste, dass es rein biologisch unmöglich wäre, so würde man einen Menschen unter seinen Ahnen vermuten. Dieser hätte ein etwas kauziges, aber gutmütiges Schlitzohr gewesen sein müssen, jedenfalls kein »hinterlistiger Bursche«.

Der Bulldog braucht das ihm in den letzten Jahrzehnten angezüchtete Extreme im Äußeren keineswegs, um seinen einmaligen Charme zu entfalten. Wer hierauf Wert legt, hat kein Interesse an seinen eigentlichen Qualitäten. Den eigentlichen, tieferen Reiz des Bulldogs macht seine Persönlichkeit aus. Man muss sie schon mögen und vor allem respektieren. Einen braven Diener wird man an ihm nie haben und auch keinen willfährigen Arbeitsjunkie. Man muss selbst Persönlichkeit haben, um mit einer starken Persönlichkeit wie ihm zurecht zu kommen und glücklich zu werden. Sie merken schon, dieses Portrait ist parteiisch. Ja, wir ergreifen Partei für den Bulldog. Wer den Bulldog kennen und lieben gelernt hat, kann auch nicht mehr unparteiisch über die Partnerschaft mit

---

[42] *Brehms Tierleben*, Zwölfter Band, 1915, S. 262

ihm berichten. Dabei kann man trotzdem Realist bleiben, aber unparteiisch?

Der Bulldog hat immer schon polarisiert. Neutral gelassen hat er kaum jemanden. Die einen lieben ihn, die anderen verachten ihn. Er wurde im dunkelsten Kapitel Deutschlands selbst von Kynologen als Symbolfigur des Feindes verächtlich gemacht und missbraucht. Heute wenden sich manche wieder verächtlich ab, Leute, von denen man es nicht vermuten würde. Vermeintliche Hundefreunde und -kenner, die ob der Versäumnisse menschlicher Zuchttätigkeit gleich den ganzen Hund, das Opfer, ablehnen. Kennen werden solche Kenner den Bulldog mit Sicherheit nicht.

Das menschlichste aller Tiere

Der Bulldog zählt zu den Tieren, die am engsten mit dem Menschen vernetzt und auf ihn bezogen sind. Wir werden noch sehen, warum. Und er ist das Tier, das am tiefsten und stärksten durch den Menschen geprägt wurde. Der Bulldog wurde durch den Menschen im wahrsten Sinne des Wortes geformt und immer wieder verformt wie kein anderes Lebewesen neben ihm. Der Bulldog hat es dabei geschafft, Teil unserer Kultur zu werden. Er ist eine Art Spiegel des Menschen geworden. Kaum ein anderes Tier ist so intensiv zu einem Symbol für verschiedene menschliche Eigenschaften geworden; und das weltweit und das bereits seit langer Zeit. Und kaum ein anderes Tier entwickelt so viel Bindung, ja Empathie für den Menschen wie eben der Bulldog. Eigentlich hätte der Mensch so viel Zuneigung des Bulldogs nicht verdient, aber vielleicht rehabilitiert er sich ja eines Tages.

Phlegma und Leidenschaft

Der große Kynologe Richard Strebel, selbst ein Freund und Halter des Bulldogs, zeichnet bereits um 1904 den Bulldogcharakter so prägnant, wie wir ihn auch heute, mehr als hundert Jahre später, nicht treffender beschreiben könnten: »Der Grundzug des Bulldogcharakters ist Gutmütigkeit, ein gewisses Phlegma, beides aber nur solange, als sich nichts ereignet oder ihnen begegnet, was ihre

schlummernden Leidenschaften auslöst. Es liegt hierin ein scheinbarer Widerspruch, man kann es aber nicht anders bezeichnen, als dass Phlegma und Leidenschaft unvermittelt nebeneinander ruhen. In dem Ausdruck ihrer Leidenschaft liegt eine ungeheuere Beharrlichkeit, ebenso in dem ihres Willens. Man hat oft dieses Unvermittelte für Jähzorn gehalten, ich möchte dies eher als eine äußerst heftig einsetzende Willensbetätigung bezeichnen, wozu sich ein unentwegtes Festhalten an einem einmal gefassten Entschluss gesellt.«[43]

Den Bulldog sehen wir tief schlafend und der realen Welt scheinbar wohlig entfleucht auf dem Sofa grunzen. Explosionsartig kann sich dieses Bild binnen Sekundenbruchteilen radikal ändern. Der Anlass kann ganz verschieden sein, laut oder leise. Es kann bei dem einen die Klingel, beim anderen ein bellender Hund vor dem Tor, manchmal auch nur das passende Geräusch im Radio Anlass genug sein: Wie von einer Tarantel gestochen schießt der Bulldog, soeben noch scheinbar im Tiefschlaf, zur Tür oder eben dorthin, wo der »Aggressor« vermutet wird. Die Geschwindigkeit ist erstaunlich hoch, alles, was im Wege steht, wird in diesem Moment umgewalzt. Das Ganze wird begleitet von einem tiefen, brummelnden, böse klingenden Bellen und Grollen, das jedem Fremden tiefsten Respekt einflößt. Wahrlich, eine »äußerst heftig einsetzende Willensbetätigung«, wie Strebel schreibt. Der vermeintliche Bösewicht wird mit knurrendem Bass noch eine Weile beeindruckt, bis sich aus Sicht unseres Bulldogs die Lage bereinigt hat. Drei Minuten später liegt er dann wieder auf seinem Sofa als sei nie etwas geschehen. Innerlich ist er derweil mit sich sehr zufrieden, hat er doch allen gezeigt, wo die Hausordnung ist, und dass an ihm keiner vorbeikommt. Auf dem Rückweg hatte er es nicht versäumt, einen kurzen Blick zu Herrchen und Frauchen zu schicken mit der Botschaft, seht mal, was ich für ein toller Hecht bin, ihr könnt stolz auf mich sein, ich pass auf euch auf!

Auch wenn dieser Wechsel zwischen Phlegma und Leidenschaft so unvermittelt und krass daherkommt, so verliert der Bulldog nie seine Kontrolle. Klärt sich die Lage auf, und es kommt ein bekannter Mensch durch die Tür, so wechselt das Grollen ebenso unvermittelt und abrupt in eine kernige, überaus freundliche Begrüßung. Und selbst wenn sich die Lage nicht so freundlich klärt und der Bulldog den vermeintlichen Gegner stellt, so geht er nie in einen unmittelbaren, gar ernsthaften Angriff über und bleibt jederzeit abrufbar.

Von Bulldog-Freunden wurde ein Ernstfall berichtet: Herrchen war auf Dienstreise. Ein Einbrecher hatte sich Nachtens Zugang zum Haus verschafft. Irgendwann merkten es die beiden Bulldogs, die bei Frauchen im Schlafzimmer soeben noch schnarchend da lagen. Wie von einem starken Gummiband gezogen, flogen die beiden die Treppe herunter auf den Einbrecher zu. Dieser wusste noch nicht, was ihm geschah, da musste er bereits in zwei ganz böse dreinschauende, die Zähne fletschende große Bulldog-Köpfe schauen. Grollend setzten diese sich ganz dicht vor den inzwischen mit dem Rücken zur Wand stehenden, sichtlich erschrockenen Mann, der die Arme bereits hoch hielt. In der Zwischenzeit konnte die Frau des Hauses zum Telefon greifen und die Polizei alarmieren. Als die Beamten endlich eingetroffen waren, bedurfte es noch ein wenig Überzeugungsarbeit, damit die beiden Bulldogs den Einbrecher an die Polizei übergaben. Angefasst hatten sie ihn nicht.

Bulldog gegen Lokomotive

Man sollte seinen Bulldog in dieser Hinsicht schon gut kennen. Bei manchen fallen bestimmte Dinge in Ungnade, deren Bedeutung man sich erst einmal nicht erklären kann. Richard Strebel berichtet von seiner Bulldog-Hündin Bohemia, bei der alles Schwarze in Ungnade gefallen war. Aber es

---

[43] Richard Strebel, *Die Deutschen Hunde* in 2 Bänden, 1903/1904, Nachdruck Kynos-Verlag 1986, hier Bd I S.222ff

musste schon reinschwarz sein ohne weiße Flecken, warum auch immer. Strebel berichtet: »Ich habe in all den Jahren niemals einen Angriff auf Hunde ausführen sehen, die nicht schwarz waren; die Größe spielte dabei keine Rolle. Sehr vorsichtig musste man sein, wenn man in die Nähe einfarbig schwarzer Kühe kam. Ehe ich ihre Abneigung gegen die reinschwarze Farbe kennen lernte, attackierte sie mir eine friedlich weidende schwarze Kuh, die sie nicht an der Kehle sondern an den Ohren packte.«[44] Und Strebels Bohemia ging hier nur exakt so vor, wie es vom Naturwissenschaftler Johannes Caius bereits 1570 über die Bulldoggen beschrieben worden war. Strebel berichtet von einem weiteren Erlebnis mit seiner Bohemia: »Das tollste Stückchen, welches sie mir in dieser Beziehung ausführte, war ein Angriff auf eine sich in Tätigkeit befindende Lokomotive, wo sie sich in die Speichen eines feststehenden Rades verbiss.«

Bulldog gegen Besen

Anstatt Dampf-Lokomotiven, wenn gerade nicht verfügbar, nimmt der Bulldog ersatzweise auch gerne Besen, Staubsauger, Schubkarren, Rasenmäher (Vorsicht!) oder sehr gerne auch einmal einen festen Wasserstrahl aus dem Gartenschlauch. Manche Kampfobjekte werden zuweilen regelrecht ritualisiert, und dann mit Beflissenheit auf Kampfgelegenheiten hin überwacht. Es kann dann zu wilden Attacken kommen, die nur Erahnen und Erstaunen lassen, welche Kampfkraft in seinen Ahnen einmal steckte und sich in diesen Burschen bis heute erhalten hat. Meine beiden Rüden Bruno und Willi liebten besonders den Kampf gegen den Hofbesen. Es war unmöglich, den Hof zu kehren, ohne sie vorher unter Anwendung einer List im Haus eingesperrt zu haben. Hörten sie auch nur einen einzigen Strich mit dem Besen, so schossen sie sofort heran und zeigten höchste Konzentration und Erregung. Es schien, als würden sie in

Bruno und Willi lieben den Kampf gegen den Hofbesen.

[44] Richard Strebel, Die Deutschen Hunde in 2 Bänden, 1903/1904, Nachdruck Kynos-Verlag 1986, hier Bd I S. 222ff

dem Besen den Kopf des Stiers aus den alten Tagen der Arenen des Bull-Baiting sehen und müssten jetzt wieder um Leben und Tod kämpfen. Blitzschnelle, immer von ganz unten ausgeführte Vorstöße, den Kopf fast über den Boden streifend, danach ein ebenso blitzschnelles Zurückziehen. Dazwischen Scheinangriffe meist etwas seitlich versetzt ausgeführt. Immer wieder wird, wie beim Abtasten zweier Boxer oder Ringer, um den vermeintlichen Gegner herumgetänzelt, begleitet von einem imposanten Grollen und bassigen Bellen.

Kraft und Kontrolle

Nicht jeder Bulldog hat solche Feindbilder, aber manchmal tut es auch irgendein Gegenstand, der »einfach nur falsch guckt«. Wenn dann ein kräftiger Rüde oder eine nicht minder kräftige Hündin unvermittelt und urplötzlich meint, losschießen zu müssen, so sollte man darauf gut vorbereitet sein. Auf feuchtem Waldboden kann man dann schon mal am anderen Ende der Leine auf dem Allerwertesten hinterher rutschen, sofern man die Leine überhaupt noch im Griff hat. Aber man kennt ja seinen Spezi. So ist man vorbereitet und ermahnt ihn rechtzeitig. Meist kann man schon anhand der Körpersprache und besonders der Mimik erkennen, wenn so ein spezielles Ziel anvisiert wird. Das Gefährlichste, was passieren kann, ist der Schreck für einen Unbeteiligten, der den Bulldog nicht kennt und natürlich erst einmal geneigt sein wird, böse Absichten zu unterstellen. Das Szenario ist jedenfalls beeindruckend, optisch wie akustisch. Es ist allerdings nicht bekannt, dass ein reinrassiger Bulldog je aus einer solchen Aktion heraus etwa einen Menschen angegangen oder gar gebissen hätte. Ein Bulldog greift keinen Menschen an. Das hat er über viele Jahrhunderte bei Strafe seines Todes gelernt, ja verinnerlicht. Trotzdem sollte das andere Ende der Leine einer solchen Situation jederzeit mental wie körperlich gewachsen sein. Hier zeigt sich ein weiterer Teil des Bulldog-Erbes.

Zu den Zeiten, wo er als Akteur in den Arenen des Tierkampfes seinen Lebensunterhalt bestreiten musste, war dieser abrupte Wechsel gefragt. Vor und nach dem Kampf sollte der Bulldog pflegeleicht und ruhig sein, idealerweise grunzend an seiner Kette oder in seinem Zwinger liegen. Mit dem Gong zur ersten Runde musste er dann explosionsartig zum Angriff übergehen, wollte er eine Chance haben, die Arena lebend wieder zu verlassen. Diese Fähigkeit war ihm über unzählige Generationen als überlebenswichtige Eigenschaft in die Gene gelegt und von Generation zu Generation perfektioniert worden.

Menschenfreund und Kampfhund

Als mancher Bulldog vor zweihundert Jahren noch als echter Kampfhund sein Dasein fristen musste, war zugleich eine weitere Eigenschaft elementar und bestimmend: Freundlichkeit zu Menschen. Kampf und besondere Menschenfreundlichkeit passen erst einmal nicht zu unserem heutigen Verständnis von »Kampfhund«. Doch die Molosser allgemein zeichnen sich seit Menschengedenken durch eine besondere Freundlichkeit Menschen gegenüber aus, auch wenn und weil gerade sie immer wieder als Schutzhunde, Kampfhunde, ja Kriegshunde gebraucht und missbraucht worden waren. Das war kein Zufall, im Gegenteil. Es hatte einen guten und sogar zwingend notwendigen Grund, wie wir es schon in Kapitel zwei aufgezeichnet haben. Man darf die echten Kampfhunde nicht mit denjenigen Hunden gleichsetzen, die heute von zwielichtigen, nicht selten kriminellen Menschen missbraucht werden. Solche Hunde geraten außer Kontrolle. Die echten Kampfhunde zeichnen sich hingegen gerade durch jederzeitige Kontrollierbarkeit aus und haben zudem eine extrem hohe Reizschwelle Menschen gegenüber; sie sind also das genaue Gegenteil.

Der Bulldog hat durch die niederträchtigsten Seiten des Menschen, der ihn zur eigenen Belustigung in einen grausamen Tod schickte, die menschenfreundlichsten Seiten entwickelt. Weil er ein so erfolgreicher, gefürchteter Kämpfer war, musste er ein besonders harmloser, absolut gutartiger Freund außerhalb der Arenen sein. Das überaus kinder- und menschenfreundliche Wesen des Bulldogs ist aus diesem Widerspruch entstanden und auch heute noch tief in ihm verwurzelt. Auch hier sehen wir weitere zwei so krasse Gegenpole, die alle zusammen den unverwechselbaren, einmaligen Charakter des Bulldogs ausmachen.

Liebe und Zwang

Der Bulldog hat keinen ausgeprägten »will to please«, den besonders Hirtenhunde wie etwa ein Border Collie oder auch Jagdhunde wie der Labrador ganz massiv besitzen. Und »keinen ausgeprägten« ist hier noch leicht übertrieben. Der Bulldog ist kein Workaholic. Aber er legt allerhöchsten Wert auf ein enges, spannnungsfreies Verhältnis zu seinen Menschen. Er hat einen »will to be loved«. Der Bulldog braucht die Liebe seiner Menschen mehr als alles andere, außer vielleicht einer vollen Schüssel Fressbarem. Aber selbst hier wird er im Zweifelsfall für den Menschen entscheiden. Um seinem Herrchen oder Frauchen einen Gefallen zu tun, tut er fast alles. Gerade bei meinem Willi habe ich das etliche Male deutlich erlebt. Wenn er seine sture Miene aufgezogen hatte, so wusste man mittlerweile, dann tut sich nichts mehr. Nichts geht mehr. Und nichts meint hier auch nichts, rien. Anfangs versuchte ich noch, mit einem Machtwort die Lage zu wenden; aussichtslos. Ich habe es dann mit einer freundlichen und eindringlichen Bitte versucht. Und, wie von einem Zauberstab berührt, entspannte sich die Marmorstatue und, als wäre nie etwas gewesen, tat Willi genau das, worum er gebeten worden war, genau das, wo er sich vor einer Minute eher hätte totschlagen lassen, als es unter Zwang zu tun. Es gab hierfür auch kein einziges Leckerli, nicht als Anreiz und auch nicht als Belohnung. Willi tat es einzig,

um mir einen Gefallen zu tun. Vielleicht auch, um mir zu zeigen, dass er es nur tut, weil er mich mag und nicht, weil er es etwa müsste. Auch bei meinen anderen Bulldoggen habe ich die Erziehung und das Miteinander nie auf Konditionierung per Leckerli gebaut. Sie taten uns ihre Gefallen immer im Dienste der Partnerschaft, zur Pflege unserer Freundschaft, die ihnen offenbar mindestens genauso viel wert ist, wie uns selber.

Und nebenbei bemerkt: In dieser Hinsicht sind sich unsere Hauskatzen und unsere Bulldogs sehr ähnlich. Beide erhalten sich auch bei innigster Partnerschaft und Zuneigung ihre eigene Persönlichkeit, ihre eigene letzte Entscheidungshoheit, den eigenen Willen und mutieren nie zu rückgratlosen Befehlsempfängern.

Peter und sein Freund Bulli aus dem gleichnamigen Kinderbuch von Lili Martini.

Freund und Feind

»Ebenso eindrucksvoll war ein Erlebnis mit einem männlichen englischen Bulldog, der einer benachbarten und befreundeten Familie in Altenberg gehörte. Bonzo, so hieß der Rüde, war zwar gegen Fremde scharf, für hundeverständige Freunde der Familie aber recht zugänglich, zu mir sogar höflich: freudig begrüßte er mich, wenn wir einander unterwegs trafen.

Einst war ich auf Schloss Altenberg dem Heime Bonzos und seiner Herrin, zur Jause geladen. Von auswärts kommend, hielt ich mein Motorrad vor dem Eingang des einsam im Walde liegenden Schlosses an, und als ich mich bückte, um die Maschine auf den Ständer zu stellen, wobei ich der Tür den Rücken zukehrte, schoss Bonzo wütend daher, erkannte verzeihlicherweise meine mit einem Overall bekleidete Hinterfront nicht und packte mich kräftig am Bein, das er nach Bulldoggenart nicht mehr losließ. Derlei ist schmerzhaft; ich brüllte demnach laut und vorwurfsvoll Bonzos Namen. Wie von der Kugel getroffen, fiel das Tier von mir ab und wand sich, Verzeihung erflehend, auf dem Boden.

Da offenbar ein Missverständnis vorlag und meine Sportbekleidung eine ernstliche Verletzung verhinderte - etliche blaue Flecken zählen für einen Motorradfahrer nicht - so redete ich dem Hunde freundlich zu, streichelte ihn und wollte die Sache auf sich beruhen lassen. Nicht so Bonzo. Die ganze Zeit, die ich im Schlosse blieb folgte er mir nach, während der Jause saß er eng an mein Bein gelehnt, und sooft ich ihn auch nur ansah, setzte er sich hoch aufgerichtet mit weit zurückgelegten Ohren und schmerzlich vorquellenden Bulldogaugen vor mich hin und suchte sein Bedauern durch phrenetisches Pfotengeben auszudrücken. Selbst als wir einander etliche Tage später zufällig auf der Straße begegneten, begrüßte er mich nicht wie bisher mit Emporspringen und plumpen Scherzen, sondern nahm die beschriebene Demut-

stellung an und gab mir die Pfote, die ich herzlich schüttelte.«

Es war der Begründer der vergleichenden Verhaltensforschung, Bulldoggen-Freund Konrad Lorenz, der Bonzo in seinem Büchlein *So kam der Mensch auf den Hund* (1967) dieses Denkmal setzte. In der Verhaltensforschung oder Ethologie ist es mittlerweile unstrittig, dass Hunde den Menschen in besonderer Weise verstehen können. Hunde verstehen den Menschen wie kein anderes Tier, auch nicht unsere genetisch nächsten Verwandten Schimpanse oder Bonobo. Hunde sind bereits genetisch auf die Kommunikation mit dem Menschen geprägt, wie man anhand nicht mit Menschen sozialisierter Welpen nachweisen konnte. Hunde können Augenbewegungen, Fingerzeige, Blickrichtungen lesen. Hunde können sogar die Mimik des Menschen interpretieren und verstehen. Hunde können sich in die Gefühlslage eines Menschen hineinversetzen, haben die Fähigkeit zu Empathie. Lange Zeit meinte man, Empathie sei eine alleinige und spezielle Fähigkeit, die den Menschen auszeichne. Aber Hunde haben diese Fähigkeit auch. In unzähligen Forschungsarbeiten über mehr als fünfzehn Jahre hinweg konnten solche Erkenntnisse vom Leipziger Max-Planck-Institut für Evolutionäre Anthropologie, dem Clever Dog Lab der Uni Wien oder der Eötvös Lorand Universität in Budapest und anderen Instituten in aller Welt wissenschaftlich bestätigt werden.[45] Bulldog-Freunde wussten das bereits vorher. Der Bulldog ist ein Spezialist für Empathie. Er fühlt mit seinem Herrchen und all denen, die ihm etwas bedeuten mit. Er leidet mit, wenn seine Menschen leiden und er freut sich mit, wenn Freude im Haus ist.

Bulldog-Begrüßungen

Legendär sind die Bulldog-Begrüßungen. Hier werden große, nicht selten ausufernde Rituale zelebriert. Es ist ungespielte echte Freude, eine Freude,

---

[45] Beispiele und Zusammenfassungen in:
Juliane Kaminski, Juliane Bräuer: *Der kluge Hund. Wie Sie ihn verstehen können*, 2006
Adam Miklosi et al., »Wolves do not look back at Humans, but Dogs do«, in *Current Biology* 2003 und Reinhard Brandt: *Können Tiere denken?* 2009
Friederike Range: *Wie denken Tiere?: Faszinierende Beispiele aus dem Tierreich*, 2009

die regelmäßig auf den Begrüßten überspringt. Dieser Freude wird auch körperlich Nachdruck gegeben, derb und plump wirkend nach Bulldogenart. Der sonst eher rollende, zuweilen an ein Nilpferd erinnernde Gang wandelt sich zu einem Tippeln, das Hinterteil dabei deutlich wackelnd. Aus diesem Tippeln heraus entwickeln sich die ersten Sätze, die wiederum im finalen Begrüßungssprung münden. Wie oft habe ich Leute gesehen, die sich zur Begrüßung in die Hocke begaben und in dieser unstabilen Haltung gleich nach dem ersten Akt dieses Begrüßungsrituals schon einmal umgewalzt wurden. Standfest sollte man sein, wenn 25 oder 30 muskelbepackte Kilos nach Bulldoggenart geschossen kommen. Allerdings weiß der Bulldog seine Kraft exakt zu dosieren. Ich habe nie gesehen, dass ein Bulldog ein Kind umgewalzt hätte, auch nicht bei der freudigsten Begrüßung.

Jeder Bulldog zelebriert seine individuellen Rituale. Sie sind aber durchweg von einer zwar derben und zugleich dermaßen freudigen Herzlichkeit, der

man sich nicht verschließen kann. Wenn man am Ende eines stressigen Arbeitstages nach Hause kommt, geht dann trotz hereinbrechender Dunkelheit die Sonne auf. Alle haben ein Lächeln auf den Lippen, alle sind froh, Frauchen, Herrchen und der Bulldog selbst. Vergessen ist die Last des Arbeitstages, der Kampf mit dem Hinterhalt mancher Menschen.

Und es wäre nicht der Bulldog, wenn es nicht auch hier wieder die Ausnahmen gäbe. Hannibal von Gabi und Günter Mill-Rogel war so eine Ausnahme beim Thema Begrüßungen. Selbst wenn das geliebte Herrchen von der Schicht kam, gab es kein ausuferndes Begrüßungsritual. Nur der Hannibal-Kenner erkannte die zarten Zeichen seiner freudigen Begrüßung. Ein kurzes Blinzeln mit einem Auge und ein kurzes Wedeln mit seiner kleinen Rute mussten da schon reichen. Als später Kumpel Connor, und damit Bulldog-Konkurrenz, ins Haus kam, legte Hannibal einen Zahn zu und gestaltete seine Begrüßungen etwas aufwändiger.

Vielfraß im Hundepelz

Selbst ein Bulldog kann von Liebe alleine nicht leben. Er hat noch eine zweite, nicht minder ausgeprägte Leidenschaft, das Fressen. Ein Bulldog leidet immer und sein Leben lang an einer grausamen Last, dem Hunger. Wie oft haben wir schon unter Bulldog-Freunden zusammengesessen und geschmunzelt, was wohl wäre, wenn man Devil, Willi, Orphelia, Berta, Hannibal oder unsere anderen »Dicken« einmal ohne Limit, sich so richtig rund herum satt fressen lassen würde. Klar war eigentlich sofort, dass man so etwas tunlichst vermeiden müsse, da für nichts mehr garantiert werden könne - bei den meisten zumindest. Akute Lebensgefahr wäre keineswegs eine übertriebene Befürchtung. Devil, dem außerordentlich liebenswürdigen Bulldog von Michael Maintke, später erster Präsident des Continental Bulldog Clubs in Deutschland, gelang es einmal, diesem Bulldog-Traum ganz nahe zu kommen.

Michael erzählt: »Perserteppich adé oder - über die hochmotivierte Bereitschaft der Englischen Bulldogge, möglichst schnell viel Nahrung aufzunehmen, egal was kommt. Ein gutes Beispiel in dieser Hinsicht war unsere Englische Bulldogge Floral Garden Royal Major, genannt Devil. Der Rufname passte wirklich besser zu seinem Benehmen als sein aristokratischer Zwingername. Fressen war seine große Leidenschaft bis ins hohe Alter. Deshalb war sein Zweitname auch »der Küchenhund«. Er »wohnte« dort und verließ diesen Ort nur ungerne. Jedenfalls solange sich ein menschliches Wesen dort aufhielt, Kühlschränke- und Truhen öffnete oder in Töpfen rührte. Eine besondere Anekdote passierte eines Tages, als ich unvorsichtiger Weise einen Korb mit einem Paket Kakao-Pulver im Flur vergessen hatte. Das dazugehörige Tiramisu stand zur Sicherheit noch im Kühlschrank. Als ich kurz das Haus verlassen hatte, ging unsere vierbeinige Nase, mittlerweile elf Jahre alt, auf Wanderschaft und fand dieses Paket Kakao-Pulver. Es wurde dann ins Wohnzimmer verbracht, um alsbald auf dem Teppich vertilgt zu werden. Bei meiner Rückkehr zeigte sich ein Bild des Grauens. Inmitten dieser «Kakao-Wolke» lag genüsslich schleckend ein glücklicher Bulldog. Seine Häufchen der nächsten Tage hatten eine wunderschöne Färbung und dufteten etwas nach Kakao. PS: Der Teppich hat überlebt.« Der alte Devil hatte diesen Traum wirklich erlebt und er endete glücklicherweise nicht in einem Alptraum. Und sicher, es gibt nicht wenige Hunderassen, die als besonders verfressen gelten. Da steht der Bulldog nicht allein. Aber bei einem Wettbewerb um die Meisterschaft der Verfressenheit würde ich dem Bulldog keine schlechten Chancen auf den Titel einräumen. Es ist ganz wichtig, bei der Erziehung und im Zusammenleben mit dem Bulldog dieses Thema ernst zu nehmen. Gibt man ihm einmal etwas vom Tisch, so wird er mit Penetranz

Devil nach gewonnener Kakao-Schlacht.

Wiederholung einfordern. Vom herzerweichenden Blick mit Kulleraugen, zartem Antippen mit den Pfoten bis hin zu rüdem Aufrichten an der Tischkante, in Notfällen auch unterstrichen von einem spitzen Bellen, kann die Palette der Aufforderungen reichen. Das sollte man auf keinen Fall zulassen, zumindest nicht außerhalb der eigenen vier Wände. Bei etwas Konsequenz des Menschen fügt sich der Bulldog schnell in sein Schicksal und wird erst gar nicht betteln. So kann man ihn problemlos mit ins Restaurant oder mit in einen Biergarten nehmen. Er wird sich ein Plätzchen unter Tisch oder Bank suchen und von dort aus ruhig und gelassen die Lage peilen.

Immer nur die halbe Ration

Mindestens ebenso wichtig ist Disziplin bei der Futtermenge. Das ist wieder eine Erziehungsfrage für den Menschen. Es gibt nur ganz wenige Bulldogs, die beim Futter holen Maß halten können. Die meisten sind maßlos. Dabei sparen sie sich, wenn es irgendwie geht, das Kauen, damit es schneller geht. Sie schlingen ihr Futter am liebsten unbekaut hinunter und den Napf gleich mit. Ist der Napf dann hastig und in Windeseile leer geputzt und blitzeblank, so dass man ihn unbesehen wieder in den Schrank stellen könnte, so kommt gleich unmittelbar danach der eindringliche wie vorwurfsvolle Blick, »das kann`s doch wohl nicht gewesen sein!«, »das war doch nur die halbe Portion!«, »das ist nicht fair!«, »du willst mich wohl für dumm verkaufen!« - Bleiben Sie stark! Halten Sie Ihren Bulldog am besten im Idealgewicht. Betteln wird er so oder so, ob er nur die richtige Menge oder das Doppelte bekommt. Mit seinem Vorwurf und der Unterstellung einer unredlich gekürzten Ration werden Sie leben müssen.

Berta liebt das Kauen an einem Knochen oder trockenem Pansen.

Knochenarbeit

An einem geeigneten Knochen zu nagen, labt nicht nur den Bulldog-Magen. Ausgiebiges Nagen an einem Knochen, Ochsenziemer oder ersatzweise einem speziellen Gummi, ist bei Hunden ein fast meditativer Akt. Manche Bulldogs, wie viele andere Hunde auch, vergraben ihre Knochen gerne im Garten oder verstecken ihn. Berta liebte es, einen Knochen, den sie schon eine zeitlang ausgiebig benagt hatte, scheinbar unbeachtet liegen zu lassen. In etwa vier, fünf Metern Entfernung beobachtete sie aus dem Augenwinkel heraus das Geschehen. Näherte sich ein anderes Tier, und selbst wenn es nur ein Huhn war, dem Knochen auf etwa einen Meter, schoss sie, wie von einem Katapult getrieben, auf es los und verscheuchte es mit tiefem Grollen. Danach nahm sie den Knochen wieder in Besitz und kaute eine zeitlang auf

ihm herum, um das gleiche Spiel dann wieder von Neuem zu beginnen. Das Bild erinnert an Wölfe, die an einem Riss fressen und dann hie und da Kojoten, Raben oder andere Futterneider verjagen müssen.

Der Beikoch

Wie oben schon bei Devil berichtet, sind die meisten Bulldogs Küchenmeister, mindestens aber eifrige Beiköche, die in der Küche gerne zur Hand gehen. Das Öffnen des Kühlschranks hört selbst der älteste, vom Tierarzt bereits als taub eingestufte Bulldog im ganzen Haus. Das Rühren in einem Topf oder das Herausziehen einer Pfanne aus der Schublade wird man kaum vor ihm geheim halten können. Schon steht er in der Küche mit erwartungsvoller Spezialmimik, »kann ich helfen?« Irgendwas fällt immer ab, man muss Frauchen oder Herrchen nur eng genug und auf Schritt und Tritt nachstellen, lautet das Motto. So steht dann der massive Klotz stoisch und direkt hinter

Will man keinen aufdringlichen Bettler, hilft nur Konsequenz.

einem und man muss höllisch aufpassen, nicht zu stolpern oder gar etwas Heißes zu verschütten. Der Blick, die Mimik, der ganze Körper strahlt höchste Anspannung aus. Jeder Handgriff wird verfolgt und protokolliert. Und endlich fällt auch was herunter, fast immer.

Nebenbei ist auch dabei

Durch die vielen kleinen Dinge, die so abfallen können, wird schnell die offizielle, normale Ration erheblich aufgestockt. Es passiert ganz schnell, dass sich der Bulldog Übergewicht anfrisst. Da hilft nur FdH, Disziplin, Konsequenz. Alleine mit Sport und Bewegung gehen die Pfunde nicht mehr weg, beim Bulldog ebenso wenig wie beim Menschen. Übergewicht ist eine ernsthafte gesundheitliche Belastung, die nicht nur das Herz zusätzlich herausfordert und die Lebenserwartung senken kann. Doch gibt es auch hier immer wieder die Ausnahmen von der Regel. Orphelia zum Beispiel, die resolute Bulldog-Lady, die wir nachher noch kennenlernen werden, hatte Zeit ihres Lebens immer ein paar Pfunde zu viel. Doch sie war zugleich immer eine außerordentlich vitale und bewegliche Bulldogdame, die keinerlei Probleme hatte, ihr Frauchen bei Wanderungen und selbst gelegentlich beim Reiten zu begleiten. Und Orpehlia sollte zudem ein sehr hohes Lebensalter als rüstige Lady erreichen - mit ihrem Übergewicht.

Futterregeln

Da wir zuhause immer Katzen haben, musste das Thema Fressen auch mit den Samtpfoten geregelt sein. Als Willi ins Haus kam, hatten wir sogar zwei gestandene Kater, die alle ihre seit Jahren angestammten Futterplätze hatten - was tun? Klein-Willi wies uns eindringlich auf Regelungsbedarf hin. Kaum in der Küche, waren sämtliche Katzenschalen blitzblank, eh dass man sich auch nur Besinnen konnte. Auf der anderen Seite, wo sollten wir die Katzenschalen hinstellen, jeder Kater hatte alleine zwei? So machten wir Welpe Willi klar, dass genau diese vier Schalen für ihn tabu seien. Dazu musste man sich etwas Zeit nehmen, in die Küche setzen und die Lage peilen. Bereits bei einem lüsternen Blick in Richtung Katzenschalen wurde ein klares Abbruchsignal gesendet, hier ein deutliches »neeeiiiinn!« Willi wusste sehr schnell, was gemeint war. Es kam anfangs noch einzelne Male vor, dass er, wenn wir beide außer Haus waren, die Katzenschalen plünderte. Aber dann saß es. In seinen über zehn Jahren des Zusammenlebens mit Katzen danach rührte er deren Futternäpfe nicht ein einziges Mal mehr an, ob wir nun da waren oder nicht. Nicht, dass er sie vergessen hätte. Immer wieder gab es einmal einen lüsternen Blick in Richtung Katzenschalen, insbesondere dann, wenn diese frisches Rinderhack enthielten. Aber schon ein dezentes Grummeln seitens Herrchen beseitigte sämtliche aktuellen Zweifel Willis hinsichtlich der Gültigkeit dieses Paragrafen der Hausordnung. Mit unseren anderen Bulldoggen gelang dies genauso.

Der Tierfreund

Überhaupt sind Bulldogs in aller Regel nicht nur Menschen, vielmehr auch anderen Tieren gegenüber freundlich eingestellt. Allerdings ist es immer auch eine Frage des individuellen Temperamentes und vor allem auch der Erfahrung und Erziehung. Ein Bulldog, dem zum ersten Mal Hühner vor der Nase laut gackernd wegflattern, wird geneigt sein, selbigen hinterherzusetzen, die meisten jedenfalls. Unsere Bulldogs lernten es innerhalb von Stunden, den Hühnern auf dem Hof eben nicht nachzusetzen. Und daran hielten sie sich auch, aber nicht immer. Alle hatten ihre Momente, wo sie vom Schalk getrieben wurden und solche Gebote bewusst übergingen. Willi blickte mich auf seine bestimmte Art mit spezieller Miene an. Das war die Miene, die er immer zog, wollte er sich bewusst über eine Abmachung zwischen uns hinwegsetzen. Ich las hieraus mit der Zeit die Botschaft, du bist zwar mein Freund und auch mein Chef, aber jetzt interessiert mich das nicht und du wirst schon sehen, was ich tun werde. Das musst du

Wie eine Rakete schießt Berta urplötzlich los.

aushalten, wenn du mein Freund sein willst. Mit dieser Miene schaute Willi mich an und, eh dass man sich versah, stellte er den Hühner nach. Es war immer wieder erstaunlich, wie schnell, wendig und geschickt er ein Huhn packen konnte. Und diese Hühner waren flugfähige, gesunde und vitale Mistkratzer, die da eilig wegstoben. Kurzzeitig zumindest hielt er das gefangene Huhn wie ein apportierender Münsterländer im Fang. Ohne dass ich noch etwas sagen müsste, beendete er diese Aktion genauso unvermittelt, wie sie begann und präsentierte sich mir mit stolzer Brust, siehst du, wie fit ich bin! Unsere anderen Bulldogs waren nicht minder geschickt im Hühnerfangen. Berta fixierte vorher das ausgewählte Huhn nach Art eines Border Collies oder Wolfes. Besucher, darunter mancher Hundekenner, mussten neidlos das Geschick und die Wendigkeit der Bulldogs anerkennen. Dabei können unsere Bulldogs durchaus die eigenen Hühner von den großen Fleischtauben des Nachbarn unterscheiden, die

immer mal dazwischen her laufen. Exakt die fremden Hühner und Tauben wurden regelmäßig weggejagt. Da haben wir sie auch immer gewähren lassen. Es wurde nie ein Huhn verletzt oder getötet, auch wenn ich nicht beschwören möchte, dass sie es nicht einmal tun könnten.

Bei Katzen war es ähnlich. Fremde Katzen wurden mit Grollen vom Hof gejagt, lugten sie auch nur um die Ecke. Mit den eigenen Katzen gab es solche Probleme nie. Es wurde den Katzen gelegentlich sogar erlaubt, mit aus dem eigenen Napf zu fressen. Und der Kater stibitzte auf diese Weise hie und da selbst der extrem verfressenen Berta ungestraft die geliebten Stückchen Hühnerfleisch aus ihrem Napf. Berta ließ ihn. Es waren immer die Kater, die entschieden, gerade nun einmal mit aus dem Bulldog-Napf fressen zu wollen. Es wirkte wie eine Demonstration der Souveränität der Katzen und die Bulldoggen ließen sie durchweg gewähren. Einmal ins Bulldog-Herz geschlossen, darf

Alle meine Bulldogs haben die Katzen respektiert.

man mit ihnen so ziemlich alles anstellen, selbst beim heiligen Futter. Mit exakt kalkulierten Provokationen versuchten die Katzen sogar immer wieder einmal, die Bulldogs zu reizen. Und sie wussten dabei immer genau, wie weit sie bei dem einzelnen Bulldog gehen konnten. Besonders schön war es für die Katzen, auf einem Tisch zu liegen und von oben herab mit der ausgestreckten Tatze die Ohren des darunter auf Fressbarem vom Tisch wartenden Bulldog zu tätscheln. Auch wird immer wieder gerne hautnah um den Kopf des auf dem Boden oder Sofa grunzenden Bulldogs herumgeschwänzelt, selbigen dabei kerzengerade in die Höhe gereckt mit um 45° nach unten abgeknickter Spitze. Wir kennen etliche Bulldogs, die bestens mit Katzen, Papageien, Kaninchen oder Meerschweinchen Freundschaft geschlossen haben und dabei auch gerne gemeinsam in einem möglichst engen Körbchen oder einer Ecke des Sofas kuscheln. Wie schon bei den Menschenkindern beschrieben, so erstaunen auch hier diese an

sich derben und poltrigen Vertreter mit geradezu artistischer Vorsicht, Zärtlichkeit und Feinfühligkeit.

No Sports?

Der britische Premier Winston Churchill war eine an einen Bulldog unwillkürlich erinnernde, imposante Erscheinung. Er war ersichtlich kein Freund sportlicher Betätigung und so war auch sein Denken. »No Sports!« soll Teil seiner Lebensphilosophie gewesen sein. Aber genau wie es nicht stimmt, dass Churchill Bulldog-Fan war, so wenig stimmt es, dass Bulldogs keinen Sport mögen würden. Bulldogs mögen Sport, sehr gerne sogar - nur auf ihre Art. Und Bulldogs brauchen Sport, um körperlich und geistig fit zu sein. Leider fordert der Bulldog seinen Sport nicht immer energisch genug ein. Wird er nicht gefordert und gefördert, so degeneriert er, sehr schnell und ohne großen

No Sports! Oder?

Widerstand zu leisten, zur ausgewachsenen Couch-Potato, der - nebenbei - auch gerne und zuweilen sehr aufmerksam Fernsehen schaut. Ein Bulldog kann auch Tage lang faul auf dem Teppich oder seinem Sessel dösend verbringen, lediglich unterbrochen durch den Höhepunkt Fressen, vielleicht noch das Frauchen oder Herrchen begrüßen und das lästige Gassi gehen. Einmal um den Block, um das Geschäft zu erledigen, ist aber nicht genug. Tun Sie das ihrem Bulldog nicht an! Auch Bulldogs brauchen Bewegung, wollen Bewegung. Aber eben: wenn sie nicht bewegt werden, können sie auch faul werden, sich an Faulheit und Trägheit schnell gewöhnen. Anders als bei Arbeitshunden, die unausgelastet zu allerlei destruktiven Unmutsäußerungen neigen und allein deshalb Herrchen und Frauchen zum Nachdenken zwingen, lässt der Bulldog das meist unwidersprochen über sich ergehen und richtet sich bequem darauf ein.

Schlafsport

Bulldogs zelebrieren das Ruhen, die Siesta, das wohlige Grunzen auf dem Sofa, unter dem Schreibtisch, in einem Korb, der ruhig eng sein darf, dafür aber weich sein muss. Hugo von André Sauvain liebte es, auf einer schmalen Säule zu sitzen, die eigentlich als Podest für eine Bananenpflanze gedacht war, und von dort aus mit meditativer Miene das Geschehen zu verfolgen. Bulldogs lieben es auch, eng angekuschelt mit Seinesgleichen, Katzen und Menschen zu ruhen. Oft lieben sie es, nur ganz leicht über die Schnute oder die Zehen diesen körperlichen Kontakt zu Frauchen und Herrchen zu halten. Manche sind da anders und nehmen auch durchaus einen Zweisitzer komplett und exklusiv in Beschlag. Es beruhigt einen selbst, den Dicken beim wohligen Grunzen zuzuschauen. Nach seinen Menschen, seinem Fressen ist Schlafen die dritte große Lei-

Bulldogs zelebrieren gerne die Siesta.

denschaft. Aber dieses Bild kann sich ganz plötzlich und unvermittelt ändern und man glaubt das gerade Gesagte kaum noch.

Auf in die Natur

Es ist eine Freude, Bulldogs über Feldwege und Wiesen, Büsche und Bäche flitzen zu sehen. Sie können wieselflink sein, überraschen immer wieder mit ihrer Wendigkeit und ihrem Geschick. Zwei Bulldogs miteinander ringen zu sehen, ist erheiternder als die meisten Unterhaltungssendungen im TV und lassen selbst den erfahrenen Bulldogger immer wieder verwundern und erstaunen. Bulldoggen lieben es, neue Wege durch Feld und Flur zu erkunden. Ein gesunder Bulldog hält da locker mit seinen Menschen mit. Nur bei Sommerhitze müssen die meisten der heutigen Bulldogs passen, leider. Besonders schön ist es, durch hohes und feuchtes Gras zu stoben. Auch werden Büsche hie und da gerne direkt genommen. Erstaunlicherweise kommt es dabei nur sehr selten zu Verletzungen. Sie entwickeln auch präzise Vorlieben für bestimmte Stellen in der Natur und lieben die Abwechslung. Bulldogs nehmen gerne ein Bad in Bächen, Pfützen und Seen und pflügen mit Eifer durch das flache Wasser eines Bachs. Da sie meist wenig Jagdtrieb haben, können sie bei etwas Erziehung problemlos ohne Leine laufen. Bulldogs sind Naturburschen aber keine Athleten und erst Recht keine Rekruten.

Agility und Obedience

Bulldogs sind in der Regel nicht an Agility interessiert und erst Recht nicht scharf auf Obedience oder Dog Dance und andere Modeerscheinungen oder Spleens der Hundehalterwelt. Über einen

Mit ein wenig Erziehung können Bulldogs auch problemlos frei laufen.

Parcours zu laufen, ist ihnen zu langweilig, und Befehl und Gehorsamsspielchen werden vom Bulldog schon aus Prinzip abgelehnt. Der Bulldog ist ein treuer Partner aber kein Befehlsempfänger. Er ist nicht bereit, sich als Objekt eines Drillmeisters herzugeben. Trotzdem können Bulldogs, wenn sie wollen, auch auf dem Hundeplatz erstaunliche Leistungen erbringen, wie es uns Butcher später noch zeigen wird. Für den Bulldog gibt es im Allgemeinen keinen vernünftigen Grund, warum er zum Beispiel Obedience machen sollte. Eine dem Sinn eines Befehls – Verzeihung, einer Bitte – entsprechende Ausführung reicht ihm vollkommen. Es gibt allerdings zwei Wege, einem Bulldog Kunststücke beizubringen. Zum einen kann man seine chronische Verfressenheit ausnutzen. So könnte man ihn über Leckerlies konditionieren. Zum anderen kann man sein Bedürfnis ausnutzen, ein unbelastetes, freundschaftliches Verhältnis zu Herrchen oder Frauchen zu haben. Das wäre eine Gratwanderung der Gefühle für unseren Bulldog. Eigentlich hat er kein Interesse an den von Herrchen oder Frauchen ausgedachten Übungen, deren Sinnhaftigkeit er ernsthaft bezweifelt. Andererseits will er auch keinen Ärger oder gar die Freundschaft gefährden. Man sollte einfach akzeptieren, dass der Bulldog kein Hund für Aktivitäten und Sportarten ist, die man sich ursprünglich ersonnen hat, um frustrierte Hirtenhunde zu beschäftigen. Der Bulldog möchte Agility oder Obedience aller Regel nicht und er braucht es auch nicht. Solche Übungen passen kaum zum Bulldog-Spirit.

Apportieren

Die meisten Bulldogs sind keine eifrigen Apportierer oder interessieren sich überhaupt ernsthaft für diesen Job. Doch manche finden selbst hieran gefallen, wenn sie nur einen Sinn darin erkennen können. Karin Wettstein berichtet von ihrer Bulldog-Hündin Britta:

Britta

Britta und das Apportieren, oder: Bulldoggen tun nur, was sie einsehen.

Britta ist ein sehr lernfreudiger Hund. Wo ich es allerdings aufgeben habe ist, ihr das Apportieren beizubringen. Wenn sie sprechen könnte, würde sie wohl sagen, «wenn Dir so viel da diesem Ding liegt, wieso schmeißt Du es dann immer wieder weg?«

Britta liebt es, das Stöckchen oder das Spielzeug aus der Hand zu klauen. Oder man wirft es und läuft mit ihr um die Wette. Hat sie sich so etwas ergattert, versucht sie sich in die Büsche zu schlagen und mein Mann und ich müssen hinterher. Man sieht richtig, wie in ihrem kleinen Köpfchen die Räder drehen, damit sie uns am besten austricksen kann. Da geht es über Stock und Stein.

Einmal hatte ich uns gerade ein neues Wurf- und Zerrspielzeug gekauft und es natürlich gleich mit auf den Spaziergang genommen. Ich werfe und treffe mitten auf eine Kuhweide. Na toll, dachte ich, das hatte ich ja lange. Aber was macht Britta? Geht los unter dem Elektrozaun durch. Mir wurde ganz anders; meine kleine Maus zwischen den Kühen. Die sind ja nicht ganz ungefährlich. Jetzt nur keine Panik und darauf vertrauen, dass Britta weiß, was sie tut. Britta ignoriert die Kühe holt ihr Spielzeug. Legt es mir vor die Füße mit einem Blick, der besagt: »noch mal mach ich das nicht!«

Seitdem holt sie mir alles, wo sie der Meinung ist, ich wäre dazu nicht in der Lage. Aber ich darf mich nie mit Absicht verwerfen, das merkt sie sofort und ich muss es selber holen. Apportieren kann also auch einen Sinn haben und es hält Frauchen auch noch fit.

Bulldogs und Wasser ist ein ganz spezielles Thema. Im Allgemeinen mögen sie Wasser und am liebsten wadentiefe Bäche. Aber was heißt schon im Allgemeinen? Gabi Mill-Rogel hat sich anhand von Hannibal und Conner mit der Frage befasst:

Können Bulldogs schwimmen?

Diese Frage kann ich eigentlich nur mit einem klaren JEIN beantworten.

Als wir unseren Hannibal im Alter von einem Jahr von einer Familie übernahmen, versicherte uns diese, er könne gut schwimmen und wäre eine Wasserratte. Nach unserem damaligen Verständnis von Hunden waren wir auch der festen Überzeugung, dass alle Hunde schwimmen können. Hannibal hat uns dann aber eines Besseren belehrt. Bei einem Sonntagsspaziergang rutschte er von einem Bootssteg in den Möhnesee. Er machte − entgegen unserer Erwartung − nicht die kleinste Schwimmbewegung, weshalb wir ihn schnellstens am Nackenfell aus dem Wasser zogen. Einige Wochen später spazierten wir an einem Bach entlang, der relativ schnell floss und an einigen Stellen auch ziemlich tief war. Wieder schaffte es Hannibal, ins Wasser zu fallen und wieder drohte er unterzugehen, da er keinerlei Paddelbewegung machte. Also erneute Rettungsaktion durch uns.

Das Besondere: diese beiden Vorkommnisse haben ihn nicht etwa wasserscheu gemacht. Er hat lediglich seit diesem Tag immer darauf geachtet, wie tief das Wasser ist und ist immer nur so weit hineingegangen, wie er noch stehen konnte. Wasser war bis ins hohe Alter für ihn eine große Freude − egal zu welcher Jahreszeit. Er ging auch im Winter gerne in der Nord- oder Ostsee baden, ließ keinen Bach oder Teich aus - und war dabei nie erkältet, auch wenn wir ihn manchmal lange nicht herauslocken konnten. Übrigens, eine Schwimmweste, die ich ihm später irgendwann einmal gekauft habe, hat an seinem «Schwimmverhalten» nichts geändert − er hing auch in der Weste wie ein Steiftier.

Anders dagegen unser Connor. Er hat zum ersten Mal im Alter von etwa zwölf Wochen Wasser gesehen. Ganz mutig trappelte der kleine Kerl hinter Hannibal her ins Wasser. Wo der noch stand, musste Connor schon schwimmen. Und er tat es mit einer Selbstverständlichkeit, die uns mit unsäglichem Stolz erfüllte. Seit dieser Zeit lässt Connor ebenfalls keinen Bach, See oder kein Meer aus, um sich in die Fluten zu stürzen, was von uns allerdings besondere Aufmerksamkeit erfordert. Denn er kann schwimmen, aber er übernimmt sich schnell, gerade wenn er mal wieder versucht, einen riesigen Ast vor dem Ertrinken zu retten oder mit anderen schwimmfähigeren Rassen zu konkurrieren. Dann kennt er keine Angst und überschätzt schon mal seine Ressourcen.

Eigentlich kennen wir fast nur Bulldoggen, die zwar Wasser lieben, aber nicht schwimmen können. Es gibt natürlich auch Ausnahmen. Aber auch diese kann man nicht mit anderen Wasserhunden vergleichen. Bulldoggen sollte man nur unter Aufsicht schwimmen lassen; ihr schwerer Körperbau und die Stummelrute machen sie eben in dieser Disziplin nicht zu wirklichen Könnern.

Ich habe vor Jahren an der französischen Küste in der Bretagne beobachtet, wie zwei Bulldoggen mit größter Freude in den hohen Wellenbrechern kämpften und dabei am liebsten von einem flachen Felsen ins Meerwasser sprangen. Sie schwammen sicher wie eine Ente. Aber das sind, wie Gabi schon andeutet, eher die Ausnahmen. Ich bin oft mit meinen Bulldogs ins Wasser gegangen, aber diese begnügten sich durchweg mit dem Bereich, wo sie noch stehen konnten. Allenfalls mal schnell über zwei Meter hinweg wurde gepaddelt, aber nur aus der Not heraus, nicht aus Spaß. Im Wasser verweilen, mit Wasserblasen oder einem Ball spielen, auch mal einem Stöckchen nachsetzen, einem Frosch oder einem Blesshuhn jagdlüstern hinterher springen, das sind ihre Wasserwelten. Am schönsten ist ein flacher Bach mit sandigem oder auch modrigem Boden, hie und da ein paar Felsbrocken sind erlaubt, Hauptsache man kann in Windeseile und mit viel Gicht durch das Wasser stoben. Kathrin Jegodka erzählt: »Wenn es draußen warm ist, spielen Higgins und Stella im Bach hinter unserem Haus wie die Kinder. Sie toben durch das Wasser, haschen und bespritzen sich gegenseitig, aber wehe es regnet...«

...und wenn es regnet?

Eigentlich sollten Bulldoggen von ihrer alten Heimat her das Thema Regen und feuchten Nebel bestens kennen und hieran gewöhnt sein. Mag ja auch sein, nur merkt man davon meist nichts. Fast alle Bulldoggen, die ich kennen gelernt habe, verabscheuen Regen. Auch Kathrin berichtet von ihrer Stella und ihrem Higgins bei Regenwetter: »Das Fassungsvermögen einer Hundeblase ist dann erstaunlich. Besonders interessant finde ich in dem Zusammenhang immer das Verhalten von Stella. Normalerweise hebe ich sie immer in den Kofferraum unseres Kombis, sie springt im Gegensatz zu Higgins nicht hinein und wartet so lange, bis sie an der Reihe ist. Anders bei Regen. Stella springt nicht, sie schwebt ins Auto und zwar so schnell wie möglich, vor Higgins und häufig, bevor ich die Klappe überhaupt richtig geöffnet habe. Wer geht schon gern in strömendem Regen spazieren!?« Alle meine Bulldoggen gingen bei Regen nur für das aller Nötigste aus dem Haus. Und das dann nur einmal am Tag. Ja, so eine Hundeblase kann erstaunlich viel halten. Hatte Berta noch nicht mitbekommen, dass es draußen regnete, so

traf es sie wie der Blitz, wenn ich die Türe aufge-
macht hatte und sie wie gewöhnlich heraus hech-
ten wollte. Abrupt hielt sie noch auf der
Türschwelle inne, hob kurz den Kopf, um die Lage
am Himmel zu peilen. Inzwischen hatte sich der
Gesichtsausdruck deutlich verschoben und
brachte ihr tiefes Missfallen deutlich zu Ausdruck.
Auf dem Absatz wurde kehrt gemacht und niemand konnte sie davon abhalten. Gassi- oder gar
Spazierengehen war vorerst aus ihrem Terminka-
lender gestrichen.

Pfützen

Das dritte Wasserthema sind Pfützen. An heißen
Sommertagen sind sie ein gerne gesehener Quell
der Erfrischung. Aber manche Bulldogs begnügen
sich nicht mit dem Wasserfassen, sondern legen
sich gleich komplett hinein. Andere hingegen um-
schiffen jede Pfützen peinlich genau. Allerdings,
wenn dann auch mal der Bulldog mit einem So-
ckel aus Schlamm wie angemalt dasteht, so ist das
kein Grund zur Aufregung. Es ist immer wieder erstaunlich, wie schnell sich so ein kurzhaariges
Hundefell selbst säubert.

Schnee

Bulldogs lieben Schnee. Sie kommen mit kaltem
Wetter bestens aus, idealerweise, wenn es nicht
regnerisch ist. Bulldogs gibt es in den Gebieten
um den Polarkreis, in Kanada, Alaska, Finnland
oder Sibirien. Schnee kommt ihrem Temperament
bestens entgegen. Da kann man sich schön rein-
werfen, ihn durchpflügen und auch mal etwas
Schnee zur Erfrischung fressen. Unsere Berta mussten wir, wenn im Winter hoher Schnee lag, abends
immer noch mehrmals heraus lassen, selbst bei
den schärfsten Minus-Graden. Dann nahm sie be-
herzt Anlauf und stürzte sich gezielt in einen
Schneehaufen. Sie suhlte sich im Schnee wie an
Sommertagen im Gras oder Sand. Besonders

schön ist kniehoher, frisch gefallener Pulverschnee. Der stöbert sich am schönsten und hier kann man wunderbar Schneepflug spielen. Und, ohne Scherz, bei solchem Wetter nutzen wir unsere Bulldogs tatsächlich als Schneepflug. Berta vorneweg für die erste Spur, Bruno hinterher zum Glatttreten und dann haben Frauchen und Herrchen schon einen komfortablen Weg durch hohen Neuschnee.

Hitze

Die allermeisten Bulldogs vertragen Belastung bei Hitze nicht gut. Es war eh nie ihre Konstitution, bei Hitze ausdauernde Leistungen bringen zu müssen. Die Fehlentwicklungen in der Zucht als Rassehund tun ihr übriges. Sie machen heute aus vielen Bulldogs im Grunde Behinderte, die aufgrund ihrer angezüchteten Kurzatmigkeit und weiterer Handicaps ihr Hundeleben nur eingeschränkt genießen können. Trotzdem: Bulldogs lieben auch Hitze!

Die meisten Bulldoggen legen sich bei großer Sommerhitze mit Genuss in die sengende Sonne. Sie lieben es, bewegungslos in der Sonne zu braten. Ihr Körper wird dabei zuweilen so heiß, dass man sich die Hand daran verbrennen könnte, so jedenfalls der subjektive Eindruck. Sie braten in der Sonne allerdings nicht über Stunden an einem Stück. Urplötzlich erheben sie sich und suchen dann in Windeseile einen kühlen, schattigen Platz. Dort beginnt die Phase der Abkühlung, am liebsten flach auf kalten Fliesen fliegend. Zwischendurch wird frisches Wasser gefasst. Nach einer Weile geht es wieder raus, auf eine Bank oder eine Matratze zum weiteren Sonnenbaden. Dasselbe Spiel geht von vorne los. Man sieht sich unwillkürlich an den sonnenentwöhnten Mitteleuropäer in den ersten Tagen seines Sommerurlaubs am Strand erinnert.

Bulldogs gibt es in aller Welt, auf allen Kontinenten. Auch in den heißen Zonen unserer Erde gibt es regelmäßig Bulldogs. In etlichen Ländern der

In der Sommerhitze sind schattige Plätzchen willkommen.

Tropen oder Subtropen gibt es sogar Bulldog-Clubs, meist schon seit vielen Jahrzehnten. Es kommt der Bulldog-Mentalität entgegen, den Tag ruhig angehen zu lassen und eine lange Siesta zu pflegen. Kann der Bulldog sein Tagwerk mit Gelassenheit selbstbestimmt angehen, so kommt er auch mit tropischen Temperaturen erstaunlich gut zurecht. Er will aber gerade an heißen Tagen selbst entscheiden, ob und was er tut. Und man sollte ihn auch lassen. Mit das Schlimmste, was man seinem Bulldog antun kann, ist, ihn bei Hitze zu fordern. Gerade ein junger Bulldog lässt sich gerne zu Taten verleiten, die bei Hitze tödlich enden können.

Fast alle Hunde ziehen es vor, bei Hitze zu ruhen oder es zumindest gemächlich angehen zu lassen. Hunde können nicht wie Menschen über die Haut schwitzen. Der Bulldog gehört, wie die meisten Hunde, zu denjenigen Rassen, deren Einsatztauglichkeit bei großer Hitze sehr begrenzt ist. Aufgrund der Fehlentwicklungen der Zucht gilt diese Einschränkung für den Bulldog auch noch in ganz besonderer Weise. Deshalb wird diesem Umstand hier im Buch beim Thema Gesundheit breiter Raum gewidmet. Man kann nur appellieren, den Bulldog ganz allgemein und besonders auch tatkräftige, junge Exemplare bei Hitze zu schonen. André Sauvain berichtet von seinem Bulldog:

»Ich befand mich wie fast jeden Tag in meiner Stammkneipe, einem englischen Pub hier in Grenchen (Schweiz). Mags liebte es, draußen in der Sonne zu liegen, er mochte diese Wärme, welche sein Fell aufheizte. Ganz regungslos lag er draussen und genoss die ersten Sonnenstrahlen. Eine Besucherin rannte plötzlich in die Kneipe rein und unterrichtete ganz geschockt das Service-Personal: «Bitte, gehen Sie sofort nach draußen, da liegt ein toter Hund auf der Garten Terrasse!»

Tja, ...selbst schuld, wenn man ihn nicht kannte.

Jeden Tag beglückte er mich mit einer anderen Überraschung ...kein Tag war wie der vorherige.

Urlaub, Reisen, Autofahren

Dies gilt natürlich besonders auch bei Reisen. Bulldogs eignen sich sehr gut für die Reise. Sie fahren gerne und problemlos Auto. Gerne beobachten sie dabei die Umgebung. Wenn sie einmal die Gelegenheit haben, fliegen Bulldogs auch gerne mit in einem Kleinflugzeug und schauen sich die Welt von oben an, wie Sportflieger berichten. Mein Bruno liebt es, sich während der Fahrt auf die Armauflagen zwischen den beiden Vordersitzen zu stellen und von dort aus herrschaftlich den Verkehr zu inspizieren. Besonders »Straßenköter« auf dem Gehweg rechts oder links werden mit strengen, strafenden Blicken belegt. Bruno wirkt dann wie ein römischer Kampfwagenlenker und ich bin überzeugt, in diesen Momenten fühlt er sich auch so.

Längere Fahrten über die Autobahn werden gerne für ein ausgiebiges Nickerchen genutzt. Auch im Auto gilt selbstverständlich, den Hund vor Sonne und Hitze zu schützen. Für das Autofahren im Sommer sind abgetönte Scheiben mit Sonnenschutzfunktion sehr zu empfehlen, wie besonders die Klimaanlage. Bei langen Fahrten empfiehlt es sich, nachts zu reisen. Und frisches Wasser sollte selbstverständlich immer ausreichend vorhanden sein und ihm hie und da angeboten werden. So kann man problemlos auch weite Reisen mit dem Auto unternehmen. Mit Willi konnte man ohne weiteres den Urlaub in Umbrien oder der Toskana verbringen. Natürlich war es etwas besonderes, wenn er spürte, dass eine große Reise anstand. Schon am Tag vorher war er sichtlich aufgeregt. Kaum stand das Auto zum Packen bereit, da nutzte er schon die kleinste Gelegenheit, um sich seinen Platz im Laderaum des Kombis zu sichern. Einmal drinnen, war er nicht mehr zu bewegen, noch einmal heraus zukommen. Ging dann endlich die Fahrt los, so legte er sich just in dem Moment, wo man auf die Auffahrt zur Autobahn fuhr, hin, um dann erst wieder fünfhundert Kilometer später exakt zur Tankpause aufzuwachen. Danach ging es genauso problemlos weiter.

Fast alle Bulldoggen sind solche angenehmen Mitfahrer. Manche aber nicht. Emma-Bella-Lola hatte für sich beschlossen, Auto fahren nicht zu mögen, zumindest nicht, wenn es in den Urlaub ging.

Jutta Nolte berichtet von ihrem etwas anderen Bulldog-Mädchen:

Ein Bulldog, der nicht vereisen will

»Emma-Bella-Lola war unser zweiter Bulldog und von Anfang an ein außergewöhnlicher Vertreter seiner Rasse. Sie kam wohl schon geprägt - mit starkem Willen - und der dazugehörenden Portion Durchsetzungsvermögen auf die Welt. Ihr Rudel suchte sie sich im Alter von vier Monaten (als letzte von zehn Welpen) - wie hätte es anders sein können - natürlich selbst aus. Emma ist ein Bulldog außer Rand und Band. Bulldoggig sportlich , selbstbewusst und mit großem Elan. Anfangs von anderen Hundebesitzern belächelt «absolvierte» Emma-Bella-Lola ihre «Multiausbildung» in der Hundeschule mit Bravour! Aber auch: Ein Bulldog, der nicht vereisen will. Emma erzählt von ihrem ersten Urlaub:
Mein Rudel fährt wie jedes Jahr nach Ried in die alte Mühle am Fuße der Fulda und ich soll mit. Es hört sich nicht schlecht an. Wasser, Wiesen, Felder und dazu tierliebe Besitzer. Ich lasse mich überzeugen und fahre mit. Schon bei der Ankunft stelle ich fest, dass mein Rudel nicht übertrieben hat. Hühner, Enten, Schafe, Katzen - alles da zum Zeitvertreib. Während mein Rudel bei Kaffee und Kuchen sitzt, werde ich ungeduldig. Durchs Fenster sehe ich die Fulda - da will ich hin und baden - meine strammen Waden kühlen. Abends falle ich samt Rudel todmüde ins Bett. Der nächste Morgen beginnt sehr viel versprechend - wandern ist angesagt. Vorher noch schnell «Geschäfte» erledigen und Brötchen holen. Gut gelaunt und ausgeruht machen wir uns auf den Weg. Unterwegs verliere ich die Lust dazu. ICH WILL ZU-RÜCK!
Da ich Herrchen nicht überzeugen kann, den Rückzug anzutreten, bleibe ich stur auf der Stelle liegen. Selbst die Tatsache, dass es nur noch zehn Meter bis zum Ziel sind, überzeugt mich nicht. Es kommt zum Machtkampf. Herrchen will hin und ich zurück. Neugierige Leute kommen vorbei und wollen wissen, warum ich so «platt» daliege. Blöde Fragen folgen:
Ist der Hund denn krank? Hat das arme Tier gar Asthma? Der nächste will den Tierarzt rufen. Jetzt reichts!!
Weil es keiner glauben will, dass ich nur ein sturer Bulldog bin, lassen wir alle ungläubig stehen und flitzen so schnell es geht zurück zur Mühle. Da wir endlich frühstücken wollen, legen wir den vorher nicht vollendeten Weg «bulldogfreundlich» mit dem Auto zurück.
Wozu hat Herrchen sonst ein Auto?

Gut gestärkt wandern wir bei gutem Wetter über die Wasserkuppe. Mir gefällt's – NOCH! Aber mit jedem weiteren Urlaubstag werde ich trauriger. Hab keinen Hunger und esse nichts mehr. Mein Rudel kann sich noch so viel Mühe geben – mir fehlt mein Sofa, mein Hundefreund Jockel, mein Garten, mein richtiges Zuhause – eben alles was dazugehört. Ich will jetzt und sofort zurück. Herrchen versteht es, aber Frauchen bleibt stur. Für mich ist klar, das ist nur eine Frage der Zeit. Man kennt sein Rudel ja. Am nächsten Morgen habe ich den Kampf gewonnen. Telefonisch wird dem Rest des Rudels meine Ankunft gemeldet.

Die können und wollen es nicht glauben. Als wir ankommen, sind sie überzeugt. Ohne mich geht's zurück ins Urlaubsdomizil. Es dauert nicht lange, da meldet sich mein Magen. Drei Tage ohne Futter – das haut den stärksten Bulldog um. Entsprechend groß war dann mein Appetit. Beim Spazierengehen kam es dann knüppeldick. Jeder – aber auch wirklich jeder, wollte wissen, warum ich schon wieder Zuhause bin. Alles Mögliche wurde mir unterstellt. Auf die Idee, dass ich großes Heimweh hatte, kam natürlich keiner. Niemand konnte verstehen, dass ein Bulldog wie ich keinen Urlaub braucht. Meine Familie bekam in Punkto «Hund und Urlaub» viele schlaue Ratschläge. Unsere Ohren stehen jetzt auf Durchzug und das ist gut so. Urlaub ist für mich kein Thema mehr. Und da das mein Rudel auch begriffen hat, ist meine Bulldogwelt bis auf weiteres in Ordnung.«

Und tatsächlich sollte es Emmas letztes Wort zum Thema Urlaubsfahrten bleiben. Auch spätere Versuche, ihr eine Urlaubsreise schmackhaft zu machen, sollten scheitern. Jutta und ihr Rudel passten sich dann Emma an. Und Emma ist eine kerngesunde, vitale Bulldog-Hündin, die nicht nur gerne in der Natur wandern geht, vielmehr auch eine passionierte Jägerin ist, wie wir später noch sehen werden. Die allermeisten Bulldogs sehen das anders als Emma, glücklicherweise. Auto fahren und Reisen ist für sie eine Leidenschaft.

Der Bulldog ist ein Hund, der sich bestens für einen gemeinsamen Urlaub im Hotel oder besser noch in einer Ferienwohnung eignet. Da er sehr stark auf seine Menschen bezogen ist, macht ihm eine ungewohnte Umgebung kaum etwas aus. Im Gegenteil, ist er an Neuem doch immer interessiert. Auch ist sein Benehmen im Feriendomizil tadellos. Er kläfft nicht und bleibt auch problemlos mal alleine auf dem Zimmer oder in der Ferienwohnung. Auch in heiße Gegenden kann man mit ihm reisen, vorausgesetzt, er ist gesund und man beachtet das oben gesagte zum Thema Hitze. Mit Genuss liegt er im Schatten auf der Veranda seines Ferienappartements und beobachtet das Treiben. Besonders schön ist es, in der Abendfrische mit Herrchen und Frauchen in einem Biergarten zu verweilen.

Gaststätten

Bulldogs lassen sich ganz hervorragend mit in eine Gaststätte oder ein Restaurant nehmen, wenn man dann darf. Wir haben es uns zur Regel gemacht, Lokale zu meiden, die unsere Lieblinge meiden. Wenn Hunde keinen Eintritt haben, treten auch wir nicht ein. Und es gibt auch keinen Grund, unseren Bulldogs den Eintritt zu verweigern. Sie Benehmen sich mindestens so gut wie der durchschnittliche Gast, von verzogenen Kindern ganz zu schweigen. Wir haben schon oft mit zwei Bulldogs, und hie und da sogar noch mehr, im

Restaurant gesessen und, als wir dann die Tafel beendet hatten und gingen, sahen wir die erstaunten Blicken von den anderen Tischen, die unsere Bulldogs bis dato gar nicht bemerkt hatten. Grundlegende Voraussetzung ist die Einhaltung der Futterregel, in einer Gaststätte nichts vom Tisch zu geben. Lässt man das einmal einreißen, so wird man vom Bulldog kaum erwarten können, dass er uns tatenlos Leckereien speisen lässt, die ihm den Mund nicht minder wässrig machen. Dann hätte man keine Chance mehr. Hält man die Futterregel ein, so haben sie den Ablauf eines Gaststätten-Besuchs schnell verstanden und halten treu ihren Platz unter dem Tisch oder der Sitzbank ein. Man sollte aber trotzdem immer die Leine zumindest griffbereit haben. Denn auch hier gibt es Ausnahmen. Fast immer werden Hunde, die an anderen Tischen sind, ignoriert. Doch wenn einer vorbeikommt, den unser Bulldog aus unerklärlichen Gründen nicht leiden mag, so muss schon mal durch ein entschiedenes Festhalten demonstriert werden, wo der Hammer hängt. Passt man hier nicht ein wenig auf, so kann es sein, dass der Bulldog in seiner so typischen Art blitzschnell unter dem Tisch hervorschießt. Und auch wenn weiter nichts passiert, ist erst einmal dem anderen Hund wie auch den Leuten ein Schreck eingejagt worden.

Dasselbe kann, wenn auch noch viel seltener, gegenüber Menschen passieren. Unser Willi war über all die Jahre immer ein geradezu vorbildlicher Begleiter in Gaststätten. Zugleich gelang es ihm immer wieder, die Bedienung oder gleich den Wirt persönlich um den Finger zu wickeln. Regelmäßige brachte man ihm dann, nach Rücksprache mit uns, Leckereien. Eines Tages, in dem rustikalen Reiter-Gasthof »Pulvermanns Grab«, sollte es dann anders kommen. Ausgestattet mit schweren, massiven Eichentischen und -bänken, hatte ich die Leine um das Tischbein gewickelt in der Zuversicht, damit für den Fall der Fälle bestens vorgesorgt zu haben. Der Gastraum war nicht voll, aber nicht weit weg ein Tisch mit jungen Mädchen in

Reitermontur. Wie zu erwarten war, wurde reichlich gekichert und gegackert und das nicht immer gerade leise. Ein Mädchen hatte dabei einen äußerst schrillen Ton, der unserem Willi nun überhaupt nicht passte. Und sein Missfallen tat er nach Bulldoggenart kund. Ich hatte gerade noch in dieser Sekunde den Gedanken, die Leine doch lieber in die Hand zu nehmen und Willi anzusprechen, da schoss er schon in Richtung des Tischs der Mädchen. Den schweren Eichentisch hinter her. Dieser war locker nun um einen Meter verrückt. Das gerade aufgetischte, frisch gezapfte Schwarzbier verschüttet. Nun war es einen Moment ruhig im Gastraum, selbst die Mädchen hielten inne. Schnell hatte ich Willi in der Hand, der aber immer noch grollte und sich nicht beruhigen wollte. Die Mädchen schienen die Botschaft verstanden zu haben und gackerten nur noch im gedämpften Piano weiter. Für Willi war die Lage aber nicht bereinigt. Obwohl er sich dann scheinbar wieder vollkommen beruhigt und entspannt hatte, spürte ich sein inneres Unbehagen. Und als wir dann den Gasthof verließen, warf Willi noch einen bitterbösen Blick in Richtung des Tisches der Mädchen. Selbst als wir etliche Monate später dort wieder einkehrten, hatte Willi die Szene nicht vergessen und war sofort wieder geladen. So nahmen wir lieber Platz in einem anderen Raum dieses Gasthofes.

Gedächtnis wie ein Elefant

Die Bulldogs haben in solchen Dingen das Gedächtnis eines Elefanten. Wer es sich einmal mit ihnen verdorben hatte, hat nur geringe Chancen auf Gnade und Rehabilitation. Meinen ersten »eigenen« Bulldog Willi, hatten wir erst dann angeschafft, als klar war, dass ich ihn immer mit ins Büro nehmen konnte und er nur sehr selten mal länger alleine sein musste. Willi ging mit Eifer jeden Tag ins Büro und war bei Kolleginnen und Kollegen sehr beliebt. Täglich machte er seine Runde und alle wurden abgeklatscht auf Bulldog-

genart, ob gewollt oder nicht. Kam Besuch, musste ich ihn oft an die Leine nehmen, um Begrüßungsrituale kontrollieren zu können. Nicht jeder ist über Hundehaare auf dem Business-Maßanzug begeistert. Mein Büro hatte einen kleinen Balkon zur Straßenseite. Der Boden des Balkons war etwa auf der Höhe der Köpfe der vorbeigehenden Passanten. Willi liebte es, dort zu sitzen und das Geschehen auf der kleinen Seitenstraße zu beobachten. Eine Gruppe etwa achtjähriger Schulbuben hatte Willi auf ihrem täglichen Nachhauseweg schnell ausgemacht. Die Burschen machten sich einen Spaß daraus, Willi zu necken und zum Beispiel mit einem Stock an der Brüstung entlang zu klackern. Willi tapste in jede so gestellte Falle und regte sich schrecklich auf. Die Jungs hatten ihre Freude – natürlich immer im Bewusstsein, durch die Brüstung vor Klein-Willis Zorn geschützt zu sein. Als mir klar wurde, welches Ritual da abging, habe ich es sofort unterbunden und Willi zur fraglichen Zeit nicht mehr auf den Balkon gelassen. Das Thema schien erledigt. Doch Willi hat es sein Leben lang nicht vergessen. Kleinen Jungs im passenden Alter begegnete er immer mit deutlicher Ablehnung ja Wut selbst noch im hohen Alter. Genauso hielt er es mit Freunden. Leute, die er einmal ins Herz geschlossen hatte, bleiben auch dort. Selbst wenn ein Wiedersehen erst Jahre später stattfindet, der Bulldog kann sich sofort erinnern und weiß auch sofort, in welche Schublade die Person gehört. Entsprechend fallen die Begrüßungen aus.

Der Denker – oder: Warum Experten falsch liegen

Ansonsten haben die intellektuellen Fähigkeiten des Bulldogs keinen guten Ruf. Selbst Hundeexperten sehen ihn gerne ganz weit unten auf ihrer Skala der Hunde-Intelligenz. Der kanadische Psychologie Professor Stanley Coren hat in den 90er Jahren die nach ihm benannte Rangfolge der Intelligenz der Hunde entwickelt, die zum Standard wurde. 79 Hunderassen untersuchte er dabei.[46] In der Rangfolge der von ihm so genannten »Gehorsams- und Arbeitsintelligenz« belegen Border Collie, Pudel und Deutscher Schäferhund die ersten Plätze. Am Ende der Liste steht die Bulldogge. Nur der Basenji und der Afghanische Windhund werden noch schlechter gesehen. Doch ein Bulldog-Kenner wird sich von solchen wissenschaftlichen Beurteilungen im Geiste des »Vancouver Dog Obedience Club« kaum beeindrucken lassen. Denn er weiß es besser.

Psychologen wie Coren definieren die Intelligenz bei Hunden aus anthropozentrischer Sicht. Das folgsame wie präzise Ausführen von Anweisungen durch und für den Menschen sehen sie hier als das letztlich entscheidende Kriterium für »Intelligenz«. Nach solchen Kriterien müsste eine Katze als strohdumm durchgehen. Wer also seinen eigenen Kopf einschaltet und die Anweisung eines Menschen auf Sinnhaftigkeit überprüft, gilt bei diesen Wissenschaftlern als weniger intelligent. Auch der Basenji, der in den Regenwäldern Afrikas bei der Jagd hilft und dabei lange Zeit selbständig handelnd, seine Jagdhelferaufgabe verrichten und sich zugleich im Urwald orientieren muss, hat kaum Interesse an einer Aufgabe, deren Sinn ihm nicht einleuchtet. Dafür hat er zu viel Intelligenz oder, nennen wir es einmal, Selbstbewusstsein. Auf Kommando irgendwelche Spielchen verrichten, ist nicht seine Sache. Obedience-Untertanengeist ist nicht Intelligenz. Der Bulldog definiert Intelligenz auf anderer Art. Er ist kein Musterschüler, der in der Klasse ständig aufzeigt und ruft, »Herr Lehrer ich weiß etwas!« Er sammelt auch keine Fleißkärtchen. Schulnoten sind ihm Schnuppe. Der Bulldog hat als Kampfhund schon viel zu viel menschlichen Irrsinn und Charakterschwäche erfahren, als dass er sein Heil noch darin sieht, dem Menschen bei irgendwelchen Spielchen dienstbar zu sein. Ohne autonome Prüfung auf Sinnhaftigkeit werden Befehle eh nicht ausgeführt. Ausnahme sind lediglich die Kommandos des geliebten Herrchens oder Frauchens, die zur Basis des Zusammenlebens zählen. Das war's.

Man darf die Bereitschaft, den Willen, gar das aktive Bedürfnis, Befehlen nachzukommen, nicht mit Intelligenz verwechseln. Der Bulldog hat dieses Bedürfnis nur ganz rudimentär. Er hat allerdings das Bedürfnis, und zwar ganz ausgeprägt, in harmonischem Verhältnis zu seinen Menschen zu stehen. Dafür werden auch Befehle ausgeführt. Und diese Befehle brauchen, ja dürfen nicht in Form von Kommandos vorgetragen werden. Oft reicht ein Blick, eine Geste, damit er versteht, was jetzt von ihm erwartet, ja erbeten wird. Allerdings kann das im Einzelfall auch anders geregelt sein. Um sein stürmisches, zuweilen rüdes Betteln um Almosen einer menschlichen Mahlzeit etwas zu kontrollieren, hatte ich unserem Willi »Sitz« beigebracht. Erst nachdem er sich ordentlich und ruhig hingesetzt hatte, bekam er ein Häppchen. Das war natürlich eine extrem starkes Motiv, einen solchen blöden Befehl ganz schnell auszuführen. Dazu musste das Kommando selbst längst nicht mehr gegeben werden. Es schlichen sich aber immer wieder Nach-

[46] Stanley Coren, *Die Intelligenz der Hunde*, 1997

lässigkeiten in der Ausführung ein, bis Willi letztlich auf sein Sitz verzichtete. Wenn Herrchen dann das Kommando »Sitz!« gab, wurde dieses sofort und präzise wie von einem preußischen Gardeoffizier ausgeführt, die Hacken zusammen schlagend, saß er da wie eine Marmorfigur und wartete auf seinen Sold.

Butcher, der Bulldog-Star auf dem Hundeplatz

Butcher ist ein ganz normaler Bulldog. Eigentlich schon, aber auch wieder nicht. Denn Butcher hat eine Leidenschaft, die kaum ein anderer Bulldog so ausgeprägt hat. Er liebt den Hundeplatz. Diese Liebe verdankt er seinem Talent und Frauchen Ingeburg Bischoff. Sie schreibt: »Wir hatten schon einen Englisch Bulldog und damit Edward nicht so alleine war, holten wir noch eine Bulldogge dazu. Mit meiner Freundin Gudrun sahen wir uns die Welpen bei der Züchterin an. Von vier Rackern kam einer gerade auf mich zu und ging bis heute nicht mehr von meiner Seite. Er war ein kräftiger Rüde. Da Edward nichts gegen ihn hatte, nahmen wir ihn mit. Ganz selbstverständlich, ohne einen Blick zurück zu werfen, ging er mit ins Auto. Die ganze Heimfahrt saß er neben mir auf dem Rücksitz, seinen Kopf legte er mir auf meine Schulter und sah mich ununterbrochen an. Ab und zu fielen ihm die Augen zu, ohne dass er seinen Kopf von mir nahm. Gudrun meinte, das müsste man fotografieren wie er mich so anhimmelt, so selbstverständlich. Zu Hause angekommen ging er ins Haus durch die Wohnung ins Körbchen, setzte sich hinein und tat so, als wäre er schon immer hier gewesen. Da wurde mir klar, dass nicht ich ihn aussuchte, sondern er mich.

Butcher als Schutzhund: Es begann eine besondere und wunderschöne Freundschaft. Ich taufte ihn Butcher; irgendwie passte der Name zu ihm.

Butcher

Butcher als Rettungshund.

Butcher im Kindergarten.

Butcher entwickelte sich gut, war sehr gelehrig und hatte einen starken Bewegungsdrang. Schon früh bemerkte ich seine gute Nase und Lernfreudigkeit. Er war unter den Bullis etwas besonderes, was er mir immer wieder von Neuem bewies. Die Begleithundeprüfung war für ihn kein Problem und er bestand sie hervorragend. So machten wir mit der Schutzhundearbeit weiter. Durch seinen unermüdlichen Lerneifer und Freude dabei legten wir schon bald die Schutzhundeprüfung SchH/VPG 1 mit großen Erfolg ab; damit war er der erste und einzige Englisch Bulldog. Da er sehr menschenbezogen ist und sehr gerne sucht, verlegten wir die Hundearbeit weiter auf die Rettungssuche. Ich bildete ihn als Rettungshund aus. Wenn ich meinen Overall anziehe, weiß er genau, dass wir zur Rettungsarbeit gehen und ist dann ganz bullimäßig aus dem Häuschen und kaum noch zu bremsen, so viel Spaß hat er bei der Arbeit. Ob in den Trümmern oder in der Fläche, er sucht mit vollem Eifer und Freude, bis er das Opfer gefunden hat, es dann laut stark verbellt und wartet, bis ich bei ihm bin.

Manches Mal frage ich mich, wer jetzt von uns beiden sich mehr gefreut hatte, Butcher oder ich. Meine Hundestaffelkollegen staunen jedes Mal aufs Neue, wie toll Butcher seine Arbeit verrichtet und seinen Artgenossen in nichts nachsteht. So legten wir auch die Rettungshundeprüfung ab und wurden sogar zweiter Badischer Landesmeister in Rettungshund RH 1 unter lauter Schäferhunden. Auch da ist er der einzige Bulldog als Rettungshund. Die Freude war natürlich groß. Butcher geht weiter in die Rettungshundeausbildung, wir sind in der Rettungshundestaffel der Freiwilligen Feuerwehr.

Wir beide sind unzertrennlich, wo Butcher ist bin ich und wo ich bin ist Butcher. Ich hoffe, dass es noch viele Jahre so weiter geht und wir noch schöne Stunden zusammen verbringen können.« Butcher und Ingeburg bestanden später sogar noch die Fährtenhundeprüfung. Leistungsrichter

Hohmann, von Beruf Ausbilder der Polizeischule der Diensthundeführer, war von Butcher und seiner Leistung so begeistert, dass er sich mit ihm fotografieren ließ mit den Worten: »Jetzt sind zwei Bullen zusammen.« Eine solche Karriere ist für einen Bulldog eine seltene Ausnahme. Talent und vor allen Freude an dieser Arbeit vorausgesetzt, ließen sich sicher noch etliche Bulldogs zu solchen Leistungen aus Sicht des Menschen führen. Hierzu bedarf es aber einer Halterin und Trainerin, die es wie Ingeburg Bischoff auf Basis gegenseitiger Liebe und Achtung schaffen, ein solches Training zu gestalten. Aber in aller Regel zeigt sich die besondere Intelligenz des Bulldogs eben nicht auf dem Hundeplatz.

Adaptive Intelligenz, oder: warum Bulldoggen anders sind

Mit diesem Titel beschreibt Ilona Tetzlaff die Intelligenz ihres Bulldogs Henry: Adaptive Intelligenz. Das ist es! Des Rätsels Lösung, weshalb Henry «anders begabt ist. So berichten wir es gerne den anderen Hundebesitzern, wenn wir wieder einmal verzweifelt versucht haben, ihn zum Herkommen zu verleiten, während die anderen Hunde auf ein Kommando brav neben ihren Besitzern Sitz machen, er aber fröhlich noch eine Runde am Strand galoppiere. Denn eine gewisse Sheila Alcock, offenbar eine englische Hundekennerin, die sich schon vor vielen Jahren Gedanken über Bulldoggen machte, hat sehr schön über diese «adaptive Intelligenz» bei Hunde berichtet.
«Der Bulldog übernimmt die Vorlieben der Menschen!» sagt Sheila Alcock, und sie muss Henry gekannt haben! Er ist nicht nur der perfekte Hund, sondern auch der ideale Gärtner (Vorliebe für Gartenhandschuhe und Kleingeräte!), ein ausgezeichneter Detektiv (Fachgebiet: Leberwurstbrötchen – gerne auch ohne Brötchen), ein platzsparendes Sportgerät (wir müssen schließlich ständig den Platz wechseln, weil »es« gerade DA schlafen mag) und natürlich besser als jeder Sport-

wagen (tiefer gelegt, Breitpfoten, toller Sound).
Wir brauchen keinen teuren Schmuck und kein
Designer-Sakko: Wir haben Henry! Aufmerksamkeit gibt's mit ihm ohne Ende, und wer sagt, es sei
nicht klug, die Bedienung im Restaurant höflich,
intensiv und mit schief gelegtem Kopf bittend anzuschauen, damit da jetzt bald mal ein Leckerchen
serviert wird, der irrt natürlich. Es wirkt übrigens.
Ganz klug war er bei der Erziehung seiner Großeltern, die sich offenbar damit abgefunden haben,
statt eines Enkelkindes nun 32 Kilo Enkelhund
verwöhnen zu dürfen. Denn wie anders ist es zu
erklären, dass sie ihm selbstverständlich bei jedem
Besuch in einem eigens angeschafften Näpfchen
frisch gekochtes ungewürztes Fleisch nebst Beilagen und zum Nachtisch die Vanillepuddingschüssel zum Auslecken servieren.

Die Hundeschule, das ist für Henry diese überflüssige Samstagsmorgenanstrengung in meinen ersten Lebensjahren gewesen, hat ihm und uns
deutlich gezeigt, wie klug er eigentlich ist: «Bleib»
zum Beispiel, ist für ihn ein schönes Kommando:
Er darf sitzen bleiben (prima!), schaut sich in Ruhe
an, wie sein Frauchen zwischen den anderen hindurch hetzte (soll sie doch!) und wenn ich wiederkam, gabs Leckerchen (super!).

Auch »Platz!« und »Fuß!« sind okay, finde er, alles
schön bequem. Allerdings vertritt er beim Kommando »Komm!« die Auffassung, dass hier schon
genau abgewogen werden sollte, ob man für ein
recht kleines Leckerchen und die Aussicht, an die
Leine zu kommen, sein Spiel unterbrechen soll. Er
meint nein. Es sei denn, es ist sowieso grad langweilig und kein Busch in der Nähe. Henry fand es

Henry in der Weser.

Ein »Bulldog Man« um 1850.

fen gerne untereinander, aber auch mit ihren Menschen. Nein, Bulldogs sind keine Raufer im herkömmlichen Sinnen. Auf der Straße sind sie artig und lassen sich nicht einmal von irgendwelchen Kötern zum Raufen provozieren. Meist ignorieren sie mit demonstrativer britischer not-amused Miene das Ansinnen der Kläffer. Doch stellt sich ein würdiger Gegner, so ist man nicht abgeneigt.

Bulldoggen ringen im britisch-bulligen Stil. Alles ist erlaubt, außer ernsthaften Bissen. Punkte werden gesammelt mit: angsteinflößendem Grollen, Beiß-Andeutungen in die Schenkel und Lefzen, Herunterdrücken, von unten Anspringen, Abdrängen, Rammen; kurz es sollte martialisch wirken. Beim Ringen zeigen die Bulldogs ihre erstaunliche Wendigkeit und Schnelligkeit. Wenn Nachbars Jack Russel, bestimmt kein Kind von Traurigkeit, einmal beim Ringen mitmachen durfte, so hatte selbst unsere dicke Berta diesen innerhalb kürzester Zeit im KO. Der flinke Jack Russel nutzte durchaus die mehr als zweitausend Quadratmeter Wiese, aber Berta hat ihn blitzschnell in eine Ecke gedrängt und dann gab es für den kleinen Terrier kein Entrinnen mehr.

Ein ganz besonderes unterhaltsamer Leckerbissen ist das Ringen zweier Bulldoggen untereinander. Es müssen aber befreundete Bulldogs sein, die keine alten oder neuen Rechnungen untereinander zu begleichen haben. Als hätte ein Choreograf Regie geführt, werden die Ring-Figuren vorgeführt. Außenstehende denken das Schlimmste. Ich selbst bin überzeugt, dass sie noch eine Schippe drauflegen, um das Spektakel für den Zuschauer, insbesondere Herrchen und Frauchen, noch eindrucksvoller zu gestalten. Ernsthafte Aggression habe ich bei all den Ringkämpfen nie auch nur im Ansatz beobachtet. Ganz im Gegenteil, mitten im Kampf wird gelegentlich eine Pause gemacht indem man sich aus der Kampfbewegung heraus auf den Rücken legt und im Gras oder Sand wälzt, den Rücken nach unten, die Beine nach oben. Es

immer extrem schade, wie die anderen ganz plötzlich ihr Spiel unterbrachen, bloß weil da jemand ihren Namen ruft.

Wir lieben unseren Bulldog wirklich sehr und seitdem wir um die adaptive Intelligenz bei Englischen Bulldoggen wissen, können wir auch anderen genau erklären, warum er etwas tut oder besser gesagt nicht tut. Er ist halt anders begabt, und das ist gut so.«

Ringen im britisch-bulligen Stil

Während die Nicht-Bulldogger noch über die wahre Intelligenz des Bulldogs streiten mögen, so werden sie es kaum noch bei einer anderen Disziplin wagen. Wer Bulldogs einmal hat raufen sehen, weiß wovon ich hier spreche. Bulldogs rau-

ist keine Unterwürfigkeitsgeste, denn es tun beide Matadore zugleich und wälzen sich dabei wohlig auf der Wiese. Und genau wie er unterbrochen wurde, so wird der Kampf auch wieder unmittelbar aus dieser Bewegung heraus aufgenommen. Natürlich gab es dabei nie Verletzungen, mit nur ganz seltenen Ausnahmen.

Eine besondere Ehre ist es für viele Bulldogs, mit ihrem Herrchen zu kämpfen. Willi tat das noch regelmäßig bis ins hohe Alter mit größter Begeisterung. Als junger Hund waren unsere Kämpfe derb, laut und oft ausufernd. So einmal im Sommer draußen. Es ging wieder über Tische und Bänke und da musste es passieren. Er hatte sich einen Hinterlauf verrenkt. Nach ein paar Tagen war alles wieder vergessen. Und zweimal war ich in der ganzen Zeit Leidtragender. Beide Male war sein Kampfzahn schuld. Nein, dieser Kampfzahn war nicht einer seiner Eckzähne. Es war einer der krummen und schiefen kleinen Zähne, die bei anderen Hunden Schneidezähne genannt werden. Diese waren bei Willi, wie bei allen Bulldoggen, recht verkümmert. Einer zeigte nach außen und war zudem noch recht scharf. Durch diesen Zahn holte ich mir zweimal einen Schmiss quer über die Wange. Und das jedes Mal am Tag vor einem wichtigen Geschäftstermin. Das konnte nur mit dick aufgetragener Schminke gerichtet werden.

Hier und da kann es bei solchem Ringen vorkommen, dass der junge Bulldog, der Schnösel, seine Grenzen ausreizt oder sogar ein wenig darüber hinaus gehen will. Das sind Verhaltensweisen, die von Günther Bloch auch innerhalb von Wolfsgruppen beobachtet wurden, gerade auch zwischen Welpen, heranwachsenden und erwachsenen Wölfen.[47] Bulldogs können, wie Hunde ganz allgemein, äußerst präzise ihre Gebisskraft dosieren. Aus Versehen beißt kein Hund fester zu. Und wenn ich schon den Ansatz zu so einem festeren »Biss« spürte, habe ich die Runde umgehend beendet. Es kam ganz selten vor, aber es kam vor. Ich habe immer darauf geachtet, dass

mein Signal zur Beendigung einer Runde immer sofort eingehalten wurde. Das gelang auch recht schnell und nachhaltig.

Bulldogs und Bulldozer

Nicht nur die schweren Baumaschinen, die Bulldozer, haben ihren Namen von unseren Bulldoggen erhalten. Die brachiale Kraft, die alles umwalzen kann, inspiriert für viele Geräte und Tätigkeiten des Menschen. Wenn man die derben, aber letztlich doch einfühlsamen und genau dosierten Kämpfe anschaut, das martialische Grollen, die Wendigkeit und zugleich hohe Durchschlagskraft, so flößt einem der Gedanke stummen Respekt ein ob der Kampfeskraft des Bulldogs vor zweihundert und mehr Jahren. Und es wundert kaum, dass der Bulldog Pate für unzählige solcher Namensgebungen stand. Wenn man ihn heute mit einer Maschine vergleichen wollte, so könnte diese etwa so aussehen: Ein großer Hummer mit starkem Bigblock-Achtzylinder. Natürlich Allrad angetrieben, aber mit einer zuschaltbaren Spezial-Untersetzung, die es erlaubt, extreme Beschleunigungswerte aus dem Stand heraus zu erreichen. Da müssten dann noch die Schrauber aus der Dragster-Szene heran. Natürlich müsste vorne ein starker Bullenfänger montiert sein. Das Ganze dann mit einer Auspuffanlage, die einen mächtigen Sound ablässt. Nur gut, dass unser Bulldog kein Auto ist. Denn er hat auch noch ganz andere Seiten.

Der Schmuser und Charmeur

Bulldogs sind Charmeure, die ihre Menschen umgarnen können. Und es auch tun. Es fällt schwer, den flehentlichen Blicken eines bettelnden Bulldogs zu widerstehen. Selbst bei der Miene der Entschlossenheit, »ich will das nicht«, fällt es schwer, immer ernst zu bleiben. Es finden sich täglich Szenen der Situationskomik, die nicht zufällig in den

---

[47] Günter Bloch und Elli H. Radinger, *Wölfisch für Hundehalter: Von Alpha, Dominanz und anderen populären Irrtümern*, 2010

zahlreichen Zeichentrickfilmen und Cartoons Hollywoods ihren Niederschlag gefunden haben. Bulldogs sind große Schmuser, ob mit oder ohne Körperkontakt. Meist legen sie aber Wert auf Körperkontakt, auch wenn es nur eine Pfote ist, die auf Herrchens oder Frauchens Füssen liegt. Unser Willi war hier ein Minimalist, Hannibal ebenso. Erst im Alter legten sie gerne einmal ihre schweren Schnauzen auf die Hand oder den Oberschenkel. Bruno ist hier das genaue Gegenteil. Er legt Wert darauf, eng anzukuscheln und täglich gestreichelt zu werden. Besondere Höhepunkte der Zärtlichkeit sind, wenn man den Bauch des wohlig auf dem Rücken liegenden Bulldogs bekraulen darf. Das ist zugleich Zeichen höchsten Vertrauens. Kathrin Jegodka machte diese Erfahrung: »Auch sehr menschlich − Bulldoggen lieben Körperkontakt. Sie kuscheln gern, egal ob mit uns Menschen, untereinander oder wie bei uns, mit unserem Kater. Am liebsten liegen sie dabei natürlich nicht auf dem Fußboden, sondern auf dem Sofa oder im Bett. In unserem Fall sieht das so aus, dass Higgins neben mir auf dem zweiten Kopfkissen liegt und Stella auf meinen Füßen, wobei Higgins in einer Lautstärke schnarcht, die meinen Mann bewogen hat, sich ein eigenes Schlafzimmer einzurichten.«

Der Langschläfer

Die meisten Bulldogs schnarchen. Das Schnarchen ist aber leider nicht unbedingt Ausdruck des Wohlbefindens. Schnarchen ist bei Hunden keineswegs so verbreitet wie etwa bei Menschen. Es ist die Begleiterscheinung und Folge einer gestörten Atmung. Da die Atemwege der meisten Bulldogs durch die Extremzucht geschädigt sind, haben viele Hunde im Grunde immer latente Atemnot, eben auch beim Schlafen. Hörbares Zeichen dieser latenten Atemnot ist das Schnarchen. Die meisten Bulldogs schlafen gerne. Und die meisten Bulldogs sind Langschläfer. Wenn früh morgens der Wecker die Menschen zur Arbeit ruft, interessiert das den Bulldog kaum. Einzige Ausnahme ist hier natürlich auch wieder: das Fressen. Gibt es morgens vor dem Weg zur Arbeit die erste Ration, so bequemt man sich zum Essenfassen selbst zu früher Stunde auch mal schnell aus dem Körbchen. Vielleicht geht es noch flugs zum Gassi gehen nach draußen. Ist das Werk verrichtet, so wird der unterbrochene Schlaf wieder fortgesetzt. So können Bulldogs einen guten Teil der Abwesenheit ihrer Menschen verschlafen, ohne dass sie diese vermisst hätten.

Männerfreundschaft: Der Kopf von Willi ist schwerer als der Kater.

Higgins und Stella.

Es gibt ganz unterschiedliche Phasen, die wir meist alle mit »schlafen« bezeichnen und die auch auf den ersten Blick gleich aussehen. Beim Ruhen ist der Bulldog im Grunde hellwach. Man merkt es spätestens, wenn er blitzschnell vorschießt, hört er ein störendes Geräusch, oder wenn in der Küche ein Topf aus der Schublade geholt oder die Kühlschranktür auch nur ganz leise geöffnet wird. Keine Chance also, wenn man abends beim Fernseh-Gucken heimlich was zum Knabbern aus dem Schrank holen will. Der Bulldog merkt es. Auch des Nachtens, wenn man denkt, er sei im Tiefschlaf, so schnellt er bei passenden Geräuschen sofort heraus und verteidigt seine Familie. Hie und da kann man auch beobachten, wie er im Traum seine Erlebnisse des Tages verarbeitet und mit dem ganzen Körper samt Gesichtsmimik spannende Erlebnisse verarbeitet. Schließlich gibt es

noch eine Phase des echten Tiefschlafes. In diesem Tiefschlaf kann den Bulldog nun nichts mehr erschüttern. Hier könnte man ihn wohl wegtragen, ohne dass er es merken würde.

Der Wächter

Der Bulldog ist ein sehr guter Wächter. Er ist wachsam, aufgeweckt und kann auch sehr gut bekannte und nach seiner Definition störende Geräusche unterscheiden. Erreicht so ein störendes Geräusch seine wachsamen Ohren, so kann ihn kaum etwas daran hindern, mit Pauken und Trompeten anzuschlagen. Wie wir schon gehört haben, ist sein Orchester beeindruckend. Es ist bestens geeignet, Störenfriede in die Flucht zu schlagen. Wohl kaum ein Hund kann eine imposantere Geräuschkulisse produzieren. Dabei ist er kein Kläffer. Er schlägt nur an, wenn es wirklich brennt, jedenfalls aus seiner Sicht. Als Wachhund ist er aber trotzdem nur begrenzt geeignet, denn er fällt gelegentlich in den eben beschriebenen Tiefschlaf. Da vergisst er sämtliche Pflichten, auch die des Wächters. Der erste Vorsitzende des Kontinentalen Bulldog Klubs, F.W. Pelzer, beschreibt die Wächterqualitäten des Bulldogs bereits vor mehr als hundert Jahren recht treffend: »Als Hofhund und Beschützer des Hauses ist er insofern angenehm, als er kein unnützer Kläffer ist, und seine mächtige Stimme nur erschallen lässt, wenn er wirklich Gefahr vermutet. Zugegeben werden muss es, dass der Bulldog als Wächter von vielen anderen Rassen übertroffen wird, da er viel und tief zu schlafen pflegt.«

Der Aufpasser

Als Wächter der Familie ist ein Bulldog aber jederzeit präsent. Vielleicht sind es noch Reste seines Erbes als Treib- und Hütehund für die Rinderherden, dass er seine kleine Menschenherde stets zu beschützen bereit ist. Manche Bulldogs umkreisen ihre Herde bei Spaziergängen und achten darauf, dass sich die Gruppe nicht zu weit auseinander zieht. Wie ernst sie die Rolle des Aufpassers nehmen, ist natürlich individuell sehr unterschiedlich. Otti Heermann hatte in ihrem »Blackman« und ihrem »Ex« zwei ganz gegensätzliche Vertreter in dieser Hinsicht. Aus der Zeit des Zweiten Weltkrieges erinnert sie sich an Blackman: »Eifersüchtig war er wie ein Othello. Wollte mir jemand die Hand geben, so war er zur Stelle, um es zu verbieten. Niemand durfte mir in meinen Mantel helfen, in allem sah er Gefahren für mich. In der Gastwirtschaft musste ich dem Kellner meinen abgegessenen Teller reichen, kein Kellner durfte ihn mir fortnehmen. Manchmal war es sehr unangenehm, und ich hätte mir gerne gewünscht, er wäre freundlicher gewesen. Es war unmöglich, Blackman zu verändern, und bis zu seinem Tod blieb er scharf und temperamentvoll. Er war einer meiner allertreuesten Bulldogs, und das will bei dieser Rasse etwas heißen.

Ex war dagegen anders. Wieviel Angst habe ich ausgestanden, wenn wir Vollalarm hatten und Ex in aller Ruhe die Treppe zum Keller ging. Das konnte man nur für einen Zeitlupenfilm verwenden. Kein Anfeuern half, er blickte mich höchstens an, als ob ich leicht verblödet wäre. Meine Erregung war ihm unverständlich. Aus dem auf der Treppe stehenden Wasser-Reservoir goss ich Wasser hinter ihm her, aber auch das lief an ihm ab, ohne irgendwelche Veränderungen in seiner Gangart hervorzurufen. Eiche, seine Schwester, war etwas verständiger, jedenfalls war sie längst im Keller, bevor Ex erschien.«[48]

Der Jäger

Der Bulldog hat keinen ausgeprägten Jagdtrieb. Ein Bulldog hat nicht den Drang, Haus und Hof zu verlassen, um jagen zu gehen. Auch kann man mit ihm recht beruhigt ohne Leine durch Feld und Flur spazieren gehen, ohne Angst vor unkontrollierten Jagdausflügen. Aber man sollte seinen Bulldog schon kennen. Ganz individuell unterschiedlich ist der Jagdtrieb in ihm hie und da noch lebendig. Berta fixiert gelegentlich diese oder jene Ente oder Ralle im Wasser. Wenn ihr die Situation günstig erscheint, kann sie auch blitzschnell in den Angriff übergehen. Sie geht dabei mit erstaunlichem Geschick vor und, würde man sie lassen, so könnte ihr durchaus einmal das Jagdglück hold sein. Kennt man solche Angewohnheiten, so kann man den Hund rechtzeitig ansprechen und so jederzeit unter Kontrolle halten. Selbst wenn man von einem Hasen oder einem Reh überrascht wurde, das den Weg kreuzt, und der Bulldog hechtet zunächst reflexartig hinterher, so ist er doch sehr schnell abrufbar. Die meisten Bulldogs haben nur noch rudimentäre Reste des Jagdtriebs, die immer gut kontrollierbar sind. Emma-Bella-Lola hingegen zeigt einen für Bulldog-Verhältnisse ausgeprägten Jagdtrieb, wie uns Jutta Nolte berichtet:

---

[48] Otti Heermann, zitiert in *Der Englische Bulldog*, Karl Wolfsjäger, 1976

Jagdfieber – Ein Bulldog auf Abwegen

Emma hat sich trotz ihrer stattlichen dreißig Kilo im Laufe der Zeit zu einem wahren Rennbulldog entwickelt. Während ihres morgendlichen Lauftrainings durch Wald und Feld macht sie sich zuweilen, wenn sich eine günstige Gelegenheit ergibt, schon einmal «selbständig»! Läuft ihr einer dieser «Exoten» in Form von Hasen, Reh oder Fuchs über den Weg, ist sie nicht mehr zu halten. Emma muss einfach hinterher. Eh wir reagieren können, ist sie auch schon weg. Ihr Sinn steht jetzt nach jagen, hetzen und Beute machen. Alle Rufe nach ihr sind vergebens. Sitz! Platz! Bleib! – nichts kann sie halten. Erst wenn ihr Jagdobjekt das Weite gesucht und auch gefunden hat, fällt Emma meist ihr Rudel wieder ein.

Gemächlich macht sie sich dann – nichts Gutes ahnend – auf den Weg zurück.

Die Wiedersehensfreude fällt wie man sich denken kann, nicht immer gerade günstig für sie aus. Weil alles Schimpfen und ermahnen Emma nicht zur Einsicht brachte, das Jagen aufzugeben, kam uns die Idee ein «Anti-Jagdtraining» mit ihr zu absolvieren. Anrufe in Hundeschulen folgten. Spätestens bei der Frage nach der Rasse war das Thema meist beendet. Keine Hundeschule wollte glauben, dass es einen jagenden Englisch Bulldog gibt. Selbst die Rettungshundestaffel mit Sonderprogramm «Null Chance» – auch hier traute man sich nicht zu, einem Bulldog das Jagen abzugewöhnen.

Emma trägt jetzt bei ihren täglichen Streifzügen durch Wald und Feld ein knallorangefarbenes reflektierendes Halsband. Das Erkennungszeichen für Jäger, dass es sich bei unserem Bulldog um einen «jagdlich geführten Hund» handelt. Wir lassen ihr nun den kleinen Freizeitspaß, schließlich sind wir doch ein eingespieltes Team.

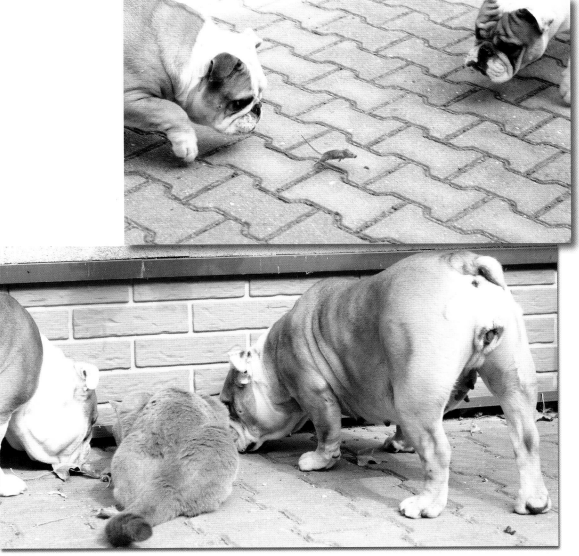

Die frühere Bulldog-Züchterin Kari Wolfsjäger hatte in Bulldog Ingo einen hervorragenden Ratten- und Mäusejäger: »Dass eine englische Bulldogge ein scharfer Mäusejäger ist, kommt selten vor. Mein Ingo ist ein solcher. Es ist ein komischer Anblick, wenn Ingo stundenlang bei seinem Häuschen herumlungert, mit stierem Blick auf die Erde schaut, wartend, bis eine Maus unter dem etwas höher liegenden gedielten Boden seines abgezäunten Schutzhauses hervorkommt. Wie oft habe ich um die Dämmerstunde von unserem Wintergarten aus hinabgeschaut und über Ingos Gebärden Tränenbächlein lachen müssen. Ich bin davon überzeugt, dass er absichtlich Reste in und neben seiner Futterschüssel verwahrt, um damit Mäuse anzulocken! Es ist hundsgemein, dass er, wenn die Maus erscheint, wie eine Marmorstatue dasteht, zulässt, dass die Maus ganz nahe an die fressbaren Dinge herankommt, sich dann mit seinem 56 Pfund schweren Körper ruckartig auf sie wirft und sie erdrückt. Hat er das Tier auf diese saubere Art zur Strecke gebracht, springt er wie ein Tempeltänzer in Ekstase um die tote Maus herum. Nie hätte ich in einer so schwerfällig aussehenden Bulldogge einen solchen Grotesktänzer vermutet.«

Der Bulldog und die Eitelkeit

Wir haben den Bulldog bisher zumeist als – äußerlich zumindest – eher derben Gesellen kennengelernt. Das alleine würde seinem vielschichtigen, komplexen Charakter bei weitem nicht gerecht. Bulldogs können auch eitel sein. Nicht eitel, wie ihn manche Halter als Püppchen verhöhnen wollen, zum Beispiel die Beckhams, die ihre Bulldogge Coco mit pink lackierten Fußnägeln herumlaufen lassen. Es geht nicht darum, den Bulldog als Modeobjekt zu missbrauchen. Ina Rengel berichtet: »Unsere English Bulldog-Hündin Orphelia war gerade zwei Jahre alt, als es begann. Ich bekam überraschend Besuch von einer Bekannten, die sich eine neue Kette gekauft hatte. Sie zeigte mir voller Stolz ihre Kette und hängte sich aus Jux Orphelia um den Hals. Wir unterhielten uns eine Weile und vergaßen darüber völlig den Hund mit der Kette. Als die Bekannte wieder fahren wollte und Orphelia die Kette hergeben sollte, nahm das Drama seinen Lauf. Orphelia drehte sich immer weg und versteckte sich sogar unter dem Tisch sowie hinter einem Sessel. Sie war nicht dazu zu bewegen, die Kette wieder herzugeben und setze den typisch sturen Bulldogblick auf. Wir haben uns darüber so köstlich amüsiert, dass wir beschlossen, mit Orphelia zu einem Geschäft zu fahren, die solche Ketten verkaufen.

Es handelte sich um Halbedelsteine wie Jade, Tigerauge usw. Die Verkäuferin hatte ihre helle Freude an diesem Auftrag. Speziell für Orphelia wurde eine Kette aufgefädelt mit kleinen Herzchen daran. Mit stolzgeschwellter Brust verließ Orphelia das Geschäft. Ich dachte dies sei eine vorübergehende Marotte ihrerseits, beim Bulldog muss man ja mit so einigem an Exzentrik rechnen. Weit gefehlt. Diese Kette wurde über all die Jahre ein fast ständiger Begleiter. Sobald man ihr die Kette um

Orphelia mit ihrer Halskette.

den Hals legt, geht eine Veränderung durch den ganzen Hund. Sie wird förmlich größer und wedelt jedes Mal voller Stolz mit dem kleinen Stummelschwanz. Besonders erfreut ist sie, wenn jemand diese Kette noch bewundernd würdigt. Mittlerweile sind alle unsere Freunde, Nachbarn und Bekannte im Bilde, so dass sie jedes Mal auf ihre chice Kette angesprochen wird, was sie wohlwollend honoriert.

Man mag denken wir spinnen vielleicht, aber es stimmt wirklich. Sobald sie auf ihre Kette angesprochen wird, ist ihr Stolz nicht zu übersehen. Neulich waren wir zu Besuch bei einer älteren Dame, die in dieses Geheimnis noch nicht eingeweiht war. Ich bekam dann eher zufällig mit, wie sie zu Orphelia sagte: »Du hast aber eine tolle Kette um. Wirklich toll.« Sofort wurde mit dem Schwanz gewedelt.
»Wir lachen uns immer darüber kaputt, aber dies muss allerdings heimlich geschehen. Wir wollen ja niemanden beleidigen!«

Der Bulldog

Ja, der Bulldog ist vor allem ein Charaktertyp. Sein Charakter ist geprägt von Gegensätzen, von inneren Antipoden, die uns immer wieder erstaunen lassen. Phlegma und Leidenschaft, Sturheit und Kontrollierbarkeit, Gemächlichkeit und Explosionskraft, Derbheit und Zärtlichkeit, mutig und lammfromm, durch die Wand und elegant. Diese Gegensätze verbinden sich zu einem wirklich einzigartigen und einmaligen Charakter. Mehr noch als sein markantes Äußeres macht das Wesen einen Bulldog aus. Diese Gegenspieler an Eigenschaften des Bulldogs basieren auf seinem extrem dem Menschen zugewandten Wesen. Der Bulldog ist das Tier, das sich am engsten dem Menschen verbunden fühlt. Und auch hier sehen wir wieder diese scheinbaren Gegensätze. Auch wenn der Bulldog dem Menschen innig zugewandt ist, so ist er doch nie der Diener seines Herren. Der Bulldog

bewahrt Selbstbewusstsein und die letzte Entscheidungshoheit. Der Bulldog ist ein echter Partner des Menschen.

Eine der eindrucksvollen Bulldoggerinnen des 20. Jahrhunderts in Deutschland, Otti Heermann, hatte ein fast fertiges Manuskript hinterlassen, das heute leider als verschollen gilt. Darin sind zahlreiche Erlebnisse und Eindrücke vermerkt, die wir hier teilweise wiedergeben können. Otti Heermann zeichnet ein herrliches Portrait des Bulldogs, mit dem wir diesen Abschnitt zusammenfassen wollen:

»Ein Bulldog hat immer und überall Herrscherwürde und man bringt ihm stets Respekt entgegen. Was einen Bulldog aus der Ruhe bringen kann, ist plötzliches Geschrei, Gerenne, Marschmusik, Trompetenstöße – da muss der Besitzer aufpassen. Zusammenfassend darf man behaupten, dass der Bulldog der ruhigste und friedlichste Vertreter unter den Hunden ist – solange man ihn in Ruhe lässt und seinen Charakter respektiert.«[49]

49 Otti Heermann, zitiert in *Der Englische Bulldog*, Kari Wolfsjäger, 1976

1. Neufundländer. — 2. Bernhardiner. — 3. Dänische. — 4. Englische. — 5. Ulmer Dogge. — 6. Boxer. — 7. Korsikanische Dogge. — 8. Schäferhund. — 9. Spitz. — 10. Dachshund. — 11. Zottiger Pinscher. — 12. König Karls Hündchen. — 13. Seidenspitz. — 14. Affenpinscher. — 15. Mops. — 16. Pudel. — 17. Russischer. — 18. Schottischer. — 19. Italienischer Windhund. — 20. Nackter Hund. — 21. Wachtelhund. — 22. Bologneser.

Meyers Konv.-Lexikon, 4. Aufl.

Bibliographisches Institut in Leipzig.

Zum Artikel »Hunde«.

Kapitel 4
Bulldog -Verwandte und -Bekannte

Unser Bulldog hat eine große Verwandtschaft. Und er kann sich seine Verwandtschaft auch nicht immer aussuchen. Zum einen gibt es die Verwandtschaft aus den gemeinsamen Wurzeln mit gemeinsamen Ururgroßeltern, zum anderen gibt es sozusagen die angeheiratete Truppe, Hunde, die von Züchtern mit Bulldogs verpaart wurden oder denen eine Verwandtschaft zum Bulldog auch nur angedichtet wird, um Ansprüche an sein Erbe anmelden zu können.

Hunderassen, so wie wir sie heute kennen, gibt es erst seit 150 Jahren. Der Bulldog war das erste Objekt dieser modernen Entwicklung. Vorher gab es keine Zuchtbücher für eine Rasse, Stammbäume und somit auch keine künstlichen genetischen Grenzen unter den Hunden. Es gab auch keine künstlichen Befruchtungen, die Verpaarung ermöglichen, die die Hunde selbst nie gewollt und auch nie zugelassen hätten. Hunde wurden nach ihren Eigenschaften und zum Teil auch ihrem Äußeren zusammengeführt. Brachte ein Händler aus London von seiner Europa-Reise einen Bullenbeißer aus Brabant mit, der ihn besonders beeindruckt hatte, so konvertierte dieser in England zur Bulldogge und bereicherte dort den Genpool des Bulldogs. Und natürlich umgekehrt auch, die Grenzen waren durchlässig und fließend, und das sicher nicht zum Nachteil für Gesundheit und Vitalität der Hunde. So waren auch die Grenzen zum Mastiff fließend, selbst wenn Mastiff und Bulldog bereits seit vierhundert Jahren als zwei verschiedene Hundetypen unterschieden wurden. Allerdings waren dies deswegen keine Mischlinge im heutigen Sinne. Die Hunde wurden für eine Verpaarung sorgfältig ausgesucht, sie mussten vom

Mastiff, Bulldogge oder Boxer? Ölgemälde von G. Jackson aus dem Jahr 1854, Sammlung Dr. Fleig.

äußeren, insbesondere aber von ihrem Wesen und ihren Fähigkeiten her zusammenpassen.

Als Mitte des 19. Jahrhunderts die Rassehundezucht als einträgliches Geschäft und zugleich Quell nationalen Stolzes entdeckt wurde, mussten die Hunde in Rassen kategorisiert und typisch, ja typischer werden. Ein Zuchtbuch musste her, um die Erbfolge zugunsten des Zwingers und damit des Geldbeutels der Züchter zu sichern. So wurden die Wege der Hunde endgültig aufgespalten, die künstliche Mauer gebaut. Bulldogs wurden zu registrierten Bulldogs und sie sollten von Generation zu Generation noch »typischere« Bulldogs werden, noch klarer abgesetzt sein zu seinen Verwandten aus der Szene der Bullenbeißer. Und es war einzig der Mensch, der festlegte und festlegt, was beim Bulldog als typisch zu gelten hat.

»Bärenbeißer«, Stich von Ridinger, Sammlung Dr. Fleig.

»Schottischer Bullenbeißer«

Das »Typische« des Bulldogs

Natürlich hatten sich die urwüchsigen Rassen bereits lange herausgebildet und ganz typische Eigenschaften herausgebildet, manche seit vielen Jahrhunderten überaus stabil in Leistung wie Erscheinung, die Bloodhounds zum Beispiel. Aber es waren immer Schläge mit fließenden Übergängen. Der Bulldog hatte sich ebenfalls bereits seit weit mehr als fünfhundert Jahren als Hundetyp klar herausgebildet und sein typisches Wesen entwickelt. Er entwickelte und vervollkommnete Eigenschaften, welche er für die Aufgaben, die er einzig zum Wohle des Menschen erfüllen musste, brauchte. Und er erledigte diese mit solcher Inbrunst, dass sie für ihn als typisch erachtet wurden. Ein Hund wurde früher primär nach bestimmten Eigenschaften als Bulldog bezeichnet. Aber diese Eigenschaften waren keineswegs für alle Zeiten feststehend. Sie richteten sich danach, was die Menschen zur jeweiligen Zeit brauchten.

Weideten die Rinderherden später fest umzäunt auf den Wiesen, so brauchte man keine Hirtenhunde hierfür, wie Jahrhunderte lang zuvor. Wurden die Rinder per Dampfross zum Schlachthof oder Viehmarkt gefahren, so brauchte man Treibhunde allenfalls noch für den Trieb zum nächsten Bahnhof. Die Hüteeigenschaften des Bulldogs verloren spätestens zu Beginn der industriellen Revolution ihr »Typisches« für den Bulldog. Genauso erging es der wohl »typischsten« Eigenschaft des Bulldogs, seinem legendären Mut und unbezwingbaren Durchhaltewillen. Waren die Hundekämpfe zunächst schon Jahrzehnte lang geächtet, so verloren diese Tugenden spätestens mit dem endgültigen Verbot dieser grausamen Spektakel ihren Sinn. Kampfhunde wurden nicht mehr gebraucht. Und auch der imposante Kettenhund, der die Höfe wohl durch mehrere Jahrtausende hindurch zuverlässig bewacht hatte, ward in einer Großstadt wie London nur selten wirklich erwünscht. Was nun als typisch für den Bulldog erachtet wurde, richtete sich ganz einfach nach den neuen Zeiten.

Diese waren dann zu Beginn seiner Rassezucht auch mehr auf Äußerlichkeiten getrimmt. Auf diesem Hintergrund wurde für den heutigen Bulldog festgelegt, was nun typisch sein sollte.

Trotzdem hat der Bulldog alle diese alten, früher typischen, da real überlebensnotwendigen Tugenden in sich bewahrt. Selbst in dem heutigen, viel zu oft zur armen Karikatur seiner selbst verzüchteten Bulldog finden wir die Reste der ganzen Historie seiner so tapferen Vorfahren. In dem Kapitel, wo wir ein Portrait des Bulldogs zeichnen, gehen wir diesen Spuren seiner Vergangenheit nach. Der Bulldog ist ein einzigartiger unverwechselbarer Hundetyp, früher wie heute. Er zeichnet sich durch eine besondere Verknüpfung von Gegensätzen aus. Er ist der Klassiker der modernen Rassehundezucht. Er hat eine Jahrhunderte alte Geschichte und hat einen Ruf, ein Flair, ja eine Aura, wie kaum ein anderer Hund weltweit – und das seit vielen Hunderten von Jahren. Von daher wundert es nicht, wenn der Bulldog vielfach kopiert werden will, als Stammvater herhalten muss, und sei es auch nur im Namen.

Verwandte mit gemeinsamer Geschichte

Mastiff, Bullenbeißer, Bonddog, Bulldogs, Meyershunde, Alauns – hinter all diesen bereits im Mittelalter gebrauchten Bezeichnungen für Hundetypen kann sich ein leiblicher Vorfahre unseres Bulldogs verbergen und wird es sehr wahrscheinlich auch. Als schwere, wehrhafte Wach- und Schutzhunde waren solche Molosser überall in Europa verbreitet, namentlich auf den britischen Inseln und in Mittel- und Südwesteuropa. Auch die Aufgabe des Viehtriebs war ihnen gemein. Im Mittelalter wurden vom europäischen Adel verschiedene Bullenbeißer-Schläge auch zur Jagd auf diverses wehrhaftes Wild wie Auerochsen, Bären, Hirsche, Dachse oder Wildschweine eingesetzt. Nur der Hundekampf in den Arenen war eine besondere Spezialität der Engländer, wenngleich

solche Spektakel auch auf dem Kontinent bis ins 19. Jahrhundert gelegentlich veranstaltet wurden. Aus dem Dantzicher Bährenbeißer oder dem Brabanter Bollbeißer und all den anderen genannten und ungenannten Molosser-Schlägen des Mittelalters entwickelten sich der heutige Bulldog wie auch der heutige Mastiff, der Boxer, der Rottweiler, die Dogue de Bordeaux oder der Französische Bully. Doch das ist noch längst nicht seine gesamte Verwandtschaft mit gemeinsamer Vergangenheit.

Englische Bulldogge und Deutscher Schäferhund

Die US-amerikanische Genetikerin Heidi G. Parker hat eine genetische Landkarte über 85 Hunderassen erstellt[50]. Dabei fand sie fünf Cluster, von denen eines die Gruppe der Molosser darstellt. Im Zentrum dieser Gruppe, wen wundert es, sehen wir den Mastiff wie auch den Bulldog. Neben den oben genannten findet sich auch genetische Ver-

wandtschaft, die teils überrascht. Dass der Neufundländer und auch die Schweizer Sennenhunde Molosserblut haben, verwundert nicht wirklich. Aber wenn wir den Deutschen Schäferhund genetisch ganz nah beim Englischen Bulldog sehen, so erstaunt das selbst gestandene Kynologen. Diese können sich das nur so erklären: In Kontinental-Europa gab es bis in das 19. Jahrhundert hinein noch die großen Beutegreifer wie Luchs, Bär und Wolf, die auf der Insel längst ausgerottet waren. Daher legten die Hirten Wert darauf, besonders kräftige und mutige Hirtenhunde bei den Herden zu haben. Daher wurden Molosser eingekreuzt. Zugleich bevorzugte man eher die Bulldoggen, da sie nicht zu groß waren und somit auch weniger Futter brauchten. Später, als Rittmeister von Stephanitz um 1900 die Rasse Deutscher Schäferhund ins Leben gerufen hatte, wollte man schon allein wegen des Nationalstolzes möglichst kräftige Hunde als Ahnen in den Stammbaum des deutschen Nationalhundes holen. Das waren vorrangig die Schäferhunde mit Bulldoggen unter den Ahnen. So erhielt sich das Molosserblut in dieser Rasse. Es gehört zu den Treppenwitzen der Geschichte der Kynologie, dass gerade der deutsche und der englische Nationalhund, für dessen nationalistische Verächtlichmachung sich deutsche Kynologen wie Otto Fehringer nicht zu schade waren, dass gerade diese beiden äußerlich so unterschiedlichen Rassen genetisch eng verwandt sind.

Heidi Parker zählt noch weitere Rassen auf, die nach ihrer Untersuchung mit unserem Bulldogs genetisch enger verwandt sind: Bullmastiff und Presa Canario. Wie gesagt, es waren nur 85 der etwa 340 anerkannten Hunderassen untersucht worden und es gibt sicher noch weitere Rassen mit einer vergleichsweise engen, gemeinsamen genetischen Wurzel. Zu dieser weitläufigeren Verwandtschaft kann man die Deutsche Dogge, Broholmer, Mastino Napoletano, Boston Terrier, Bullterrier, Ca de Bou, Dogo Canario oder Cane Corso zählen.

---

[50] Heidi G. Parker et al., »Genetic Structure of the Purebred Domestic Dogs« in *Science* 304, 2004.

Die Bordeaux-Doggen zählen ebenfalls zu den Verwandten des Bulldogs.

Mops und Chincha-Bulldogge

Der Mops zählt allerdings nicht zur Verwandtschaft. Natürlich sind alle Hunde irgendwie miteinander verwandt, spätestens beim Wolf, aber der
Mops hat junge und alte chinesische Wurzeln. Genetisch steht der Mops dem Wolf übrigens näher
als der Deutsche Schäferhund und natürlich auch
der Bulldog. Möglicherweise tragen die heutigen
Möpse auch etwas Bulldog-Blut in sich, da es Berichte von solchen Einkreuzungen im 19. Jahrhundert gibt, wo sogenannte Toy-Bulldogs zur
Blutauffrischung des Mopses herhalten sollen.
Hierfür gibt es aber noch keine wirkliche Bestätigung. Plattnasen wie Mops und Bulldogs hat es
schon seit tausenden von Jahren und rund um
den Globus unabhängig voneinander gegeben.
Selbst aus dem Südamerika vor zweitausend Jahren sind Abbildungen und Überreste der so ge-

*Skulptur einer Chincha-Bulldogge aus Peru, ca. 2000
Jahre alt.*

nannten Chincha-Bulldogge erhalten. Die Chincha-Bulldogge in Peru muss einem schlanken, sehr kleinen, heutigen Bulldog zum Verwechseln ähnlich gesehen haben, war jedoch überhaupt nicht mit ihm genetisch verwandt. Die Genetik unterscheidet nicht zufällig zwischen Phänotyp und Genotyp.

Brachyzephale Hunde

Die Hunde mit den platten Schnauzen, also brachyzephale Hunde, haben eine uralte Tradition in den verschiedensten Kulturen rund um den Globus. Mit Brachyzephalie wird der runde Kopf und die kurze Schnauze beschrieben, die bei verschiedenen Hunderassen wie dem Mops, dem Pekinesen, dem Boxer, dem Bulldog oder auch manchen Katzen anzutreffen sind

Eine Prise Bulldog im Greyhound

In sehr vielen weiteren Rassen steckt Bulldog-Blut. Meist wollte man mit der Einkreuzung des Bulldogs dessen legendären Mut und starken Willen in eine andere Rasse holen. Und es gibt wohl keine andere Rasse, die häufiger zur Etablierung einer neuen Rasse herhalten musste wie eben der Bulldog. Hermann Settegast, Direktor der Königlich landwirtschaftlichen Akademie, empfiehlt in seinem 1868 erschienenen Werk *Die Thierzucht*, dass »bereits ein Tropfen Bulldog-Blut reiche, um eine andere Rasse herzhafter zu machen.«

Nicht nur in der ganzen Palette der Staffordshire und Bullterrier finden wir aus solchen Gründen Bulldog-Blut. Um 1770 kreuzte Horace Walpole, der vierte Earl of Orford, seine Greyhounds ganz gezielt mit Bulldogs. Der Earl formuliert exakt die

Auch im Greyhound findet sich Bulldog-Blut. Kopfstudie von Bully und Windhund von Alfred Detreux (1810–1860), Sammlung Dr. Fleig.

auch von Hermann Settegast angeführten Überlegungen. Lord Orford dokumentiert diese Einkreuzungen sehr sorgfältig, so dass diese wie auch die Entwicklung danach als gesichert angesehen werden kann. Kein Geringerer als Charles Darwin nahm diese Kreuzung von Bulldog und Greyhound später als Beispiel für die Veränderbarkeit der Arten und hält fest, dass bereits nach der sechsten oder siebenten Generation keine sichtbaren Zeichen vom Bulldog mehr übrig seien, »aber sein Mut und seine unbezwingbare Beharrlichkeit seien im Greyhound geblieben.«

Bulldog und Boxer

Wir hatten schon in Kapitel Zwei gesehen, dass der Bulldog auch in Deutschland ein sehr hohes Ansehen genoss und man bis zum Ersten Welt-

krieg sogar versuchte, aus ihm einen germanischen Hund zu machen. Der Bulldog war in Mode gekommen. Eine Konkurrenz sollte mit der Rasse Boxer oder Deutscher Boxer aufgebaut werden. Aus dem großen Fundus der im damaligen deutschen Reich oder in Österreich-Ungarn überall anzutreffenden Bullenbeißer schuf man den Boxer. Wie schon der bereits 1864 zur Rasse erhobene Englische Bulldog, so sollten jetzt die noch namenlosen Bullenbeißer des Kontinents zur Rasse erhoben werden. Es ist überliefert, dass 1895 bei einer Ausstellung von St. Bernhardshunden erstmals und versuchsweise eine Klasse für Boxer ausgeschrieben worden war. Nur ein einziger Hundehalter wagte es, mit seinem Hund in den Ring zu gehen. Es wurde der legendäre »Mühlbauers Flocki«, der später die Nummer Eins des deutschen Boxer Stammbuchs erhalten sollte. Auch wenn das Ausstellungsecho zunächst enttäu-

Boxer auf Lederschatulle, Sammlung Dr. Fleig.

Die lieben Verwandten – Bulldogge und Boxer.

schend war, so gab diese Ausstellung doch einen letzten Ruck: kurze Zeit später wurde der erste Boxer-Klub in München gegründet. Ab 1895 gingen die Hunde der Bullenbeißer-Familie in Deutschland nun endgültig getrennte Wege. 1904 stellte man den ersten Standard für den »Deutschen Boxer« auf, genau vierzig Jahre nach dem Philo Kuon Standard für den Bulldog. In *Brehms Tierleben* von 1915 heißt zur Entstehung des Boxers: »In Deutschland entspricht der Bulldogge der Boxer. Aus den alten Bullen- und Bärenbeißern, die in sehr verschiedenen Schlägen gezüchtet wurden, ist heute eine einheitliche, mittelgroße Rasse entstanden.«

Der Kynologe Richard Strebel ärgert sich in seiner 1904 herausgegeben Enzyklopädie *Die deutschen Hunde* über die gewählte Rassebezeichnung Boxer und argumentiert, »der ursprüngliche deutsche Name lautete Bären- oder Bullenbeißer. Man hat nicht auf ihn zurückgegriffen, da er zu wenig werbenden Klang für eine neu einzuführende, richtiger wieder neu zu belebende, Rasse hatte.«[51]

Im Gegensatz zum Bulldog wurde der Boxer allerdings von Anfang an als Gebrauchshund gesehen. Als solcher hat er lange Jahre ganz hervorragende Erfolge vorzuweisen, was ihn aber nicht vor den Versäumnissen der heutigen Rassehundezucht bewahrte. Während der Bulldog in den Ausstellungsringen der Hundeshows immer schwerer und kurzatmiger wurde, wurde aus dem Boxer ein hochagiler, zuweilen fast schon nervöser Sportler, der kaum noch an seine Molosser- und Bullenbeißerwurzeln erinnert. Aus der ehemals großen Familie der Bullenbeißer sollten immer deutlichere und extremere Rasseunterschiede herausgezüchtet werden, um den Sinn und Wert der jeweiligen Rasse zu betonen. Während der Bulldog immer tiefer und massiger wurde, machte man seinen Bruder Boxer immer höher und schlanker, fast schon zu einem brachyzephalen Windhund.

Historische Vorbilder

Schaut man sich die von manchen als historisches Idealbild des Bulldogs im frühen 19. Jahrhundert gesehenen Crib oder Crab, Rosa (s.S 137 u. 138) oder Lucy an, so könnten diese mit mindestens gleicher Berechtigung als Vorbild für den heutigen Boxer oder die Bordeaux-Dogge oder eben den heutigen Bulldog hernehmen. In jedem Fall fehlte diesen Hunden noch das Extreme, gleich in welche Richtung, ob Boxer oder Bulldog heute. Und hierin den »ursprünglichen Bulldog« zu sehen, ist schon etwas gewagt und rein willkürlich. Zumal in den historischen Abbildungen eine breite Palette von Hunden zu sehen ist, die als Bull-Dog oder Bärenbeißer oder auch Mastiff in der Bildunterschrift firmieren.

Toy Bulldog

Immer wieder versuchen sich zweifelhafte Züchter an Varianten des Bulldogs, um sich damit eventuelle Marktlücken zu erschließen. Vor hundert Jahren war der sogenannte Toy Bulldog einige Zeit groß in Mode und es gab zeitweilig sogar einen Standard für ihn. Diese Miniatur-Version des Bulldogs kann man sich vom Körper her als Französischen Bully ohne Fledermausohren vorstellen. Wahrscheinlich ging der Toy Bulldog dann auch im Französischen Bully auf. Jedenfalls machte der Franzose die Mini-Variante des Engländers überflüssig. Immer wieder tauchen auch heute noch sogenannte Toy Bulldogs in den Kleinanzeigen der Hundemärkte auf. Die als besondere Rarität angepriesenen Welpen entstammen missratenen oder durch Inzucht degenerierten Bulldog-Zuchten oder aber Kreuzungen von Bully und Bulldog. Diese Hunde müssen grundsätzlich nicht schlecht sein, jedoch lässt das meist unseriöse Gebaren der Züchter samt Legendenbildungen über die Abstammung der Welpen nichts Gutes vermuten.

---

[51] Richard Strebel, Die Deutschen Hunde in 2 Bänden, 1903/1905, Nachdruc Kynos-Verlag 1986, hier Bd I S. 286ff.

Toy-Bulldog um 1900.

Französische Bulldogge, Bronzeskulptur, Sammlung Dr. Fleig.

Trittbrettfahrer Bulldogs

Es gibt wohl keine Hunderasse, der so inflationär Varianten angedichtet werden wie dem Bulldog. Zum einen öffnen die evidenten Schwächen und unverzeihlichen Versäumnisse der »Hochzucht« des Show-Bulldogs jedem Tür und Tor, der seinen

Mischlingen nur etwas Diffuses von wegen Gesundheit und Ursprünglichkeit andichtet, ob begründet oder nicht. Denn aufgrund seines hohen Ansehens und seiner kulturellen Beachtung gibt es nach wie vor ein großes, auch zahlungskräftiges Interesse an diesen Hunden. Es ist nur zu verständlich, wenn sich Liebhaber des Bulldogs angesichts des Elends der Show-Champions von dieser Rasse zurückziehen und nach Alternativen suchen. Und sie werden schnell fündig, zumindest den Versprechungen nach. Aber es ist nicht immer Bulldog drin, wenn es auch auf dem Etikett bzw. im Namen der angeblichen Rasse steht. Die meisten der nachfolgend angeführten unter »xy-Bulldogs« angebotenen Mischlinge undokumentierter Provenance haben weit weniger mit einem Bulldog zu tun als die oben angeführten Molosser. Und diese Etiketten-Fälschungen zeigen sich am deutlichsten in Charakter und Wesen der Hunde. Gerade der einen echten Bulldog immer auszeichnende, besonders menschenzugewandte, freundliche, durch und durch liebenswürdige, niemals dem Menschen gegenüber von Aggression geprägte Charakter des Bulldogs fehlt diesen Hunden und soll ihnen nicht selten sogar fehlen. Selbst wenn manche Hunde äußerlich einem echten Bulldog auf den ersten Blick ähneln mögen, so muss es auf das Wesen noch lange nicht zutreffen und tut es meist auch nicht.

Nicht zuletzt Tierheime und Nothunde-Initiativen können hiervon ein Lied singen. Sind solche Hunde als Welpen noch freundlich und umgänglich, so entwickeln sie nicht selten als Erwachsene ein problematisches Wesen, das mit dem eines echten Bulldogs rein gar nichts gemein hat.

Der ursprüngliche Bulldog?

Die Masche ist immer dieselbe. Mit den Argumenten »zurück zum ursprünglichen Bulldog« oder »wir sind die, die den gesunden, alten Bulldog züchten«

wird um Welpenkäufer geworben. Doch, was ist eigentlich der ursprüngliche Bulldog? In den Angaben der Züchter findet man – wenn man sich überhaupt die Mühe einer ernsthaften historischen Begründung macht – ein Sammelsurium herausgepickter Einzelfakten. Willkürlich werden einzelne vermeintliche, aber gerade ins Bild passende, Eigenschaften eines »ursprünglichen« Bulldogs angeführt und ebenso aus der Vielzahl der historischen Bilder das gerade eine passende gezeigt. Wer sich mit der Geschichte des Bulldogs aber gründlich auseinandergesetzt hat, wird feststellen, dass es zu jeder Zeit einen etwas unterschiedlichen Bulldog gab.

Es gab den Wächter, den Schützer, den Hüter, den Treiber, den Kämpfer und wie heute den Charmeur und Begleiter. Zudem ist der Charakter das Typischste am Bulldog und nicht seine äußere Erscheinung. Schon vor hundertfünfzig Jahren sprach man vom Erhalt des »ursprünglichen« Bulldogs und die einen meinten eher den Typ Boxer wie Crib und Rosa, die anderen einen kräftigen, kleinen Mastiff, wieder andere einen eher drahtigen kleinen Bulldog von nicht einmal fünfzehn Kilogramm, der nah beim Französischen Bully zu sehen ist. Einig war man sich lediglich darin, dass ein Terrier nichts beim Bulldog zu suchen habe. Und gehen wir einmal weg von der äußeren Erscheinung, so stellt sich die Frage, welche ursprünglichen Eigenschaften des alten Bulldogs passen denn heute noch gut in die Zeit?

Missbrauch des Bulldogs

Brauchen wir einen Bulldog als Hütehund? Brauchen wir einen Jagdhund für langst ausgestorbenes Großwild? Brauchen wir den scharfen Kettenhund, den Bonddog? Brauchen wir gar den unbezwingbaren Kampfhund, zu dem die Vorfahren unseres Bulldogs auf grausamste Weise missbraucht wurden? Aber gerade seine ehemaligen Kampfhunde-Qualitäten, oder was darunter verstanden wird, interessieren ein bestimmtes Klientel ganz besonders. So werden dann nicht wenige dieser angeblichen Bulldoggen-Varianten mit viel, meist indirekter, Terrier-Abstammung zusammengemischt, um sie besonders scharf zu machen. Zur Kampfhundezeit des Bulldogs hat man gelegentlich ebenfalls Bulldogs und Terrier gemischt; aber immer nur für eine Generation. Zu unkontrollierbar, zu aggressiv, zu gefährlich waren die Kreuzungen dieser so unterschiedlichen, ja konträren Hundetypen. Der Terrier ist nie Stammvater eines Bulldogs gewesen. Der Bulldog musste außerhalb des Pits ein lammfrommer, ruhiger, menschenfreundlicher Vertreter sein. Alleine schon durch das Hinzuziehen von Terrierblut im Stammbaum haben solche Mischlinge das Bulldog-Wesen und damit jegliche Bulldog-Legitimation verloren. So sind die echten Liebhaber des Bulldogs auch heilfroh, dass das Kampfhundeerbe des Bulldogs keinerlei Aggressivität hinterlassen hat, die für seinen Missbrauch als so genannter »Kampfhund« der Halbwelt geeignet wäre. Es muss unter allen Umständen verhindert werden, dass der Bulldog durch irgendwelche Kreuzungen vom »Kampfhunde«-Milieu vereinnahmt und missbraucht wird.

CHAMPION CRIB (K.C.S.B. 2606.)
Owned by T. Turton.
Born 1871, by Duke II. or Tumbler ex Rush. Breeder, F. Lamphier.

Bulldog Champion »Crib« von 1871.

Es ist die Ironie der Geschichte, dass der Bulldog, zu einem oft kranken Hund verzüchtet, gerade durch dieses Handicap heute vor solchen falschen Freunden aus der Halbwelt und deren Züchterlieferanten geschützt wird. Das ist nun das einzig Gute, was man an der heutigen Show-Zucht des Bulldogs erkennen kann, wenn man unbedingt etwas finden will. Es gibt keine Eigenschaft des historischen Bulldogs der Arbeitswelt als Ketten- oder Kampfhund, die in seiner ursprünglichen Form heute noch erwünscht oder sinnvoll wäre.

Inzucht und Reinrassigkeit

Ist es nicht ein Widerspruch, auf Reinrassigkeit beim Bulldog zu setzen und dann gegen Inzucht zu sein? Der Vorteil einer Hunderasse ist, dass sich bestimmte Eigenschaften im Aussehen, besonders aber auch im Wesen herausgebildet und gefestigt

CHAMPION CRIB.
(See below.)

Crib würde auch dem Standard von 2011 gut entsprechen.

haben. Beim Bulldog ist dies ein Prozess von vielen Hunderten von Jahren, der seinen einmaligen Charakter schuf. Die Molosser allgemein schauen zudem auf einen Prozess zurück, der in Tausenden von Jahren wuchs. Das Besondere an den echten Molossern ohne Mischlingseinfluss ist dabei die Kombination besonderer Stärke und Kampfkraft mit zugleich besonderer Gelassenheit, Gutmütigkeit, Beherrschbarkeit und Menschenfreundlichkeit im Gemüt. Diese Widersprüchlichkeit in ein und demselben Hund konnte sich nur über ganz lange Zeiträume herausbilden und festigen. Sie würde durch Einkreuzungen fremder Rassen zerstört. Auf der anderen Seite gibt es beim Bulldog und den echten Molossern insgesamt eine hinreichend große genetisch effektive Population weltweit, die Inzucht auch bei reinrassiger Zucht vermeiden lässt.

Mischlinge unter Bulldog-Label

Es gibt aber Dutzende Zwinger, die ihre Mischlinge als eine vermeintlich besonders seltene »Bulldog«-Rasse im Markt feilbieten. Antebellum Bulldog, Altamaha Plantation Bulldog, Renascence Bulldogge, Olde Victorian Bulldogge, Imperial Bulldogge, Banter Bulldog, Valley Bulldog, Catahoula Bulldog, Dorset Olde Tyme Bulldogge, Hermes Bulldogge, Buldogue Campeiro oder Olde Boston Bulldogge sind nur einige dieser unzähligen Wortschöpfungen. Keine von Ihnen kann auf eine echte historische Begründung setzen. Sie sind frei erfunden. Die meisten dieser »Bulldoggen« dienen zur Bedienung der Halbwelt mit lebenden Waffen oder sind einzig mehr oder weniger fantasievolle Kreationen für das Marketing der Züchter in eigener Sache. Man bedient sich unlegitimiert der hohen Anziehungskraft des Bulldogs unter Hundefreunden. Mit dem »Bulldog« im Namen sollen Mischlinge nach Gutdünken eines Züchters mit einer marktfähigen Legende versehen und monetär aufgewertet werden. Die meisten dieser Hunde haben mit Bulldogs aber weder genetisch noch phänotypisch ernsthaft etwas zu tun; vom Charakter und dem so liebenswerten Charme des heutigen Bulldogs ganz zu schweigen. Auch aus Sicht der Gesundheit der Hunde ist eine solche Inflation angeblicher Rassen bedenklich. Um den Anschein einer Rasse zu erhalten, wird mit den Hunden nicht selten rücksichtslos engste Inzucht betrieben um die Ergebnisse dann zum »Typischen« der selbst geschaffenen »Rasse« zu erheben. Nebenbei kann man so auch noch Decktaxen sparen und sich jeglicher Kontrolle entziehen.

Old English Bulldogges

Hinzu kommen noch die vielen Hunde, die zumeist völlig unkontrolliert unter dem gleichfalls ungeschützten Titel »Old English Bulldog« oder »Olde Englishe Bulldogge« oder ähnlichen Wortschöpfungen, kurz OEB vermarktet werden. Für die OEBs wie auch die American Bulldogs hat sich allerdings eine breite Szene etabliert. Auch hier gilt im Wesentlichen das oben Gesagte. Jeder, der woher auch immer eine Idee vom angeblich »ursprünglichen« Bulldog zu haben meint, der ein paar Hunde vermehrt, die vermeintlich oder real etwas Bulldog-Blut haben, kann sich OEB-Züchter nennen und seine Hunde als Old English Bulldog anpreisen. Der Übergang zu den vorhin genannten »Zuchten« ist fließend. In der OEB-Szene wird das individuelle Draufloszüchten gar zum Prinzip erhoben: »Ein alternativ Bulldog soll dem Standard seines Züchters genüge tragen und nicht dem Standard eines Vereines«, liest man auf der Website eines bekannten deutschen OEB-Züchters. Und derselbe OEB-Züchter verteidigt dann mit wissenschaftlich haltlosen Behauptungen die von ihm praktizierte extreme Inzucht. Sicher wird man auch bei den OEBs einen Hund finden können, der psychisch und physisch gesund ist, der zu einem passt und mit dem man lange Jahre gemeinsam Freude haben kann. Aber die Chancen sind so unkalkulierbar wie in einer Lotterie. Die negativen Ergebnisse sieht man leider viel zu oft anhand der zahlreichen OEBs, die in Tierheimen ihr Dasein fristen müssen und nebenbei auch noch durch ihre zuweilen hohe Aggressivität den echten Bulldog in Verruf bringen.

Leavitt's Bulldogs

David Leavitt aus den USA begann 1971 ein Programm zur Zucht von Hunden, die seiner Vorstellung von einem Bulldog aus der Zeit um 1820 nahe kommen sollten. Als Orientierung nahm er die Gemälde von Crib und Rosa sowie Lucy. Dazu nahm er zu 50% Bulldog und je zu 16,66% Pit Bull, Bull Mastiff sowie American Bulldog. Er nannte die Rasse Olde English Bulldogge (OEB), um sich klar vom modernen Bulldog abzugrenzen. Da der Begriff OEB später durch die vielen unseriösen Zuchten in Misskredit kam, nannte er seine Hunde ab 2006 Leavitt's Bulldogs. Leavitt baute verschiedene Zuchtlinien auf, um dann das Zuchtbuch zu schließen und eine echte Hunderasse zu begründen. Der Leavitt Bulldog wird seither reinrassig gezüchtet. Von der äußeren Erscheinung her ähnelt Leavitt's Bulldog dem American Bulldog, allerdings kleiner und wesentlich kompakter und erinnert äußerlich noch eher an einen Bulldog. Rüden dürfen bis zu 36 kg schwer und 50 cm hoch sein.

American Bulldog

Für den American Bulldog gibt es zumindest ernst zu nehmende Zuchtbücher und Stammbäume wie auch die langjährige Betreuung durch Zuchtvereine. Zwar zählen zu seinen Ahnen im wesentlichen Molosser, aber mit einem Bulldog hat dieser bis zu 60 kg schwere, große und sportliche Hund kaum etwas zu tun. Auch von seinem Charakter und von seinen Eigenschaften her hat der American kaum etwas mit dem Engländer gemein. Den Bulldog trägt er lediglich im Namen. Ein Bulldog soll allerdings wie auch Boxer, Dogo Argentino

Kopfstudie eines Leavitt's Bull-Dogs: LGK's Mia

Ein typischer Leavitt's Bulldog: RicAli's Maximus

American Bulldog

143

und die britische Vorstehhunderasse Pointer zu den Ahnen des American zählen. Aber auch beim American Bulldog gibt es fast so viele Abwandlungen wie Züchter. Entsprechend gibt es auch keinerlei belastbares Material, das etwa eine bessere Gesundheit dieser Hunde nachweisen könnte. Zuweilen wird er noch in verschiedene Arbeitslinien unterteilt. Von daher weiß man vor der Anschaffung eines American Bulldogs rein von der Rasse-Bezeichnung her nicht wirklich, was für einen Hund man erhält. Das soll nicht heißen, dass der American Bulldog nicht ein wunderbarer Hund sein kann, der viel Freude bereitet. Leider wird auch er nicht selten von Leuten missbraucht, die eine lebendige Waffe haben wollen oder eine Prothese für ihr schwaches Rückgrat suchen.

Der American Bulldog ist, wie auch Leavitt's Bulldog, lediglich vom United Kennel Club der USA anerkannt, der nicht weniger als 440 Rassen seine Anerkennung schenkt, darunter zahlreiche von anderen Dachverbänden nicht anerkannte Rassen.

Missbrauch durch die Halbwelt

Wenn zuweilen die Meldung durch die Presse geht, eine »Bulldogge« habe einen Menschen gebissen, so zeigt sich bei genauerem Hinschauen durchweg entweder ein American Bulldog oder einer aus der breit gefächerten OEB-Szene. Dasselbe gilt für Nothunde, die unter dem Label »Bulldogge« eine Vermittlung suchen. Fast immer sind es Produkte der oben aufgeführten Zuchtszene, die, wie selbstverständlich, auch jede Verantwortung für ihre Notfälle ablehnt. Das heißt natürlich keineswegs, dass alle diese Hunde zu Problemfällen werden oder gar durch Aggressivität auffallen. Aber das Risiko ist aus mehreren Gründen deutlich höher. Zum einen haben in dieser Szene unseriöse Züchter ein besonders leichtes Spiel, da ja – von Leavitt abgesehen – nach eigenem Gusto mischen und vermehren können. Nicht selten sind Terrier direkt oder über Staffs und andere Terrier-

Abkömmlinge eingekreuzt. Zum anderen kommen die Interessenten für Hunde aus solchen Zuchten nicht selten selbst aus problematischen Verhältnissen und sind kaum geeignet, einen solchen kräftigen Hund zu führen. Auch bedient sich hier gerne die kriminelle Szene, die nach wie vor Hunde als Waffe missbraucht. Entsprechend gibt es Züchter, die Wert auf die Zucht scharfer Hunde legen und ein solches Klientel ohne Skrupel bedient. Das Problem liegt auch hier fast immer am anderen Ende der Leine. Die Hunde selbst sind nur die Leidtragenden, die ersten Opfer.

Keine offiziellen Anerkennungen

Keine dieser angeblich ursprünglichen Bulldoggen-»Rassen« ist von einem der etablierten Dachverbände der Hundezucht der Welt anerkannt. Auch aus Sicht der Hunde und des Hundefreundes ist der Sinn solcher Kreativität bei Rassegründungen nicht nachvollziehbar. Ein Unterschied als Rasse ist selbst für den Fachmann kaum oder objektiv gar nicht zu erkennen. Zudem können die einzelnen Hunde sehr unterschiedlich ausfallen, ob sie nun zur selben vermeintlichen Rasse zählen oder nicht. Man nehme ein halbes Dutzend Hunde verschiedener Vermehrer der oben genannten angeblichen Rassen und es wird selbst dem erfahrensten OEB-Spezialisten und den Züchter dieser Hunde selbst kaum gelingen, über den statistischen Zufall hinaus, die Hunde den jeweiligen »Rassen« zuzuordnen. Von anderer züchterischer Ernsthaftigkeit und Verantwortung werden die nachfolgend vorgestellten zwei Bulldog-Verwandten begleitet.

Australian Bulldog

Der Australian Bulldog oder Aussie Bulldog entstand wie auch der Continental Bulldog Anfang 2000. Nicht zuletzt durch einen Schuss Nationalismus motiviert, wollte man einen australischen

Bulldog erschaffen. Man kreuzte Bulldogs mit Leavitt's und zu geringem Teil auch American Bulldogs. Zuchtbuch und Einkreuzungen sind genau und nachvollziehbar dokumentiert. Heraus kam ein vergleichsweise großer, Bulldog-ähnlicher Hund mit einem erlaubten Gewicht von bis zu 38 kg und einem Stockmaß von bis zu 52,5 cm. Ende 2004 wurde die Rasse vom Australian National Kennel Council anerkannt.

Angehrns Continental Bulldog

Einen sehr ähnlichen Weg schlug die renommierte Züchterin Imelda Angehrn zur selben Zeit viele Tausend Kilometer entfernt in der Schweiz ein. 2001 startete sie ein Zuchtprogramm, das ebenfalls 2004 einen ersten Schritt zur nationalen Anerkennung als neue Rasse nahm, dem von ihr so genannten »Continental Bulldog«. Angehrn, die wir schon in Kapitel Zwei kennengelernt haben, hatte in ihrem Zwinger Pickwick über dreißig Jahre hinweg Bulldogs im großen Stil gezüchtet. Ihre Hunde hatten einen sehr guten Ruf in der Szene, ja sogar in England selbst. Mitte der 1970er Jahre wurde sie zur einflussreichsten und mit weitem Abstand größten Bulldog-Züchterin auf dem Kontinent. Sie hatte einen direkten Draht zur Standard-Kommission der FCI und besorgte zudem die offizielle deutschsprachige Übersetzung des alten Bulldog-Standards. In einem Interview mit dem Hundemagazin *Wuff* erklärt sie rückblickend zum Bulldog: »Die Rasse ist in den letzten 20–30 Jahren fast ausschließlich nur noch auf Schönheit und – man kann sogar sagen Skurrilität – fast zu einer Comicfigur verzüchtet worden. Das hat nichts mehr damit zu tun, wie es der Standard eigentlich beschreibt. So wie sich die Rasse entwickelte, hatte es enorme gesundheitliche Konsequenzen. Und die haben mich bewogen, etwas Neues zu machen. ... Aber vor allem die Engländer waren nicht damit einverstanden, dass man an ihrer Nationalrasse herumbastelt ... Das gab dann für mich den Ausschlag, eine neue Rasse zu züchten.«[52]

Dieser Einschätzung kann man allerdings nur zum Teil zustimmen. Es ist richtig, dass der Bulldog gerade in den letzten dreißig Jahren des 20. Jahrhunderts massiv unter dem falschen Ehrgeiz und Geiz seiner Züchter und vermeintlichen Freunde zu leiden hatte. Doch hat sich in Deutschland, Österreich und gerade auch der Schweiz über die ganze Zeit hinweg immer ein Teil der Züchter durchgebissen, die durchweg leichtere und gesunde, langlebige Bulldogs züchteten; freilich ohne Pokale und sonstige Ehrungen durch die Offiziellen der Zucht. Zudem stand seit den 90er Jahren der ganze frische genetische Pool an relativ gesunden Bulldogs aus dem ehemaligen so genannten »Ostblock« zur Verfügung.

Es verwundert schon ein wenig, wenn Frau Angehrn mit keinem Wort auf ihren eigenen Beitrag und ihre eigene Verantwortung eingeht, weder in dem Wuff-Interview noch in einer anderen Publikation. Frau Angehrn selbst war nicht nur maßgeblich, vielmehr sogar führend über dreißig Jahre hinweg an der Bulldog-Zucht im deutschsprachigen Raum beteiligt. Sie war die erfolgreichste und einflussreichste Akteurin genau der Szene, die – wie sie selbst sagt – den Bulldog zur Comicfigur verzüchtet hat. Es ist nicht bekannt, dass sie vor dem Jahr 2001 ihren großen Einfluss zur Gesundung der Rasse geltend gemacht hätte, öffentlich jedenfalls nicht. Imelda Angehrn selbst war eine sehr produktive Züchterin des Bulldogs und hat nach eigenen Angaben insgesamt 59 internationale Bulldog-Champions gezüchtet. Sie hat mit ihren Zuchtprodukten so viele Titel auf den Hunde-Shows dieser »Bulldog-Comic-Szene« gesammelt, wie kein anderer Bulldog-Züchter je auf dem Kontinent. Bei Aufgabe ihrer Bulldog-Zucht hatte sie immer noch nicht weniger als elf internationale Champions stehen. Auch ließ der FCI-Standard durchweg die Zucht gesunder Bulldogs zu. Hierzu bedurfte es keines Einverständnisses der Engländer. Angehrn schreibt ja selbst, dass der Bulldog als Comic-Figur »nichts mehr damit zu tun habe, wie es der Standard eigentlich beschreibt.«

[52] Imelda Angehrn in *Wuff* – Das Hundemagazin, 11-2007, S. 24/25

Continental Bulldog

Der Weg, gesunde Bulldogs zu züchten, stand Angehrn in ihren dreißig aktiven Jahren der Bulldog-Zucht immer offen und jener Weg wurde zur selben Zeit auch von einigen Züchterkollegen praktiziert. Nur hätte sie dann – wie andere auch – zumindest zeitweise auf top Bewertungen, Championate und die Ehrungen der Offiziellen der FCI-Hundewelt verzichten müssen. 2009 schließlich wurde der Bulldog-Standard explizit zugunsten seiner Gesundheit geändert und zwar vom Kennel Club, also den Engländern »höchstpersönlich«.

Ausgangspunkt der neuen Rasse sollten Englische Bulldogs sowie Leavitt's und auch Victorian OEBs werden. Später kamen noch Französische Bullys, der Bullmastiff und andere Hunde hinzu. Eine nachvollziehbare Dokumentation der Einkreuzungen, wie sie zu erwarten wäre und bei Leavitt's oder Australian Bulldogs auch praktiziert wird, wurde leider nicht offen gelegt. Der Standard zeichnet diesen Hund als: »Ein kurzhaariger, athletisch gebauter, mittelgroßer, bulldogartiger Hund. Trotz seines kräftigen Körperbaus ist der Continental Bulldog beweglich und ausdauernd, auch bei raschem Trab oder Galopp soll er geräuschlos atmen. Seine Widerristhöhe soll 40−46 cm und das Gewicht etwa 22−30 kg betragen. Die Mittelgröße ist anzustreben.« Und sein Wesen soll »aufmerksam, selbstsicher, freundlich, weder aggressiv noch scheu« sein.

Mit demselben Engagement, mit dem sie lange Jahre Bulldogs züchtete, ging Angehrn seither an den Aufbau ihrer neuen Rasse, den Continental Bulldog. Mit ihrem Einfluss in der Schweizerischen Kynologischen Gesellschaft und über Hans Räber in der Fédération Cynologique Internationale gelang es schnell, eine offizielle Genehmigung für ihr Zuchtprogramm zu erhalten. Auch gab es aus Deutschland von Anfang an aktive Unterstützung von besorgten Bulldog-Freunden. Ende 2004 wurde der Continental Bulldog Club Schweiz gegründet, ein gutes Jahr später der Continental

Bulldog Club Deutschland. Ziel ist eine offizielle Genehmigung der neuen Rasse durch die FCI. Ein sehr anspruchsvolles Zuchtprogramm muss hierfür realisiert werden. Man braucht acht getrennte Zuchtlinien in mindestens 1.000 lebenden Hunden. Inzwischen hat sich eine entsprechende Basis an aktiven Züchtern herausgebildet. Mit beachtlichem Engagement und sachdienlicher Professionalität, die der eines gut geführten VDH-Vereins in Nichts nachsteht, wird der Aufbau dieser Rasse in der Schweiz wie auch in Deutschland vorangetrieben. Einen solchen Arbeitsstil würde man sich für eine Gesundung des Bulldogs nur sehnlichst wünschen. Allerdings lassen auch die Zuchtvereine des Continentals die von manch anderen Vereinen praktizierte Transparenz über die Zucht gegenüber Interessenten und Welpenkäufer noch vermissen, was den Gesundheitszustand der Hunde wie auch die eingekreuzten Rassen angeht. Natürlich kann man nach zehn oder fünfzehn Jahren noch keine stabile, »durchgezüchtete« Rasse erwarten und so fallen die Continentals in Wesen wie Erscheinung noch recht unterschiedlich aus. Eine solche Vielfalt muss zudem kein Nachteil sein. Man kann den Freunden dieser Rasse nur wünschen, dass ihre Hunde immer gesund, vital, langlebig und wesensstark sein werden. Auch bleibt zu wünschen, dass die Rasse vor dem Zugriff derjenigen Menschen bewahrt wird, die solche kräftigen Hunde gerne als Waffe oder als Krücke für ihr schwaches Selbstbewusstsein missbrauchen.

Ein Bulldog ist nur durch einen Bulldog zu ersetzen

Der Bulldog ist ein Original. Dieses Original ist nicht zu ersetzen. Die extrem harte Vergangenheit und der über Jahrhunderte sehr vielfältige Einsatzzweck des Bulldogs haben ein nicht zu kopierendes, einmaliges Fundament geschaffen. Hierauf gründet die Zucht des Bulldogs als Rassehund, hiervon zehrt sie noch heute. In den hundertfünfzig Jahren Zucht als Begleithund entstand auf diesem wertvollen Fundament sein unverwechselbares, charmantes Wesen, sein trockener britischer Humor, seine so gegensätzlichen, liebenswerten Charakterzüge. Der Bulldog ist ein Charakterhund. Mehr noch als seine äußere Erscheinung würde der Charakter des Bulldogs durch Einkreuzungen negativ beeinflusst und nachhaltig verfälscht. Besonders kritisch ist hier die Einkreuzung von Terrierblut zu sehen. Die Hauptaufgabe der klassischen Terrier war die Jagd auf »Raubzeugs«, besonders Ratten und Mäuse aber auch gegen Füchse und Marder, die sich auf den Höfen bedienen wollten. Diese sollte er nicht nur jagen, sondern auch töten. So waren bei den Terriern scharfe und beflissene Beißer hoch angesehen. Diese Hunde mussten einen hohen Arbeitseifer haben, quirlig und behende den Schädlingen nachstellen und dabei möglichst viele totbeißen. Das Spiel von »Phlegma und Leidenschaft« eines Bulldogs ist dem Terrier fremd. Richard Strebel charakterisiert um 1900 den frühen Bullterrier: »Er verbindet die Schärfe des Terriers mit der Beharrlichkeit im Angriff und Festhalten des Bulldogs.« Und als Motivation dieser Kreuzungen kennzeichnet er im Gegensatz zur Kampfesweise der Bulldogs den »Nervenkitzel der Blutigkeit« und die fürchterliche Beißerei der Terrier.[53] Natürlich sind die seriös gezüchteten Bullterrier heute bereits seit Generationen keine Kampfmaschinen mehr, vielmehr absolut gutmütig den Menschen gegenüber. Manche Terrier, wie der Fox, werden auch heute noch jagdlich geführt. Nichts gegen Terrier, aber Terrier und Bulldogge stellen nun einmal diametral gegensätzliche Charaktere der Hundewelt dar. Dieses Problem hatten bereits die Gründer des ersten Bulldog Clubs erkannt und sich stringent gegen jede Mischlingszucht und insbesondere gegen eine Einkreuzung von Terrierblut gewandt.

Brauchen wir neue Rassen?

Es stellt sich zudem die Frage, ob es neben den alleine von der FCI bereits anerkannten nicht we-

niger als 340 Hunderassen weiterer Rassen bedarf. Als Rettungsaktion für den Bulldog taugt eine Neugründung allemal am wenigsten, ganz im Gegenteil. Es gibt zudem längst eine breite, eng gestaffelte Palette an Hunderassen um den Bulldog herum. Wir haben den Boxer, der größere und sportliche Cousin des Bulldogs, der auch für das Arbeiten geeignet ist. Nach oben hin gibt es weitere Verwandte in allen Abstufungen, wie die Bordeaux-Dogge, den Bullmastiff, den Mastiff und etliche andere bereits seit langem existierende Rassen mit einem stabilen, freundlichen und ausgeglichenen Molosser-Wesen. Nach unten im Gewicht haben wir den Französischen Bully und den Mops, auch wenn letzterer genetisch nicht zur engeren Verwandtschaft zählt. Eine neue Rasse heißt immer auch ein neuer genetisch abgeschlossener Genpool. Eine neue Rasse zu gründen, heißt objektiv auch, dass man sich von den bereits existierenden Rassen abwendet, sie faktisch als unrettbar oder unbrauchbar abschreibt. Eine neue Rasse schützt in keinster Weise vor den bereits gemachten Fehlern und Versäumnissen in bestehenden Rassen. Und wenn man diese Fehler für die Zukunft vermeiden und korrigieren will, so kann man dieses Engagement um so besser den schon existierenden Hunden widmen.

Der Bulldog muss uns erhalten bleiben!

Der Bulldog, der gesunde Bulldog, ist zudem ein Hund, der bestens in unsere heutige Zeit passt, und zwar genau so, wie er ist. Viele Hunde leiden in unseren extrem dicht besiedelten Regionen an mangelnden Bewegungs- und Betätigungsmöglichkeiten. Unsere Gesellschaft lässt kaum noch Raum für andere Lebewesen. Und sie lässt auch kaum Zeit und Muße, sich auf ein anderes Lebewesen einzulassen. Am meisten leiden darunter Hunde mit einem starken Arbeits- oder Lauftrieb. Unser Bulldog ist da ein vergleichsweise anspruchsloser Geselle. Nicht, dass der Bulldog sich nicht gerne bewegen und Neues auskundschaften

---

[53] Richard Strebel, *Die Deutschen Hunde* in 2 Bänden, 1903/1904, Nachdruck Kynos-Verlag 1986, Bd.1 S.121

wollte. Aber er kann auch einmal problemlos ein paar Stunden vor sich her grunzen und gemütlich auf dem Sofa liegend sein Nichtstun zelebrieren. Das tut ihm nicht weh. Ein Bulldog ist zudem ein extrem verträglicher, gegenüber Menschen überaus freundlicher Hund. Ein gesunder Bulldog ist ein cooler Typ, der sich nicht so schnell aus der Ruhe bringen lässt, auch nicht durch die Hektik der Menschen. Er lässt sich problemlos mit in ein Restaurant nehmen und kann auch einmal im Hotelzimmer alleine gelassen werden, ohne dass man Angst um das Inventar oder die Nachtruhe der Nachbarn haben müsste. Kurz – der Bulldog ist ein Hundetyp, der ideal in unsere Zeit passt. Auch von daher gibt es keinerlei Anlass, ihn zu verändern oder eine neue Rasse als vermeintliche Alternative ins Leben zu rufen. Es besteht allerdings keinerlei Zweifel, dass es eine Wende in der Bulldog-Zucht geben muss; seiner körperlichen Gesundheit zuliebe. Der offizielle Startschuss wurde 2009 endlich durch den neuen Standard und die neuen Zuchtvorgaben vom The Kennel Club höchstpersönlich gegeben. Dies gilt es nun zu beherzigen und in die züchterische Tat umzusetzen. Um den Bulldog zu gesunden, muss man keine neue Rasse schaffen. Der Bulldog ist eine der wenigen weltweit, auf allen Kontinenten, in allen Klimazonen verbreiteten und am längsten organisiert gezüchteten Hunderassen. Er hat genug genetisches Potenzial, um wieder zu gesunden, wenn man ihm nur die Chance hierzu lässt. Der Bulldog muss und kann als Bulldog erhalten werden. Diesem Ziel sollte die ganze Kraft aller Bulldogger gewidmet sein.

Der ideale Bulldog nach Strebel 1903 – auch wieder nach dem neuen Standard von 2011!

Kapitel 5
Die Zucht des Bulldogs

Der Bulldog ist der erste Hund der modernen Rassehundezucht. Er verfügt also auch über die längste Erfahrung mit den Methoden der Zucht nach Standard, Zuchtbuch, Ahnentafeln und genetischer Isolierung. Man kann sagen, dass der Bulldog die Rasse ist, die am meisten und intensivsten vom Menschen geformt und verformt wurde.

Freilich gab es eine gezielte Zucht schon lange vor Einführung des ersten Bulldog-Standards 1864 und Begründung des Zuchtbuchs für den Bulldog zehn Jahre später. Vornehmlich Jagdhunde, aber auch die Schoßhündchen für die adeligen Hofdamen wurden seit langem gezielt gezüchtet. Doch auch der Bulldog gehört zu denjenigen heutigen Rassen, die lange vor Begründung der modernen Rassehundezucht bereits gezielt gezüchtet wurden. Die wesentlichen Unterschiede zu den schon von den Römern beschriebenen Methoden der Hundezucht lagen darin, dass keine künstlichen genetischen Grenzen aufgebaut und die Hunde nach Leistung verpaart wurden. Je nach Einsatzzweck wurden Hunde verpaart, deren Fähigkeit und Veranlagungen passend erschienen. Hie und da spielte auch das Äußere einmal eine Rolle. Ein Stammbaum und damit ein genetischer Abstammungsnachweis waren uninteressant. Diese Methode sicherte in der Praxis die genetische Gesundheit der Population. Gendefekte konnten sich in der Population nur begrenzt auswirken, da, vereinfacht gesagt, nur selten die jeweils passenden Defektgene zusammen kamen. Gezielte und bewusste Einkreuzungen waren an der Tagesordnung. Dabei wurde der Bulldog selbst sehr oft zur »Auffrischung des Blutes« anderer Rassen genom-

men, wie wir bereits im vorigen Kapitel gesehen haben.

Der Bulldog war über Jahrhunderte der echte Kampfhund schlechthin; das Adjektiv »echt«, weil die heutige Verwendung des Begriffs »Kampfhund« zumeist für aggressiv gemachte Hunde, eine ganz andere ist. Sein Mut, sein Wille, seine Zähigkeit und eben auch seine Kampfeskraft hatten Symbolcharakter. Gute Kampfhunde brachten Züchtern wie Besitzern gutes Geld, für die Bulldog-Züchter oft die einzige Chance, zu nennenswertem Geld zu kommen. Daher wurden Bulldogs auch schon sehr früh gezielt gezüchtet, aber eben ohne genetische Isolierung. Der Übergang zu der großen Masse der züchterisch nicht betreuten Bulldogs oder Bullenbeißer der Insel oder des Kontinents war immer vorhanden und fließend. Die Besitzer und Züchter der Kampfhund-Matadore konnten aus einem reichen Pool an gesunden Bulldogs schöpfen, die als Ketten- und Hofhunde, als Viehtreiber und Rinderhirten oder zuweilen als Jagdhelfer des Adels ihr hartes Dasein fristeten. Und diese breite Population des Bulldogs war immer mit der Population der Hunde anderer Regionen, insbesondere des Kontinents, wie auch anderer Molosser- Rassen, zum Beispiel der Mastiffs, verbunden.

In den verschiedensten Verwendungen des Bulldogs, in seinen unstrittigen Spitzenleistungen in den Arenen des Tierkampfes bildete er seine so prägnanten Fähigkeiten und seine extrem robuste und leistungsfähige Konstitution heraus, von der er heute noch zehrt. Die Schinderei im Dienste des Menschen härtete den Bulldog über viele Jahrhunderte wie Stahl. So bildeten sich aus dem breiten Pool bulldogartiger Hunde nach und nach ein abgegrenzter Rassetypus in Wesen, Eigenschaften und zuletzt auch äußerer Erscheinung heraus.

Um 1830 –
Die moderne Zucht des Bulldogs beginnt

Zu Beginn des 19.Jahrhunderts kam es zu einer epochalen Zäsur für den Bulldog. Plötzlich wurde er für all die Funktionen nicht mehr gebraucht, für die er wohl mehr als zweitausend Jahre lang zuverlässig seinen Kopf hingehalten hatte. Die Viehherden zog nun die Dampflok zum Schlachthof, Hof und Herden wurden durch Zäune behütet und der Hundekampf war nun endlich verboten worden. Diese harten Anforderungen blieben ihm

Zeit wie H. D. Richardson 1857, Vero Shaw 1881 und Strebel 1904 auf die ersten Fehlentwicklungen der Bulldog-Zucht hin, wie wir in Kapitel zwei auch berichtet haben.

Der Bulldog machte eine äußerst schnelle Wandlung durch. Die Zucht verpasste ihm in solch rapider Geschwindigkeit ein neues Kleid, die selbst Charles Darwin erstaunen ließ. Darwin nahm dann auch den Bulldog als ein Musterbeispiel der Veränderlichkeit der Arten an etlichen Stellen seiner großen Werke zur Evolution.

Die Bulldog-Zucht war von Beginn an kommerziell ausgerichtet. Der ersten dokumentierten Züchter des modernen Bulldogs war um 1830 Ben White sowie ein paar Jahre später der Londoner Großzüchter und Hundehändler Bill George. In der Fol-

Champion von 1966.

Zwei ACEB-Bulldogs von 2008.

seither erspart. Doch stellte der Mensch dem Bulldog seither mit noch größeren Gefahren für dessen Leib und Leben nach: Die moderne Zucht auf Äußerlichkeiten und Inzucht traten auf den Plan. Schon sehr früh wiesen führende Kynologen ihrer

gezeit erzielten Bulldogs, die auf den extra geschaffenen Ausstellungen der modernen Rassehundezucht Championate gewannen, hohe Preise und diese stiegen von Jahrzehnt zu Jahrzehnt weiter. Bis zu 117.000 Euro, auf die heutige Zeit umgerechnet, konnten schließlich Spitzenexemplare wie der berühmte Show-Bulldog Rodney Stone um das Jahr 1900 erzielen. Preise zwischen 10.000 und 20.000 Euro für Champions waren zu dieser Zeit keine Seltenheit.

Nach 1970 – Aufschwung der Qualzucht

Dem Zeitgeist, den modischen Vorstellungen der Menschen und zuvorderst den Wünschen der zahlungsfähigen Kundschaft entsprechend formte die Rassehundezucht das Äußere des Bulldogs immer wieder um. Doch die Natur setze der Kreativität des Menschen natürliche Grenzen. Im 19. Jahrhundert war der Bulldog noch eher schlank und hochbeinig, allerdings auch deutlich leichter als der heutige. Gegen Ende des 19. Jahrhunderts dominierten die extrem nach außen gebogenen Vorderläufe. In der ersten Hälfte des 20. Jahrhunderts schien der Bulldog ein einigermaßen gesundes Mittelmaß gefunden zu haben. Weder extreme Verformungen noch extrem schwere, tiefergelegte Exemplare waren erwünscht. Es ist die Ironie der Geschichte, dass gerade in einer Zeit, als in Europa der Gedanke an Tierschutz und Umweltschutz populär wurde und später sogar Eingang in das deutsche Grundgesetz fand, dass genau zu jener Zeit die schlimmsten züchterischen Angriffe auf das Wohl und die Gesundheit der Hunde stattfanden. In den 70er Jahren des 20. Jahrhunderts begann die Blütezeit der Qualzucht für den Bulldog. Die Hunde wurden tiefer, schwerer, die Nasen und Hälse noch kürzer, dafür Kopf und Schultern breiter und wuchtiger, die Falten und Wammen noch wulstiger, die Schwänze weiter zu Knöpfen eingedreht. Atemnot wurde ein ständiger Begleiter der meisten Bulldogs. Manche Halter und fast alle Züchter, Ausstellungs-Richter und Zuchtvereins-Funktionäre schauten dem nach Sauerstoff keuchenden Bulldog tatenlos zu und nannten das auch noch »typisch« und aus Liebhaberei motiviert. Sie schwiegen selbst angesichts der Leiden der Bulldog-Mütter, die seither mehr und mehr zu Gebärmaschinen mit Schnittgeburten degradiert wurden. Um 1980 waren bereits die Hälfte aller Geburten künstliche Schnittgeburten und fast die Hälfte der Welpen starb, zahlreiche Mütter gleich mit. Selbst dieser Blutzoll der Bulldog-Mütter brachte die Züchterschaft nicht zur Einkehr. Die Bulldogs wurden immer noch ein Stück extremer gezüchtet. Die moderne Tiermedizin machte das erst möglich. Geschmeidige Worte von Tierschutz und Liebhaberei beruhigten neben D-Mark, Schilling, Franken und Euro ein wenn noch vorhandenes eigenes Gewissen.

Dass die Zucht wenig Rücksicht auf seine Gesundheit nimmt, ist der Bulldog allerdings schon seit langem gewohnt. Eigentlich war es nie anders. Doch musste er ganz früher wenigstens kerngesund bleiben, um seine Leistung für den Menschen bringen zu können und damit den Zweck der Zucht zu erfüllen. Zum Begleithund verwandelt, war seit Mitte der 19. Jahrhundert Leistung nicht mehr gefragt. Lediglich die Natur setzte nun Grenzen. Zu extreme Bulldogs konnten nicht gezüchtet werden, da sie entweder erst gar nicht geboren werden konnten oder bereits frühzeitig verstarben. Die moderne Tiermedizin schob diese natürlichen Schranken züchterischer Fehlentwicklungen nun in andere Dimensionen.

Schon um 1900 – Mangelnde Fitness ein Thema

Die moderne Bulldog-Zucht ist von Beginn an begleitet von kritischen Stimmen besorgter Kynologen und Hundefreunde. Der große deutsche Kynologe und Bulldog-Freund Richard Strebel weist schon 1904 in der Enzyklopädie *Die deutschen Hunde* auf die »einseitige Zucht des Bulldogs unter Übertreibung einzelner Merkmale« hin. Er berichtet von Tests aus dem Jahr 1893, die die mangelnde Fitness der Bulldogs nachgewiesen hatten. Damals mussten die Hunde bei diesem Test noch 16 km laufen. Show-Bulldogs einhundert Jahre später würden nicht einmal ein Zehntel dessen schaffen. Trotzdem mokiert sich die britische Fachpresse bereits um 1900 über die verbliechene Leistungsfähigkeit des Bulldogs. Lee schreibt über die ersten fünfzig Jahre Rassehundezucht beim Bulldog: »Man begeisterte sich für außergewöhnlich breite Köpfe, gebogene Läufe standen in Gunst, und von einem beweglichen Hund, der imstande war einen Bullen bei der Nase zu packen und festzuhalten, war er zu einem Tier geworden, welches in einen Badeort zum Training muss, um imstande zu sein, 4 Meilen (6,44km) in der Stunde zurückzulegen.«[54]

Trotzdem erstaunt es auch heute noch immer wieder, wie selbst schwere, massive Bulldogs – kurzzeitig – schnell und beweglich sein können. Wenn

Auch die Fachzeitschrift des Mars-Konzerns behandelt mehrfach das Thema Atmung bei den brachycephalen Hunderassen. Hier mit Bulldog auf dem Titel.
Vet. Focus, Vol 17 No 2, Boulogne 2007.

zwei Bulldogs miteinander ringen, so sind dies über weite Teile fast schon artistische Tänze, die uns vorgeführt werden. Es scheint sich noch einiges aus dem positiven Erbe erhalten zu haben, das uns der alte Bulldog hinterlassen hatte. Bei unserem Portrait des Bulldogs wurde das bereits deutlich.

Vielleicht liegen bei der Bulldog-Zucht, wie so oft im Leben, Vorteile und Nachteile eng beieinander und sind zum Teil sogar identisch. Der Bulldog musste weit mehr als 150 Jahre lang die moderne Rassehundezucht ertragen, die ihn zumal nie als Arbeitshund ansah. Dass er diese ständigen Versuche, an seinem Äußeren herumzuwerkeln und angeblich Typisches und Extremes herauszuzüchten, überlebt hat, ist nur auf Basis der mindestens ebenso extrem robusten Gesundheit, die ihm seine Ahnen hinterließen, 150 Jahre hindurch durchstehbar. Da er durch seine übertriebenen Äußerlichkeiten eh schon genug gesundheitlich herausgefordert war, blieb kein Raum mehr für die oft noch viel heimtückischeren und gefährlicheren Erbkrankheiten, die andere Rassehunde heute en masse plagen. Die Zucht musste ihm einen halbwegs gesunden Kern lassen, um über Jahrzehnte hinweg überhaupt solch extreme Eingriffe an seinem Körper vornehmen zu können.

Der Zucht Standard – Begleithund mit Abschreckungswirkung

Der Standard der FCI von Nr.149 vom 23.04.2004 sieht den Bulldog als »Begleithund mit Abschreckungswirkung«. Er klassifiziert ihn in die FCI-Gruppe 2 der Pinscher und Schnauzer – Molossoide – Schweizer Sennenhunde und hier wiederum Sektion 2.1 Molossoide, doggenartige Hunde, ohne Arbeitsprüfung. Der Bulldog hat ganz offiziell den Namen Bulldog, ohne zusätzliche Bezeichnungen wie »Englisch« oder »Britisch«.

---

[54] Lee zitiert in Andrea Steinfeldt, *Kampfhunde - Geschichte, Einsatz, Haltungsprobleme von »Bull-Rassen«*, Hannover 2002

Gewicht

Ohne Standard kein Rassehund. Der erste Standard von 1864, der nach dem Synonym des Verfasser so genannte Philo Kuon-Standard, stellt noch mit 10–28 kg einen ganz vagen Rahmen auf. Doch bereits der erste Standard des The Bulldog Club (Incorporated) schreibt zehn Jahre später ein Gewicht von 50 Britischen Pfund (lbs), etwa 23 kg, vor, das später auf 55 lbs erhöht wurde. Daran hat sich seither nichts Wesentliches geändert. Im 19. Jahrhundert waren die gezüchteten Bulldogs in der Praxis wesentlich schlanker und drahtiger als heute. Während in der Anfangs-

zeit das Gewicht eher unterschritten wurde, so änderte sich das in der zweiten Hälfte des 20. Jahrhunderts rasant in Richtung dreißig und mehr Kilogramm schweren Rüden und sogar Hündinnen. Nicht selten gewannen Bulldogs mit 35 kg die offiziellen Ausstellungen der Zuchtverbände, obwohl gegen das vom Standard geforderte Gewicht um nicht weniger als 40% verstoßen worden war.

Heute fordert der Standard für Rüden ein Gewicht von 55 lbs oder 25 kg, für Hündinnen eines von 23 kg. Die Realität in den Ausstellungsringen der FCI, des VDH oder der zahlreichen anderen Hun-

Frei atmen, sehen, laufen?
Bilder aus der Festschrift The Bulldog, Nr. 70,
Juli 2000, Jubiläumsausgabe zum 125jährigen
Bestehen von »The Bulldog Club (Incorporated)«

Viel zu schwer – Jugend-Champion mit
neun Monaten.

dezuchtverbände sah freilich oftmals anders aus. Hier hätten Exemplare mit Gewichten nach gültigem Standard oder gar die Champions der ersten einhundert Jahre Bulldog-Zucht keinerlei Chancen auf vordere Plätze bei den Richtern und würden als Hänflinge diskriminiert. Der Trend geht inzwischen aber wieder zum Standardgewicht. Allerdings muss angemerkt werden, dass das Gewicht alleine keinen unmittelbaren Rückschluss auf den Gesundheitszustand der Hunde zulässt. Es kommt wesentlich auf die Proportionen an. Es gibt großrahmige Bulldogs, die durchaus als gesund zu bezeichnen sind, aber selbst als korrekt ernährte Hunde deutlich über den geforderten 25 kg liegen können und es gibt ebenso »Gnome«, die mit 20 kg jede falsche Proportionierung aufweisen, die das Kriterium Qualzucht erfüllt.

Tiermedizin macht noch extremere Bulldogs möglich

Durch die Fortschritte der Tiermedizin war es seit den 70er Jahren immer besser möglich, extreme Exemplare zu züchten. Die Bulldogs wurden immer noch größer, schwerer, tiefergelegter, breiter. Die Köpfe der Rüden wurden riesig und deren Hüften zugleich immer schmaler. Die vom FCI-Standard

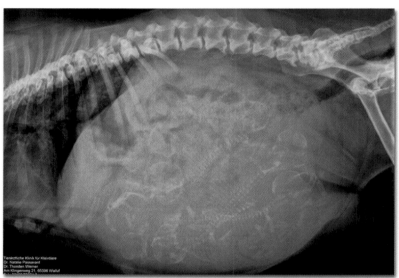

Sechzigster Tag der Trächtigkeit.

»Sportlicher« Bulldog-gesunde Welpen.

geforderten großen Köpfe und breiten Schultern und zugleich schmalen Lenden sind eine Vorschrift der Qualzucht und dies besonders zu Lasten der Hündinnen. Diese nach 1970 einsetzende Welle der Extremzucht brachte die extremsten Bulldogs aller Zeiten hervor. Es sind Bulldogs, die wie ein von Anabolika und Amphetaminen aufgeblasener Body-Builder vor unproportionierter Masse » ...kaum laufen können. Die Köpfe sollen immer größer, die Schultern immer breiter und zugleich die Hüften immer schmaler werden. Biologisch unlösbare Vorgaben. Nur durch Hilfe der Veterinäre sind solche Hunde überhaupt lebend auf die Welt zu bringen. Der Anteil der Schnittgeburten stieg rapide. Heute fallen 80% und mehr aller Welpen nur noch nach massiver Hilfe der Mediziner.

Eine Untersuchung im Jahr 2010 für den Animal Health Trust im Heimatland des Bulldogs ergab, dass dort 86,1% aller Geburten per Kaiserschnitt kommen. Das heißt also, fast die ganze Population kann dort nur noch mittels elementarer Hilfe der Tiermedizin am Leben gehalten werden! Nur der Boston Terrier hat mit 92,3% im Vereinigten Königreich noch extremere Werte vorzuweisen. Enorm ist auch die Welpensterblichkeit. Von 1980–1983 starben von insgesamt 298 beim VDH registrierten Welpen 120. Das sind sage und schreibe 40% tote Welpen.....«[55]

Schwere Bulldogs waren Pflicht, selbst wenn diese in den Ring getragen werden oder zuvor mit Medikamenten gedopt werden mussten. Leichte, gesunde und zugleich noch dem Standard entsprechende Exemplare wurden von der Nomenclatura der Bulldog-Züchter und -Richter abgestraft. Aufgrund der Fortschritte der Tiermedizin ging später der Anteil der unmittelbaren Todesopfer dieser Zucht zurück, das Problem aber blieb.

Der alte, bis Ende 2010 geltende Standard des Weltverbandes der Hundezucht, Fédération Cynologique Internationale (FCI), Nr.149 von 2004

beschreibt das allgemeine Erscheinungsbild des Bulldogs: »Kurzhaarig, untersetzt, eher tief gestellt, breit gebaut, kraftvoll und kompakt. Kopf im Verhältnis zum Körper recht groß, jedoch darf kein Merkmal so übermäßig ausgeprägt sein, dass die Ausgewogenheit insgesamt gestört ist oder der Hund missgebildet erscheint oder in seiner Bewegungsfähigkeit beeinträchtigt ist. Gesicht kurz, Fang breit, stumpf und nach oben gerichtet. Hunde mit erkennbarer Atemnot sind höchst unerwünscht. Körper kurz, gut zusammengefügt, ohne jegliche Neigung zur Fettleibigkeit. Gliedmaßen stämmig, gut bemuskelt und in starker Kondition. Hinterhand hoch und kräftig, aber im Vergleich zur schweren Vorderhand etwas leichter. Hündinnen nicht so mächtig und stark entwickelt wie Rüden.«

Der auf die Gesundheit des Bulldogs bedachte Standard des hierfür zuständigen britischen Kennel Clubs von Oktober 2009, der ab 2011 von der FCI übernommen wurde und damit für die Zucht verbindlich ist, sieht auf den ersten Blick gleich aus, man beachte aber die Worte »ziemlich«, »relativ« und »etwas«: »Kurzhaarig, ziemlich untersetzt, ... Gesicht relativ kurz, Fang breit, stumpf und etwas nach oben gerichtet. Hunde mit erkennbarer Atemnot sind höchst unerwünscht.« Hier werden also deutliche Signale zur Abwendung von dem Extremen gegeben.

Kopf und Hals

Erst durch die Möglichkeiten der modernen Tiermedizin konnten seit den 70er und 80er Jahren die Köpfe noch größer und die Schultern der Rüden noch breiter gezüchtet werden und extreme, ja tierquälerische Formen annehmen. Zugleich wurden die Hälse immer kürzer und waren nicht selten kaum noch auszumachen. Dafür wurden die Falten am Kopf immer länger, breiter, dicken und waren kaum noch zu übersehen.
Mit natürlichen Geburten wären solche Aus-

[55] Katy M. Evans, Vicki J. Adams, Promotion of litters of purebred dogs born by caesarean section, 2010
Sir Patrick Bateson, The Independent Inquiry into Dog Breeding, Cambridge 2009

wüchse der Hundezucht nicht machbar gewesen. Die Show-Bulldogs zwischen 1970 und 2000 hatten die extremsten Köpfe und Körper aller Zeiten der gesamten Hundezucht. In diesen Jahrzehnten der »Entdeckung« des Umwelt- und Tierschutzes in Mitteleuropa, als Öko und Grün ins Bewusstsein der Menschen schoss, wurde in der offiziellen Bulldog-Zucht eine Rallye der Qualzucht abgehalten. Neben den Geburtsproblemen und dem damit verbundenen Blutzoll für die Hündinnen und Welpen haben diese Missbildungen der Köpfe auch weitreichende andere Folgen. Die Wahrscheinlichkeit zur Ausbildung von Wasserköpfen, dem brachyzephalen Atemnot-Syndrom und anderen Missbildungen der Organe des Kopfes steigt rapide – mit fatalen Folgen.

Als die Show-Zucht gegen Ende des 20. Jahrhunderts gesundheitlich in sich zusammenzubrechen drohte und zumal Restriktionen von Seiten der Staaten wegen Qualzucht und Verstößen gegen den Tierschutz drohten, besann man sich ein wenig und verzichtet auf dem Kontinent – in der Regel zumindest – auf diese extremsten Missbildungen. Diese Besinnung von Teilen der FCI-Bulldog-Szene war aber rein taktischer Natur und nicht etwa einer plötzlich entdeckten Liebe zum Bulldog geschuldet.

Schauen wir zunächst weiter auf den offiziellen FCI Standard zu Kopf und Hals von 2004 und dessen Überarbeitung und Korrektur durch den verantwortlichen Kennel Club von 2009. Man achte immer auf die Details, Hinzufügungen von zumeist Adjektiven oder Weglassungen.

Kopf

Standard 2004: »Von der Seite gesehen erscheint der Kopf vom Hinterkopf bis zur Nasenspitze sehr hoch und kurz.«
Standard 2009: »Von der Seite gesehen erscheint der Kopf vom Hinterkopf bis zur Nasenspitze sehr hoch und mäßig kurz.«

Schädel

Standard 2004: »Schädelumfang groß.«
Standard 2009: »Schädelumfang relativ groß.«

Gesicht

Standard 2004: »Gesicht vom vorderen Teil der Backenknochen bis zur Nasenspitze kurz, mit Hautfalten.«
Standard 2009: »Gesicht vom vorderen Teil der Backenknochen bis zur Nasenspitze relativ kurz, mit ggf. etwas Hautfalten.«

Fang

Standard 2004: »Kurz, breit, aufwärts gebogen und vom Augenwinkel bis zum Lefzenwinkel tief.«
Standard 2009: »Kurz, breit, aufwärts gebogen und vom Augenwinkel bis zum Lefzenwinkel sehr tief.«

Nase und Nasenlöcher

Standard 2004: »Groß, breit und schwarz, keinesfalls leberfarben, rot oder braun. Nasenspitze zu den Augen hin zurückversetzt. Große, breite und offene Nasenlöcher, zwischen denen eine deutliche senkrechte, gerade Linie verläuft.«
Standard 2009: »Groß, breit und schwarz, keinesfalls leberfarben, rot oder braun. Große, breite und offene Nasenlöcher, zwischen denen eine deutliche senkrechte, gerade Linie verläuft.«

Kiefer und Zähne

Standard 2004: »Kiefer breit, massiv und kantig. Der Unterkiefer überragt vorn den Oberkiefer und ist aufgebogen. Kiefer breit und kantig, mit sechs kleinen Schneidezähnen in gerader Linie zwischen den weit auseinander stehenden Fangzähnen. Zähne gross und kräftig, bei geschlossenem Fang nicht sichtbar.«
Standard 2009: »Kiefer breit, kräftig und kantig. Der Unterkiefer überragt vorn etwas den Oberkiefer und ist ein wenig aufgebogen. Falten über der Nase, falls vorhanden, dürfen nie, gleichgültig ob vollständig oder teilweise, die Augen oder Nase berühren oder bedecken. Unzugängliche Nasen-

löcher und schwere Rollen über der Nase sind inakzeptabel und sollen hart bestraft werden.«

Lefzen

Standard 2004: »Lefzen dick, breit, hängend und sehr tief, den Unterkiefer seitlich vollständig überlappend, jedoch nicht vorn, wo sie mit der Unterlippe schließen und vollständig die Zahnreihe bedecken.«
Standard 2009: »Lefzen dick, breit, tief, den Unterkiefer bedeckend, jedoch mit der Unterlippe vorne schließend. Zähne sind nicht sichtbar.«

Hals

Standard 2004: »Von mäßiger Länge, dick, tief und kräftig. Gut gewölbte Nackenlinie, mit vielen einigen losen, dicken Hautfalten im Bereich der Kehle, beidseitig vom Unterkiefer bis zur Brust eine Wamme bildend.«
Standard 2009: »Von mäßiger Länge, sehr dick, tief und kräftig. Gut gewölbte Nackenlinie, mit vielen losen, dicken Hautfalten im Bereich der Kehle, beidseitig eine leichte Wamme bildend.«

Diese Änderungen durch den Standard von Oktober 2009 stellen eine grundlegende Wende im Interesse des Wohls und der Gesundheit des Bulldogs dar. Sie sind die tragfähige, gute Grundlage zur Zucht vitaler, lebensfroher Hunde.

Atmung

Der Standard des Bulldogs kennzeichnet »erkennbare Atemnot« ausdrücklich und unzweideutig als zuchtausschließenden Fehler. Trotzdem ist die Atmung in der Praxis – neben den Reproduktionsproblemen – das heute drängenste gesundheitliche Handicap des normalen Show-Bulldogs. Stark hechelnde Hunde mit unübersehbarer Atemnot erhalten Preise und Championate, als sei nichts gewesen, als gäbe es keinerlei Bestimmung hierzu im Standard, als stamme das Thema Tierschutz aus einer anderen Galaxie.

Grundsätzlich tendieren alle kurzschnäuzigen, also brachycephalen Rassen zu einer schlechteren Atmung als ihre Kollegen mit den Schnauzen normaler Länge. Aber der kurzschnäuzige, molossoide, bulldoggenartige Typus der Kopfes und der Schnauze muss nicht zwangsläufig mit Kurzatmigkeit einhergehen. Es gibt etliche typvolle Bulldogs, die keinerlei Probleme mit der Atmung haben, auch nicht bei Belastung oder heißem Wetter.

Brachyzephales Atemnot-Syndrom

In der Wissenschaft wird es das brachyzephale Atemnot-Syndrom (BAS) genannt. Die Probleme mit der Atmung können vielfältige Ursachen haben, die natürlich auch gemeinsam wirken können. In der kurzen Schnauze müssen die gleichen Funktionen Platz finden wie in einer langen. Was ansonsten bei einem Hund vergleichbarer Größe in einer Vier-Zimmer-Wohnung Platz hat, muss sich nun in die Besenkammer drängen. Das alleine muss noch nicht automatisch zum Verlust der Leistungsfähigkeit der Organe führen, doch die Wahrscheinlichkeit ist eben wesentlich höher. Kleinere Nachlässigkeiten bei der Zuchtauswahl lassen das Problem bereits manifest werden.

Nase – atmen, riechen, Wärme austauschen

Die Nase der Hunde hat drei bekannte Funktionen: Atmen, riechen und Wärme austauschen. Neben den bekannten Funktionen des Riechens und der Atmung ist sie bei Hunden ein wichtiger Wärmetauscher. Hunde können nicht schwitzen wie ein Mensch. Die Nase übernimmt bei ihnen einen Teil dieser Aufgabe. Hunde mit durch die Zucht geschädigten Nasen haben nicht nur ständig Atemnot, sie leiden auch besonders schnell unter Überhitzung – ein fataler Teufelskreis.

Champion von 1908 mit gesunder Befaltung am
Kopf

CHAMPION NUTHURST LAD (1908).

Champion von 2010 mit gesundheitsschädlichem
Nasenwulst.

Solche Falten sind Tierquälerei und nach neuem
Standard verboten.

Falten über der Nase

Die Nase ist der wesentliche Luftkanal und Luftfilter. Die bei vielen Show-Züchtern und -Richtern beliebte schwere Falte über der Nase ist eine solche vermeidbare und zudem verantwortungslose Behinderung der Atmung gleich zu Beginn des Luftweges. Diese schwere Falte wird immer noch in der Zucht geduldet, ja zuweilen mit Championaten prämiert.

Um dieser Tierquälerei ein Ende zu bereiten, fehlt es dem neuen Standard des Kennel Clubs von 2009 daher nicht an Klarheit: »Falten über der Nase, falls vorhanden, dürfen nie, gleichgültig ob vollständig oder teilweise, die Augen oder Nase berühren oder bedecken. Unzugängliche Nasenlöcher und schwere Rollen über der Nase sind inakzeptabel und sollen hart bestraft werden.«

Mit der Nasenöffnung nimmt die Kurzatmigkeit ihren Lauf. Es gibt Hunde, deren Nasenöffnung so eng ist, dass sie sich beim Einatmen durch den so entstehenden Luftsog schon gleich verschließt. Es ist eine unfassbare Tierquälerei. Diese Hunde erleiden ständige Erstickungs- und Todesängste.

Innerhalb der Nase selbst kann es durch die Lage der Knochen oder Knorpel zu weiteren schweren Behinderungen des Luftflusses kommen. Die Untersuchungen von Professor Susi Arnold und Daniel Koch an der Vetsuisse Zürich haben ergeben, dass das brachyzephale Syndrom in der Nasenpassage seinen Ursprung hat.[56] Jedoch sind alle Bereiche betroffen, die die Luft nimmt, um letztlich in den Kapillaren der Lunge als Lebenselixier Sauerstoff ins Blut zu gehen.

Probleme in den anderen Teilen der Atemwege führen ebenso zu Kurzatmigkeit oder verstärken sie noch. So kann die Luftröhre einen zu kleinen Durchmesser haben oder, was häufig der Fall ist, zu lange Gaumensegel den Luftfluss stören. Die Gaumensegel sind etwa mit dem menschlichen Zäpfchen vergleichbar. Sind sie zu lang, verstopfen sie besonders auch bei Anstrengung und Röcheln zusätzlich den Atemweg. Sie alleine sind aber nie die Ursache von BAS.

Herz und Lunge

Auch ein kurzer Hals mit mächtiger Wamme ist mit großer Wahrscheinlichkeit mit Behinderungen der Atmung verbunden. Überhaupt neigen extrem breit und schwer gebaute Hunde zu lebenslangen Problemen mit der Atmung. In Folge dieser chronischen Atemprobleme kommt es auch regelmäßig zu Herzproblemen. Das Herz versucht, die Unterversorgung mit Sauerstoff durch verstärkte eigene Arbeit auszugleichen – solange es selbst dazu in der Lage ist. Zudem wird es durch die latente Überhitzung zusätzlich herausgefordert. Das führt früher oder später zur Überforderung des Herzens.

Ein oft vernachlässigter, aber nicht zu unterschätzender zusätzlicher Faktor für Atemprobleme ist schließlich die Lunge selbst. Da die meisten Bulldogs künstlich durch den Tierarzt aus dem Bauch der Mutter geholt werden, bleibt ihnen der Weg durch den Geburtskanal erspart. Dieser erste Härtetest der natürlichen Geburt führt dazu, dass der gerade geborene Welpe nach der ersten riesigen Anstrengung erst einmal ganz tief Luft holen muss. Dieser erste große Atemzug, den wir alle gemacht haben, bläht das extrem feine Gewebe der bis dahin arbeitslosen Lunge bis in die letzte, feinste Verzweigung der Kapillaren restlos auf. Per Kaiserschnitt zur Welt gekommenen Welpen bleibt diese Anstrengung erspart. In der Folge ist dieser erste Atemzug nicht ganz so intensiv wie bei natürlich geborenen. Möglicherweise wird hierdurch zuweilen die Entwicklung der vollen Leistungsfähigkeit der Lunge behindert, wie es die langjährige Bulldog-Züchterin Dagmar Weber-Knappe beobachtet hat.

---

[56] Koch, Arnold et al., »Brachycephalic Syndrome« in *Dogs*, Zürich 2003
und
Daniel Koch, *Neue Erkenntnisse zum Brachycephalensyndrom beim Hund*, 2004

Schließlich führen die Fortschritte der Tiermedizin dazu, dass auch Welpen, die früher gestorben wären und keine natürliche Lebenschance hätten, am Überleben gehalten werden. So überleben auch Föten mit Wasserköpfen oder eben Wasser im Brustkorb, das die Ausbreitung der Lunge behindert. Solche Handicaps sieht man den Welpen rein optisch später nicht mehr an und sie werden meist ohne weiteren Kommentar als gesund verkauft.

Schwimmer-Syndrom

Dasselbe gilt für das Schwimmer-Syndrom oder englisch Flat-Puppy-Syndrome. Die Bulldog-Welpen strecken dabei die Vorder- und besonders ihre Hintergliedmaßen seitlich heraus, liegen flach auf dem Boden und können nicht aufstehen. Auch können sie nicht selbständig die Zitzen, insbesondere die oberen Zitzen, erreichen und müssen, falls sie überhaupt von ihrer Mutter gesäugt werden, vom Züchter manuell an die Zitzen gehalten werden. Wenn die Welpen sich fortbewegen wollen, erinnert dies an schwimmende Ruderbewegungen, daher der deutsche Name. Zudem hegen erfahren Züchter wie Dagmar Weber-Knappe die Vermutung, dass gerade eine die Welpen deprivierende Aufzucht isoliert von der Mutter oder sogar isoliert im Brutkasten das Auftreten dieses Syndroms fördert. Neben einer Fehlentwicklung des ganzen Körperbaus, wird durch die fehlende Fähigkeit, sich zu erheben, der Brustkorb eingedrückt. In Folge werden innere Organe wie die Lunge eingedrückt und können sich nicht richtig entfalten und entwickeln. Eine weitere Ursache für lebenslange Atemprobleme.

Natürlich gibt es auch Faktoren, die außerhalb der Zucht liegen, die die Atmung ebenfalls beeinflussen, etwa Übergewicht oder Trainingszustand. Aber so erzeugte Beeinträchtigungen sind gegenüber den oben genannten fast schon zu vernachlässigen.

Belastungstests

Ein vom Verband für das deutsche Hundewesen vorgeschriebener Belastungstest für brachycephale Rassen wurde von der Bulldog-Zucht leider weitgehend ignoriert. Bei diesem Test sollen die Hunde zum Beispiel eine Strecke von tausend Metern in höchstens elf Minuten absolviert haben. Zuvor wird der Hund von dem anwesenden Tierarzt untersucht und die Herzfrequenz im Ruhezustand festgehalten. Auch die Atemgeräusche werden festgehalten sowie sein Status, etwa ob ruhig oder hechelnd oder nervös. Direkt nach dem Absolvieren der Strecke werden Herz und Atmung wiederum gemessen. Dasselbe nach fünf und nach zehn Minuten. Zu diesem Zeitpunkt sollte der Hund wieder seine Ruhewerte erreicht haben. Ist dies nicht der Fall, sollte keine Zuchtzulassung erteilt werden. Dieser Test ist an sich schon ein schlechter Witz. Tausend Meter als ernsthafte Herausforderung an die Konstitution eines Hundes zu definieren, zeugt nur von dem in der offiziellen Hundezucht bereits abgehakten Niedergang derselben.

Von der Vetsuisse Zürich wurde schließlich die modifizierte posteriore Rhinomanometrie entwickelt,[57] die den Atemwiderstand misst. Damit wurde erstmals ein Instrument geschaffen, das den Grad der Belastung in den oberen Atemwegen objektiv beurteilen kann. Es gibt also bereits hinreichend Methoden, die Leistungsfähigkeit unter besonderer Berücksichtigung der Atmung und des Herzens eines Bulldogs objektiv zu messen.

Kurze Schnauze, kräftiger Fang

Hunde haben, wie alle Wölfe und Caniden, von Natur aus eine lange Schnauze. Diese Schnauze ist länger als bei den meisten Beutegreifern. Löwe, Tiger, die meisten Bären, die Hyäne, das Vielfraß haben alle vergleichsweise kurze Schnauzen. Die lange Schnauze des Hundes ist physikalisch eher

---

[57] Westner, Koch et. al., Evaluation of the repeatability of rhinomanometry and its use in assessing transnasal resistance and pressure in dogs, 2007
und
Johanna P. Hueber, Impulsoszillometrische Untersuchung des intranasalen Atmungswiderstandes vor und nach laserassistierter Turbinektomie zur Therapie de Brachyzephalen Syndroms beim Hund, Leipzig 2009

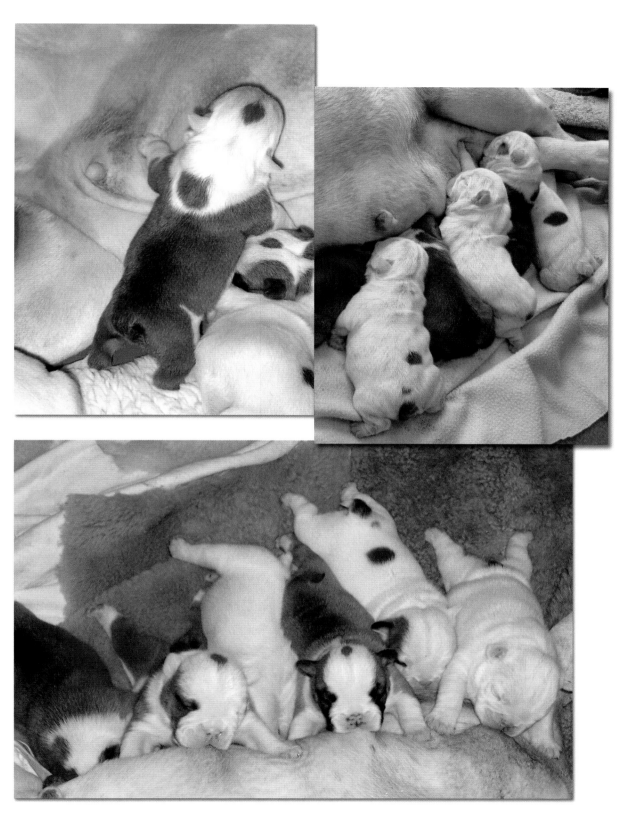

Gesunde Welpen kurz nach der Geburt.

ungünstig für die Beißkraft. Auch ist eher unwahrscheinlich, dass das Riechvermögen an sich durch die Länge der Schnauze verbessert wird, zumal das Riechepithel eher im hinteren Bereich ansässig ist. Die besondere Länge der Schnauze ist zum Teil der Optimierung des Riechvermögens geschuldet. Vorstellbar ist, dass die Verortung, die Peilung eines Stückes Aas, durch die Länge der Nase optimiert wird. Auch wird angenommen, dass Wölfe durch die lange Schnauze weiter und gezielter per Heulen kommunizieren können. Neueste Untersuchungen sprechen für einen weiteren Grund. Die Nase hat eine Funktion als Wärmetauscher und die Länge der Nase dient zur Vergrößerung der Austauschfläche zur Temperaturregulation. Hunde und Wölfe sind ausdauernde Jäger, die über weite Strecken durch ihr Revier streifen. Dabei haben sie wie kaum ein anderes Tier fast alle Klimazonen erobert. Caniden findet man am Rande der heißen Wüsten wie auch mitten in der Arktis. Selbst der direkte Vorfahre aller Hunde, der Wolf, besiedelt diese extremen Klimazonen. Bei Hitze wie auch bei Kälte ist der Wärmehaushalt gerade für einen Ausdauersportler von entscheidender Bedeutung.

Von der Geschichte her haben wir bereits gesehen, dass es molossoide Hunde, also Hunde mit kräftigen, aber kurzen Fängen, bereits seit Tausenden von Jahren gibt. Diese besondere Verkürzung des Fangs war deren Aufgaben geschuldet. Die Molosser mussten über ein besonders kräftiges Gebiss und eine hohe Beißkraft verfügen, um als Schutz-, Kriegs- und Kampfhunde eingesetzt zu werden. Der Grund für die Plattnase beim Bulldog ist also ein ganz anderer als bei Mops oder Pekinesen, wo das Kindchenschema als Vorlage für platte Nase und große Augen diente. Die kurze Schnauze des Bulldogs ist also historisch gewachsen, diente einem praktischen Zweck und ist kein Produkt der modernen Zucht; nur eben deren heutige Extreme stellen ein gesundheitliches Problem dar.

Vorbiss

Zu diesen extremen Überzüchtungen zählt der Vorbiss. Im Grunde ist er zunächst eine ungewollte Folge der zu sehr verkürzten Schnauze und somit auch des Oberkiefers. Nicht mehr hierzu passend, steht zuweilen der Unterkiefer vor und wölbt sich zudem auf. Der Vorbiss hat rein gar nichts mit den Aufgaben und Funktionen der früheren Bulldogs als Kampfhunde zu tun. Er ist ausschließlich eine sichtbare Folge der Fehlentwicklungen seiner Zucht. Es ist eine reine, aber zweckdienliche Legende, dass Vorbiss und extrem kurze Schnauze dazu dienten, damit das auslaufende Blut des Bullen nicht in die Nase des verbissenen Bulldogs laufe und ihn so an der Atmung hindere. Diese Legende wurde gerne auch von Winston Churchill, dem personifizierten Politiker-Bulldog, kolportiert. Wie Churchill kein Bulldog-Halter oder Fan war – er hielt es mit den Pudeln – so wenig ist der sachliche Gehalt zutreffend. Die alten Bulldogs der Kampfarenen hatten im Übrigen etwas längere, wenn auch nicht lange, Schnauzen als die heutigen und niemals einen Vorbiss.

Schon der Verzicht auf extreme Übertreibungen löst viele Probleme.

Falten

Die Falten am Kopf oder Körper eines jeden Hundes sind zunächst einmal immer ein Produkt der Zucht durch den Menschen und wider die Natur. Mögen einzelne leichte Falten unbedenklich sein, so sind es schwere und oder tiefe Falten mit Sicherheit nicht. Die in der Falte liegenden Bereiche der Haut und des Fells werden von dem Austausch mit der Luft weitgehend abgeschlossen. Es bildet sich ein unnatürliches Mikroklima, das einen guten Boden für Keime, Entzündungen und Ekzeme darstellt. In den Falten kann sich zudem Staub und Dreck ansammeln. Eine Falte unmittelbar über der Nase kann darüber hinaus die vitale Funktion des Atmens beeinträchtigen und ist durch den Standard von 2011 mit Recht geächtet worden. Aber auch die vergleichsweise harmlosen Falten am Kopf oder im Schwanzbereich haben es im wahrsten Sinne des Wortes in sich. Sie bedürfen nicht selten täglicher Pflege, ein Bulldog-Leben lang.

Oft ist der innere Teil der Falten ständig feucht. Dauernder Juckreiz ist eine Folge. Nicht selten funktionieren die Falten unter den Augen als Tränenkanäle und werden durch die Augenflüssigkeit ständig nass gehalten. Vernachlässigt man die Pflege dieser Tränenkanäle, kann es zu Schorfbildungen kommen, die den Hund weiter belasten. Der Standard des Kennel Clubs von 2009 erlaubt daher auch nur noch »feine Falten ohne Übertreibung, die weder abstehen noch das Gesicht überlappen dürfen«. Ein Segen für die Lebensqualität der Hunde.

Ohren

Während sich Generationen von Züchtern und seitenlang die einschlägige Literatur über die vermeintlich korrekte Form des Bulldog-Ohrs auslassen, wurde auch hier die Gesundheit der Hunde an zweite Stelle gesetzt. Nicht selten sehen wir enge Gehörgänge, die zu Verstopfungen und Entzündungen neigen.

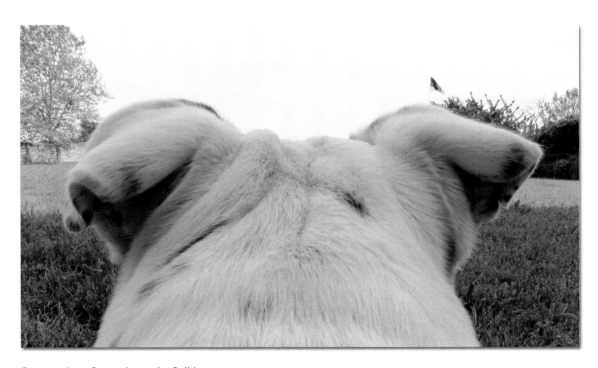

Die typischen »Rosenohren« des Bulldogs.

Typisch für den Bulldog ist das so genannte Rosenohr, das gesundheitlich keinerlei Probleme hervorruft. »Rosenohren« sind korrekt, d.h. an der hinteren Seite nach innen gefaltete und zurückgelegte Ohren, deren oberer oder vorderer Rand nach außen und nach hinten gerichtet ist, wobei das Innere der Ohrmuschel teilweise sichtbar ist, heißt es im Standard. Man sollte aber den Wert eines Bulldogs nicht an dessen Ohrform messen. Es ist nicht wert, dass deshalb Züchter die Ohren der Welpen mit Sekundenkleber oder anderen rabiaten Maßnahmen in die gewünschte Form bringen.

Rute

Der Schwanz oder »die Rute« ist eines der beliebtesten Experimentierfelder in der Geschichte der Bulldog-Zucht. Selbstverständlich hatte der historische Bulldog eine, wenn auch nicht lange und stehende, aber doch eine deutliche erkennbare, hängende Rute. Erst im 20. Jahrhundert wurde dem Bulldog seine Rute quasi weggezüchtet. Bis weit in die 90er Jahre hinein waren sogenannten Korkenzieher-Ruten groß in Mode. Hier ist der Schwanz wie ein Korkenzieher gedreht und liegt zudem wie ein Knopf eng am Körper an. Es ist eine Art genetische Amputation des Schwanzes. Während das Kupieren des Schwanzes aus Tierschutzgründen verboten wurde, wird mit Korkenzieher-Ruten auch heute noch gezüchtet, obwohl dies im Tierschutzgutachten der deutschen Bundesregierung eindeutig als Qualzucht benannt ist. Der Schwanz des Hundes ist aber nicht irgendein Appendix, dessen Verformungen bedeutungslos für die Gesundheit wären. Um den Schwanz krumm zu machen, nutzen die Züchter einen genetischen Defekt. Diese Erbkrankheit erzeugt eine Missbildung der Wirbelsäule. Durch das einseitige Zusammenwachsen der Wirbel kringelt sich der Schwanz. Dieser Gendefekt wirkt aber keineswegs

 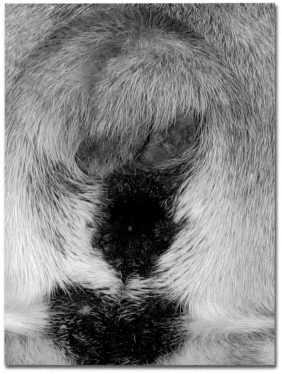

Extreme Korkenzieherrute mit folgendem Geschwür.   *Die so genannte Korkenzieherrute.*

nur auf die etwa 20 Schwanzwirbel, sondern auch auf das gesamte Skelett. Schäden an den Bandscheiben, Spondylose, Beeinträchtigungen des gesamten Gangwerkes sind regelmäßige Begleiterscheinungen der Korkenzieher- oder Knickrute. Auch der Schwanz und der Bereich um den Schwanzansatz sind schwer geschädigt. In Folge der Verhärtungen der Wirbel bilden sich wieder Fellbereiche, die ähnlich der Falten von der natürlichen Luftzirkulation abgeschlossen sind. Am Schwanzansatz bilden sich Taschen heraus, die ebenfalls lebenslanger Pflege bedürfen. Ein unmittelbarer Tatbestand der Tierquälerei ist spätestens dann erfüllt, wenn eine solche verkrüppelte Rute auch noch eine nach innen zeigende Schwanzspitze vorweist. In aller Regel wächst diese Spitze dann samt ihrer Fellhaare von außen in den Körper hinein. Massive Irritationen des Gewebes sind die primären Folgen, die wiederum ausgewachsene Geschwüre hervorrufen. Man braucht nicht viel Phantasie, um sich auszumalen, welche ständige Belastung dies für die Hunde darstellt. Eine solche Rute muss operativ entfernt werden. Eine nicht ganz risikolose OP, da sehr leicht der Schließmuskel bzw. dessen Nerven geschädigt werden können.

Unter dem Druck des Tierschutzes haben weite Teile der Züchterschaft seit Anfang des neuen Jahrtausends endlich Abschied von der gezielten Zucht auf Korkenzieherruten genommen. Allerdings sind sie wie auch die etwas weniger schlimmen Knickruten immer noch weit verbreitet. Leider war diese Wende nicht Ausdruck einer Besinnung auf das Wohl des Bulldogs, vielmehr der Tatsache geschuldet, dass in der Schweiz, Österreich und auch Deutschland von Seiten des Staates signalisiert wurde, dass man den extremen Auswüchsen der Qualzucht nicht länger tatenlos zuschauen wolle.

Selbst der Standard der FCI von 2004 fordert daher eine gesundheitlich undenkliche Rute: »Tief angesetzt, an der Wurzel ziemlich gerade heraustretend und dann nach unten gebogen. Rund, glatthaarig und ohne Fransen oder grobe Behaarung. Mäßig lang, eher kurz als lang, dick am Ansatz, sich schnell zu einer feinen Spitze verjüngend. Abwärts gerichtet getragen, ohne deutlich aufwärts gebogenes Rutenende, und nie über der Rückenlinie.«

Lange, stehende Ruten hingegen sind jedoch nie, auch nicht in historischer Zeit, ein Bulldog-Merkmal gewesen und abzulehnen. Solche Ruten sind ein sichtbares Zeugnis von Terrier- oder »Pitbull«-Einkreuzungen. Die hier vom Standard beschriebene Rute beschreibt den korrekten und hundefreundlichen Schwanz eines Bulldogs, der auch in das Bild und die Historie eines typvollen, aber gesunden Bulldogs passt und keinerlei gesundheitliche Probleme darstellt.

Rücken

Verstärkt werden die zuchtbedingten Skelettprobleme durch die völlig irrsinnige, da tierquälerische Bestimmung des FCI-Standards von 2004 zum Verlauf des Rückens: »Kurz, kräftig, im Schulterbereich breit, in der Lendenpartie vergleichsweise schmaler. Unmittelbar hinter den Schultern ist der Rücken geringfügig eingesenkt (tiefste Stelle), von da an sollte die Wirbelsäule bis zu den Lenden ansteigen (wobei der oberste Punkt der Lendenpartie höher liegt als die Schulter), danach fällt die Oberlinie, einen leichten Bogen bildend, zur Rute hin steiler ab (genannt roach-back), ein für diese Rasse charakteristisches Merkmal.«

Der geänderte Standard von 2009 entschärft dieses Problem. Er verzichtet bewusst auf die schmalere Lendenpartie und das »roach-back« und verlangt nur noch einen leichten Bogen der Oberlinie. Auch der nach außen gebogene, sogenannte Karpfenrücken ist, Tierschutzaspekten folgend, nicht mehr erlaubt. Gesund gebaute Hunde haben wie Wölfe einen geraden Rücken. Nur ein solcher

Rücken kann die Basis eines gesunden, bis ins hohe Alter voll funktionsfähigen Gangwerkes und Körperbaus insgesamt sein.

Brust, Vorderhand, Hinterhand und Knie

Schließlich noch die Bestimmungen zu den Extremitäten und der Brust des Bulldogs; ein Vergleich der Standards von 2004 und 2009 deutet schon an, wo die Probleme liegen.

Brustkorb

Der bis 2010 gültige FCI-Standard Nr. 149 fordert hier anatomische Extreme, die ebenfalls als Qualzuchtforderung im Standard bezeichnet werden muss. Mindestens führt sie wesentlich zu der extremen Häufung von Schnittgeburten, auf die später eingegangen wird. Der alte Standard fordert: »Brustkorb breit, seitlich gerundet, ausgeprägt und tief. Körper bis weit nach hinten gut aufgerippt; Brustkorb geräumig, rund und sehr tief vom oberen Schulterrand bis zum untersten Punkt des Brustbeines. Gut zwischen den Vorderläufen hinabreichend. Brustkorb groß im Durchmesser, hinter den Vorderläufen rund, nicht flachrippig, sondern gut gerundete Rippen.«

Diese Bestimmung wird durch den Standard des Kennel Clubs von 2009 wesentlich zugunsten der Gesundheit entschärft, wenn es nur noch kurz und knapp heißt:
»Brustkorb breit, ausgeprägt und tief. Gut zwischen den Vorderläufen hinabreichend, nicht flachrippig, sondern gut gerundete Rippen.«

Vorderhand

Zur Vorderhand sagt der alte Standard:
»Vorderläufe sehr stämmig und stark, gut entwickelt, weit auseinander stehend, dick, muskulös und gerade. Ihre äußere Linie erscheint ziemlich gebogen, aber die Knochen selbst sind stark und gerade, nicht krumm oder säbelförmig; im Verhältnis zu den Hinterläufen kurz, aber nicht so kurz, dass dadurch der Rücken lang erscheint oder die Aktivität des Hundes darunter leidet und er verkrüppelt wirkt.«

Auch diese Bestimmung wird vom 2009er Standard entschärft in: »Vorderläufe sehr stämmig und stark, gut entwickelt, weit auseinander stehend, dick, muskulös und gerade. Die Knochen selbst sind stark und gerade, nicht krumm oder säbelförmig; im Verhältnis zu den Hinterläufen kurz, aber nicht so kurz, dass dadurch der Rücken lang erscheint oder die Aktivität des Hundes darunter leidet.«

Hinterhand

Zur Hinterhand sagt der alte Standard:
»Hinterläufe starkknochig und muskulös, im Verhältnis länger als die Vorderläufe, wodurch die Lendenpartie erhöht wird. Läufe lang und muskulös von der Lende bis zum Sprunggelenk, der Hintermittelfuß kurz, gerade und kräftig.«

Diese Bestimmung wird vom 2009er Standard entschärft in: »Hinterläufe starkknochig und muskulös, im Verhältnis ETWAS länger als die Vorderläufe. Läufe lang und muskulös von der Lende bis zum Sprunggelenk, der Hintermittelfuß kurz, gerade und kräftig.«

Knie und Sprunggelenke

»Kniegelenke rund und leicht vom Körper weg nach außen gedreht.« Hier wird durch den neuen Standard das »rund« gestrichen. Das Knie bleibt ein leicht vom Körper weg nach außen gedreht. Folgende Bestimmung wurde vom 2009er Standard komplett gestrichen: »Sprunggelenke: Dies bedingt nahe beieinander stehende Sprunggelenke und auswärts gestellte Hinterpfoten. Sprunggelenke leicht gewinkelt, tief stehend.«

Zwei Knickruten.

Thema HD

Bei der Gründung des Allgemeinen Clubs für Englische Bulldogs (ACEB) wollte man ein Zeichen für die Gesundheit setzen. Zuchtleiter Krudewig und Dr.med.vet. Witteborg entwickelten eine Zuchtordnung, die eine für die damalige Zeit keineswegs selbstverständliche Hüftgelenksdysplasie (HD) – Untersuchung vorschrieb. Dr. Witteborg entwickelte detaillierte Anweisungen, wie eine HD-Aufnahme anzufertigen und zu interpretieren sei. Allerdings ist HD speziell beim Bulldog nach den fatalen Entwicklungen seit den 70er Jahren des 20. Jahrhunderts zwar weiterhin als ein ernst zu nehmendes, aber relativ nur noch zweitrangiges Problem anzusehen. Die oben aufgeführten Themen sind von essentieller Bedeutung für die Zukunft des Bulldogs. Auch der Bulldog ist von HD belastet. Aber bei ihm sind die Auswirkungen von HD nicht so gravierend wie etwa bei einem Schäferhund aus der Arbeitslinie. Der Bulldog ist kein Hund, der von seiner Veranlagung her das Gangwerk so stark und anhaltend beansprucht wie viele andere Hunde. Zudem wird ein wesentlich höherer Anteil der Laufarbeit durch die starke Vorderhand geleistet. Die Hüfte wird vergleichsweise wenig belastet. Nicht zuletzt zeichnet sich der Bulldog durch eine außergewöhnlich kräftige Bemuskelung seiner Läufe aus, die Schwächen in den Gelenken besser kompensieren kann.

Darüber hinaus ist die Aussagekraft nicht weniger HD-Auswertungen eh zweifelhaft. So war es bis 2010 möglich, Röntgenbilder auswerten zu lassen, bei denen die relevanten Hundedaten per Aufklebeetikett angebracht wurden. Bei einem seriösen Vorgehen müssen die Röntgenaufnahmen mit einbelichtetem Scribor (Röntgenstelle, Röntgendatum, Name des Hundes, Zuchtbuchnummer, Tätowier- oder Mikrochipnummer, Wurfdatum) versehen sein, so dass sie eindeutig zugeordnet und nicht etwa mehrfach verwendet werden können. Ohne solche Basics seriöser Arbeit werden Röntgenbilder von gesunden Hüften und Gelenken einfach mehrfach unter verschiedenen Namen eingereicht.

Inzucht

Einer der Meilensteine der Evolution des Lebens war die geschlechtliche Fortpflanzung. An Stelle der einfachen Reproduktion einfacher Organismen entstand nun mit jeder Generation etwas Neues. Für die Schaffung der Nachkommen waren nun zwei Eltern notwendig, die beide ihre Gene vererbten und so immer eine neue Genkonstellation schufen. Dieser Mechanismus war die Grundlage für eine wesentlich schnellere Anpassung an Veränderungen, die Höherentwicklung zu komplexen Strukturen und schließlich die Schaffung des Menschen. Die Natur legt von sich aus größten Wert auf genetische Vielfalt und die Vermeidung von Inzucht. Praktisch alle Tiere haben spezielle Mechanismen entwickelt, um Inzucht zu vermeiden. »Sich riechen können« bezieht sich auch auf die Auswahl des Sexualpartners unter genetischen Aspekten. Bei Säugetieren kommen in der Regel soziale Mechanismen zur Vermeidung von Inzucht hinzu. Ein Teil der Population, meist die geschlechtsreifen Männchen, werden, wie auch bei Wölfen üblich, aus dem Familienverband, dem Rudel, der Herde vertrieben und müssen so in anderen Populationen ihren Partner zur Fortpflanzung suchen. Die Mechanismen zur Vermeidung von Inzucht sind außerordentlich vielfältig, erfassen aber die gesamte Fauna, von nur ganz wenigen Ausnahmen abgesehen.

Eine vielfältige genetische Ausstattung hat für eine Population den Vorteil der besseren Anpassungsfähigkeit an Herausforderungen der Umgebung. Jedes Säugetier führt zudem so genannte Defektgene mit sich. Kommen passende Defektgene von der Mutter und vom Vater zusammen, so bricht diese Erbkrankheit bei den Nachkommen aus, sie wird manifest. Mutter und Vater können jeweils völlig frei von sichtbaren Erscheinungen dieser Krankheit sein. Erst durch zwei gleichermaßen das Defektgen tragende Partner kommt sie als Erbkrankheit voll zur Wirkung (Heterozygotie). Hat der Partner, wie es bei einer genetisch vielfältigen Po-

pulation sehr wahrscheinlich ist, eben nicht die passende, Defekt verursachende Genkonstellation, so kommt diese Veranlagung nicht zur Wirkung und wird in der Regel nur an Nachkommen weitergegeben. Eine vielfältige genetische Ausstattung senkt rapide das Risiko, dass sich solche Paare von Defektgenen in einem Tier finden und eine Krankheit auslösen. Inzucht hingegen führt zu einem rapiden Anstieg passender Defektgen-Paare und damit von Erbkrankheiten. Inzucht durch den übermäßigen Einsatz einzelner Deckrüden führt dazu, dass sich dessen Defektgen-Konstellation sehr stark in der Population anreichert. Inzucht führt außerdem zur Degeneration einer Population. Zum einen wirken die Erbkrankheiten, zum anderen wird die Widerstandskraft gegenüber Einflüssen der Umwelt geschwächt. Verhaltensstörungen mehren sich. Vitalität und Lebenserwartung sinken rapide. Die Gefährlichkeit von Inzucht ist unter Biologen heute unstrittig. Die Zoodirektoren in aller Welt haben bei den über 140 Erhaltungsprogrammen für gefährdete Wildarten (EEP) das primäre Ziel, eben Inzucht zu vermeiden. Nur in der Bulldog-Zucht, wie auch der Rassehundezucht allgemein, ist diese Erkenntnis der Wissenschaft noch nicht angekommen.

Schon 1914 –
Warnung vor den Folgen der Inzucht

In der modernen Zucht von Rassehunden hat Inzucht, Inzestzucht, Engzucht, Linienzucht eine lange Tradition. Inzucht beschleunigte im 19. und Anfang des 20. Jahrhunderts die Herausbildung der modernen Hunderassen. Um 1900 sah man in der Inzucht ein probates Mittel, als rassetypisch im Standard definierte Merkmale stärker und besonders schneller herauszubilden und in einer Population zu festigen. Mit Hilfe von Inzucht gelang es wesentlich schneller, ein relativ einheitliches Bild der Rasse zu schaffen. Die Inzucht zu dieser Zeit hatte noch den enormen Vorteil, einen vor ein paar Generationen noch »rasselosen« und damit genetisch gesunden Hund zum Gegenstand zu haben. Diese Hunde waren Jahrhunderte lang auf härteste Art selektiert worden und nur die am meisten robusten und genetisch gesunden hatten überlebt. In den ersten Generationen danach konnte so selbst extreme Inzucht, wie die Verpaarungen von Geschwistern oder mit den eigenen Eltern, verkraftet werden.

Der Tierarzt und Bulldog-Züchter Wilhelm Hinz lobte 1914 in seiner Doktorarbeit über »Die Zucht des englischen Bulldogs« an der preußisch Königlichen Tierärztlichen Hochschule zu Berlin die Vorteile der Inzucht zu diesem Zweck. Er weist nach, dass die meisten Bulldog-Champions seiner Zeit auf Inzucht basierten. Allerdings weist auch er schon auf die Risiken von Inzucht hin: »Wenn wir uns heute der Inzucht als Mittel zum Zwecke bedienen, so dürfen wir nicht außer Acht lassen, dass wird damit ein zweischneidiges Schwert schwingen. Denn wie sich durch Inzucht die von uns eigenmächtig aufgestellten Vorzüge in der Nachkommenschaft potenzieren, vervielfältigen sich ebenso leicht die Nachteile.«[58] Und Wilhelm Hinz war mit dieser Mahnung bereits weiter, als nicht wenige seiner Züchter-Kollegen einhundert Jahre später.

Inzucht macht Kasse – zunächst

Viele Bulldog-Züchter praktizieren Linienzucht als eine Variante von Inzucht. Mit Linienzucht können sie relativ schnell und einfach einen einheitlichen Bulldog-Typ schaffen und ihren Zwinger flexibel den Marktanforderungen nach dem gerade gefragten Typus anpassen. Auch kann man sich mit seinem Zwinger leichter einen Namen in der Szene machen, wenn die Zuchtprodukte gleichmäßig, einheitlich sind. Und tatsächlich ist es so, dass Bulldog-Kenner die Hunde langjährig aktiver Zwinger mit einer hohen Trefferquote erkennen. Hat man erst einmal Inzucht akzeptiert, so hat man sich die Absolution erteilt, seine Championrüden

Dutzend- oder Hundertfach decken zu lassen - wider alle züchterische Vernunft, aber zugunsten der eigenen Tasche. Auch die weitere Verbreitung seiner Gene nach dem Ableben des Champions durch künstliche Besamung und entsprechende Decktaxen finden nun keine Schamgrenze mehr. Durch solche »Popular Sires« wird zum einen das Inzuchtniveau in der Population der Bulldogs wesentlich erhöht, zum anderen werden deren Erbkrankheiten gleich massenhaft verbreitet. Und zu Champions werden leider nicht immer die gesunden Hunde gekürt.

Doch Linienzucht birgt auch ein erhebliches Risiko für die Züchter selbst. Ist erst einmal Linienzucht über viele Jahre hinweg praktiziert, kann das Gesundheitsniveau des eigenen Zwingers innerhalb kürzester Zeit regelrecht zusammenbrechen. Die sich langsam aufbauende, zunächst nicht sichtbare Inzuchtdepression spült nun die Versäumnisse bei den Generationen zuvor schlagartig zutage. Erbkrankheiten brechen massiv und gehäuft aus, die Vitalität der Bulldogs dieser Linien bricht zusammen. Das Lebensalter sinkt rapide, Immunschwächen, Fälle von idiopathischer Epilepsie und andere schwere Krankheiten nehmen ebenso rapide zu. Wahrscheinlich werden auch embryonale Fehlentwicklungen, wie die Ausbildung eines Wasserkopfs, der bei Show-Bulldog-Welpen nicht selten auftritt, durch Inzucht begünstigt. Die Hydrozephalus-Anlage wiederum begünstigt das Ausbrechen von Epilepsie und anderen schweren Krankheiten. Man könnte hier ein regelrechtes Gruselkabinett anführen. Der Züchter wird nun verstärkt von geprellten Welpenkäufern juristisch in Haftung genommen. Die Welpen können schließlich nicht mehr verkauft werden.

Vor einem solchen Hintergrund haben bereits etliche mit zahlreichen Championaten über lange Jahre hoch dekorierte, bekannte Züchter schlagartig mit der Bulldogzucht aufgehört und sich in einigen Fällen auf andere Rassen umorientiert; meist still und leise und niemals unter Einräumung ei-

[58] Wilhelm Hinz, *Die Zucht des englischen Bulldogs*, H.& M. Schaper, Hannover 1914

gener Fehler oder Verantwortung. Leider werden solche Spätfolgen der Fehlentwicklungen einer auf Kommerz orientierten Zucht von den Verursachern und ihren Vereinen systematisch im Dunkeln gehalten, die sich zudem regelmäßig jeglicher Verantwortung zu entziehen suchen.

Vereinsegoismus aus »Liebe zum Bulldog«

Ein weiterer völlig unnötiger Faktor, der das Inzuchtniveau ansteigen lässt, ist die Abschottung der Vereine untereinander. Oft dürfen Hunde verschiedener, konkurrierender Bulldog-Zuchtvereine eines Landes nicht untereinander verpaart werden, selbst wenn sie gesundheitlich und vom Typus her ideal zusammen passen. Hier werden die Vereinsinteressen über das Interesse an dem Wohl der Rasse gestellt. Mit Liebhaberei zum Bulldog hat eine solche Politik nichts zu tun. Selbst führende Funktionäre des Verbandes für das deutsche Hundewesen sorgen sich inzwischen um das Thema

Inzucht, zumindest mit Worten. In dem vom VDH offiziell empfohlenen Ratgeber *Hundezucht* wird dem Thema ausführlich Raum gewidmet, es heißt: »Doppelung von Ahnen − Zusätzlich zur Deckbeschränkung kann eine weitere Zuchtmaßnahme zur Entfaltung der genetischen Vielfalt erfolgreich eingesetzt werden, nämlich bei der Zuchtpartnerauswahl in den ersten drei Generationen keine doppelt auftretenden Ahnen zuzulassen. Auch dies ist eine Strategie, die noch viel zu selten praktiziert wird, deren Einsatz aber positive Auswirkungen auf den Genotyp haben würde. Maßnahmen dieser Art ... könnten die genetische Situation der Hunde wesentlich und dauerhaft verbessern.«[59]

Fortpflanzung

Die Fortpflanzung des Bulldogs war schon kurz nach Beginn seiner Zucht nach Rassestandards ein heikles Thema. Durch die Tendenz zu großen Köpfen und breiten Brustkörben und zugleich schma-

Rudelleben − der »Big Boss« und sein Hof.

[59] Helga Eichelberg (Herausgeber), Hilke Heinemann, *Hundezucht: Erfolgreich züchten auf Gesundheit, Leistungen und Aussehen*, 2006, S. 69

len Hüften, besonders extrem bei den Rüden, wurde den Hündinnen eine kaum lösbare Last aufgebürdet. Die relativ großen Welpenköpfe und Brustkörbe bei zugleich durch die schmale Lende abgeflachter Beckenhöhle der Hündin lassen die Welpen nicht mehr durch den Geburtskanal. Der Bulldog zählt zu denjenigen Rassen, bei denen allein schon durch die Vorgaben der alten FCI-Rassestandards der höchste Blutzoll den Hündinnen abverlangt wurde und auch heute noch wird. Unzählige Mütter verloren ihr Leben, als sie Föten mit viel zu großen Köpfen und zu breiten Schultern das Leben schenken sollten. Leider machen die Zuchtverbände aus den genauen Zahlen ein Staatsgeheimnis. Von den zuständigen Verbänden wird in aller Regel kein statistisches Material zu Fehlgeburten, Totgeburten, Kaiserschnitten, Versterben der Mutterhündinnen veröffentlicht. Dass allerdings hieraus von den Züchtern ein Geheimnis gemacht wird, spricht nicht gerade für sie.

Durch die Fortschritte der Tiermedizin sind diese Risiken inzwischen besser beherrschbar geworden. Durch gut ausgebildete und erfahrene Veterinäre, modernen Ultraschall, kontrollierbare Narkosetechniken und professionelle OP-Ausstattungen können die Hündinnen medizinisch wirkungsvoll betreut werden. Allerdings sind nicht alle Züchter bereit, die hiermit verbundenen Kosten zu tragen und verzichten auf die heute leider unvermeidliche, kompetente medizinische Begleitung.

Schnittgeburten als Regelfall

Die bessere medizinische Betreuung der tragenden Hündinnen hat nicht nur einen Haken. Der erste ist, wie schon angesprochen, dass erst der Fortschritt der Tiermedizin seit den 70er Jahren neue Dimensionen der Extremzucht möglich werden lässt. Nun werden auf neuer Ebene die Grenzen des biologisch Machbaren weiter ausgereizt.

Es gibt sie noch, die natürlich werfenden, gesunden Bulldoggen wie hier Daggy Bella Baroness vom Zwinger Smooth Power Pack.

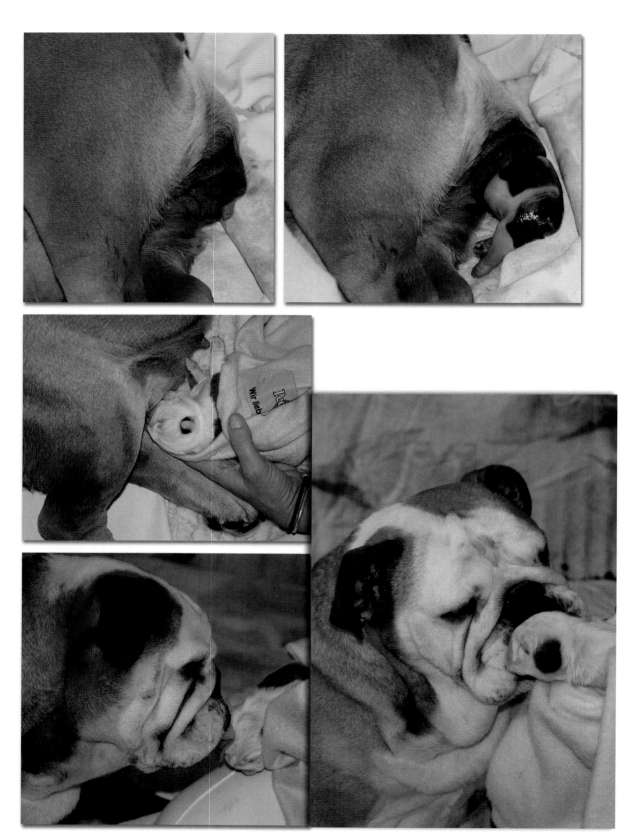

Smooth Power Pack Daggy Bella Baroness, Züchterin und Besitzerin Bettina Selle-Treiber

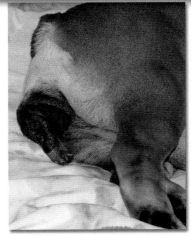 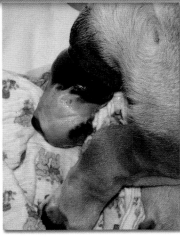 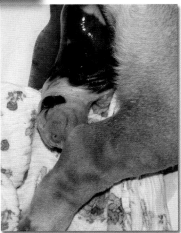

Der zweite Haken sind die angesprochenen Kosten, die nicht wenigen Züchtern zu hoch sind. Solche Züchter versuchen, die Kosten für eine tiermedizinische Begleitung der Tragzeit und oft sogar der Geburt zu sparen. Trotzdem sollen auch deren Welpen die vermeintlich typischen Übertreibungen zeigen. So bleiben Fehlentwicklungen im Mutterleib unerkannt. Selbst bei der Geburt, die aufgrund der Vorgeschichte, etwa der Konstitution des Vaters oder der Unerfahrenheit der Hündin, als Risiko-Geburt einzustufen wäre, wird an solchen Kosten gespart. Dann wird erst im akuten Notfall der Tierarzt eilig herbeigerufen, für Hilfe ist es aber oft schon zu spät. Die Zeche zahlt in jedem Fall die Hündin.

Es soll nun keineswegs dafür plädiert werden, dass Bulldog-Trächtigkeiten und -Geburten nur unter tierärztlicher Betreuung stattfinden sollten. Aber bei dem realen Stand der heutigen Zucht zumindest in Europa, ist dies im Interesse des Wohls der Hündinnen wie der Welpen leider zumindest für eine Übergangszeit unabdingbar. Es gibt nur noch wenige Zuchtlinien, die noch gesund sind und natürlich werfen können. Realität ist zu Beginn des 21. Jahrhunderts, dass mehr als 80% aller Geburten nur noch mit Hilfe operativer Eingriffe gelingen. Ein solcher Zustand der Rasse muss als Qualzucht qualifiziert werden. Wesentlich durch Verzicht auf extreme Körpermerkmale, Auszucht und die Förderung gesunder Bulldogs, ist eine Wende in der Bulldog-Zucht durchzusetzen. So könnten Schnittgeburten als Regelfall mittelfristig obsolet werden.

Neben den Kosten haben die Schnittgeburten für die Züchter einen weiteren Nachteil. Die Hündinnen können nur sehr begrenzt eingesetzt werden. Aus dem Qualzuchtgutachten der deutschen Bundesregierung folgt, dass die Verwendung einer Hündin auch noch nach einer zweiten Kaiserschnitt-Geburt als Tierquälerei und Qualzucht anzusehen ist. Das Gutachten zu § 11b des Tierschutzgesetzes, Verbot von Qualzüchtungen,

führt daher ausdrücklich an, dass ein »Zuchtausschluss nach dem 2. Kaiserschnitt« erfolgen soll. Allein im Jahr 2008 wurden drei neue Zuchtordnungen für die Englische Bulldogge in Deutschland veröffentlicht. Eine davon, die Zuchtordnung der Interessengemeinschaft Bulldoggen im MPRV e.V., spart das Thema gleich ganz aus, als sei es bei den Bulldoggen nicht existent. Der Club für Englische Bulldogs e.V. mutet seinen Hündinnen per Zuchtordnung sogar ausdrücklich mehr Schnittgeburten zu, als das Qualzuchtgutachten empfiehlt. Es heißt: »Eine Hündin mit 3 Schnittgeburten scheidet aus der Zucht aus, auch wenn sie das 7. Lebensjahr noch nicht erreicht hat.«(§ 4.3) Eine ähnliche Bestimmung hat die Zuchtordnung des Österreichischen Bulldog Klubs. Auch im deutschen VDH-Club werden Hündinnen nach der zweiten Schnittgeburt weiter eingesetzt. Es ist kaum vorstellbar, dass man bei einer aus Liebhaberei zu den Bulldogs motivierten Zucht, einer Hündin und der Rasse so viel an Kaiserschnitt zumuten würde.

Irrwege der Tiermedizin

Die Reproduktionsmedizin hat in der Tiermedizin derweil einen festen Platz gefunden. Eine »Arbeitsgruppe Reproduktionsmedizin in der Hundezucht e.V.« unter Führung der Wiener Veterinärin Professor Sommerfeld-Stur hat sich 2007 etabliert und fördert aktiv den Einsatz der künstlichen Besamung. Hier wird die Tür zu einer weiteren Stufe der Degeneration der Hundezucht geöffnet. Gesunde Hunde haben keinerlei Probleme mit der Fortpflanzung, ganz im Gegenteil. Es ist kaum denkbar angesichts der großen Fertilität der Hunde weltweit, dass unsere Rassehunde, namentlich auch der Bulldog, hier und heute enorme Reproduktionsprobleme haben. Der natürliche Paarungsinstinkt der Hunde in der Rassehundezucht, soweit überhaupt noch vorhanden, wird von der Zucht regelmäßig missachtet und einfach übergangen. Es geht um viel Geld, das nicht ge-

fährdet sein soll, wenn erst einmal der Handel über die Decktaxe abgeschlossen wurde. Durch die hier bereits angesprochenen Fehlentwicklungen verlieren Rüden zudem ihre Decklust oder Deckfähigkeit.

Hündinnen ihrerseits beißen die von den Züchtern ausgesuchten Rüden immer häufiger weg. Sie werden dann regelmäßig vergewaltigt. Besonders im Mutterland des Bulldogs werden sogenannte Mating Cradles verwendet. Das sind regelrechte Vergewaltigungsmaschinen, in denen die Hündinnen festgeschnallt werden. So bewegungsunfähig gemacht, kann der meist für einen natürlichen Fortpflanzungsakt ohne menschliche Unterstützung eh schon zu schwere, unbewegliche Show-Bulldogrüde aufgesetzt werden. Der Rüde muss sozusagen zum Begattungsakt getragen werden. Wie schon die natürliche Geburt, so ist auch die Ausübung der natürlichen Sexualität bei den Bulldogs der Show-Szene fast schon zur Ausnahmeerscheinung verzüchtet worden. Leider stellt der Bulldog hier in der modernen Rassehundezucht keine Ausnahme dar.

Brutkästen per Strom und auf vier Beinen

Doch statt dieser weiteren Degeneration der Rassehunde auf den Grund zu gehen und die Ursachen für solche Entwicklungen, die ausschließlich vom Menschen verursacht sind, abzustellen, wird auch hieraus noch ein Geschäft gemacht. Die künstliche Befruchtung hat nun breiten Einzug in der Hundezucht gefunden und soll noch weiter verbreitet werden. Künstliche Besamungen werden von Teilen der Tiermedizin propagiert und von Teilen der Züchterschaft gerne wahrgenommen. So erspart man sich die Reise zum Rüden und das Risiko beim Decken. Weder auf die Befindlichkeit des Rüden noch der Hündin muss Rücksicht genommen werden. Die Besitzer der Champion-Rüden freuen sich besonders, ist doch der massenhaften Verbreitung ihres Show-Champion-

zur Gesundung der Populationen leisten, um etwa das Inzuchtniveau mit erbgesunden Hunden gezielt zu senken. Zu begrüßen sind Regelungen wie die des Österreichischen Bulldog-Klubs, der zur Voraussetzung für die künstliche Besamung macht, »dass sowohl Deckrüde, als auch Zuchthündin bereits auf natürlichem Wege Nachkommen gebracht haben.«

Aus ethischen Gründen aber schon allein aus Respekt und Liebe zu den Bulldogs sollte alles dafür getan werden, dass die Hunde wieder natürlich decken und gebären können und sich nur mit Partnern natürlich paaren sollen, mit denen sie auch wollen. Es ist eine Perversion des Menschen,

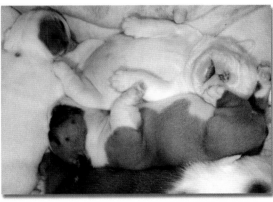

Welpen in der ersten Lebenswoche.

Samens keine lokale und zeitliche Grenze mehr gesetzt. Den tiefgefrorenen Samen verschicken, die Hündin ab zum Tierarzt, schon ist die Basis für einen gewinnträchtigen Wurf gelegt. Die Hündinnen werden so zu Brutkästen und Gebärmaschinen im Interesse menschlichen Profits degradiert. Natürlich gibt es auch Situationen, die im Interesse der Hunde für eine Anwendung der Technik der instrumentellen Samenübertragung sprechen. So ist es damit problemlos möglich, etwa das Erbgut eines gesunden, nicht verwandten Bulldog-Rüden aus allen Teilen der Welt zur Verbesserung der Population zu holen. Auch können diese Fortschritte der Tiermedizin einen wichtigen Beitrag

die Technik der instrumentellen Samenübertragung als eine Zukunft für unsere Hunde anzupreisen. Hunde aus der Retorte, Hündinnen medizinisch vergewaltigt, Welpen in Brutkästen aufgezogen, die Produkte schließlich als lebenslanges Klientel der Veterinäre – für den Profit wird auch ein letzter Rest an Respekt vor unseren Mitlebewesen begraben.

Die Degeneration in der Fortpflanzung der Hunde hat inzwischen alle Phasen erreicht. Zeugungsakt und Geburt sind durch den Menschen bereits zu einem medizinischen Vorgang mutiert worden. Aber auch die Aufzucht der Welpen der Show-

Bulldogs hat zunehmend unnatürliche Formen angenommen. Da die Instinkte mancher Mütter zur Aufzucht der Jungen ebenfalls geschädigt sind, sie aber ungeachtet dessen als Zuchttier eingesetzt werden sollen, werden die Welpen in einem Brutkasten künstlich vom Menschen aufgezogen. Zudem sind die Welpen von extremen Show-Bulldogs selber oft so degeneriert, dass die natürlichen Instinkte, etwa die Zitzensuche, gestört sind. Nicht selten werden die Welpen per Magensonde künstlich ernährt oder zumindest beigefüttert. Weit verbreitet ist, dass die Züchter die Welpen zwischen dem Stillen von der Mutter wegnehmen. Die Ware Welpe soll nicht durch eine unbeholfene Mutter gefährdet werden. Auch durch solche, in der Regel nie dokumentierte Maßnahmen der Züchter werden nachhaltige gesundheitliche Schäden verursacht. Manche Show-Züchter mästen dabei ihre Welpen bereits von kurz nach der Geburt an. Solche Welpen können sich dann kaum selbst bewegen, zeigen meist das oben beschriebene Schwimmer-Syndrom und lernen das Laufen erst im Blumenkasten, da ansonsten die Hinterläufe immer nach außen nachgeben. Solche Züchterinnen feiern sich später auch noch als die Spitzenkönner der Bulldogzucht, weil ihre Zuchtprodukte ja angeblich so typvoll daher kämen. In den Niederungen der Show-Zucht haben Skrupel keinen Platz.

Berry Spruijt, Professor für Tierschutz an der Universität Utrecht, geht daher so weit, ein Zuchtverbot für bestimmte Rassen wie den Bulldog zu prüfen. "Wo Tiere sich nicht mehr selbst fortpflanzen können und das auch noch einschließlich Paarung und Geburt, sollte man diese Varianten einer Art auch nicht mehr am Leben halten." Er spricht auch die Verantwortung der Tierärzte für solche Auswüchse an: "Es ist mir unbegreiflich, wie es der Ausgangspunkt eines Tierarztes sein kann, der die Gesundheit und das Wohl der Tiere eigentlich befördern soll – was auch im Leitbild zur tiermedizinischen Ausbildung festgelegt ist – und ich verstehe nicht, dass der Berufsverband der Ve-

terinäre sich hier nicht klar distanziert und seine Mitglieder anweist, solche Dinge nicht zu tun.[60]

Der Charakter blieb unverzüchtet

Der Standard beschreibt das gewünschte Verhalten und Wesen des Bulldogs:
»Vermittelt den Eindruck von Entschlossenheit, Kraft und Aktivität. Aufmerksam, kühn, loyal, zuverlässig, mutig, grimmig im Aussehen, aber liebenswürdig im Wesen.«

Glücklicherweise liegen hier Theorie und Praxis sehr nahe. Der Charakter des Bulldogs hat, anders als sein Körper, kaum unter der Zucht gelitten. Gerade weil das Wesen in den Ausstellungsringen der Show-Zucht kaum Beachtung findet, ist es von den Show-Züchtern weitgehend unbehelligt geblieben – ein echter Glücksfall. Im Standard gelten Hunde, die »aggressiv oder übermäßig scheu« sind, als unerwünscht. Tatsächlich findet man reinrassige Bulldogs, die als aggressiv auffallen, äußerst selten. Dagegen häufen sich Bulldogs von einem liebenswerten Charakter, die man aber als ängstlich oder übertrieben erregbar im freundlichen Sinne bezeichnen muss.

Was macht den Wert eines Bulldogs aus?

Es ist kaum zu überschätzen, dass wir diesen herrlichen Charakter im Bulldog noch heute haben. Und wir haben ihn nicht als Ausnahmeerscheinung, wie seine körperliche Gesundheit, sondern als Regel, zumindest in der »seriösen« Zucht. Für den Bulldog Liebhaber ist der Charakter eh das Entscheidende und er überlässt Diskussionen über Formwerte und Bewertungen auf den Ausstellungen der Äußerlichkeiten gerne den einschlägigen Züchtern, Haltern und Richtern.

Schauspieler und Bulldog-Freund Gert Haucke hat das Thema in seinem Buch *Die Sache mit dem*

---

[60] Prof. Berry Spruijt in der niederländischen TV-Sendung »Einde von de rashond«, ausgestrahlt am 10.11.2010

Hund auf die Schippe genommen. »Willy Wertlos« nannte er seinen Boston Terrier. Wertlos, weil er ihn für die Hälfte bekommen hatte. Der Grund: ein Auge lag nicht standardgerecht im Zentrum des schwarzen Abzeichens. Ansonsten war Willy kerngesund, aber für die Züchter eben wertlos, alleine wegen der Lage eines Farbkleckses. Gert Haucke hatte auch Bulldogge Otto, die er sehr liebte, mit der er sich sogar auf dem Titel seines bekannten Hundebuchs zeigt. Otto war sein zweiter Bulldog – und es sollte sein letzter sein. Haucke war auch nach Otto weiterhin ein Fan dieser Hunde. Aber er hatte Angst davor, zum dritten Mal einen Hund zu bekommen, dessen Leid er teilen müsste. Gerade weil er so verschossen in den Bulldog war, deren Charakter er so liebte und sie

als echten Partner und Freund schätzte, nahmen ihn dessen gesundheitliche Probleme sehr mit, wie Gert Haucke auch dem Autor berichtete. Er engagierte sich aber sein Leben lang mit Wort und Tat für eine Wende in der Zucht. Der Verhaltensforscher und Nobelpreisträger Konrad Lorenz hielt es ähnlich, namentlich auch mit den Bulldoggen. In seinem Anmerkungen *So kam der Mensch auf den Hund* kommt Lorenz auf dieses Problem zurück: »Es ist traurig, aber nicht zu leugnen, dass sich eine scharfe Zuchtauswahl auf körperliche Merkmale mit einer auf seelische nicht vereinigen lässt. Individuen, die nach beiden Seiten allen Anforderungen entsprechen, sind zu selten, als dass man sie allein als Grundlage zur Weiterzucht verwenden könnte.«

Glückliche Welpen.

Der Charakter eines Bulldogs überzeugt jeden Hundefreund. Selbst Hundefreunde, die der Rasse eher skeptisch gegenüber stehen, zeigen sich positiv überrascht und anerkennend ob seines Wesens. Es ist ein großes Glück, dass sich der einmalige Charakter des Bulldogs im Wesentlichen erhalten konnte!

Welpen

Schon Welpen zeigen in ihren ersten Lebenstagen einen eigenen, individuellen Charakter. Seriöse Züchter können jeden ihrer Welpen ganz präzise charakterisieren. In den ersten Lebenswochen haben Bulldog-Welpen, wie alle Welpen, eine ganz intensive Lernfähigkeit und Lernbereitschaft. Manche nennen es die Prägephase oder Sozialisationsphase. Die Hunde lernen ihr Leben lang, nur lernen sie als Welpe und Junghund wesentlich schneller und intensiver. Seriöse Züchter lassen den Wurf daher bewusst am alltäglichen, menschlichen Leben teilnehmen. Sie lernen so Menschen und deren Gewohnheiten kennen. Alltägliche Geräusche werden als solche gespeichert und Menschen als Freunde. So wird die Grundlage für einen souveränen Umgang mit den Herausforderungen in unserer oft hektischen Gesellschaft gelegt. Die Welpen werden auf das Zusammenleben mit dem Menschen sozialisiert. Mit etwa drei bis vier Wochen lernen gesunde Bulldog-Welpen das Laufen. Die leider nicht selten durch Züchter regelrecht gemästeten Show-Bulldog-Welpen lernen das Laufen erst viel später und dann oft nur unter Hilfe des Menschen.

Durch die erste Milch der Mutter, das Kolostrum, erhalten die Welpen eine Grundimmunisierung und alle nötigen Nährstoffe. Selbstverständlich werden die Welpen von einem Tierarzt betreut und geimpft. Es ist immer wieder erstaunlich und begeisternd zugleich, wie rasant die Welpen wach-

sen – und das körperlich wie geistig. Kaum jemand wird sich ein herzliches Grinsen verkneifen können, wenn die Geschwister untereinander raufen, teils schon nach derber Bulldoggenart, und dabei knurren und grollen wie ein erwachsener Hund.

Die große Bulldoggerin und Züchterin Otti Heermann hat einmal ihre Erfahrungen mit dem Charakter von Bulldog-Welpen eines Wurfs notiert: »Wir hatten ein großes steinernes Becken in unserem Garten, es war ein Springbrunnen gewesen und lag zu ebener Erde. Dort hinein trieb Blackman jeden Morgen seine ganzen Wurfgeschwister, und wer sich sträubte wurde einfach über den Rand gerollt. Dann wurden alle hintereinander auf den Rücken gewälzt und Blackman leckte alle von oben bis unten ab. Tat er es, weil seine Mutter so etepetete war und sie keine Reinlichkeitsbestrebungen ihren Kindern gegenüber zeigte? Ich ließ ihn gewähren, war er doch der geborene Führer seiner Schar. Er wurde ein Draufgänger zum Fürchten!«[61]

[61] Otti Heermann, zitiert in *Der Englische Bulldog*, Kari Wolfsjäger, 1976

Europasiegerausstellung des VDH.

Das Ausstellungswesen

Von größter Bedeutung für die Entwicklung einer Rasse sind die Richter der Zucht-Ausstellungen. Sie werden von den Verbänden eingeladen und bezahlt. Im Ausstellungsring richten sie über die vorgeführten Bulldogs. Traum der ausstellenden Züchter sind Top-Noten wie V1, vorzüglich 1, und darüber hinaus der Tagessieg in seiner Klasse oder gar den »Best of Breed«-Titel samt Pokale. Hier entscheidet sich der kommerzielle Wert eines Hundes für die Show-Zuchtszene.

Der Richter sollte eigentlich nach dem gültigen Rassestandard bewerten. Doch leider wird meist lediglich das Exterieur entsprechend den aktuellen Moden, der Nachfrage im Markt, kurz des Marktwertes gerichtet. Die Gesundheit spielt praktisch keine Rolle. Kranke und zugleich erbkranke Hunde werden ohne weiteres zu Champions gekürt. Hier wirkt ein Teufelskreis zu Lasten der Hunde. Die meisten Züchter wollen möglichst marktgerecht produzieren, das heißt, entsprechend den aktuellen Vorstellungen der zahlungskräftigen Welpensucher. Die Züchter setzen letztlich die Richter ein und bezahlen sie. Ein Richter, der hier nicht wohlgefällig richtet, wird kaum ein zweites Mal eingeladen. Er stellt nun aus dem Kreis der ausgestellten Typvollen die aus seiner Sicht am meisten typvollen an erste Plätze. Nun entwickelt sich ein immer wieder sich selbst verstärkender Trend hin zu einer Übertypisierung. Es gibt nur sehr wenige Richter, die es hier anders halten.

Der langjährige VDH-Präsident Uwe Fischer beschreibt die Zusammenhänge im Vereinsorgan *Unser Rassehund* 10/2000: »Ich bin sicher, dass Sie alle hier sich der Tatsache bewusst sind, dass der Erfolg von Hundezüchtern, sowohl ideell als auch finanziell, in direkter Beziehung zu deren Abschneiden auf Ausstellungen steht. Einfach gesagt, je größer die Zahl der Siege, desto größer der damit verbundene Gewinn. Je größer der Marktwert eines einzelnen, erfolgreichen Tieres ist, desto größer der kommerzielle Wert seiner zukünftigen Nachkommenschaft.«

Der langjährige Pinscher-Züchter und Kynologe Hellmuth Wachtel warnt dagegen: »Doch sind kaum die Standards, sondern vielmehr deren extreme Auslegung von Übel.« Und er geht noch einen Schritt weiter: »Auch die so genannten "Qualzuchtrassen" haben ein Überlebensrecht, denn es genügen schon ein etwas kürzeres Haarkleid, etwas mehr Fang, ein bisschen höhere Läufe, um berechtigter Kritik den Boden zu entziehen.« Die Richter auf den Zuchtausstellungen haben hierfür eine enorme Verantwortung. Doch letztlich führen sie in ihrer Gesamtheit auch nur den Willen der Auftrag gebenden Zuchtverbände aus.

Und selbst der FCI-Standard von 2004 scheint bei der Bewertung durch die Richter kaum eine verbindliche Rolle zu spielen. Wir hatten schon darauf hingewiesen, dass über viele Jahre hinweg kaum ein hoch prämierter Rüde dem vom Standard vorgeschriebenen Gewicht auch nur annähernd entsprach. Auch die vom Standard ausdrücklich verbotene Atemnot scheint nicht selten auf blinde und zugleich taube Richterinnen und Richter zu stoßen. Stark hechelnde, ja röchelnde Hunde, die kaum ihre Runde im Ring schaffen, konnten lange Jahre als Champion ihren Heimweg antreten. Dabei sind manche Züchter nicht zimperlich, ihre Bulldogs für den Auftritt im Ring mit allerlei Medikamenten zu dopen. Würden alle Ringrichter ihrer Verantwortung gegenüber dem Tierschutz oder auch nur gegenüber der Vorschrift des Standards »ausschließende Fehler: Hunde mit erkennbarer Atemnot« nachkommen, so würden zahlreiche Tierkliniken arbeitslos, die wie die Klinik von Professor Oechtering in Leipzig auf Monate damit ausgelastet sind, den Plattnasen das freie Atmen per aufwändiger OP zu ermöglichen.

Im oben schon zitierten Buch schreibt Konrad Lorenz den Richtern der Hundeausstellungen ins

Stammbuch: »Mein französischer Zwergbully hatte zwar einen Stammbaum, war aber Ausschussware: er war viel zu groß, Schädel und Beine waren zu lang, der Rücken war zu gerade, und trotzdem bin ich überzeugt, dass kein Preisrichter dieser Rasse die seelischen Werte meines Bullys erreicht hätte.«

Hundehandel und illegale Methoden der Zucht

Der Bulldog zählt zu den Hunden, die in der Anschaffung relativ teuer sind. Welpenpreise um die zweitausend Euro bei einem seriösen Züchter in Deutschland sind völlig normal und auch in Ordnung. Solche Beträge locken natürlich auch Leute auf den Plan, die hier das schnelle Geld wittern. Tatsächlich wirkt die Situation beim Bulldog geradezu als Einladung an Vermehrer und den Hundehandel. Ein schwacher, in sich zerstrittener Bulldog-Verein im VDH mit kaum überzeugenden Argumenten für die Qualität der eigenen Zucht, ein kaum durchschaubarer Wildwuchs an Bulldog-Zuchtvereinen und -Züchtern, kaum Kontrolle, keinerlei Transparenz über Zucht und Handel geben einen guten Boden für das Gedeihen dieses Gewerbes.

Die offizielle Statistik des VDH weist über viele Jahre hinweg lediglich um die 100 Bulldog-Welpen aus, die dort im Jahr fallen. Insgesamt spricht der VDH von einem Marktanteil von 30% an den legal vermarkteten Welpen aller Rassen. Bei den Bulldogs wird der VDH-Anteil noch erheblich niedriger ausfallen. Denn »Geiz ist geil« gilt für viele Menschen selbst beim Hundekauf. Eine fatale Einstellung, die nicht nur jede Achtung vor dem Tier vermissen lässt, vielmehr selbst ökonomisch äußerst kurzsichtig ist. Denn die »billigen« Welpen aus diffusen Quellen erweisen sich schnell als die teuersten. Die Tierarztkosten übersteigen im nu den Kaufpreis um ein Vielfaches.

400 Millionen Umsatz Euro alleine mit offiziellen Welpen.

BusinessWeek, Nummer 4045, internationale Ausgabe vom 06.08.2007, McGraw-Hill, New York, Titelbild: »Oliver« von Mark Hooper.

Vermehrer, Hundehandel und Nothunde

Es ist morgens um acht Uhr, da klingelt das Telefon bei Leo Geurtzen in Bad Zwischenahn nahe Oldenburg. Leo Geurtzen ist Vorsitzender der Initiative »Bulldogge in Not e.V«. Sein Verein kümmert sich um in Not geratene Bulldoggen. Zusammen mit Eduard Jegodka hat er ein Prinzip entwickelt, das den so genannten Drehtür-Effekt bei Nothunden möglichst verhindern soll. Unter Drehtür-Effekt verstehen die Aktivisten der Szene den Umstand, dass Nothunde von Vermittlung zu Vermittlung problematischer werden. Stellen die neuen Halter fest, dass der Hund nicht zu ihnen passt, wird er wieder abgegeben. Durch die ständigen Veränderungen und fehlende Bezugspersonen werden die Hunde dann erst recht verhaltensgestört. Ein Teufelskreis entwickelt sich, der nicht selten dauerhaft im Tierheim endet. Eduard und Leo nehmen jeden Hund erst einmal in der eigenen Pflegestelle zuhause auf; zumindest solange die Kapazitäten reichen. Die Hunde werden gesundheitlich und psychisch aufgepäppelt. Vor allem werden sie beobachtet und eingeschätzt. Jetzt besteht eine viel bessere Chance, den Hund in ein passgenaues Heim zu vermitteln. Und der Erfolg gibt »Bulldogge in Not« Recht. Leo Geurtzen hat dabei schon viele Schicksale erlebt und manche echten Problemhunde. Aber noch viel mehr Problemmenschen. Den erfahrenen Hundefreunden stockt immer wieder der Atem ob des unverantwortlichen Umgangs mancher Menschen mit ihren Hunden.

An diesem Morgen ist es wieder soweit. Leo Geurtzen erinnert sich: »Ich habe so was noch nie erlebt. Ich bekam heute Morgen einen Anruf von einer besorgten Bulldog Besitzerin. Sie habe sich gestern einen Bulldog geholt und der würde die ganze Zeit röcheln und das würde sich ganz schrecklich anhören. Die ganze Familie hätte die ganze Nacht nicht geschlafen. Ich habe geraten zum Tierarzt zu fahren um den Kleinen, zehn Wochen alt, untersuchen zu lassen. Was soll ich sagen... Sch....! Nein sie möchte das nicht, ich solle den Hund sofort holen! Ich habe gar nicht mehr diskutiert und Gott sei Dank wohnen sie nur zwanzig Kilometer von mir entfernt. ... Gestern den Bully geholt und heute wieder abgeben! Sorry, solche Leute haben keinen Hund verdient! Und da habe ich nur an den Kleinen gedacht.”

Wie sich herausstellt, hat die Frau den kleinen Bulldog-Welpen am Tag zuvor bei einem Hundehändler im nahen Holland gekauft. Für siebenhundert Euro mit allem Drum und Dran. Das ist weniger als die Hälfte, die ein seriöser Züchter nimmt. Gefunden hatten sie den Hundehändler auf der Internetbörse www.Deine-Tierwelt.de. Es ist die größte Handelsplattform für Hunde im deutschsprachigen Raum und leider auch offizieller Premium-Partner des VDH. Dort bot auch besagter Hundehändler »typvolle Welpen« von nicht

weniger als elf Rassen an. Es hätte nicht viel Mühe und Aufmerksamkeit bedurft, um festzustellen, dass es sich um einen Hundehändler handelt. Kaum ein seriöser Züchter betreut mehr als zwei Rassen, elf schon einmal gar nicht. Aber unsere Kurzzeit-Bulldog-Verbraucher hat das kaum interessiert. Hauptsache tausend Euro gespart. Und mit so einer Einstellung sind sie auch an das kleine Welpengeschöpf herangegangen. Er sollte wie ein Steiff-Tier funktionieren, aber Hund und Welpe durfte er nicht sein. Socke war leider noch nicht über den Berg. Bei den Behandlungen stellt sich heraus, dass Socke bereits gegen die meisten Antibiotika resistent ist. Die Entzündungen wollten nicht weggehen. Eine Woche später ist der Bulldog-Welpe tot. Socke hat eine Not-OP nicht mehr überlebt.

Der Hundehandel mit Bulldogs blüht

Im Zuge der Erweiterung der EU ist der Hundehandel zu neuer Blüte gelangt. Da Bulldog-Welpen mit oder ohne »Papiere« einen hohen Preis erzielen, haben sie im Hundehandel Hochkonjunktur. Nur ein Teil der Produktion der Hundefabriken wird über Online-Börsen im Internet oder Kleinanzeigen der Tageszeitungen direkt vermarktet.

Kuckuckswelpen

Viele dieser in Hundefabriken produzierten Welpen landen bei hiesigen Züchtern, oder besser gesagt Vermehrern, die damit ihre eigenen Würfe aufstocken. Schon bei der Planung des Deckens wird der Zeitpunkt soweit möglich mit den Lieferanten in Ungarn oder der Ukraine abgestimmt. Pünktlich werden die Bulldog-Welpen im ungefähr passenden Alter angeliefert. Der Welpenkäufer sieht natürlich immer nur einen Teil der Welpen und auch im Internet wird nie der ganze Wurf mit Mutter gezeigt. So wird der Wurf mit real sechs gefallenen Welpen durch Kuckuckswelpen aufgestockt und dann leicht die doppelte Anzahl an Bulldog-Welpen vermarktet. Bei teuren Rassen wie dem Bulldog sind damit zusätzliche Gewinne von mehr als tausend Euro pro Welpen keine Seltenheit. Für 200 Euro werden die Welpen angeliefert und für mehr als 1.000 Euro obendrauf vermarktet. Fast risikolos können attraktive Beträge erwirtschaftet werden, natürlich brutto für netto.

Hundehandel sollte grundsätzlich verboten werden. Aus Sicht des Wohls und der Gesundheit der Hunde wie auch im Interesse einer guten Sozialisation in unsere Gesellschaft gibt es keinen einzigen Grund für den Handel mit Hund als Ware. Hundeverbraucher, die bei Hundehändlern kaufen, machen sich nach Auffassung des Autors nicht selten der Tierquälerei mitschuldig. Sicher, es ist nicht immer leicht, seriöse Anbieter von un-

seriösen zu unterscheiden. Und selbst das Mitleid mit solchen Welpen und später der Mutter wird von den sich bei den in Online-Börsen und Anzeigenblättern tummelnden Händlern gezielt geschäftlich genutzt und auf einen Mitleidskauf hingearbeitet. Man sollte sich aber nie auf einen Mitleidskauf einlassen und so diese Leute letztlich nur bestätigen.

Nur vor Ort beim Züchter kaufen!

Kaum ein Bulldog von einem seriösen Züchter landet je im Tierheim oder bei Vereinen wie »Bulldogge in Not«. Zum einen haben die Halter durch den Kauf bei einem seriösen Züchter bereits eine gewisse Sorgfalt bewiesen. Zum anderen geben seriöse Züchter ihre Welpen nur in ausgewählte, zum

Vater und Sohn.

konkreten Hund passende Hände. Solche Züchter kümmern sich auch nach der Abgabe ihrer Welpen um deren Wohl. Solche Züchter begleiten ihre Welpen ein Leben lang und freuen sich mit den Besitzern, wenn diese gesund sind und ein hohes Alter erreichen. Es ist für seriöse Bulldog-Züchter geradezu eine Selbstverständlichkeit, dass sie sich um ihre Hunde kümmern, wenn diese, etwa durch Krankheit des Halters, in eine Notlage geraten. Zudem pflegen die meisten Bulldog-Halter Freundschaften untereinander und sorgen auch so für eine Unterbringung ihrer Lieblinge im Notfall. Die Bulldogs aus seriöser Zucht fallen praktisch nie ins »Bergfreie«. Diejenigen Bulldoggen, die doch in Tierheimen landen, stammen fast immer aus dem Hundehandel oder von zwielichtigen Vermehrern und sind zudem oft auch von fraglicher genetischer Abstammung. Es ist ein wesentliches Element des Tierschutzes, dass man seinen Bulldog nur beim sorgfältig ausgesuchten Züchter vor Ort kauft. Hier haben die Bulldog-Halter und Freunde eine grundlegende Verantwortung zu Beförderung einer Zucht im Interesse des Wohls und der Gesundheit unserer Bulldogs.

Der Kampf um den neuen Standard des Kennel Clubs

In Kapitel Zwei haben wir bereits von der Entwicklung zur Wende des »The Kennel Clubs« in Richtung einer Gesundung der Zucht der von ihm betreuten Hunderassen berichtet. Der Kennel Club hat das Patronat über den Bulldog. Das heißt, er ist der weltweit federführend verantwortliche Zuchtverband für den Standard des Bulldogs. So verwundert es nicht, dass die Überprüfung des »Bulldog Breed Standard« zu den ersten Amtshandlungen gehörte, die im Geiste des neuen, auf die Gesundung der Rassehundezucht gerichteten Kurses konkret verfolgt wurden. Im Januar 2009 wurde ein Entwurf zur Diskussion vorgelegt. Zu Beginn dieses Kapitels haben wir alle wichtigen Änderungen des dann im Oktober 2009 vom

Kennel Club verabschiedeten neuen Standards besprochen. Dieser wurde 2011 von der FCI übernommen

Der Standard von 2009 – Grundlage für die Gesundung des Bulldogs

Der neue Standard ist von unschätzbarer Bedeutung für die Zukunft unseres Bulldogs. Mit dem neuen Standard des Kennel Clubs werden die Weichen für eine Gesundung der Bulldog-Zucht richtig gestellt. Er ist eine hervorragende Grundlage für ein Gesundzuchtprogramm auch in allen anderen Ländern wie Deutschland, Österreich oder der Schweiz. Darüber hinaus hat der Kennel Club auch einen »breed health plan« veröffentlicht, der weitere wichtige Hinweise für die Gesundung der Bulldogzucht auf dem Kontinent enthält:

- es dürfen keine Merkmale gezüchtet werden, die den Hund beim Sehen, Laufen oder freiem Atmen behindern können

- die genetische Vielfalt jeder Rasse soll hergestellt und erweitert werden

- glückliche, langlebige und gesunde Hunde sollen das Ergebnis einer jeden Zucht und bei ausnahmslos jeder Rasse sein

Als Maßnahmen zur Erreichung dieser Ziele werden genannt:

- eine entsprechende Revision aller durch den Kennel Club verantworteten 209 Rassestandards; für den Bulldog bereits geschehen

- nur die gesündesten Hunde sollen auf Ausstellungen Preise erhalten, die Zuchtrichter werden entsprechend ausgebildet und angewiesen

- eine umfassende Analyse des gesundheitlichen und genetischen Zustandes jeder Rasse soll durchgeführt und veröffentlicht werden

- eine Gendatenbank und ein Canine Genetics Centre sollen in Zusammenarbeit mit dem Animal Health Trust eingerichtet werden

- Zuchtverpaarungen sollen auch nach den Ergebnissen von DNA-Tests festgelegt werden und müssen die genetische Vielfalt sichern

- jeder angeschlossene Zuchtverband soll diese neue Ethik der Zucht übernehmen und anwenden (Kennel Club's Code of Ethics)

- ein jeder Züchter soll eine Zulassung zur Zucht benötigen, die ihn zur Einhaltung der neuen Standards verpflichtet (Accredited Breeder Scheme)

- darüber hinaus wird der Staat aufgefordert, eine gesetzliche Regelung zu veranlassen, so dass Züchtern, die gegen die o.a. Standards verstoßen, die Zuchterlaubnis und die Erlaubnis zum Verkauf von Welpen entzogen wird.

Ende 2008 hat das britische Parlament seinen Ausschuss für Tierschutz damit beauftragt, die gesundheitliche Perspektive in der Rassehundezucht zu untersuchen. Im November 2009 legte dieser seinen Bericht vor: »A Healthier Future for Pedigree Dogs Report«. *Die Times* vom 03.11.2009 schreibt in einem Artikel von Valerie Elliott: »Der Bericht des nach dem Crufts Skandal eingesetzten Ausschusses fordert Gesundheitszeugnisse für Welpen. Welpen sollen nur mit einer vollständigen medizinischen Anamnese ihrer Vorfahren verkauft werden können, damit neue Eigentümer vor dem Risiko genetisch bedingter Erkrankungen gewarnt werden.

Die Abgeordneten werden empfehlen, dass alle zukünftigen Verkäufe von einem Vertrag begleitet sein müssen, in dem festgehalten wird, dass die

Eltern des Hundes vor dem Zuchteinsatz Gesundheitskontrollen unterzogen wurden, um sicher zu stellen, dass die Welpen frei von genetisch bedingten Erkrankungen geboren werden.

Die Mitglieder des parlamentarischen Ausschusses für Tierschutz befürworten, dass die Züchter durch eine tierärztliche Bescheinigung belegen, dass die Eltern des Hundes vor der Verpaarung auf Gesundheitsprobleme untersucht wurden. Weitere Empfehlungen schließen ein:

- ein gesetzliches Limit für die Zahl der Deckeinsätze eines Rüden, um Inzucht zu verhindern

- stichprobenartige Kontrollen bei Züchtern

- Gesundheitstests von Championhunden vor Zuerkennung der Titel

- Leitlinien zur Information der Käufer, worauf bei der Suche nach einem gesunden Hund zu achten ist

Die neuen Regeln sollten für alle Welpen gelten, die als Haustiere verkauft werden, egal ob sie von einem im Kennel Club registrierten Züchter, einem gewerbsmäßigen Züchter oder jemandem stammen, der die Hundezucht als Hobby zu Hause betreibt.«

Eigentlich sollten die hier angeführten Maßnahmen auf die ungeteilte Zustimmung eines jeden Hundefreundes stoßen, namentlich auch auf die Zustimmung derer, die ja alle »lediglich aus Liebhaberei« Bulldogs züchten. Doch leider stieß diese Entwicklung im Heimatland des Bulldogs nur bei ganz wenigen Bulldog-Züchtern auf Unterstützung.

Der langjährig erfahrene Hundezüchter Georg Scherzer zählt zu denjenigen, die bereits lange vor der Wende auf der Insel leichtere und auf Ge-

sundheit orientierte Bulldogs in Deutschland gezüchtet hatte. Er erklärt auf dem Webportal
www.Bulldogge.de (aufgerufen im April 2010):
»Ich lehne die neue Standardregelung nicht ab,
mir geht sie nicht weit genug. Vor allem mangelt
es gewaltig an der Umsetzung. Von den Bullter-
riern bin ich gewohnt, dass Hunde laufen und
atmen können – ohne Probleme. Das wollte ich
auch bei den Bulldogs erreichen.« Nach der
Wende des Kennel Clubs wuchs allerdings die
Gruppe der Bulldog-Halter und -Züchter, die sich
für ein Gesundzuchtprogramm des Bulldogs ein-
setzen. Auf zahlreichen Websites wurde für den
neuen Standard geworben. Auch meldeten sich
immer mehr Züchter zu Wort, die sich zum neuen
Standard bekannten.

Öffentlich wurde nun selbst von Bulldog-Züchtern
eine Wende in der Bulldog-Zucht gefordert. Der
Bulldog Club Nederland hat 2010 ein umfassen-
des Programm auf den Weg gebracht, das, einen
»nieuwe«, sprich gesunden Bulldog hervorbringen
soll.

Züchter wie Halter in der Verantwortung

Der entscheidende Vorteil des Standards von
2009 ist, dass er kaum noch Raum lässt für züchterische Übertreibungen und Extreme und entsprechende Bestimmungen des FCI-Standards von
2004 im Interesse der Gesundheit der Hunde
korrigiert. Aber auch bereits nach dem alten Standard konnte man gesunde Bulldogs züchten. Das
Züchten nach Vorgaben, wie sie der Standard des
Kennel Club von 2009 nun verbindlich macht,
war eh schon immer eine Selbstverständlichkeit für
Züchter, die einen gesunden und vitalen Bulldog
haben wollten. Und man muss immer bedenken,
dass diese von Menschen ersonnenen Standards
einem Zeitgeist entsprechen, einer Mode und
nicht etwa von der Natur bestimmt sind. Der Bulldog-Standard, ob alt oder neu, beschreibt zudem
im Wesentlichen nur die äußeren Erscheinungen.
Die so entscheidenden inneren Qualitäten des

Bulldogs bleiben im Standard eine Randnotiz.
Zur Realisierung und Absicherung einer gesund-
heitsorientierten Zucht bedarf es einer grundlegenden Wende in der Bulldog-Zucht, einer
gemeinsamen und organisierten Anstrengung aller
an der Zukunft des Bulldogs interessierten Züchter
und Verantwortlichen. Auch die Halter müssen
umdenken und bewusst auf dieses Thema achten.
Auch die Halter müssen ein klares Zeichen für den
gesunden Bulldog setzen. Blindes Vertrauen in die
Zucht hat sich aus Sicht des Wohls der Bulldoggen, aber auch aus dem Interesse des Halters an
einem gesunden Begleiter nicht als tragfähig er-
wiesen. Man muss auch zu Kenntnis nehmen, dass
die Versäumnisse der Zucht nicht nur primär den
Hunden, vielmehr auch den Haltern eine große
Last aufbürden. Neben dem jahrelangen Mitleiden
mit seinem kranken, kaum Luft bekommenden
Hund muss der Halter oft große finanzielle Aufwendungen für dessen medizinische Betreuung
schultern. Hier kommen über die Jahre, wenn
denn der Hund überhaupt alt wird, Summen zusammen, die leicht ein Vielfaches des Kaufpreises
ausmachen. Stellt man sich auf seinen behinderten
Hund ein, so bedeutet dies einen ernsthaften Ein-
schnitt in der Lebensqualität. Tut man dies nicht,
bedeutet es das Ende des Hundes und möglicherweise einen lebenslangen Gewissenskonflikt.
Schließlich will man sich einen Bulldog nicht anschaffen, um dann mit ihm einen langen Leidens-
weg gehen zu müssen, der auch die eigenen
psychischen Kräfte enorm beansprucht. Man leidet ja mit, oft noch mehr als der Hund selbst.
Auch deshalb stehen wir in der Pflicht, alles Menschenmögliche zu tun, dass gesunde Hunde gezüchtet werden.

Eckpunkte zur Zucht eines gesunden Bulldogs

Zunächst einmal sollte eine klare, konsequente
Orientierung an den Grenzen, die der Standard
von 2009 vorgibt, für Züchter, Funktionäre, Richter auf Ausstellungen und auch Halter wie Wel-

penkäufer absolut maßgebend und verbindlich sein. Das alleine ist aber noch keine wirklich tragfähige Lösung. Notwendig ist die Konzeption und Umsetzung eines Gesundzuchtprogramms.

Um aber ein solches Programm aufstellen zu können, bedarf es einer Bestandsaufnahme. Leider gibt es kaum belastbare Zahlen zum gesundheitlichen Zustand der Rasse – weder auf dem Kontinent, noch gar weltweit. Lediglich vom Kennel Club wurden 2010 Zahlen vorgelegt, die aber nur 403 Bulldogs repräsentieren. Die intransparente Situation über den Gesundheitsstatus der Population ist eine direkte Folge der Missstände einer Zucht, die ihre Folgen zu verschleiern sucht. Wer aber nichts zu verbergen hat, muss nichts verbergen. Zudem fehlen Zahlen zum Inzuchtniveau in der Population der Bulldogs weltweit. Die Zoologen unterscheiden bezüglich der Größe einer Population einerseits die Anzahl der Individuen, andererseits die genetisch effektive Population. Durch Inzucht liegt die genetisch effektive Größe der Population immer wesentlich niedriger als sie nach Anzahl der Individuen erscheinen lässt. So kann die zahlenmäßig viel größere Population in einem abgeschotteten nationalen Zuchtverein letztlich nur einige wenige genetische Individuen repräsentieren. Innerhalb einer solchen Population weiterzuzüchten würde auf genetische Qualzucht hinauslaufen, deren Folgen wir vorne schon dargelegt haben. Glücklicherweise ist der Bulldog weltweit verbreitet und das historisch bereits sehr lange, seit weit über hundertfünfzig Jahren. Von daher kann man erwarten, dass es hinreichend viele Linien gibt, die genetisch nicht enger verwandt sind. Ferner fehlen Zahlen zum Verhältnis natürliche Geburten – Schnittgeburten, natürliche Deckakte (Natursprünge) – künstliche Besamungen oder zur Welpensterblichkeit. Wie bei den meisten anderen Hunderassen auch, fehlen in den meisten Ländern Zahlen zum erreichten Lebensalter und zur Todesursache. Lediglich seriöse Züchter, die die Welpen aus ihrer Zucht eine Hundeleben lang im Auge haben, können hier

eine verlässliche Bilanz ziehen.

Für die erste Phase eines Gesundzuchtprogramms auf Basis des 2009er Standards kann man aber ungeachtet dieser schlechten Voraussetzungen einige Eckpunkte anführen:

Rote Karte für Extremzucht

Konsequente Durchsetzung von Zucht und Bewertung ausschließlich nach dem neuen Standard des Kennel Clubs. Merkmalen, die zulasten des Wohls und der Gesundheit der Hunde führen, muss konsequent die Rote Karte gezeigt werden. Eine Übergangszeit sollte eingeräumt werden.

Zusammenarbeit unter den Rasseclubs entwickeln

Es kann nur dem Wohl der Hunde dienen, wenn sich die Rasseclubs untereinander austauschen und abstimmen würden. Ideal wäre eine aktive Zusammenarbeit, ein Austausch der Genpools wie der Erfahrungen untereinander. Auch könnte so gezielter Front gemacht werden gegen Vermehrer und Hundehändler auf nationaler wie internationaler Ebene.

Zuchttauglichkeitsprüfung

Eine Grundbedingung für die Zulassung zur Zucht wäre eine echte Zuchttauglichkeitsprüfung. Hier sollte nicht in erster Linie der Formwert der Hunde, vielmehr ein ernsthafter Gesundheitscheck zur Voraussetzung werden. Die fatale Rangfolge erst Formwert, dann Gesundheit muss umgedreht werden. Schließlich sollte der Charakter der Hunde als dritte Säule etabliert werden. Dann sollten Mindestanforderungen aus genetischer Sicht an eine Verpaarung gestellt werden, zur Vermeidung von Inzucht für den konkreten Wurf, zum anderen aber auch im Interesse des Erhalts der genetischen Vitalität der Population. Der VDH hat bereits mit Wirkung von 2010 an vorgeschlagen, Bewertungen auf Ausstellungen und Zuchtzulassung zu trennen. Das Championat auf einer Show soll nicht mehr automatisch eine Zulassung zur Zucht bewirken.

Genetische Vitalität

Um die Zukunft der Bulldog-Population zu sichern, ist es unbedingt notwendig, Inzucht zu vermeiden und die genetische Vielfältigkeit der Population zu sichern. Es sollte strikt darauf geachtet werden, English Bulldogs miteinander zu verpaaren, die so wenig wie möglich miteinander verwandt sind. Diese Zuchtmethode nennt man auch »Auszucht« oder »Outcross«. Ein gezielter Austausch unter den Vereinen sollte hierzu gefördert werden. Die Anzahl der Deckakte bzw. Samenspenden der einzelnen Rüden sollte strikt begrenzt werden.

Die Zulassung zur Zucht sollte nach diesen Kriterien bestimmt werden:
1.) Gesundheit und Vitalität
2.) Charakter und Wesen
3.) Genetik
4.) Formwert

Natürliche Fortpflanzung

Die natürliche Reproduktionsfähigkeit der Hunde sollte Schritt für Schritt wiederbelebt werden. Künstliche Besamungsmethoden oder sonstige Begattungs »-hilfen« sind abzulehnen und nur in für die Population wichtigen Ausnahmefällen zugelassen. Hündinnen sind nach zwei Schnittgeburten aus der Zucht zu nehmen. Es sollte alles dafür getan werden, dass von der Begattung bis hin zur Aufzucht der Welpen nach und nach die natürlichen Instinkte und Fähigkeiten der Hunde zum Tragen kommen.

Ausstellungswesen

Entsprechend müssen auch die Richter auf Ausstellungen ausgebildet und angewiesen werden. Zudem sollte zumindest übergangsweise vor dem Laufen im Ring eine unabhängige Gesundheitsüberprüfung erfolgen. Nur frei atmende, gesunde Bulldogs sollten überhaupt zu Ausstellungen zugelassen werden; eigentlich eine Selbstverständlichkeit und eine Mindestanforderung an den Tierschutz. Und, wie bereits oben gesagt, soll die Bewertung auf einer Show keine Auswirkung auf die Erteilung der Zuchttauglichkeit haben.

Dokumentation und Offenheit

Es bedarf zugleich einer grundlegenden Wende in der Informationspolitik der Bulldog-Zucht in Deutschland, Österreich oder der Schweiz. Die Zuchtstatistiken müssen für die Öffentlichkeit nachvollziehbar bekannt gemacht werden. Es ist heute technisch überhaupt kein Problem mehr, eine umfassende Transparenz über die Zucht zu schaffen. Auch die Kosten hierfür liegen in vernachlässigbaren Größenordnungen. Es gibt bereits Software, mit der man die Entwicklung der Rasse anhand von Eckdaten eines jeden einzelnen Hundes bis zu gut einhundert Jahren zurückverfolgen kann, wie es beispielsweise bei der Windhundrasse Whippet seit Jahren praktiziert wird. Züchter und Zuchtvereine, die die Daten ihrer Zuchthunde und die Ergebnisse ihre Zucht nicht offen legen, haben auch kein Vertrauen verdient.

Kosten

Kritiker mögen jetzt einwenden, dass solche Maßnahmen zu hohe Kosten verursachen mögen. Zunächst einmal sollten Kosten kein Argument zur Rechtfertigung von Versäumnissen in der Zucht oder gar zur Rechtfertigung von Leid für die Hunde sein. Tatsächlich ist die Bulldog-Zucht schon heute sehr aufwändig. Denn aus den genannten, vielfältigen Gründen ist die Zucht mit hohen Risiken verbunden. Im schlimmsten, aber leider nicht so seltenen Fall, droht der Verlust der Mutterhündin samt Welpen. Auch hat der seriöse Züchter sehr viel Arbeit in die ersten Wochen der Welpen zu investieren, da nur wenige Bulldog-Mütter noch weitgehend selbständig ihre Welpen nähren, pflegen, behüten und erziehen können. Die veterinärmedizinische Betreuung des Ganzen bringt auch nicht unerhebliche Kosten mit sich.

Gesundung der Zucht hat sogar ökonomisch eine positive Bilanz

Und selbst rein aus ökonomischer Sicht rechnet sich die Gesundung der Zucht. Nur die Veterinäre und Tierpharma-Anbieter verlören dankbare Kunden – aus ihrer Sicht. Auch Züchtern und Haltern stände aus diesen Gründen ein ökonomisches Plus ins Haus, das über die Lebenszeit des Hundes immer größer würde. Die oben angeführten Mehrkosten für ein Gesundzuchtprogramm, die sich

Wie wird die Zukunft des Bulldogs aussehen?

dann zumindest in der Anfangszeit in höheren Welpenpreisen niederschlagen könnten, würden so locker wieder wett gemacht. Trotzdem wird ein Bulldog immer seinen Preis haben.

Das Extreme hat kurze Beine

Wenn wir nur dreißig Jahre und mehr zurückschauen, so wird deutlich, dass die ganz extremen Übertreibungen auch von zeitlich kurzer Dauer sind. Der Bulldog wird seit mehr als 170 Jahren als Begleithund gezüchtet, mit all den bei anderen Rassen auch bekannten negativen Folgen für Vitalität und Gesundheit. Doch er blieb bis in die 70er Jahre des 20. Jahrhunderts ein im Kern gesunder Hund. Schauen wir uns, wie in Kapitel Zwei geschehen, den »ursprünglichen« Bulldog aus den ersten 130 Jahren seiner Zucht als Begleithund an, so sehen wir:

- Er war leichter, höher und sportlicher gebaut – und trotzdem unverkennbar Bulldog.

- Er hatte durchweg kleinere Köpfe.

- Er hatte keine so extrem breiten Schultern.

- Er war zwar immer flachschnäuzig, hatte aber wenigstens etwas Fang.

- Er hatte keine so starke Befaltung des Kopfes, insbesondere keine Nasenfalte und erst recht keine solche, die über die Nase reicht.

- Er hatte eine kleine, nach unten locker hängende Rute, weder eine Stehrute noch eine Korkenzieher- oder Knickrute.

Einkreuzung anderer Rassen nur als Ultima Ratio

Neben der Option eines Gesundzuchtprogramms und damit dem Weg, der durch den Kennel Club seit 2008 bereits ganz offiziell verfolgt wird, plädieren manche für die Einkreuzung von Hunden anderer Rassen. Das Kreuzen von Rassen untereinander hat immer den Vorteil, dass quasi per Definition Schluss mit Inzucht ist – zumindest in dieser ersten Generation. Das Kreuzen nicht verwandter Tiere bringt zudem den so genannten Heterosis-Effekt hervor, der eine besondere Robustheit und Vitalität der Nachkommen verspricht. Allerdings wirkt dieser Effekt nur für die eine Kinder-Generation und verliert sich danach. Mit dem Einkreuzen einer gezielt ausgewählten fremden Rasse oder gezielt ausgewählter Individuen außerhalb der Zuchtbücher kann man gezielt bestimmte Schwächen der anderen Rasse auszugleichen versuchen. Ob und wie das gelingt, kann im Vorhinein niemand mit Bestimmtheit sagen. Hundezüchten ist nicht mit Kuchenbacken nach Rezept zu vergleichen. In der Hundezucht gilt die Faustregel, dass eine einmalige Einkreuzung nach fünf Generationen nicht mehr als rasseuntypisch erkennbar sei. Allerdings bezieht sich diese Regel nur auf das Äußere, den Phänotyp. Vergleichbare Werte zum Charakter gibt es nicht.

Der Bulldog selbst war ja über Jahrhunderte hinweg immer wieder selbst der Hund, der zur Verbesserung anderer Rassen genommen worden war. Bei nicht wenigen Rassen zählen Bulldoggen zu den Gründungsvätern und -müttern. Dabei war in erster Linie sein Charakter von Interesse. Der sagenhafte Mut und die Leidenschaft des Bulldogs sollten andere Rassen im wahrsten Sinne des Wortes befruchten. Doch bei den heutigen Kreuzungsexperimenten mit unserem Bulldog spielt sein Charakter leider nur eine untergeordnete Rolle.

Die sogenannten Rassebeschreibungen der Bulldog-Mischlinge verlieren sich dann auch in Äußerlichkeiten und aus der Luft gegriffenen Behauptungen. Was den Charakter angeht, so ist man hingegen nicht wählerisch. Sogar Terrierblut wird zur vermeintlichen Verbesserung des Bulldogs akzeptiert. Dabei ist der Charakter des Terriers das genaue Gegenteil eines jeden Molosser-Charakters und ganz speziell auch des Bulldogs. In der Geschichte der Molosser wurde immer peinlich darauf geachtet, diese nicht mit Terriern zu kreuzen. Bei der Begründung der Zucht als Rasse um 1860 und danach wurde mit höchster Priorität dafür gesorgt, dass kein Terrierblut in die Gründungspopulation gelangte. Die historischen Gründe sind dieselben wie heute. Nur in der harten Kampfhundeszene hatte man Bulldogs mit Terriern gekreuzt, um damit besonders aggressive und kampfbereite Hunde zu erzeugen. Auch die alten Bulldog-Züchter vor 1800 hatten es tunlichst vermieden, Terrier in den Bulldog einzukreuzen. Zu unkontrollierbar wurden diese Mischlinge. Es ist ja gerade eine Säule des einmaligen Bulldog-Charakters, dass ihm zur Kontrolle und Steuerung seines Mutes und seiner Kampfeskraft als Antipode die außergewöhnliche Liebenswürdigkeit und sein Phlegma, wie es Strebel 1904 nannte, angezüchtet wurden. Das Wesen und der Charakter der Molosser allgemein wie auch des Bulldogs speziell stehen dem des Terriers diametral gegenüber. Damit wird in keiner Weise der Terrier abgewertet, nur sind es halt unterschiedliche und in Teilen nicht kompatible Qualitäten die hier die Welt der Hunde bereichern und alle ihren Platz und ihre Berechtigung haben. Mit solchen Einkreuzungen würde der Bulldog beerdigt und nicht verbessert oder gar gerettet.

Wir haben in den ersten beiden Kapiteln bereits gesehen, dass sich über Hunderte, ja Tausende Jahre hinweg der Charakter des Bulldogs in Antipoden herausgeformt hat. Die härtesten, teils widersprüchlichen Anforderungen des Menschen haben diesen einmaligen, nicht nur für Bulldogger wundervollen Charakter möglich werden lassen. Dieses Erbe, ja Kulturgut, darf nicht durch Einkreuzungen gefährdet oder gar unwiederbringlich zerstört werden. Die einzige Rechtfertigung hierzu wäre die Alternativlosigkeit, ein desaströser genetischer Zustand der Rasse weltweit, der keinerlei Aussicht auf Besserung zulässt. So oder so würde diese Lage faktisch das Ende des echten Bulldogs bedeuten, ob als »genetischer Tod« oder durch Einkreuzung fremden Blutes. Einkreuzungen sind nur als die Ultima Ratio zu akzeptieren, denn sie bergen den Verlust dieser Rasse, dieses Kulturgutes Bulldog in sich. Doch ein Nachweis der Hoffnungslosigkeit für den Bulldog, aus eigener Kraft zu gesunden, ist nie erbracht worden. Es wäre heute reine Spekulation, zu entscheiden, ob Einkreuzungen letztlich notwendig sind oder nicht. Es gibt aber nicht wenige stichhaltige Argumente für die begründete Hoffnung, dass der Bulldog weltweit genug Potenzial hat, aus eigener Kraft zu gesunden.

Zuversicht für den gesunden Bulldog

In diesem Kapitel musste auf viele Missstände hingewiesen werden. Leider, aber es ist nur eine nüchterne Widerspiegelung der Realität. Es kann nicht im Interesse unserer Bulldogs sein, über solche Missstände weiter hinwegzusehen, wegzuschauen. Nur Hinschauen kann eine Änderung bewirken. Es ist auch nicht das Ansinnen dieses Buchs, nur einen weiteren Hochglanz-Werbeprospekt für diese Hunde aufzulegen. Dafür lieben wir diese Hunde zu sehr. Wir brauchen als Bulldog-Liebhaber keinen Werbetext, der einseitig nur Schokoladenseiten auftischt; solche gibt es im Übrigen bereits zuhauf. Natürlich hoffen wir, dass etwa spätere Auflagen dieses Buches hier wesentlich freundlicher gefasst sein können und einige Erfolge dokumentieren werden. Und für diesen Ausblick, für diese Zuversicht, haben wir einige gute Gründe.

Die meisten Qualzuchterscheinungen sind beim Bulldog evident. Mit ein bisschen mehr Wachsamkeit sind Züchter, die weiterhin übertypisierte Bulldogs züchten, leicht auszumachen. Der Bulldog ist Extreme in der Zucht seit langem gewohnt. Er muss die kommerzielle Ausbeutung seiner Erscheinung bereits seit mehr als hundertfünfzig Jahren ertragen. Nur auf Grundlage seiner über Jahrhunderte andauernden, extremen Selektion nicht nur als Kampfhund konnte er diese Ausbeutung durch den heutigen Menschen überhaupt durchstehen, überleben. Der alte Bulldog hatte seinen Nachfahren für ihre künftige Rolle als Begleithund um 1830 eine extrem robuste Basis in die Wiege gelegt. Von diesem Erbe zehrt er noch heute – aber wie lange noch?

Es ist schon fast zynisch, wenn man von einem Vorteil durch Extremzucht und Qualzucht sprechen soll. Aber es ist hinsichtlich der Zucht wohl die einzige positive Seite dieser krassen Fehlentwicklung speziell zwischen 1970 und 2000, dass diese bereits ausgereizten Perversionen in seiner Zucht keinen Spielraum mehr für weitere Auswüchse und neue Experimente der Zucht ließen und zudem in gewissem Rahmen ungewollt der Inzucht entgehen wirkte. So beschrieb der FCI-Standardvorsitzende Dr. Hans Räber noch 1992 den Gendefekt Blue-Merle im dem Buch *English Bulldog* von Imelda Angehrn als harmlos. Glücklicherweise folgte diesem Rat kaum ein Bulldog-Züchter. Die Züchter wussten von dem zusätzlichen Risiko, das mit einem solchen weiteren Defekten verbunden ist. Sie verzichteten daher auf die durch den Blue-Merle-Effekt produzierte neue Farbvariante. Im Qualzuchtgutachten der deutschen Bundesregierung von 1999 wird schließlich empfohlen, auf die Zucht mit Merle-Trägern ganz zu verzichten. So blieb der Bulldog von diesem unter Rassehunden gezielt verbreiteten Gendefekt verschont, um nur ein Beispiel anzuführen. Durch die Zucht verbreitete Erbkrankheiten, die heute viele augenscheinlich gesunde Rassen plagen, scheinen beim Bulldog daher nur

eine vergleichsweise untergeordnete Rolle zu spielen.

Nicht zuletzt konnten die ihm durch die Zucht aufoktroierten Extreme des Körperbaus nur durch Hündinnen, fortgepflanzt werden, die im Kern noch robust genug waren, die Risiko-Schwangerschaften mit den übergroßen Föten und deren Geburten zu überstehen. Diese Zuchthündinnen konnten jeweils nur zwei- oder dreimal eingesetzt werden. Es ist nun die Ironie der Geschichte, dass Extremzucht und hieraus folgende Geburtsschwierigkeiten dem Bulldog selbst im Kernland seiner Showzucht dann ein vergleichsweise gutes genetisches Potenzial erhalten haben. Eine Untersuchung von 2,2 Millionen Hunden aus zehn Rassen, darunter dem Bulldog, anhand der Zuchtbücher des Kennel Clubs seit 1970 brachte ein solches Ergebnis. Die Autoren stellten fest, dass bei der Zucht des Bulldogs signifikant mehr Hündinnen zum Einsatz gekommen sind, als bei den anderen Rassen. Das wiederum wirkte über Jahrzehnte der genetischen Verarmung der Population entgegen. Gerade in diesem Bereich drohen nunmehr die Errungenschaften der Reproduktionsmedizin zu einer weiteren Gefährdung der Existenz des Bulldogs zu werden.[62]

Per Saldo ist der Bulldog aber nicht kranker als die meisten heutigen Rassehunde, was nicht für den Bulldog, sondern gegen den Stand der Rassehundezucht insgesamt spricht. Bei den Krankenversicherungen für Hunde ist der Bulldog in einer mittleren Kategorie eingestuft, da, wo die meisten Rassen vertreten sind.

Sein wichtigstes Potenzial ist aber die historisch gewachsene, weltweite Verbreitung. Der Bulldog war nie irgendwo besonders häufig. Doch über das British Empire ist der Bulldog bereits seit hunderten von Jahren fast flächendeckend und weltweit verbreitet. Den Bulldog gibt es auf allen Kontinenten und in praktisch allen Klimazonen. Es gibt Bulldog-Zuchtvereine in Südafrika und

---

[62] Calboli et al., *Population Structure and Inbreeding From Pedigree Analysis of Purebred Dogs*, 2008

Finnland, in Japan und Neuseeland, Argentinien und Alaska, Russland wie Australien. Es spricht einiges dafür, dass der Bulldog zu den weltweit am weitesten verbreiteten Hunderassen zählt. Es gibt zudem viele historisch gewachsene Bulldog-Populationen, die mit den unterschiedlichsten klimatischen Bedingungen zurechtkommen und, wie in den Staaten des früheren so genannten »Ostblocks«, nur selten mit Exemplaren aus den Populationen anderer Regionen verpaart wurden. Und die Reproduktionsmedizin, die mit ihren Tiefkühl-Besamungstechniken diese Vorteile der getrennten regionalen Verbreitung latent zunichte machen kann und wird, solange man ihr keine engen Grenzen durch die Zucht oder den Gesetzgeber aufzeigt, spielt erst seit kurzem eine Rolle in der Bulldog-Zucht.

Von daher besteht begründeter Anlass zur Hoffnung, dass es ein hinreichendes genetisches Potenzial in der weltweiten Bulldog-Population gibt, die eine Gesundung nachhaltig ermöglicht.

Die zweite große Säule der Hoffnung für den Bulldog liegt in uns Menschen. Es bleibt die Hoffnung, dass es genug Tierfreunde, genug echte Bulldogger, genug Bulldog-Men und Bulldog-Women, schließlich genug seriöse Bulldog-Züchter gibt, die diese Wende in der Zucht endlich herbeiführen und auch praktisch durchzusetzen. Die Bulldoghalter haben die Marktmacht und damit ein wichtiges Pfund in der Hand.

Natürlich darf man keine Adhoc-Effekte erwarten. Selbst unter optimalen Bedingungen braucht eine solche Wende um die zwei Jahrzehnte. Eine Übergangsphase ist schon alleine deswegen nötig, damit nicht die heutigen Zuchthündinnen, da für die Züchter nun wertlos geworden, von heute auf morgen entsorgt werden und so nur zusätzliches Elend entsteht. Man wird auch nicht alle hier beschriebenen Folgen einer Fehlentwicklung über Jahrzehnte innerhalb einer Bulldog-Generation korrigieren können, unterstellt, sie können überhaupt korrigiert werden. Die Quote der Schnittgeburten etwa wird nur nach und nach gesenkt und erst nach vielen Jahren zur Ausnahmeerscheinung werden können. Hier muss man den Züchtern Raum lassen.

An der Stelle wollen wir der vielen Bulldog-Hündinnen gedenken, die unermessliche Leiden und Blutopfer für menschlichen Irrsinn ertragen mussten und auch heute noch müssen. Ihr Leid muss endlich ein Ende haben.

Der Kennel Club hat das Startzeichen und eine hervorragende Grundlage für eine Wende in der Bulldog-Zucht gegeben. Packen wir's an!

Seine Zukunft liegt in unseren Händen.

Kapitel 6
The Bulldog Spirit

Der Bulldog ist eine alte Hunderasse und seit langem weltweit verbreitet. Er ist aber nirgendwo häufig anzutreffen. Er ist überall selten und doch ist er überall bekannt. Die Gestalt eines Bulldogs kennt jedes Kind. In Natura haben aber nur ganz wenige Menschen je einen Bulldog gesehen und wirklich kennen tun ihn die allerwenigsten. Trotzdem ist er der Hund, der am meisten und längsten vom Menschen erwünschte Tugenden symbolisieren soll. Es gibt unzählige Sportvereine gerade in den USA, Kanada, Großbritannien und weiterer Staaten des früheren Commonwealth, die den Bulldog als Symbol ihrer Kampfkraft und ihres Mutes brauchen. Der »Bulldog Spirit« wird in fast jeder Ausgabe einer Sport-Gazette angerufen und selbst im Wirtschaftsteil der Times vertraut man ihm in schwierigen Zeiten. Zahlreiche Firmen setzen auf das Ansehen des Bulldogs in ihrem Namen oder im Logo und noch wesentlich mehr vertrauen der Anziehungskraft des Bulldogs in ihrer Print- oder TV-Werbung. Der Bulldog genießt offenbar das Vertrauen der Menschen. Kaum ein Hund, der so oft und so vielfältig als Werbeträger eingesetzt wird. Auch Hollywood setzte nicht selten auf den Bulldog. Nicht nur in den Zeichentrickfilmen der Warner Brothers oder Walt Disneys hat der Bulldog seinen festen Platz.

Es ist schon bemerkenswert: Der Bulldog ist ein seltener Hund, kaum einer kennt ihn live, aber zugleich gibt es keine andere Hunderasse, die in der Menschheit einen so breiten und tiefen Eingang gefunden hat. Über alle Schichten und ganze Epochen der Menschheit hinweg ist der Bulldog als ein Symbol der Menschen in Gebrauch. Der Bulldog ist seit Jahrhunderten Symbol in Politik und Wirtschaft, Kultur und Literatur, von William Shakespeare bis Jack London. Es gibt kein Jahrzehnt, mindestens seit dreihundert Jahren nachweisbar, in dem der Bulldog nicht als geschätztes Symbol menschlicher Tugenden in Gebrauch war. Andere Hunderassen, wie die deutschen Schäferhunde Rin Tin Tin oder Rex oder der legendäre Collie Lassie haben es phasenweise sicher zu noch größerer Popularität gebracht. Doch eben nur phasenweise. Warum aber wurde ausgerechnet unser Bulldog zu einem solchen Kulturgut? Warum wurde der Bulldog überhaupt zu einem Kulturgut, und das weit über seine unmittelbare Bedeutung als alte Hunderasse hinaus?

Der Bulldog Spirit nicht nur fürs Empire

In seinem Mutterland war der Bulldog schon immer Thema höchster Politik. Der König von England, Heinrich VI., ließ um 1480 alle Bulldogs für die Arenen des Kampfes aufhängen. Sie waren ihm zu gefährlich geworden. Seine Enkelin, Queen Elizabeth I., die Begründerin des British Empire, war dagegen ein erklärter Fan des Bulldogs, wie überhaupt fast alle Königinnen und Könige auf der Insel. Die Queen hofierte regelmäßig den Siegern der Kampfarenen. Mut, Wille und Kampfeskraft dieser Bulldogs sind noch heute legendär. Und es waren auch sehr nützliche Tugenden zum Aufbau eines weltumspannenden Empire.

In den historischen Protokollen des britischen Parlamentes finden wir unzählige Stellen, wo der Bulldog für die Staatsraison herhalten musste. Meist wurde auf den Bulldog gezeigt, um an den Durchhaltewillen, den Mut, die Zuversicht und die Kampfkraft der eigenen Nation zu appellieren. Selbst in Deutschland und Österreich ward der englische Bulldog ein Symbol für deutsche Tugenden. »Treu wie ein Bulldog«, so rühmt ihn 1837 die Zeitschrift Wiener Zuschauer, Zeitschrift für Gebildete oder das Magazin für die Literatur des Auslandes, das 1865 von dessen Zähigkeit schwärmt. Der Bulldog fungiert seit Jahrhunderten als Namensgeber und Signet für Schiffe, Lastwagen, Flugzeuge, Traktoren, Sportvereine und Hunderte menschliche Tugenden nicht nur in Großbritannien.

Der Nationalhund der Briten

In einer innenpolitisch schwierigen Zeit nach der blutigen Niederschlagung einer Protestwelle gegen Steuererhöhungen im Juli 1736 appellierte Horace Walpole, Earl of Orford, an den Bulldog Spirit der Nation.[63] In seiner Rede vor dem House of Commons beschwor der Sohn des damaligen Premierministers die Tapferkeit des Bulldogs, der immer ohne große Worte seinem Feind in die Augen schauen würde. Auch für Machtdemonstrationen anderer Art musste der Bulldog herhalten. Die Briten demonstrierten den kolonialisierten Völkern anhand des Muts und der Kampfkraft der Bulldoggen ihre eigene Stärke und vermeintliche Überlegenheit. John Fryer berichtet 1698 in seinem Buch A new account of East-India and Persia, wie mit den Kämpfen der Bulldogs Eindruck am persischen Hof gemacht wurde.

Zu jener Zeit wurde John Bull geschaffen. John Bull, der untersetzte Mann in Frack, dem Hemd aus einer britischen Flagge, Kniebundhosen, Union-Jack-Weste und Zylinder, wird fast immer von einer Bulldogge begleitet. Sein geistiger Vater John Arbuthnot entwarf diese Figur 1712 zunächst für die politische Satire. John Bull stellte dann aber über drei Jahrhunderte die nationale Personifikation der Briten dar. Mit John Bull und

Bulldog wurden bis in den Zweiten Weltkrieg hinein die Kräfte der Nation beschworen. So wundert es auch nicht, dass sich auch die Gegner des United Kingdom dieser Figuren bedienten, doch dazu später.

Die viel zitierten Tugenden des Bulldogs wurden über die Kunstfigur »John Bull« immer wieder als Gleichnis für den britischen Nationalcharakter herangenommen.

Zahlreiche Schiffe und namentlich auch britische Kriegsschiffe wurden auf den Namen Bulldog getauft. Selbst in der Zeit, als das Ansehen des Bulldogs auf seinem Tiefpunkt war, war es immer noch nicht so tief gesunken, dass man auf ihn als Namensgeber verzichten wollte. 1845 wurde die HMS Bulldog als Kreuzer der Royal Navy vom Stapel gelassen. Hundert Jahre später, 1941, war es ebenfalls eine HMS Bulldog, die die erste Enigma von U-110 bergen konnten. Die Kaperung dieser Verschlüsselungsmaschine der Deutschen war ein bedeutender Schritt zum späteren Sieg der Alliier-

---

[63] The history and proceedings of the House of Commons, 1742, S.131: » ...its Example to my Countrymen: I mean, our brave English Bull-Dog, who always feizes upon his Enemy at once, and without making the least Noise before-hand

ten. Noch heute hören mehrere Schiffe der Royal Navy auf den Namen Bulldog. Und auch anderes Kriegsgerät wie Schusswaffen, Flugzeuge, Transporter oder Panzer kamen zu solchen Ehren.

Ron Martin aus Sheffield und sein Bulldog treten zu verschiedenen Anlässen immer wieder einmal als die »lebende Legende« John Bull auf – sehr zur Freude des Publikums!

»Nationalhund« Bulldog

Abraham Lincoln schrieb während des Sezessionskrieges einen Brief an General Ulysses Grant, er solle den Feind mit einem Bulldog-Griff festhalten und soviele wie möglich kneten und erdrosseln. Die US-Army bedient sich gerne des Bulldogs. Zahlreiche Einheiten tragen den Bulldog als Namen oder haben ein solches Maskottchen. Der Bulldog kam so zu teils unrühmlichen Ehren, etwa als »Bulldog Brigade« im zweiten Irak Krieg. Der Militär-Theoretiker James K. Wither sinniert hier über das Verhältnis von Briten und US-Amerikanern unter dem Motto »British Bulldog or Bush's Poodle«. Aber auch etablierte, große Einheiten haben es mit dem Bulldog. Die United States Air Force Academy, Cadet Squadron 13, nennt sich »The Bulldawgs« und die 3. Infantrie Division der US Army trägt ihn offiziell als Nickname. Zum Ende des Ersten Weltkriegs veröffentlichte der US-Offizier Frederic William Wile ein Buch unter dem Titel Explaining the Britishers: The Story of England's Mighty Effort in Liberty's Cause, as seen by an American. Aus Sicht eines Amerikaners sollten die Tugenden der Briten erklärt und verstanden werden. Das Buch hat neun Kapitel und eines dieser neun Kapitel trägt den Titel »The Bulldog Breed«. Wile schreibt: »Es ist eine Eigenschaft des Briten, die Deutsche nicht verstehen können. Er weiß nie, wann er geschlagen worden ist. Daher wurden die Männer der britischen Rasse auch als ʹThe Bulldog Breedʺ bekannt.«[64]

Anerkennung und Ächtung

Wo eine solch markante Figur eine Weltmacht symbolisiert, liegt nahe, dass die vielen Gegner dieser Weltmacht auch deren Symbol unter Beschuss nehmen. Sollte man meinen. Denn so einfach ist es beim Bulldog nicht; zumindest nicht aus deutscher Sicht. Die Deutschen hatten schon immer eine nicht nur heimliche Sympathie für ihn. Im gewiss nicht an Nationalismus armen deutschen Kaiserreich versuchte man noch, den Bulldog zu einem Deutschen oder doch zumindest

---

[64] Frederic William Wile, *Explaining the Britishers: The Story of England's Mighty Effort in Liberty's Cause, as seen by an American*, 1919, S. 99ff

Kontinental-Europäer zu machen. In Kapitel Zwei haben wir schon von Heinrich von Werdens Versuch gehört, den »englischen Bulldog einfach als Bulldog ohne fremdländische Bezeichnung zu benennen« – was interessanterweise durch die Engländer später dann aus eigenen Stücken geschah. Auch die deutsche Opposition bemühte gerne den Bulldog. Die satirische Wochenzeitschrift »Der Simplicissimus«, die von 1896 bis 1944 erschien, trug als Wappentier eine rote Bulldogge auf schwarzem Grund, die ihre Ketten zerrissen hatte.

Erst die Hitler-Faschisten erkannten in ihrem Rassenwahn auch den Bulldog als vermeintlichen Feind. Ihre kranke »völkische Ehre« schien durch einen Hund befleckt zu werden. Als später Winston Churchill Kriegspremier wurde, war das Feindbild mit Bulldog perfekt, zumal sich Churchill, wie die meisten seiner Vorgänger auch, der Symbolkraft des Bulldogs bediente. Selbst die Russen nannten Churchill daher »the British Bulldog«. Die

Winston Churchill, wie ihn die Karikaturisten sahen.

Karikaturisten in aller Welt liebten es, den Premier und späteren Literaturnobelpreisträger Winston Churchill als Bulldog darzustellen. Privat war Churchill im Übrigen kein Bulldog Man. Er war ein Pudel-Liebhaber und nannte seine Pudel immer Rufus.

Wie wir aus den Berichten von Otti Heermann und Wilhelm Herz wissen, wurden Bulldog-Halter und ihre Hunde selbst von den Nazis beleidigt und bedroht. Es wurde als »undeutsch« erklärt, einen Bulldog zu halten oder gar zu züchten. Selbst Kynologen wie Professor Otto Fehringer ließen sich zu nationalistischer Hetze gegen Hunde, wohlgemerkt die vierbeinigen Caniden, hinreißen. Wie man den Deutschen Schäferhund gegen den Protest des Rassegründers Rittmeister von Stephanitz zum edlen Wolfsabkömmling verklärte und als deutschen Nationalhund vereinnahmte, so ächteten die Faschisten den Bulldog als Ausgeburt von Dekadenz, als »Zerrbild eines Briten; dazu noch eine Stummelpfeife ins Maul und John Bull ist fertig.« So Fehringer.

Menschen sehen aus wie ihre Hunde

Bleiben wir bei Churchill. Er wäre der ideale Bulldog Man. Alles würde bei ihm passen als Bestätigung der oft kolportierten Regel, dass Menschen

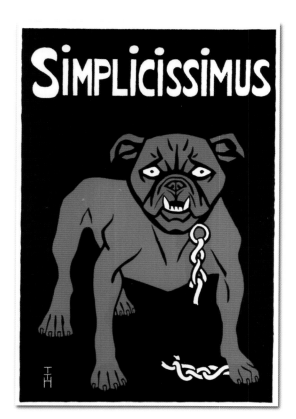

wie ihre Hunde aussähen. Oder Menschen würden sich gleich die passenden Hunde aussuchen. Nur leider ist Churchill, wie wir gerade gesehen haben, nie Bulldogger, sondern immer Pudel-Mann gewesen. Churchill hat sich nur der Symbolik des Bulldogs bedient und in Notzeiten den Bulldog Spirit beschworen. Man wird sicher bei jeder Hunderasse Halter finden, die wie Topf und Deckel augenscheinlich zusammenpassen. Manche Bildbände sind so entstanden. Mit dem gleichen Recht und derselben Methode hätte man auch ein genau gegenteiliges Ergebnis präsentie-

fehlt, die Ähnlichkeit der Bulldogger untereinander wird kaum selbst nur ein wenig größer sein, als die von Menschen untereinander ganz allgemein. Zwar haben Wiener Forscher gezeigt, dass sich Hunde ihren Menschen anpassen, aber rein äußerlich haben Bulldogs kaum Chancen, hier zum Erfolg zu kommen, sieht man nicht gerade wie Churchill aus. Was den Charakter angeht, so ist es ja durchaus wichtig, dass Mensch und Bulldog zusammenpassen. Das ist aber ein Thema für unser Kapitel, wer denn zum Bulldog passt und wer sich keinen anschaffen sollte.

Auschnitt aus einem Werbetrailer für das Handy Sony Ericsson Vivaz.

ren können. In der Zeitschrift Berliner Federzeichnungen von 1861 wird sogar behauptet: »Die Freunde und Besitzer von Bulldogs nehmen dagegen sehr bald eine auffallende äußere Ähnlichkeit zu ihren Schützlingen an.«

Doch wir haben schon sehr genau mitbekommen, dass einen Bulldog primär sein markanter Charakter denn seine nicht minder markante Physiognomie auszeichnet. In der Symbolik der Politiker und Kulturschaffenden kommt genau dies auch zum Ausdruck. Wie soll man nun Bulldogger anhand ihrer äußeren Erscheinung erkennen können? Schauen wir einmal auf Bulldog-Treffen. Dort sind ja locker einhundert Bulldogger versammelt, die nun alle etwa gleich aussehen müssten. Weit ge-

Bulldog Spirit – Entdeckergeist

Der große Naturwissenschaftler Charles Darwin, der Begründer der Evolutionslehre, hatte sich des Öfteren mit dem Bulldog auseinandergesetzt. Für ihn war der Bulldog ein Paradebeispiel für die Variationsfähigkeit der Arten. Gerade von den verschiedenen Religionen kommt bis heute heftiger Widerstand gegen Darwins Theorien, da sie die Lehre von einer Schöpfung in sieben Tagen ad absurdum führt. Umso heftiger war der Widerstand zu Lebzeiten Darwins, der mindestens als Gotteslästerer diffamiert wurde. Aber Darwin hatte viele Mitstreiter. So den Biologen Thomas Henry Huxley, der zu jener Zeit das noch heute hoch angesehene Magazin *Nature* begründete. Huxley war ein glühender Verfechter der Evolutionstheorie und wurde deswegen auch als Bulldogge Darwins bezeichnet.

Der spätere Admiral Sir Francis Leopold McClintock startete 1860 auf der HMS Bulldog zur »Bulldog Expedition« der Royal Geographical Society nach Grönland und in die Arktis. Seine Aufgabe war die Suche nach Trassen und Anlandungsstellen zur Verlegung des ersten transatlantischen Kabels. Die Bulldogge als Verfechter neuer Errungenschaften aus Naturwissenschaft und Technik.

Der ungebrochene Bann der Bulldogge

Auch heute ist die Symbolkraft des Bulldogs ungebrochen. Es gibt hunderte, ja tausende Bulldogs, die sich Menschen als ihr Symbol ausgesucht haben. Besonders beliebt ist der Bulldog im anglo-amerikanischen Raum, aber nicht nur dort. Wir finden den Bullog auf allen Kontinenten nicht nur live, vielmehr und verbreiteter als Symbol. Leute, die Bulldog Devotionalien sammeln, müssen schier verzweifeln ob der Fülle an Stücken, die immer weiter und immer wieder neu ihre Sammlung ergänzen müssten.

Sport

Der Bulldog Spirit ist in der Welt des Sports eine feste Hausnummer. Namentlich beim American Football oder beim Rugby, Sportarten, die evident die Eigenschaften des Bulldogs fordern, aber auch beim Fußball, Eishockey oder Hockey haben wir alleine über dreißig höherklassige Teams, die den Bulldog im Mannschaftsnamen tragen. Darüber hinaus gibt es unzählige Universitäten, deren Sportteams der Bulldog als Maskottchen dient, darunter prominente Unis wie Yale oder Georgetown. Nicht weniger beliebt ist der Bulldog als Maskottchen von Schulen. In den USA gehen die Schulen in die Hunderte, die sich mit Bulldog schmücken. Etliche Sportler haben den persönlichen Nicknamen »Bulldog« wie Bulldog Turner, alias Clyde Douglas Turner, ein US-Football-Profi oder Bulldog, Orel Hershiser, ein Baseball-Profi.

Butch the Bulldog

In Hollywoods berühmten Zeichentrickfilmen, Serien und Cartoons, sowohl von Walt Disney als auch den Warner Brothers spielen Bulldogs durchgängig eine feste Rolle. Ob als Hector the Bulldog in verschiedenen Sylvester und Tweety Serien oder Butch the Bulldog bei Micky Maus oder Spike the Bulldog in Tom und Jerry. Erstaunlich sicher treffen die Zeichner den Charakter der Bulldogge, wenn gleich seine Cleverness regelmäßig etwas zu schlecht wegkommt. Auch in zahlreichen weiteren Trickfilmen werden Bulldogs parodiert wie Mr. Beefy, der sprechende Bulldog in Little Nicky, Jimmy, der fette Bulldog in South Park, Belvedere, die Bulldogge des Oberst in Dog Gone South oder die Pokemon-Figuren Snubbull und Granbull.

Bulldog als Serviettenring: DieZahl der Devotionalien ist fast unendlich. Sammlung Dr. Fleig.

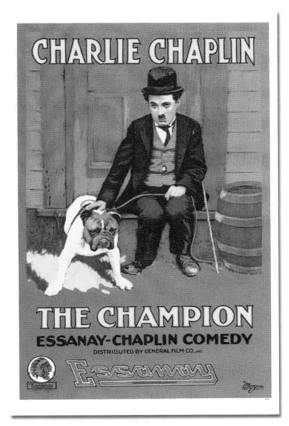

Charlie Chaplin zeigt sich 1915 in der Werbung für seinen Film »The Champion« mit Bulldog. Alain Belmondo gibt einem seiner Filme gleich den Titel »Die Bulldogge«. Die britische Filmkomödie »The Bulldog Breed« beschreibt 1960 schließlich Szenen aus dem oben beschriebenen Royal Navy Milieu. »Bulldog Films« ist der Markennamen des Film-Pioniers Will Barker. Auch in der Musikszene hat der Bulldog Zeichen gesetzt. Mehrere Bands, aus Argentinien, USA und dem United Kingdom tragen seinen Namen, ebenso wie etliche Songs.

Bulldog macht mobil

Es ist wieder bemerkenswert, dass unser Bulldog selbst beim Thema Mobilität deutliche Spuren hinterlassen hat. Das würde man eher etlichen anderen Hunderassen zutrauen. Aber es gibt unseres Wissens nach kein Fahrzeug, das nach einem Schäferhund oder Dackel benannt wurde. Den Bulldog findet man hingegen bei praktisch allen Fahrzeugtypen. Selbst bei der Werbung für Reifen setzte die Industrie auf die Wirkung des »Getreuen« als zuverlässigen Diener und wachsamen Beschützer eines jeden Kraftfahrers.

Reifenwerbung um 1925.

*Mack Trucks werden seit 1917 offiziell nach
dem Bulldog benannt.*

Wir haben oben schon von Flugzeugen, Schiffen oder Panzern gehört, die nach ihm benannt wurden. Yamaha brachte 2001 ein Motorrad mit Namen Bulldog heraus, das sich durch einen großvolumigen Zweizylinder-Motor mit hohem Drehmoment auszeichnet. Nissan brachte 2010 den Cube heraus, der intensiv mit Bulldog beworben wurde. Auch Honda hatte ein Modell Namens Bulldog im Programm. Ende der 70er Jahre brachte sogar die englische Nobelschmiede Aston Martin einen superstarken, futuristischen Sportwagen heraus, den sie Bulldog nannten. Die bekanntesten Namensträger auf vier Rädern sind aber zweifellos der Lanz Bulldog und die Trucks von Mack.

Mack Trucks werden seit 1917 offiziell nach dem Bulldog benannt. Die Firmenzeitschrift tituliert unter »Bulldog« und jede dieser mächtigen Zugmaschinen trägt einen massiven Bulldog aus Chrom und Stahl auf dem Kühler. Auch das Mack Logo wird von einem stehenden, manchmal sogar vergoldeten Bulldog gekrönt. Es wurde 1932 patentiert. Im Online-Shop von Mack kann man Bulldog-Devotionalien kaufen, wie wohl kaum anderswo sonst. T-Shirts, Hosen, Wetterfestes, Caps, Büroutensilien, Uhren und natürlich auch LKW-Modelle gibt es mit dem Bulldog darauf. Auch Bulldogs als Puppen, Schlüsselanhänger, Bulldogs aus massivem Metall oder auf Wunsch auch aus echtem Granit sind bei Mack erhältlich. Bei der britischen Tabak-Edelmarke Dunhill kann man fast die gleiche Bulldog-Figur aus echtem Sterling Silber ordern. Merchandising mit Bulldog funktioniert prächtig. Und das ist keine Erkenntnis moderner Marketing-Strategen.

Der Lanz Bulldog

Fast so berühmt wie sein Namensgeber ist der Lanz Bulldog. Just zu der Zeit, als sich der Bulldog aufmachte zum Rassehund »aufzusteigen«, baute im fernen Mannheim Heinrich Lanz an seiner Re-

paraturwerkstatt. Später fertigte Lanz Dampfmaschinen und dann Lokomobile, Dampfrösser, die auf den Straßen fuhren. Zur Weltausstellung 1910 in Brüssel stellte Lanz sogar das größte Lokomobile der Welt mit nicht weniger als 1.000 PS vor. Nach dem Ersten Weltkrieg stellte man auf Schlepper für Speditionen, Kohlehändler und die Landwirtschaft um. 1921 dann die Geburtsstunde des anderen Bulldogs. Unter diesem Namen starteten die Produkte der Heinrich Lanz Mannheim Aktiengesellschaft ihren Siegeszug um die ganze Welt. Auch in Deutschland sind Lanz Bulldogs noch immer legendär und lassen das Herz eines jeden Technikbegeisterten höher schlagen. Gestandene Landwirte, die modernste High-Tech-Traktoren beherrschen, treibt es noch heute ein breites Grinsen ins Gesicht, wenn sie die ersten Kolbenschläge ihres alten Lanz Bulldogs vernehmen. Noch heute gibt es alleine in Deutschland mehrere Clubs von Bulldog-Freunden. Wahrscheinlich ist die Zahl der Freunde und Besitzer der vierrädrigen Bulldogs mindestens so groß wie die der vierbeinigen.

Dass der Bulldog zu solchen Ehren kam, ist eigentlich eine Sensation. Man stelle sich vor – der Name eines britischen Nationalhundes, genau der Nation, gegen die man noch vor kurzem in die Schützengräben eines brutalen Krieges getrieben worden war, für ein deutsches Produkt und dann noch ein Produkt, das sich an bodenständige, eher konservative, und wohl auch eher national gesinnte Kundschaft richtete. Die Inhaber einer Kohlehandlung zu dieser notleidenden Zeit oder die großen Bauern, die sich einen Lanz Bulldog leisten konnten, waren kaum das Klientel der Internationalen. Alles spricht dafür, dass unser vierbeiniger Bulldog in der ersten Hälfte des 20.Jahrhunderts bei unseren Ur- und Ur-Ur-Großeltern ein hohes Ansehen genoss. Aus der Zeit vor dem Ersten Weltkrieg wissen wir es nicht nur anhand der aufgeblühten Bulldogzucht wie auch der Beschreibungen der Kynologen. Und der Erfolg des Lanz Bulldog ist ein weiterer sehr starker Hinweis. Hätte

LANZ
Eil-Bulldog

Das Logo der englischen Brauerei Well's & Youngs Brewing Company ziert verschiedene Bierdosen und -flaschen.

unser Bulldog selbst kein über jeden Zweifel erhabenes Ansehen selbst in Deutschland, das zudem optimal zu einer starken, unverwüstlichen Zugmaschine passt, so hätte Lanz niemals diesen Namen gewählt und erst Recht nicht Erfolg damit gehabt. Und selbst in den dunklen, rassistisch geprägten Zeiten des Faschismus in Deutschland behielten die damals schon berühmten Schlepper aus Mannheim ihren Namen und ihren Ruhm im Zeichen des britischen Nationalhundes. Und vielleicht war es auch ein wenig dieses Ansehen des Lanz Bulldog, das Bulldoggern wie Otti Heermann und Wilhelm Herz half, ihre vierbeinigen Bulldogs lebendig und gesund durch diese Zeit zu bringen. »Wahrscheinlich ist Tierliebe stärker als Völkerhass und das ist auch gut so,« meint dazu Lanz Bulldog-Kenner Dirk Pflückhahn.

»Behandle den Bulldog wie Pferd Ochs und Kuh, dann sparst du viel Geld und hast deine Ruh!« So lautet die Empfehlung in der Broschüre "Lanz dient dem Kunden", wie Pflückhahn auf seiner Website zum Thema berichten kann. Und wenn man heute mit oder ohne seinen vierbeinigen Bulldog zu einem der immer wieder begeisternden Treffen der vierrädrigen Verwandtschaft fährt, so spürt man regelrecht deren gemeinsame Seelen.

Bulldog in Flaschen, Chips und anderswo

Es gibt unzählige weitere Artikel, Produkte oder Dienstleistungen, die unter dem Namen Bulldog firmieren, darüber hinaus auch Namensgebungen für Tiere oder Landmarken. So gibt es eine ganze Familie von Fledermaus-Arten, die auf den Namen Bulldogg hören, zumindest wenn sich Zoologen unterhalten. Im Lateinischen nennt man diese Bulldogg-Fledermäuse dann Molossidae. Oder die Bulldog-Krabbe, die ein paar Etagen unter der Fledermaus lebt. Ein paar Etagen wieder höher, in den Gebirgen Papua Neu Guineas, hat man einen Wanderweg nach ihm benannt.

Der edle Sekt aus der Privatkellerei Geldermann, Breisach am Rhein, wird mit einem Bulldog beworben. Auch derbere Tropfen wie etwa Bulldog Strong Ale, Bulldog Root Beer oder Bulldog Gin erfreuen zur rechten Zeit den Genießer, wie auch eine gute Bulldog-Tabakspfeife, ein Klassiker der Pfeifenraucherzunft. Im Amsterdamer Bulldog Café werden dagegen nicht selten andere Dinge geraucht und die japanische Fastfood-Kette Bulldog hat da sicher Gesünderes im Sortiment. Selbstverständlich ist auch die Verbindung »Churchill und

Lemon Brew aus Australien.

Bulldog« ein Thema des Marketings, das nicht nur Versicherungen, Internetprovider und Werbeagenturen nutzen. Eine »The Bulldog Collection« kann auch Stühle für Unternehmen meinen, Stühle für Menschen, wie es die Firma Knoll International meint. Zahlreiche Modekollektionen setzen ebenfalls auf die Anziehungskraft des Bulldogs im Label. Bei Magnat stand der Bulldog lange Jahre Pate für hochwertiges Hifi und bassige Boxen. Im nicht so angenehmen Zusammenhang kommen die Bulldog Clamps in verschiedenen Variationen am Operationstisch der Kliniken zum Einsatz. Nicht nur Microsoft nahm den Bulldog, um seiner Software einen Namen zugeben, hier ein Zusatzprodukt für Office, auch einige andere Softwarepakete, besonders aus dem Sicherheitsbereich, nennen sich so. Natürlich gibt es den Bulldog auch auf Briefmarken, wahrscheinlich so häufig wie ansonsten keine andere Hunderasse. Schließlich soll hier noch die Abteilung Rescue 2 Brooklyn des New York City Fire Departments erwähnt sein, die bei 9/11 ganz vorne im Einsatz war. Auch sie nennt sich Bulldog. Alleine um die zweihundert Artikel beginnen in der englischen Wikipedia mit dem »Bulldog«.

Auch der bekannte amerikanische Schriftsteller Truman Capote hatte ein besonderes Faible für Bulldoggen.

Bulldog Prominenz

Zahlreiche Prominente aus den verschiedensten Branchen und aller Welt haben sich als Bulldog-Liebhaber geoutet. Manche zeigen sich wohl deshalb mit Bulldog, um von der Prominenz und den Sympathie-Werten dieses Charakter-Hundes zu profitieren, gerade wenn es selber an solchen mangelt. Manche sind aber auch ganz verrückt nach ihren Bulldogs und zeigen sich als echte Bulldogger.

Der US-amerikanische Schauspieler, Schriftsteller und Drehbuchautor Truman Capote (1924–1984) war so ein Bulldog Man. Selbst bei Dreharbeiten in Europa wollte er nicht ohne seinen Bulldog-Rüden Charlie und später seine Hündin

Maggie sein, die er einmal sogar in seinem Privatjet nachfliegen ließ. Über dreißig Jahre seines kurzen Lebens verbrachte er mit ihnen. Von Freunden und Kollegen wurde er selbst oft als Bulldog bezeichnet. Regisseur John Huston wurde bei Dreharbeiten Zeuge, wie der kleine, »verweichlicht wirkende« Capote sich mit Humphrey Bogart prügelte und diesen »wie eine Bulldogge« zu Boden boxte, so berichtet es Jürgen Christen in Schriftsteller und ihre Hunde. Auch Capote lässt Bulldogs in seinen Büchern und Erzählungen, wie »The dogs bark: public people and private places« auftreten.

Roger Whittaker lebt seit vielen Jahren mit zwei Bulldoggen zusammen. Einige weitere Bulldogger, die man auch unter Prominenz findet sind George Clooney, Calvin Coolidge, Peter O'Tooley, Tennessee Williams, Olivia de Havilland, Stan Lee, Adam Sandler oder Jesse Ventura.

Bulldog in der Literatur

Es gibt Dutzende Bücher über den Bulldog. Meist sind es mehr oder eher weniger taugliche Rassebeschreibungen und nicht selten nur Plagiate von Klassikern wie von Edgar Farman oder allgemeine Hunderassenbeschreibungen, worin der Bulldog lediglich per Copy&Paste gelangte. Es gibt aber auch einige Erzählungen, wo der Bulldog eine zentrale Rolle spielt und teils hervorragend portraitiert wurde. Man denke nur an Bulmina − The Courageous Bulldog von Lita Eitner-England, Bully − Erlebnisse einer Bulldogge im hohen Norden von Harold McCracken, The Shaman´s Bulldog von Renaldo Fischer oder Meine Englischen Bulldoggen von Riccarda Gregor-Grieshaber. Besonders hervorzuheben ist *Peter und sein Freund Bulli*, ein wunderbares Kinderbuch von Lili Martini mit den schönen Zeichnungen von Wolfgang Felten, die schreibt: »Bulli ist nämlich ein sehr gescheiter Hund, von dem der alte Knecht Franz sagt: 'Der hat Menschenverstand!'« Rosemarie Hetzner nennt sogar ein Liederheft für Kinder *Mein Bulldog der macht Dog Dog...* In etlichen Krimis trägt ein Bulldog zur Spannung bei, wie bei Herman Cyril McNeile *Bulldog Drummond*, bei Boris Akunin in *Pelagia and the White Bulldog* oder Keith Jordan in *Die Bulldogge*.

Auch in etlichen Werken der klassischen Literatur von William Shakespeare bis Jack London werden Bulldogs vorgestellt. Im *Oliver Twist* von Charles Dickens spielen zwei Bulldogs mit, wie auch beim *Huckleberry Finn* von Mark Twain. In *Der Bilderschmuck der deutschen Sprache in tausenden volksthümlicher Redensarten* hält Herman Schrader 1896 fest: »Er hat Muth wie ein Bulldog«, sagt man gewöhnlich von einem Menschen, der mit Zähigkeit, Verbissenheit und Rücksichtslosigkeit ein Ziel verfolgt. Auch in der *Geschichte des Dramas, Band 11* stellt Julius Leopold Klein 1866 den »weltbekannten Bulldog« als Figur neben den »Vogel Greif«.

Und Heinrich Heine schreibt 1862 in einem Brief aus Paris: »Man unterhält hier in warmen Ställen und füttert mit dem besten Fleisch eine Meute von Bulldoggen, Jagdhunden und andern aristokratischen Vierfüßlern.«[65]

Heinrich Heine dichtete in Ramsgate König Langohr I.:

Der gekrönte Esel bildete sich
setzt ein, dass er einem Löwen glich;
Er hing sich um eine Löwenhaut,
Und brüllte wie ein Löwe so laut.
Er pflegte Umgang nur mit Rossen
Das hat die alten Esel verdrossen.
Bulldoggen und Wölfe waren sein Heer,
Drob murrten die Esel noch viel mehr.
Doch als er den Ochsen zum Kanzler erhoben,
Vor Wuth die Esel rasten und schnoben.
Sie drohten sogar mit Revolution!

[65] Heinrich Heine über Ludwig Börne, 1862

Nicht so aristokratisch geht es in Kanada um 1900 zu. In dem gleichnamigen Roman lässt Jack London den fünfjährigen Wolfsblut, gegen einen Bulldog kämpfen. Wolfsblut ein geschickter Kämpfer, der schon oft gegen andere Hunde kämpfen musste und immer siegreich war, erlitt gegen Bulldog Cherokee seine erste und finale Niederlage. Die Bulldogge kämpft geschickt, beharrlich, ausdauernd und konsequent ohne jede Hektik. Wolfsblut, der die geschundene, wilde Natur des amerikanischen Nordens repräsentiert, wird schließlich von der Bulldogge, die im Dienste der gierigen Landnehmer kämpft, bezwungen. Beide sind letztlich unfreiwillige, missbrauchte Akteure in diesen Kämpfen. Beide so kampfstarken Hunde sind selbst nur Opfer einer profitgierigen, rücksichtslosen Gesellschaft, bedeutet uns Jack London.

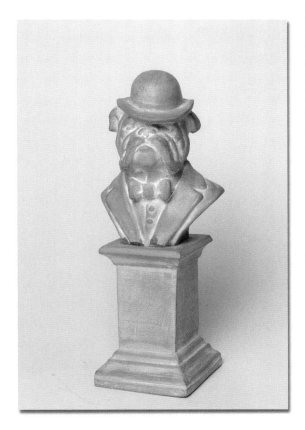

Very british.

Der Bulldog als Teil unserer Kultur

Der Mensch hat zweifellos ein besonderes Verhältnis zu seinem Bulldog. Er ist der Hund mit stärksten Ausstrahlung auf den Menschen, und das mit historischer Konstanz und erstaunlicher Breite auf allen Kontinenten. Der Bulldog ist bereits als Hunderasse ein Kulturgut. Er hat es aber geschafft, auch darüber hinaus, losgelöst von seinem Dasein als lebendiger Hund, Teil unserer Kultur zu werden. Als Spiegel bestimmter menschlicher Eigenschaften gehört er zum Repertoire des Sports, der Künste, der Medien, der Forschung, der Wirtschaft. Er ist seit Hunderten von Jahren das Symbol einer großen Nation und andere neideten ihn ihr. Man spielte schon immer mit dem Bulldog, um den Menschen zu erreichen.

Der Bulldog hat so ein Eigenleben entwickeln, das sich von seinem eigentlichen Leben entkoppelt hat. Die Facette der Eigenschaften, die er für die Menschen in Tausenden von harten Jahren herausgebildet hat, schallt nun als Echo auf die Menschen zurück. Die Menschen schauen auf den Bulldog, rufen seinen Spirit an. Er verkörpert bestimmte Eigenschaften so überzeugend, dass er selbst zu einem Symbol dieser Eigenschaften wurde.

Der Bulldog wurde wie kaum ein anderes Tier überhaupt von und für den Menschen geformt und verformt. Trotzdem hat er sich seinen einmaligen Charakter erhalten, einen Charakter, den er zur optimalen Erfüllung seiner Dienste für den Menschen brauchte. Aber vielleicht, nein bestimmt, hat er sich im Stillen über all die Jahrhunderte und Jahrtausende hinweg ein wenig Autonomie bewahrt, ein Stück selbstbestimmtes Ich, einen innersten Kern, den der vor jedem Zugriff der Menschen bewahren konnte. So kann er uns selbstbewusst gegenübertreten. So erwirbt er sich den Respekt und die Achtung der Menschen. So hat er das Fundament für eine echte Partnerschaft, eine Freundschaft, die keinen Diener kennt.

Kapitel 7
Ein Bulldog – Mein passender Hund?

Die Partnerschaft zwischen Mensch und Hund ist etwas ganz Besonderes. Es gibt kein Tier, das so intensiv und so umfassend auf ein Zusammenleben mit dem Menschen eingestellt ist, wie der Hund. Und so kann der Hund auch den Menschen am besten verstehen. Er kann das Zeigen mit den Armen und Fingern richtig deuten und sogar die Bewegungen unserer Augen ablesen. Hunde können sich sogar in die Lage ihres Menschen hineinversetzen. Sie habe die Fähigkeit zu Empathie, eine Fähigkeit, die man lange als für den Menschen einzigartig ansah. Hunde haben selbst ihre eigene Kommunikation menschenfreundlich eingerichtet. Das Bellen haben sie ausschließlich für den Menschen entwickelt, Wölfe bellen nur ansatzweise und das ganz selten.

In den vielen tausenden Jahren des Zusammenlebens oder besser Zusammenarbeitens hat der Mensch ganz unterschiedliche Talentente der Hunde gebraucht. Entsprechend entwickelte er Hunde mit ganz unterschiedlichen Fähigkeiten. In den ersten beiden Kapiteln haben wir einen Eindruck gewonnen, welche Fähigkeiten bei den Vorfahren unseres Bulldogs gefragt waren. Und diese trägt der Bulldog auch noch heute in sich; sicher nicht mehr so ausgeprägt wie in seinen aktiven Zeiten als Arbeitshund und das ist auch gut so. Diese sehr unterschiedlichen, teilweise gegensätzlichen Fähigkeiten, Eigenschaften, Wesensmerkmale bilden in ihrer Ganzheit seinen prägnanten, einmaligen und unverwechselbaren Charakter. In Kapitel Drei haben wir ein Portrait dieses Hundes, unseres Bulldogs, gezeichnet.

340 Spezialpakete Hund

Es gibt mehr als 340 anerkannte Hunderassen. Jede einzelne dieser Hunderassen hat ihre speziellen, unverwechselbaren Fähigkeiten und Wesensmerkmale. Entsprechend stellen sie auch jeweils ihre speziellen Anforderungen an Halter und Haltungsbedingungen. Der entscheidende Vorteil der Rassehundezucht ist, dass man mit relativ hoher Wahrscheinlichkeit weiß, was für ein Paket Hund man erhalten wird, wenn man den Welpen einer bestimmten Hunderasse zu sich holt. Diese Kenntnis ermöglicht uns auch zu prüfen, ob dieser Hund wirklich zu den eigenen Lebensvorstellungen und -möglichkeiten passt.

Das passende Paket Hund – Rassehundezucht als Tierschutz

Auch der Welpe hat ein Anrecht darauf, dass wir diese Prüfung ernst nehmen. Denn nur so kann gewährleistet werden, dass er ein artgerechtes, befriedigendes Leben haben wird. Insofern ist die Rassehundezucht ein Plus für den Tierschutz, denn es können die passenden Paare Mensch – Hund mit wesentlich höherer Wahrscheinlichkeit zusammenfinden. Lange vor der endgültigen Entscheidung für eine bestimmte Hunderasse sollte man daher mit dem Gedanken an die spezielle Hunderasse schwanger gehen und sich selbst gegenüber bei allen möglichen Gelegenheiten ehrlich prüfen, ob genau dieses spezielle Paket Hund zu einem passen würde. Und der Bulldog ist ein sehr spezielles Paket.

Wesentlich – das Wesen der Hunde

Meistens werden die einzelnen Rassen nach ihrem Äußeren beschrieben und auch wir selbst definieren den Hund in Gedanken oft ebenso. Doch die Unterschiede im Wesen sind viel wesentlicher. Bei einem hochbeinigen Deutsch Drahthaar mit 60 cm Widerristhöhe und vierzig Kilo Gewicht oder einem Teckel aus Arbeitslinie mit gerade einmal neun Kilo relativieren sich diese Unterschiede in der Gestalt und Höhe ganz schnell angesichts einer besonders hervorstechenden Eigenschaft beider Hunderassen, dem Jagdtrieb. Wenn man mit dem beiden gleichermaßen angeborenen Jagdtrieb nicht umgehen kann, ist es im Grunde zweitrangig, ob der Hund nun neun oder vierzig Kilo wiegt, der eine hoch und der andere tief liegt. Als Jagdhunde fordern beide die jagdliche Führung und Arbeit. Beide würden als Wohnungs- und Familienhunde gleichermaßen vor die Hunde gehen und ihre Halter zugleich permanent nerven. Bei den meisten Hunden ist das Erbe ihrer aktiven Zeit als Arbeitshund noch immer recht lebendig und präsent, auch wenn sie seit Generationen bereits als Begleithunde gezüchtet werden. Sie wollen arbeiten und sie müssen auch zur Arbeit herangezogen werden, um nicht zu verkümmern und in deren Folge frustriert Fehlverhalten zu zeigen. Der Bulldog ist da anders.

Der Bulldog, ein spezielles Spezialpaket Hund

Es gibt eigentlich nur wenige Hunderassen, die ohne mit ihnen zu arbeiten problemlos gehalten werden können und sich ohne Arbeit geradezu wohl fühlen. Die so genannten Schoßhündchen, die bereits seit Jahrhunderten als reine Begleithunde der Hofdamen gehalten wurden, zählen hierzu. Wir haben gesehen, dass der Bulldog nie als Begleithund an irgendwelchen Höfen diente. Der Bulldog war bis in das 19. Jahrhundert hinein

ein vielfältig eingesetzter, knallharter Arbeitshund. Trotzdem hat er es überraschend schnell gelernt, sich sozusagen auf die faule Haut zu legen. Der Bulldog hat seine Zeit als Arbeitshund hinter sich gelassen, seine damaligen Fähigkeiten aber nicht zur Gänze.

Der Bulldog braucht keine Arbeit, aber Bewegung

Er hat andere, schöne Seiten des Hundelebens entdeckt. Er weiß die Freundschaft zum Menschen zu schätzen, wenn er nur die Gelegenheit hierzu erhält. Der Bulldog will sich bewegen, Neues erleben, in der Natur herumstöbern, mit seinesgleichen balgen. Aber er will vor allem eines, die enge Beziehung zu seinen Menschen. Er macht es seinen Menschen zugleich leicht, diesen Wunsch zu erfüllen. Aber er hat ein paar wenige Bedingungen dann doch. Die erste lautet, dass man ihn und seinen Charakter bitte zu respektieren habe. Ein Bulldog ist niemals der Diener seines Herren. Der Bulldog ist Partner und er respektiert auch, dass er nur Junior-Partner ist. Befehle kann er nicht mehr hören, Kasernenhofstil gleich gar nicht. Auch sprachliche Dauerbeschallung mag er nicht, selbst wenn das Wort »Bitte« gleich hundertmal dabei vorkommt und der Tonfall einer Baby-Sprache gleicht. Einer ruhigen Bitte seines Herrchens oder Frauchens ist er nicht abgeneigt und prüft sie in der Regel wohlwollend. Irgendwelche Bestätigungen ob toller sportlicher Erfolge oder gar Tanzpokale beim Dog-Dancing interessieren ihn nicht im Geringsten. Doch es freut ihn umso mehr, wenn er seinen Menschen eine Freude bereitet hat. Und vielleicht gerade weil er sich die letzte Prüfungs- und Entscheidungshoheit vorbehält, ist der Bulldog ein wunderbarer, disziplinierter, leichtfüßiger Begleiter.

Der Rat von Otti Heermann

Die große Bulldog-Frau, Otti Heermann, die selbst ihr ganzes Leben mit Bulldogs verbracht hatte und diese sogar unbeschadet durch die Nazi-Zeit rettete, hat uns ihren Rat hinterlassen: »Wer einen Hund zum Nachlaufen hinter dem Rad, Wagen oder Pferd haben will, oder der ihn auf langen Märschen begleiten soll, für den ist der englische Bulldog nichts, der schaffe sich eine andere Rasse an. Für den durchschnittlichen Spaziergänger aber ist der richtig ernährte Bulldog ein guter Begleiter, auf den man sich verlassen kann. Natürlich ist der Bulldog kein Hund für Jagdzwecke. Ich möchte vorerst erwähnen, was man vom Engländer sagt: ruhig, zurückhaltend, vornehm, ausdauernd, ein guter Sportsmann. Das passt auch auf unseren Bulldog, den Nationalhund Englands. Er ist mutig und unerschrocken, wenn es gilt, seinen Herren und dessen Eigentum zu verteidigen. Er ist ein eigenartiger, ruhiger, nicht aggressiver Hund und nicht weichlich. Sehr wichtig ist es – besonders für Neulinge – nachdrücklich zu sagen, dass man den Bulldog nicht verprügeln darf. Wenn er aus den ersten kindlichen drei Monaten heraus ist, gehorcht er schon auf Wort und Blick – ein erhobener Zeigefinger genügt zur Erziehung, einen so anständigen, charakterlich besonders wertvollen Hund darf man niemals prügeln! Er ist auch kein Hund für nervöse und hysterische Frauen. Er verlangt eine ruhige und gleichbleibende Hand.«[66]

»Once a Bulldog Man – Always a Bulldog Man«

Einmal Bulldog, immer Bulldog, galt über hundert Jahre hinweg als Lebenserfahrung der Bulldog-Freunde. Das gilt auch heute noch, aber nur mehr zum Teil. Wer einmal die Faszination dieser Hunde, ihres unverwechselbaren Charakters und Wesens gespürt hat, wird sie nie mehr vergessen. Entweder man mag ihn oder man mag ihn nicht. Aber wenn man ihn mag, dann sitzt der Stachel tief. Trotzdem gilt die Losung »once a bulldog

[66] Otti Heermann, zitiert in *Der Englische Bulldog*, Kari Wolfsjäger, 1976

bulldog man« heute nur noch be-
ჲg-Liebhaber wie der Schauspieler,
...utzer und Autor von Hundebüchern Gert
Haucke haben sich nach zweimal Bulldog schließlich andere Rassen ins Haus geholt. Haucke
konnte die Auswirkungen der Extremzucht, das
damit verbundene Leiden seiner Lieblinge nicht
mehr ertragen. Im Herzen war er Bulldog Man geblieben und bedauerte diesen Verlust bis zu seinem Lebensende. Und es erging nicht nur ihm so.

Passe ich zum Bulldog?

Wenn man zum ersten Mal mit dem Gedanken
spielt, sein Leben künftig mit einem Bulldog zu teilen, so sollte man sich die Frage so stellen: »Passe
ICH zum Bulldog?« Sie werden mit einem Bulldog
nur glücklich, wenn sie mindestens diese drei
Grundbedingungen erfüllen:

- sich auch emotional auf eine tiefe Partnerschaft einlassen wollen

- und einen starken, eigenwilligen Charakter
  neben sich nicht nur dulden, sondern vielmehr schätzen

- und auch einmal ruhig in den Tag hineinge-
  hen können.

Der Bulldog kann lange alleine sein, aber er
braucht die tiefe Bindung.

Sport und Bewegung

Ein Bulldog will täglich Bewegung haben, will laufen, sprinten, schnüffeln. Er ist dabei durchaus an-
spruchsvoll, was Abwechslung angeht. Er will nicht
immer dieselbe Runde gehen. Nur mal täglich
rund um den Block, da wendet er sich not amused
ab und zeigt demonstrativ sein Missfallen. Er will
gerne Neues auskundschaften und entwickelt zu-

gleich klare Vorlieben für bestimmte Ecken. Der
Bulldog ist kein Sportler und hat auch nicht den
ausgeprägten Bewegungs- und Arbeitstrieb der
meisten anderen Hunderassen. Allerdings kann er
durchaus immer wieder einmal beachtliche sportliche Leistung hinlegen, wenn es gerade passt. Er
kann auch mal einen faulen Tag einlegen und er
neigt auch zu Trägheit. Es wäre aber fatal, zu denken, der Bulldog wolle keine Bewegung. Er will sie
und er braucht sie auch. Was sportliche Betätigung
angeht, so hat er aber eigene und individuelle Prä-
ferenzen. Bulldogs lieben kleine Rauferein und
Zerrspiele mit Herrchen oder Frauchen und am
besten mit anderen Bulldogs. Sich an etwas dran-
hängen, mit festen, lange anhaltenden Biss, der so
schnell nicht mehr los gelassen wird, das ist nach
wie vor eine Spezialität des Bulldogge, auch wenn
es heute kein Ohr oder keine Schnauze eines Stieres sein muss. Allerdings ist der Bulldog definitiv
kein Hund für Leute mit ausgesprochen sportli-
chen Ambitionen, gleich welcher Art, ob nun körperliche oder geistige Leistungen abverlangt
werden sollen.

André Sauvain, der inzwischen von vier Bulldogs
begleitet wurde, berichtet:
Wer guckte als Kind schon nicht die Serie »Tom
und Jerry«? Mir fiel auf wie besonders einer immer
als dümmlich und blöde hingestellt wurde, nämlich der graue, gefährlich aussehende Hund
»Spike«. Jeder veräppelte ihn, und dies trotz seines
»gefürchtigen« Aussehens.

Dies war mir immer in Erinnerung. Jahre später
kam dann in der Glotze ein Werbespot vom »Post-
dienst«. Es war ein Klassiker, das schmucke Häuschen mit dem weißen Gartenzaun und den
Geranien, der Postbote, der mit dem Fahrrad
ankam, langsam das Tor öffnete, den Weg zum
Briefkasten abschritt in vorsichtigen Schritten –
und plötzlich saß da so ein gefürchiger Hund mit
Stachel-Halsband, Zähne guckten unten raus –
unförmig, klobig, was für eine Bestie, welch ein
Monster – was für ein schrecklicher Anblick,

dachte ich mir. Doch dieser Hund faszinierte mich dann einfach immer wie mehr, ich wusste nicht, was für eine Rasse dies war, ich bemerkte einfach nur, wie dieser Hund immer als blöde und gefährlich dargestellt wurde und so zog diese Rasse einfach immer mehr meine Aufmerksamkeit an.

Es ging weiter, indem ich Bilder aus Zeitungen ausschnitt und sie an meine Pinnwand hängte. Meine Neugierde wurde einfach immer größer, all diese Gegensätze – auch deshalb, weil ich fast nie so einen Hund auf der Strasse antraf.

Nur so durchs Hörensagen erfuhr ich dann, dass eben diese Hunde ganz lieb wären und einen ganz guten Charakter hätten, und so war mein Interesse dafür vollends geweckt.

So einer musste es sein ...so einer oder keiner.

Warum sollte ein Hund auch immer ästhetisch sein? Dynamisch? Sportlich? Folgsam und schön?

Ein Bewacher oder einer, der unnütze und dämliche Kunststücke macht?

Für was und für wen ?

Als ich meine Absicht meinen Freunden mitteilte, hielten die mich für bekloppt. Aber dies war mir eigentlich so ziemlich egal.

Seine Menschen sind sein Heim

Der Bulldog ist nicht sonderlich ortsgebunden. Wo seine Menschen sind, ist auch sein Heim. So kann man ihn sehr gut mit auf Reisen nehmen. Da zeigt er sich als äußerst flexibel und anpassungsfähig. Als Smutje macht er sogar auf Segeljachten in der Hochsee eine gute Figur und bewegt sich sicher wie ein alter Seebär an der Reling. Er muss aber immer spüren, dass er dazu gehört. Und nicht zuletzt braucht er immer eine ruhige und kühle Rückzugsmöglichkeit. Der Bulldog ist ein echter Familienhund. Manchmal kommt auch hier das Erbe als Hüter der Rinderherden zutage, wenn er das Zusammenhalten der Familie etwa bei einem Spaziergang behütet.

Der Bulldog verträgt sich in aller Regel auch bestens mit anderen tierischen Familienmitgliedern, namentlich auch mit Katzen harmoniert er ganz prächtig.

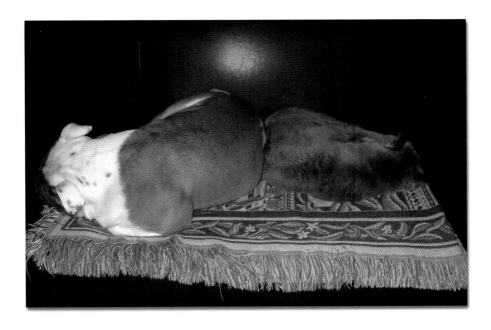

Bulldog und Kinder

Er ist auch außerordentlich kinderlieb. Es gibt kaum einen Hund, der einfühlsamer mit Kindern spielt als der Bulldog. Man traut es den bulligen Brocken gar nicht zu, dass sie sich so vorsichtig, ja zärtlich auf Kinder einstellen können. Es ist kein einziger Fall bekannt, wo Kinder durch eine reinrassige Englische Bulldogge zu Schaden gekommen sind. Der 26. Präsident der USA, Theodore Roosevelt, der Namensgeber des Teddy-Bären, schenkte seiner Tochter Ethel einen Bulldog gerade wegen dessen Kinderfreundlichkeit, wie durch Briefe überliefert ist.

Babys und Kleinkinder sollte man aber trotzdem – wie bei allen Hunden – und schon rein vorsorglich nie alleine mit ihm lassen. Wichtig ist gerade beim Zusammenleben mit Kindern, dass diese es lernen, ihn als autonomes Lebewesen zu achten, und auch zu respektieren, dass der Hund seine Ruhe und Rückzugsmöglichkeit braucht. Der Hund ist kein Spielzeug. Aber auch die Erwachsenen sollten dem Bulldog seine Ruhe lassen. Dauerndes auf ihn Einreden mag er nicht. Er ist trotz zuweilen demonstrativer Lethargie ein hervorragender Beobachter, der sehr wohl weiß, was Herrchen oder Frauchen wollen.

Kritik in der Öffentlichkeit

Als zukünftiger Bulldog Man sollte man darauf gefasst sein, dass man in der Öffentlichkeit auf geteilte Reaktionen treffen kann. Es gibt viele Menschen, die echt begeistert sind. Viele fragen,

ob man den Bulldog streicheln dürfe, was man als Werbung für die Rasse durchaus befürworten kann, sofern und solange der Hund es mag. Es gibt aber auch nicht wenige, die den Bulldog als vermeintlichen »Kampfhund« zu erkennen meinen und hie und da sogar aggressiv ablehnend agieren. Auch manche Tierschützer meinen, ihre berechtigte Ablehnung von Qualzucht auch in der Ablehnung des konkreten Hundes und Halters zum Ausdruck bringen zu müssen. Sie sind der richtige Bulldog Man, wenn es Sie mit Stolz erfüllt, wenn hinter ihnen getuschelt wird: »Der sieht ja aus wie sein Hund!« Als echter Bulldogger stehen sie eh über dem »Dünkel des gemeinen Volkes«, was den Bulldog anbetrifft.

Wenn Sie wissen wollen, ob Sie zum Bulldog passen, so schauen Sie sich idealerweise den Bulldog bei Freunden oder Bekannten oder hier das Portrait des Bulldogs an. Sind Sie jetzt erst recht begeistert, so fehlt es nur noch an ein paar wenigen passenden Rahmenbedingungen.

Rahmenbedingungen für die Haltung eines Bulldogs

Neben den persönlichen, charakterlichen, interessenseitigen Voraussetzungen, sollten auch einige äußere Rahmenbedingungen passen.

Zeit

Auch wenn der Bulldog zu den Hunden zählt, die vergleichsweise wenig aktive Zeit des Halters brauchen und problemlos ein paar Stunden alleine sein können, so gibt es auch hier Grenzen. Leute, die den Hund die ganze Woche über acht Stunden am Tag alleine zuhause lassen müssen und nach der Arbeit erst einmal abgestresst im Sessel abruhen wollen, sollten sich weder einen Bulldog noch einen anderen Hund anschaffen. Man kann zwar kein Pauschalmaß festlegen, da jeder Hund individuell das Alleinsein anders erträgt oder gar ge-

nießt, aber als Faustregel sollte der Bulldog nicht länger als vier Stunden regelmäßig alleine gelassen werden. Und das auch nur, wenn alles andere stimmt, insbesondere ein echtes Vertrauensverhältnis da ist und man ansonsten viel Liebe seinem Bulldog schenkt.

Wohnung

Der Bulldog stellt an die Wohnung selbst keine besonderen Ansprüche. Allerdings gibt es zwei Einschränkungen. Viele Treppen steigen, insbesondere bei solchen mit schmalen, hohen oder gar glatten Stufen, spricht eher gegen eine Haltung. Eine Wohnung in der oberen Etage eines hohen, mehrstöckigen Hauses ist nur akzeptabel, wenn ein Aufzug vorhanden ist. Gerade bei jungen Hunden würde die Entwicklung des ganzen Körperbaus durch tägliches, ausgiebiges Treppensteigen geschädigt werden können. Auch wenn der Hund einmal krank sein sollte, ist es ein echtes Problem, mit 25 oder 30, zuweilen widerspenstigen Kilogramm eine Treppe hinunterzusteigen. Das sollte man Bedenken. Das zweite No Go ist eine Wohnung, die sich an heißen Sommertagen schnell aufheizt und selbst nachts dauerhaft nicht richtig gekühlt werden kann. Man kann also festhalten, dass sich Dachwohnungen in mehrgeschossigen Häusern ohne Aufzug in der Regel nicht für die Haltung eines Bulldogs empfehlen.

Kosten

Die Haltung des Bulldogs selbst stellt keine besonderen finanziellen Anforderungen. Hier ist er eher genügsamer als andere vergleichbar schwere Hunderassen. Doch ist das Krankheitsrisiko leider nicht zu vernachlässigen. Gerade notwendige Operationen, die die Versäumnisse der Zucht reparieren sollen, etwa dem Tier das freie Atmen erst ermöglichen sollen, gehen sehr schnell in vierstellige Beträge. Gerade bei Champions der Show-Zucht oder Hunden aus dem Hundehandel können solche »Reparaturkosten« der Zucht auch in den mittleren vierstelligen Bereich gehen. Rechtlich hat man zumeist keine praktisch wirksame Handhabe. Man bleibt also nicht selten auf den Kosten sitzen. Neben dem Kaufpreis sollte man also eine weitere vierstellige Summe jederzeit schultern können. Der beste Schutz vor solchen Risiken ist die richtige Wahl des Züchters, siehe unten. Schließlich sollte man berücksichtigen, dass man ein gut klimatisiertes, möglichst gegen Sonnenstrahlen abgedunkeltes, zuverlässiges Auto haben sollte, wenn man mit seinem Bulldog in der warmen Jahreszeit verreisen will. Nicht zuletzt sollte man die Prämien für eine Haftpflichtversicherung mit einkalkulieren, die man für seinen Hund in jedem Fall abschließen sollte.

Rüde oder Hündin

Beide Geschlechter haben so ihre Vorteile. Der Rüde wird in der Regel breitere Schultern und einen größeren Kopf ausbilden, insgesamt massiger wirken. Das kann die schon beschriebenen gesundheitlichen Probleme stärker zur Wirkung kommen lassen als bei einer Hündin aus gleichem Wurf. Bei Hündinnen gibt es später nicht selten Probleme mit der Gebärmutter.

Vom Verhalten her kann man eigentlich keine Vorhersagen stellen. Gemeinhin wird kolportiert, Rüden seien impulsiver und stürmischer. Ich habe mindestens ebenso viele stürmische und impulsive Bulldog-Hündinnen kennengelernt. Die am meis-

ten im besten Sinne des Wortes dominanten oder selbstsicheren Bulldogs, die ich kennenlernen durfte, waren allesamt weiblich. Natürlich war dann auch immer Zickenkrieg unter den Hündinnen vorprogrammiert. Es gibt zurückhaltende Charmeure und stürmische Draufgänger, nicht selten sogar in einem Bulldog; gleich ob männlich oder weiblich. Rüden sind zumeist sexuell aktiver, zumindest im erkennbaren Teil. Manchmal kann es sein, dass ein Rüde befreundeten Menschen gegenüber sexuelle Avancen macht, bis hin, dass er das Bein berammeln will. Hinsichtlich Streunern gibt es normalerweise keine Probleme bei Bulldogs. Bei Hündinnen gilt es zu bedenken, dass sie ein- bis zweimal im Jahr läufig werden, was aber kein entscheidendes Problem oder Argument darstellen sollte.

Die Anschaffung eines Bulldogs

Ist man alle Für und Wider ehrlichen Herzens durchgegangen und hat alle Fragen sorgfältig geklärt und sich schließlich für die Anschaffung eines Bulldogs entschieden, so steht man nun plötzlich vor einer gar nicht so leichten Herausforderung. Wo finde ich denn meinen Bulldog? Diese Frage kann leider nicht so einfach beantwortet werden.

Aus dem Tierheim, als Nothund oder wo?

Zunächst einmal wird man einen reinrassigen Bulldog nur sehr selten im Tierheim oder sonst als Nothund finden. Aber man findet sie hie und da. Hier treffen wir auf die unterschiedlichsten Schicksale. Wir sehen aus den Hundefabriken entsorgte Bulldogs oder den Nothund, dessen liebevoller Halter ins Krankenhaus musste und sich nicht mehr kümmern kann oder plötzlich verstarb. Seriöse Vermittler wie der Verein »Bulldogge in Not« geben ehrliche Auskunft über den Charakter und die Vorgeschichte des Hundes – soweit sie es denn selbst überhaupt wissen. Seriöse Tierheime

Treffen von Bulldog-Freunden, hier in Stolberg/ Harz.

und Tierschützer haben ein Interesse daran, dass die Hunde vor dem Teufelskreis des so genannten Drehtüreffektes bewahrt werden. Sie sollen möglichst gleich bei der ersten Vermittlung einen passenden neuen Halter finden. In vielen Fällen wird man bei einem Nothund nicht sicher abschätzen können, wie sich das Zusammenleben entwickeln wird, ein gewisses Restrisiko bleibt. Doch gerade der Bulldog bringt als Rasse, wenn er dann reinrassig ist, eine hohe Wahrscheinlichkeit mit, dass es eine schöne gemeinsame Zeit werden kann. Nicht nur nach der Erfahrung von »Bulldogge in Not« haben sich in der ganz überwiegenden Zahl aus den ehemaligen Notfällen herrliche Partnerschaften entwickelt, die nichts zu wünschen übrig lassen; aber, wie gesagt, unter der Voraussetzung, es war ein echter Bulldog.

Leider ist dann die gemeinsame Zeit mit einem schon erwachsenen Hund noch kürzer als sie eh schon ist. Als 2008 eine langjährige Bulldog-Züchterin aus der Nähe von Dresden verstarb und aus ihrem Nachlass plötzlich ein halbes Dutzend

Bulldogs zu Notfällen geworden war, war unter diesen auch Tiffany, eine 13 Jahre alte Bulldoggen-Lady. Tiffy war eine alte Zuchthündin und hatte schon vielen Welpen das Leben geschenkt. Tiffy war mehrfach VDH-Champion gewesen. Und diese Championate waren, wie leider nicht immer, echte Volltreffer für die Zucht. Tiffy war etwas ganz Besonderes, nicht nur wegen ihres hohen Alters. Sie war körperlich wie geistig noch voll fit und sie hatte eine besondere Ausstrahlung und unbestrittene Autorität. Selbst wir Menschen merkten dies. Die Hunde noch viel mehr. Tiffany wurde selbst von schnöseligen, halbstarken Bulldog-Rüden sofort und ohne irgendeinen Ansatz von Imponiergehabe als Chefin anerkannt. Tiffy hatte freie Wahl beim Liegeplatz, selbst wenn es die angestammte Sofaecke des viel kräftigeren Rüden der Pflegestelle als Nothund war. Sogar die selbstbewusste, kräftige, eher dominante Bulldog-Hündin Stella der Pflegestelle bei Familie Jegodka ordnete sich widerspruchslos unter. Eduard Jegodka berichtet: »Tiffany hat meiner Meinung nach hier eine natürliche Autorität an den Tag gelegt, der sich

Tiffany wurde fünfzehn Jahre alt.

meine beiden Bulldogs untergeordnet haben. Ich habe das in dieser Form auf der Pflegestelle noch nicht erlebt. Ich vermute, dass Tiffy in ihrem alten Rudel in Pulsnitz ebenfalls die Senior-Chefin gewesen ist. Selbst beim morgendlichen Bulldog-Wrestling, was ich bei Stella und Higgins als Ritual bezeichnen möchte, brauchte Tiffany nur dicht an die beiden heranzutreten, und schon endete die Kampfhandlung.« Eduard konnte die alte Tiffy schließlich in eine Familie in der Lüneburger Heide vermitteln. Hier fand Tiffy eine Aufnahme, wie sie besser nicht sein konnte, und ward umsorgt und geliebt bis an ihre letzten Tage. »Auch unsere kleine Dame ist mittlerweile »richtig« Zuhause. Man merkt es besonders daran, dass sie nicht mehr so dolle erschreckt, wenn man sie beim Schlafen berührt. Im Gegenteil. Sie räkelt sich und legt sich auf den Rücken, damit beim Streicheln der Bauch auch etwas abbekommt. Auch wird sie immer lebhafter – sie kann sogar bellen,« heißt es in einem ersten Bericht. Tiffy hatte noch eine schöne Zeit, ihre Familie auch. Sie starb im biblischen Alter von fast fünfzehn Jahren. Auch ein alter Nothund kann

eine wundervolle, intensive Zeit bescheren. Jeder, der die alte Tiffany kennenlernen durfte, war und ist von ihr tief beeindruckt, auch heute noch.

Einen Welpen beim Züchter kaufen

Natürlich gibt es auch gute Gründe, einen Bulldog als Welpen zu sich zu holen. Einen beim Züchter bereits gut sozialisierten Welpen kann man bestens in das gemeinsame Leben wie in das Leben in unserer anspruchsvollen Gesellschaft einführen. Und die Zeit als Welpe ist eine ganz besondere, viel zu schnell vergehende Phase. Es gibt kaum einen Menschen, dem nicht ein Lächeln ins Gesicht kommt beim Anblick eines drolligen wie tollpatschigen Bulldogwelpen. Wir sind genetisch darauf eingerichtet, dass das Kindchenschema eines Welpen bei uns den Pflegeinstinkt reflexartig weckt. Das machen sich manche Züchter gezielt zu Nutzen, die darauf bauen, dass wir – von der Faszination durch die Welpen verzaubert – dann beim Finanziellen und Rechtlichen nicht so genau hinschauen.

Kontrollierte Sozialisation

Einen Welpen zu kaufen hat den Vorteil, dass ein wesentlicher Teil der Sozialisation in unseren Händen liegt. Wenn man mit Sorgfalt und eigener oder externer Fachkunde an die Erziehung des Welpen herangeht, erhält man einen Hund, der sein Leben hindurch alle Anforderungen an das gemeinsame Leben mit Bravour meistern wird. Die Grundbegriffe der Kommunikation, an der Leine gehen, zuhause alleine bleiben, Auto fahren, in eine Gaststätte mitgehen und all die anderen Herausforderungen werden als Welpe weitgehend stressfrei und annähernd anstrengungslos gelernt. Ein Hund kann sein ganzes Leben lang lernen und dazulernen und das wird er auch tun. Aber als Welpe lernt sich viel leichter. Und was als Welpe gelernt wurde, ist tiefer in das Nervensystem eingeprägt.

Hat man einen seriösen Züchter gefunden, der selbstverständlich auch viel investiert hat, um die Sozialisation seines Wurfes optimal zu befördern, und macht man selbst in der Erziehung des Welpen und Junghundes nicht allzu große Fehler, so wird man mit hoher Sicherheit einen souveränen Partner fürs ganze Leben erhalten.

Vorsicht vor Hundehandel

Das genaue Gegenteil ist angelegt, wenn der Welpe über den Hundehandel aus meist ost- oder südosteuropäischen Hundefabriken stammt. Im Zuge der Erweiterung der EU ist der Hundehandel zu neuer Blüte gelangt. Da sich mit Bulldogs hohe Welpenpreise erzielen lassen, ist er für diese Geschäftemacher besonders interessant. Unter elenden Bedingungen werden Bulldog-Hündinnen gehalten und als Zuchtmaschinen missbraucht. Die gefallenen Welpen werden regelmäßig der Mutter zu früh weggenommen, um die Welpen möglichst frisch und lange im vermarktungsfähigen Alter anbieten zu können. Die Welpen erleben so ihre wichtigste Sozialisierungsphase im Laderaum eines Transporters oder in der Badewanne des Zwischenhändlers. Nahrung und medizinische Versorgung erfüllen kaum Mindeststandards. Der Tod vieler Welpen ist bereits eingepreist. Diejenigen, die körperlich überleben, sind psychisch traumatisiert und für ihr Leben gezeichnet. Solche Hunde haben kaum eine Chance auf Sozialisation und damit ein stressfreies Leben in unserer Gesellschaft. Nicht verkaufte Welpen werden ertränkt oder später als »Nothunde aus Tötungsstationen« immer noch gewinnbringend vermarktet. Man wird kaum erwarten, dass Leute, die so mit den Hunden umgehen, mehr Sorgfalt bei der genetischen Zuchtauswahl walten lassen. So sind die Bulldoggen aus dem Hundehandel regelmäßig auch körperlich krank. Zum einen häufen sich bereits durch die Zucht angelegte körperliche wie mentale Defekte, zum anderen durch die schlechte Behandlung verursachte akute Krankheiten. Im Kapitel zur Zucht haben wir das traurige Beispiel des Bulldog-Welpen Socke vorgestellt.

Man sollte sich auch bewusst machen, dass man mit dem vorsätzlichen und leichtfertigen Kauf beim Händler ein System fördert, das auf Tierquälerei aufbaut. Auch sollte man sich niemals auf Mitleidstouren einlassen, die manche Händler gezielt inszenieren und vorspielen oder dem Mitleid folgen, das einen beim Anblick dieser armen Kreaturen erfasst. Besser, man informiert in einem solchen Fall den Amtstierarzt. Wer einen Welpen über den Hundehandel kauft, macht dieses System der Tierquälerei letztlich erst möglich. Selbst wenn diese Appelle nicht fruchten, sollten sich solche Leute bewusst sein, dass ein Kauf per Hundehandel sehr hohe finanzielle Risiken birgt. Der »billige« Welpe aus dem Internet, per Handy-Nummer nach Hause angeliefert oder vom Markt in Polen oder Belgien entpuppt sich sehr schnell als eine Goldgrube für Veterinäre. Hunde aus dem Hundehandel sind letztlich die teuersten Hunde.

Wertlose »Papiere«

Auch die meist mitgelieferten so genannten Papiere und »EU-Ausweise« sind völlig wertlos, selbst wenn sie nicht gefälscht sein sollten, worauf wir unten noch eingehen werden. Aber wer schon mit dem Gedanken spielt, einen Hund auf dem virtuellen oder realen Markt zu kaufen, sollte es − dem Hund zu liebe − besser ganz bleiben lassen. Daher dieser Appell im Interesse nicht nur unserer Bulldogs:

Bitte einen Welpen ausschließlich und nur direkt vor Ort beim Züchter kaufen!

Kuckuckswelpen

Es ist für den Laien kaum möglich, die Welpen zu unterscheiden, zumal wenn sie nicht alle auf einmal mit der Mutter gezeigt werden. Solche Betrügereien kann man als Einzelperson nur durch Beachtung der nachfolgenden Hinweise vermeiden. Im Grunde ist hier der Gesetzgeber gefragt, den Hundehandel insgesamt zu verbieten sowie die Vollzugsbehörden, die nach geltender Rechtslage schon wesentlich mehr Handhabe hätten.

Den richtigen Züchter finden: Bloß wo?

In Deutschland wie auch den meisten anderen Staaten Europas zählt die Hundezucht zu den nur noch ganz wenigen Bereichen ohne spezielle gesetzliche Regelungen. Während ansonsten jede Salatgurke beim Discounter genauer Regelwerke und Kontrollen unterliegt, kann ein jeder ad hoc Hunde züchten, sich Züchter nennen und einen offiziellen Zwinger mit Zwingerschutz anmelden. Irgendwelche Nachweise der Fachkunde sind hierzu nicht erforderlich. Sogar ganze Hundevereine bis hin zu selbsternannten »Weltverbänden der Kynologie« kann ein jeder gründen. Kynologische Kenntnisse sind hierzu ebenfalls nicht erforderlich. Nicht wenige der Bulldog-Zuchtvereine, die sich im deutschsprachigen Markt tummeln, sind auf solchem Niveau entstanden. Solche Verbände dürfen aber ganz legal so genannte Papiere ausstellen, Pokale vergeben und Champions küren. Alleine in Deutschland gibt es mehr als 72 Verbände, die sich als nationaler oder internationaler Dachverband der Hundezucht ansprechen lassen. Ein für den Welpenkäufer undurchschaubarer Markt. Und leider gibt es keinen dieser vielen Dachverbände, der zumindest was den Bulldog anbetrifft, durch eine besondere auf Gesundheit und Wohl der Hunde abgestellte Zuchtpraxis angenehm auffallen würde. Von daher kann der Welpensucher kaum anhand der Verbandszugehörigkeit des Züchters auf die Seriosität der Zucht

oder sogar wirkungsvolle vereinsinterne Qualitätsrichtlinien und -kontrollen bauen. Eine unabhängige Kontrolle über die Rassehundezucht fehlt zudem. Im Kapitel zur Zucht haben wir bereits Anforderungen an die Zuchtvereine formuliert.

Sollte sich ein Zuchtverein offen zum Standard des Kennel Clubs von 2009 bekennen und verbindliche, nachvollziehbare Maßnahmen zu dessen Umsetzung ergreifen, so sind die Züchter eines solchen Vereins selbstverständlich die erste Adresse bei unserer Suche!

Man sollte sich die Vereine anschauen, denen der Züchter angeschlossen ist und explizit die gültige Zuchtordnung durchsehen. Wenn hier zum Beispiel zugelassen ist, dass den Mutter-Bulldogs drei Kaiserschnitte zugemutet werden oder, noch schlimmer, zum Thema Schnittgeburten ganz auf eine Aussage verzichtet wird, so ist das keine Empfehlung für diesen Verein und dessen Züchter. Unseriös ist die Zucht über einen FCI-Verein im Ausland. So erhält der Züchter für seine Welpen offizielle FCI-Papiere und kann sich zugleich vereinsinternen Kontrollen entziehen.Das Schild, »wir züchten auf Gesundheit« hat so ziemlich jeder Zwinger und jeder Zuchtverein über der Tür mit ganz großen, fetten Buchstaben angeschlagen und macht die Sache nicht vertrauenswürdiger. Es fragt sich: Wie geht der Verein und der Züchter selbst mit dem Problem um? Streitet er die gesundheitlichen Probleme des Bulldogs gar ab, oder geht er ernsthaft hierauf ein, um zugleich die selbst ergriffenen Maßnahme zur Förderung der Gesundheit in seiner Zucht darzulegen?

Jeder Züchter, der sich viel Gedanken und Mühe macht, seine Hunde gesund zu halten, wird froh sein, wenn er merkt, dass diese Mühen Wertschätzung erfahren und honoriert werden. Er wird kritische Anfragen alles andere als lästig empfinden, vielmehr das ernsthafte Interesse für seine Welpen zu schätzen wissen.

Manche Züchter versuchen, den potenziellen Welpenkäufer auf solche Nachfrage mit Attesten der Selbstverständlichkeiten zu täuschen. Da wird mit einfachen, unqualifizierten tierärztlichen Attesten geworben, die aber faktisch lediglich einen Standard-Gesundheitscheck, und das lediglich für das Muttertier, darstellen. Über die Qualität der Verpaarung, der Welpen sagt das nichts aus und schon rein gar nichts hinsichtlich der speziellen Schwachpunkte beim Bulldog. Gerade deshalb sollten hier die Alarmglocken läuten. Denn zum einen – warum sollte ein seriöser Züchter mit der eigentlichen Selbstverständlichkeit werben, dass seine Zuchthündin allgemein gesund ist? Eine Bescheinigung über elementare Gesundheitsmerkmale der Hündin oder Welpen als Zeichen besonderer Seriosität zu preisen, ist, als würde ein Autohändler damit werben, dass seine Neuwagen mit Bremse, Lenkrad und vier Rädern ausgeliefert werden. Zudem sind viele gesundheitliche Kriterien im Welpenalter noch nicht verifizierbar. Erst recht nicht werden mit solchen Attesten verborgene Erbkrankheiten beurteilt. Eine solche Praxis lässt den Verdacht aufkommen, dass die Kunden, die Welpenkäufer, über die eigentliche Gesundheit der Zucht getäuscht werden sollen und sich der Züchter zudem nur gemäß Kaufrecht gegenüber Gewährleistungsansprüchen absichern will. Also Finger weg.

Aber auch für den normalen Welpenkäufer gibt es einige Hinweise auf einen guten Züchter, die jeder Bulldog-Interessent selbst überprüfen kann. Anhand dieser Checkliste kann man die Chancen, einen gesunden, reinrassigen Bulldog zu finden, wesentlich erhöhen.

Checkliste Züchter

- Geht der Züchter und der Verein, dem er angeschlossen ist, offen mit den Problemen der Bulldog-Zucht um und kann er auf gezielte Maßnahmen in der Zucht verweisen?

- Wird der komplette Wurf auf Fotos dokumentiert, optimal direkt nach der Geburt und danach mehrfach zu verschiedenen Entwicklungsschritten? Gibt es Fotos, die alle Welpen zusammen mit der Mutter zeigen und das nicht nur von vorne, sondern auch zum Beispiel beim Säugen?

- Darf man vor dem Kauf die Welpen in ihrer alltäglichen Umgebung mit dem Muttertier besichtigen und besteht der Züchter sogar darauf?

- Sind die Welpen beweglich, können laufen, sind aufgeschlossen?

- Haben die Welpen Familienanschluss; wie werden sie sozialisiert?

- Geht der Züchter offen mit den Dokumenten zum Wurf um und reicht er bereits vor dem Vertragsabschluss oder Kauftermin eine Kopie des Kaufvertrages aus?

- Werden der Stammbaum und aussagekräftige Fotos von Mutter und Vater veröffentlicht oder zumindest auf Anfrage ausgereicht?

- Stellt der Züchter ältere und bereits verstorbene Hunde aus seiner Zucht vor, die idealerweise eine hohe Vitalität und Lebenserwartung dokumentieren? Naturgemäß können hier nur langjährig aktive Züchter berichten, aber die sollten es auch.

- Wenn der Züchter oder die Züchterin Treffen der früheren Welpenkäufer organisiert, meist sind dann Fotos auf der Website zu sehen, so ist dies auch ein ganz wertvolles Indiz für die Seriosität der Zucht. Manche organisieren sogar offene Treffen, die vorher im Internet angekündigt werden. Diese sind natürlich für eine erste Kontaktaufnahme optimal. Solche Züchter haben kaum etwas zu verbergen, weder von ihrer Zucht, noch von ihrem geschäftlichen Gebaren her. Züchter, die mit erbkranken Hunden züchten, fürchten geradezu den Erfahrungsaustausch ihrer Welpenkäufer untereinander. Natürlich hat nicht jeder Züchter die Nerven und Möglichkeiten, solche Treffen zu organisieren. Aber dann sollte er wenigstens den Kontakt der Welpenkäufer untereinander fördern.

Wenn ein Züchter zumindest die meisten der oben angeführten Kriterien erfüllt, kann man davon ausgehen, dass es sich um einen seriösen Züchter handelt. Natürlich kann auch selbst der beste, kundige und erfahrene Züchter nie garantieren, dass 100% seiner Welpen gesund sind. Das lässt die Natur nicht zu. Und selbst der beste Züchter alleine kann keine Wende in der Bulldogzucht herbeiführen. Und es geht uns auch lediglich darum, das Menschenmögliche zu tun und dabei besonders Sorge zu tragen, dass Krankheiten, die ohne Not und wider besseren Wissens eingezüchtet wurden, ein Ende bereitet wird.

Zu einigen Punkten der Checkliste im Einzelnen: Warum Fotos zur Dokumentation des Wurfes?

Zeigt der Züchter ein Foto mit Mutter und Welpen kurz nach der Geburt, so kann man als Welpenkäufer schon einiges erkennen. Zunächst einmal ist dokumentiert, wie groß der Wurf ist und welche Individuen er umfasst. Das schützt vor dem Unterschieben fremder Welpen, vor so genannten Kuckuckswelpen. Man kann erkennen, ob die Welpen gleichmäßig groß sind, keine Wasserköpfe oder andere Schäden zu sehen sind. Man kann erkennen ob die Welpen insgesamt und besonders die Hinterläufe kräftig genug sind, sich an den oberen Zitzen der Mutter zu bedienen. Schließlich sollte man erkennen können, ob es eine natürliche oder Schnittgeburt war. Dasselbe gilt für das »Schwimmer-Syndrom« oder »Flat-Puppy-Syn-

drome«. Die Welpen strecken dabei, wie schon im Kapitel zur Zucht beschrieben, besonders ihre Hintergliedmaßen seitlich ab, liegen flach auf dem Boden, wie ein Tigerfell und können nicht aufstehen. Neben einer Fehlentwicklung des Körperbaus wird hierdurch der Brustkorb eingedrückt. In Folge wird kann sich auch die Lunge nicht richtig entfalten und entwickeln. Manche Züchter versuchen dies zu überdecken, indem sie nur Fotos der Welpenköpfe von vorne zeigen.

Durch eine fortlaufende Dokumentation des Wurfes kann man die Fortschritte und mit der Zeit auch die verschiedenen Temperamente der Welpen sehen. Man wird sehen können, ob die Welpen gesund genug sind, ab etwa der vierten Woche selbständig laufen zu lernen. Die Fortschritte der Tiermedizin führen dazu, dass auch

Dokumentation eines gesunden Wurfes.

231

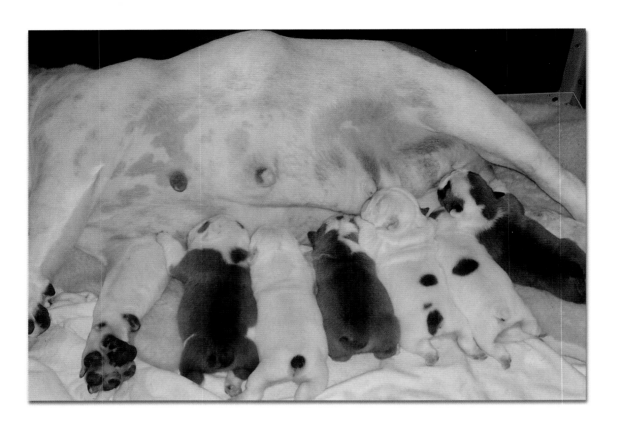

Welpen, die früher gestorben wären und keine natürliche Lebenschance gehabt hätten, heute künstlich am Überleben gehalten werden. So überleben auch Föten mit Wasser im Brustkorb, das die Ausbreitung der Lunge behindert. Solche Handicaps zum Beispiel sieht man den Welpen rein optisch später nicht mehr an. Jeder Züchter hat das Geld, sich für siebzig Euro eine Digitalkamera zu kaufen und eine solche Dokumentation zumindest auf Anfrage verfügbar zu machen. Wer nichts zu verbergen hat, muss auch nichts verbergen.

Zu den Welpen lassen?

Manche so genannte Züchter verweigern einen Besuch des Wurfes vor dem Kauf bzw. der Abholung des bereits online gekauften Welpen mit dem Argument, die Welpen vor Infektionen schützen zu wollen. Dieses Argument ist von der Sache her unbegründet. Die Welpen erhalten durch die erste Muttermilch, das Kolostrum, bereits eine Grundimmunisierung. Daher ist ein Besuch völlig unbedenklich und bei seriösen Züchtern selbstverständlich möglich, ja ausdrücklich gewünscht. Selbstverständlich sollte man nicht alleine aufgrund der Informationen per Internet einen Hund kaufen. Ein erster Besuch vor Ort beim Züchter sollte immer vor einer Kaufentscheidung stattgefunden haben und jeder seröse Züchter wird das auch so handhaben und sogar aktiv wünschen.

Mit Papieren?

Der Stammbaum oder die Ahnentafel dokumentieren die Abstammung eines Hundes. Die VDH-Ahnentafeln dokumentieren die Eltern, Großeltern, Ur-Großeltern und Ur-Ur-Großeltern, also vier Generationen. Bei den Ahnentafeln sollte es nicht um prestigeträchtige Champions als Vorfahren gehen, vielmehr um einen Nachweis der Abstammung aus genetischer Sicht. Zum einen hinsichtlich des Themas Inzucht. In einer solchen Ahnentafel sollte kein Ahne doppelt vorkommen. Das kann man als Faustregel anhand der Ahnentafel leicht überprüfen.

Zum anderen kann die Ahnentafel Beleg einer seriösen züchterischen Arbeit sein, insbesondere, wenn man weitere Informationen zu den dort aufgeführten Bulldogs recherchieren kann. Schließlich kann man so auch das Risiko nicht ausgewiesener Einkreuzungen minimieren. Manche Züchter dokumentieren die Abstammung zusätzlich mit einem genetischen Nachweis, der Identität, Verwandtschaft und Rassezugehörigkeit mit hoher Sicherheit ausweist. Ein solcher Test wird von verschiedenen Instituten für nicht mehr als vierzig Euro angeboten; gut angelegtes Geld. Darüber hinaus stellen seriöse Zuchtvereine Wurfabnahmeprotokolle sowie Protokolle der Zuchttauglichkeitsprüfungen der Eltern aus und stellen diese dem Käufer zur Verfügung. Letztere sollte man sich detailliert anschauen, da die Gesamtbeurteilung nicht unbedingt aussagekräftig ist. Unter den heutigen Bedingungen deutet eine negative Bewertung als zu leicht oder zu hochbeinig beim Bulldog eher positiv auf einen gesunden Hund hin. Man sollte unbedingt darauf achten, einen Welpen nur zu kaufen, wenn er seriöse und vollständige Papiere hat.

Kein einziger ernsthafter Züchter verzichtet bei seiner Auswahl von Mutter und Vater auf die exakte Kenntnis deren Vergangenheit. Vollständige Ahnentafeln von den zu verpaarenden Hunden sind dabei nur eine der völlig selbstverständlichen, elementaren Grundvoraussetzungen. Ein »Züchter«, den die Abstammung seiner Hunde nicht interessiert oder diese den Welpenkäufern verschweigen will, hat die Bezeichnung Züchter nicht verdient. Welpen ohne Papiere zu kaufen, fördert nur die dunklen Seiten der Hundeproduktion.

»EU-Papiere«

Auch die in vielen Kleinanzeigen im Internet wie in den Zeitungen angebotenen »EU-Pässe« oder »EU-Ausweise« sind völlig belanglos, selbst wenn sie nicht gefälscht sind. Die seriöse Variante, den EU-Heimtierausweis, kann jeder ermächtigte Tierarzt ausstellen. Das sagt aber rein gar nichts über Herkunft oder Rassezughörigkeit des Hundes. Er dient lediglich als Impfausweis und zur Identifizierung des Tieres. Ein EU-Heimtierausweis sollte sowieso immer vom Züchter mit den Welpen an den Käufer ausgegeben werden, denn die Welpen müssen beim Verkauf bereits geimpft sein.

Das Werben mit EU-Papieren in Anzeigen kann man also getrost als deutlichen Beleg der mangelnden Seriosität des Züchters, besser Vermehrers, respektive Hundehändlers interpretieren. Es ist so, als würde ein Autokäufer damit werben, dass es auch einen Fahrzeugschein zum Auto dazu gäbe. Solche Papiere anzupreisen, täuscht nur über das Fehlen aussagekräftiger Unterlagen hinweg und dient lediglich als Verkaufsargument zur Täuschung der Welpenkäufer im Interesse zwielichtiger Hundeproduzenten.

Was sagen Championate aus?

Solange Gesundheit, Fitness und Wesen der Kandidaten nicht als wesentliche Grundlage einer Prämierung durchgesetzt sind, ist der Kauf von Nachkommen dieser Champion abzuraten, zumindest keineswegs als Empfohlen anzusehen. Championate und Top-Benotungen wie etwa VV1 oder V1 (Vorzüglich eins) werden leider allzu häufig an die extremsten und meist zugleich am meisten kranken, behinderten Bulldogs vergeben. Solange hier nicht tatsächlich die vom Tierschutz geforderte Wende in den Ausstellungsringen vollzogen ist, stellen Championate eher eine negative Empfehlung dar. Das soll natürlich nicht heißen, dass ein jeder Champion nun krank sei.

Was darf ein Bulldog-Welpe kosten?

Zwar wird immer damit geworben, dass »lediglich aus Gründen der Liebhaberei« gezüchtet werde, wie es explizit auch die Statuten des VDH und der FCI fordern, doch sind regelmäßig ökonomische Interessen mit im Spiel, meist sogar als Hauptmotiv. Doch was soll hieran verwerflich sein? Wir sehen es als völlig in Ordnung an, wenn der Tierarzt für seine Leistungen ein Honorar verlangt. Wir sehen es als geradezu normal, dass der Winzer, der mit Stolz und Fachkenntnis auf dem historischen Weinberg der Familie einen guten Tropfen keltert, sich die Flasche auch gut bezahlen lässt. Nur bei Hundezucht soll plötzlich Altruismus herrschen und die Züchter frei von ökonomischen Interessen selbstlos die Welt der Hundehalter beglücken. Es ist völlig legitim und richtig, wenn auch die züchterische Arbeit des Züchters durch den Welpenkäufer angemessen entgolten wird. Aus einem kommerziellen Interesse an der Zuchttätigkeit allein müssen per se keine schlechten Hunde kommen. Im Gegenteil wird eine im besten Sinne des Wortes professionell aufgezogene Hundezucht wesentlich bessere Hunde hervorbringen, als ein amateurhafter Hinterhof-Hobby-Vermehrer.

Ein seriöser Bulldog-Züchter hat eine Menge Arbeit investiert, wenn er endlich mit acht bis zehn Wochen gesunde Welpen verkaufen kann. Er hat das finanzielle Risiko einer erfolgreichen Trächtigkeit, Geburt und Aufzucht. Er hat nicht unerhebliche Kosten für die tierärztliche Begleitung und die Fahrten, Untersuchungen, Papiere, all die Nachweise, die auch von uns gewünscht, ja gefordert werden.

Der seriöse Züchter steht dem Welpeninteressenten mit Rat zur Verfügung und ist auch noch da, wenn nach vielen Jahren ein Hund aus seiner Zucht zum Notfall geworden sein sollte. Warum sollten wir erwarten, dass eine solche Leistung ohne Entgelt bleibt? Und nicht zuletzt auch im Interesse der Bulldogs ist es besser, eine gute züchterische Leistung auch gut zu entgelten. Wir sollten uns vom dem Geschmäckle einer vermeintlichen Hundezucht »lediglich aus Gründen der Liebhaberei« verabschieden und offen akzeptieren, dass auch kommerzielle Interessen im Spiele sind. Nur darf der Kommerz nie auf Kosten der Hunde gehen. Als grobe Richtschnur braucht ein seriöser Bulldog-Züchter in Mitteleuropa einen Welpenpreis um die zweitausend Euro als angemessene Entgeltung seiner Leistungen und Aufwendungen.

Tücken in Kaufverträgen

Schließlich sollte man noch kurz auf das Schriftliche schauen. Der Kauf eines Bulldog-Welpen ist ein Geschäft, bei dem also leicht um die zweitausend Euro den Besitzer wechseln. Nach der Anschaffung eines Autos gehört damit ein Welpenkauf zu den größten Einzelanschaffungen einer Familie. Rechtlich gelten Hunde zwar nicht als Sache (Bürgerliches Gesetzbuch, Abschnitt 2 - Sachen und Tiere § 90a) aber es gilt ferner: »Auf sie sind die für Sachen geltenden Vorschriften entsprechend anzuwenden, soweit nicht etwas anderes bestimmt ist.« Der Kauf eines Welpen unterliegt weitestgehend den Bestimmungen für Sachen. Daher sollte auch die rechtliche Grundlage beim Welpenkauf stimmen. Leider stellen Hundeverbände wie der VDH keine Musterverträge zur Verfügung. Der Grund ist ganz einfach: Musterverträge unterliegen den Mindestanforderungen des BGB. In Musterverträgen können die gesetzlichen Verbraucherrechte nicht ausgeschlossen werden. Nichtkommerzielle Verträge unter Privatpersonen unterliegen hingegen der Vertragsfreiheit. Diese Vertragsfreiheit machen sich unseriöse Züchter zunutze, indem sie ihre Haftung für die eigenen Zuchtprodukte aushebeln wollen. Man sollte dringend die Finger von Kaufverträgen weg lassen, die die Haftung des Züchters ausschließen. Nicht wenige versuchen einen solchen Haftungsausschluss über Klauseln, die auf folgendes hinauslaufen:

- Einschränkung der Haftungsdauer oder der Frist zur Anmeldung von Mängeln auf drei Monate oder gar nur sechs Wochen; die Folgen angezüchteter Gendefekte werden aber meist erst frühesten nach einem Jahr sichtbar.

- Ersatzvorbehalt: ist ein Welpe krank, so wird dem Käufer lediglich ein Recht auf Austausch oder Nachlieferung eingeräumt. Er soll den kranken Welpen zurückgeben und erhält dafür einen anderen, als ginge es hier um eine Waschmaschine. Solche zwielichtigen Vermehrer spekulieren natürlich darauf, dass der inzwischen liebgewonnene, umsorgte Welpe niemals einfach umgetauscht wird.

- Vorbehalt der Behandlung durch den Tierarzt des Züchters. Beim Züchter dürfen nur Behandlungskosten geltend gemacht werden, die ein konkret von ihm benannter Tierarzt in Rechnung stellt oder für angemessen hält. Hier mutet man Halter wie Welpen nicht selten lange Fahrten zu dem Tierarzt des Züchters zu, der wiederum nicht selten gemeinsame Sache mit seinem Großkunden macht.

Finger weg von »Züchtern«, die mit solchen Klauseln arbeiten, selbst wenn sie diese auf Nachfrage aus dem Kaufvertrag herausnehmen! Solche Leute haben sich bereits disqualifiziert.

Im Zweifelsfall ist eine einfache Quittung der beste Kaufvertrag. Hier bleiben automatisch alle nach dem BGB zustehenden Rechte erhalten. Die von machen Züchtern reklamierte Vertragsfreiheit unter Privatpersonen steht allerdings eh auf wackeligen Füßen. Denn oft wird das Handeln der Züchter im Zweifelsfall von den Gerichten als gewerblich und unternehmerische Tätigkeit eingestuft. Dann können die Rechte nach BGB nicht mehr eingeschränkt werden. Ein seriöser Züchter reicht ohne Probleme eine Kopie des Kaufvertrages vor Abschluss des Kaufvertrags und vor Abholung des Welpen an den Käufer aus, sodass er sich diesen in Ruhe durchlesen und auch mal eine Nacht darüber schlafen kann. Ein seriöser Züchter hat es nicht nötig, seinen Welpenkäufer, sprich Vertragspartner, rechtlich zu übervorteilen und wird ein eigenes Interesse an einem fairen Interessenausgleich haben, der auch langjährig über den Tag des Welpenverkaufs hinaus trägt.

Kauf des Welpen

Man sollte mindestens zweimal zum Züchter seiner Wahl fahren. Das erste Mal dient dazu, sich vor Ort ein Bild von Züchter, Zuchtstätte und natürlich den Elterntieren bzw. der Mutter und den Welpen zu machen. Vielleicht fällt auch schon die Wahl auf einen ganz bestimmten Welpen. Aber man sollte sich vorher schon darauf einstellen und es sich wirklich fest vornehmen, nicht direkt vor Ort und auch nicht sogleich danach eine Kaufentscheidung zu treffen. Niemand kann sich der Ausstrahlung von Welpen entziehen. Das Herz geht auf, Freude durchdringt den ganzen Körper. Wenn dann auch noch die Kinder ganz entzückt sind, ist die Versuchung überaus groß. Doch man sollte keinesfalls dieser Versuchung erliegen und aus einer Laune heraus eine so weitreichende Entscheidung treffen.

»Du bist der Richtige!«

Welpen betören, Bulldog-Welpen noch mehr. Manche Züchter spekulieren regelrecht auf diese uns angeborene Wirkung des Kindchenschemas und nutzen diese Situation zu einem übereilten, unkritischen Vertragsabschluss zum eigenen ökonomischen Vorteil aus. Sie selbst, ihre Familie und auch der Welpe sind es wert, dass eine Entscheidung von solcher Tragweite gut überlegt ist, wirklich auf Jahre hinaus trägt und nicht alleine aus dem Bauch heraus fällt. Im Zweifelsfall können Sie sich den Welpen für ein paar Tage reservieren lassen. Ein guter Züchter wird dies gerne tun und Ihre Ernsthaftigkeit begrüßen.

Welchen Welpen soll man nun aussuchen?

Die einzelnen Welpen eines Wurfes sind erstaunlich unterschiedlich in ihrem Charakter. Schon in den ersten Wochen lässt sich jeder einzelne von seinem individuellen Wesen her beschreiben. Das ist viel wichtiger als etwa die Farbe oder Zeichnung des Fells. Es gibt stürmische und eher ruhige Vertreter, Draufgänger und Bedachte. Allerdings ist das Verhalten im Rudel nicht immer dasselbe, das der Hund später in seinem Menschenrudel zeigen wird. So können aus dominanten Vertretern in der Wurfkiste eher zurückhaltende Bulldogs an der Leine werden und umgekehrt natürlich auch. Lassen Sie sich vom Züchter beraten. Manchmal entscheiden auch die Welpen selbst. Nicht selten kommt ein Welpe mit Bestimmtheit auf Sie zu und demonstriert: »Hier, ich bin der Richtige für euch!« Diesen Ruf sollte man durchaus ernst nehmen.

Kapitel in unserem persönlichen Bulldog-Buch

Wer gerade seinen alten Bulldog verloren hat, noch in der Trauerarbeit steht, aber nun merkt, dass sich wieder Freude im Herzen ausbreitet angesichts der vor ihm herumtollenden Bulldog-Welpen, sollte sich vor einem großen Irrtum hüten. Es gibt keinen Bulldog doppelt und kein Bulldog ist kopierbar. Die Erwartung eines Doppelgängers für den so geliebten alten Begleiter kann nicht erfüllt werden. Und sie sollte auch nicht erfüllt werden. Jeder Bulldog ist eine einzigartige, unverwechselbare Persönlichkeit. Man tut dem neuen Bulldog keinen Gefallen, ihn an einem anderen Bulldog als Maßstab zu messen. Und man wird auch der Erinnerung an seinen verlorenen ebenso einzigartigen alten Bulldog nicht gerecht. Beide haben ihren Platz. Beide schreiben jeweils ihr eigenes, unverwechselbares Kapitel in unserem persönlichen Bulldog-Buch.

Die letzten Vorbereitungen

Bereits vor der Abholung des Welpen sollten einige Sachen angeschafft sein. Hierzu zählen alltägliche Dinge wie Futter- und Wassernapf und ein Körbchen oder Kennel. Auch etwas Spielzeug sollte bereit liegen. Eine spezielle Bürste für die Fellpflege sollte ebenfalls angeschafft sein. In der Regel erhält man vom Züchter noch das gewohnte Futter mindestens für die ersten Tage. Man kann es dann weiter geben oder nach und nach umstellen.

Man sollte sich in der Wohnung schon vor der Abholung des Welpen ein Zimmer ausguckt haben, das man für einige Wochen zum Welpenzimmer umfunktioniert, etwa wenn man ihn alleine lassen muss oder zum Beispiel beim Kochen nicht beaufsichtigen kann. Dieser Raum sollte welpensicher gemacht werden. Es sollten für ihn insbesondere keine Elektrokabel und offenen Elektroanschlüsse zugänglich sein. Es sollten keine Sachen herumliegen, außer seinem speziellen Spielzeug für Hunde, das der Welpe nicht herunterschlucken aber benagen kann. Schließlich sollte der Raum zum Beispiel mit einem Babygitter, das man in den Türrahmen einspannen kann, abtrennbar sein.

Ein Blick in den Garten ist ebenfalls ratsam. Ist Ihr Garten hundefest? Ist die Umfriedung so, dass ein kleiner Hund nicht herauskrabbeln kann? Können Sie ein wenig Unordnung im sorgsam gepflegten Beet vertragen? Wenn nicht, haben Sie ein Problem. Ist der Teich oder das Schwimmbad so gesichert, dass der Welpe nicht hineinfallen kann? Nicht wenige Bulldogs sind schon im Gartenteich ertrunken, auch erwachsene. Schließlich sollte man beobachten, ob es schwere, territoriale Hunde in der Nachbarschaft gibt, die einen Neuzugang als Rivalen umgehend wegbeißen würden.

Nicht zuletzt sollten Sie sich, wenn Sie ihn nicht schon haben, einen praktizierenden Tierarzt in der Umgebung ausgucken, dem Sie den Welpen dann zu einem ersten Check vorstellen.

Endlich ist es soweit − ein Welpe kommt ins Haus! Sind die Welpen mindestens acht bis zehn Wochen alt, so werden sie nach und nach abgegeben. Die Abholung des neuen Welpen ist ein Tag, wo mindestens drei Weihnachten, Ostern und Geburtstage aufeinander fallen. Gerade in der Welpenzeit, die so schnell auch wieder vorbei ist, sollte jede Minute genossen werden. Sie birgt Erlebnisse, die man sein Leben lang nicht mehr vergisst. Eine neue, wunderbare Partnerschaft beginnt. Ein neues Kapitel im Leben wird aufgeschlagen, für Hund und Mensch. Es sollte mit Sorgfalt und Fürsorge vorbereitet sein.

Kapitel 8
Die Haltung eines Bulldogs

Ob Sie sich nun gerade entschieden haben, Bulldogger oder Bulldoggerin zu werden, oder schon lange »dabei« sind – ein paar Hinweise zur Haltung und Erziehung können sicher nie schaden. Fangen wir von vorne an.

Ein Welpe kommt ins Haus – oder was man von Anfang an da haben sollte

Eine Schüssel aus Metall oder Keramik für das Futter und am besten zwei solcher Schüsseln für stets frisches Wasser, an verschiedenen Stellen aufgestellt, sind die elementare Ausstattung eines jeden Bulldog-Halters. Behältnisse aus Kunststoff sind in der Regel zu leicht und nicht geeignet. Man sollte eher schwere und große Ausführungen wählen. Ein hungriger Bulldog entfaltet mächtigen Druck beim Fressen. Und hungrig ist er fast immer. Dasselbe gilt beim Wasserfassen. Selbst wenn eine kleine Schüssel standhalten sollte, die Pfütze drumherum muss nicht sein. Ferner sollten von Anfang an da sein: ein Kennel oder/und ein Körbchen mit entsprechendem Kissen, passendes Halsband und Leine, alte Zeitungen und oder alte Laken und je nachdem Absperrgitter. Warum, werden wir gleich sehen. Natürlich sollte auch etwas welpengerechtes Spielzeug aus dem Fachhandel bereit liegen. Ansonsten haben wir hierzu bereits im vorherigen Kapitel einige Anregungen gegeben.

Schon Welpen haben unterschiedliche Temperamente.

In der Welpenzeit wird besonders intensiv und schnell gelernt. Das jetzt erworbene Wissen, die ersten Eindrücke, die jetzt eingespielten Verhaltensmuster haben eine nachhaltige Wirkung auf das ganze Leben unseres Bulldogs. Auch ein Bulldog lernt nie aus und kann immer neu dazu- oder umlernen.

Aber was als Welpe sitzt, sitzt das ganze Leben lang. Diese Zeit, die manche auch etwas einseitig, aber nicht grundsätzlich verkehrt die Prägungsphase nennen, sollte man sorgfältig nutzen. Jetzt kann man dem Hund die Grundelemente für ein Zusammenleben am besten beibringen.

Es ist die Erziehung für ein Zusammenleben, dafür, dass der Bulldog es leicht haben wird, in unserer hektischen, dicht bevölkerten und von Restriktionen gegen Hunde vollgestopften Welt zurecht zu kommen. Einen Hund, der später nicht zuverlässig auf ein »Stopp« oder »Komm« hört, wird man kaum einmal von der Leine lassen können. Ein gewisses Paket an verbindlichen Kommandos schafft die Grundlage für Freiheiten, die wir unserem Bulldog und uns selbst ermöglichen wollen.

Was sollten die Grundelemente der Erziehung sein?

- Bei »Halt« oder »Stopp« oder einem anderen Kommando zuverlässig anhalten.

- Bei »Komm« oder »Hier« oder einem anderen Kommando zuverlässig kommen.

- Ein Abbruchsignal verinnerlichen wie »Aus«.

- Locker bei Fuß an der Leine gehen, auch wenn andere Hunde oder ein LKW vorbei kommen.

- Vor dem Aussteigen aus dem Auto auf das Kommando warten, auch wenn die Klappe oder Türe schon auf ist.

- nicht auf alle Menschen zulaufen und diese gar anspringen.

- in Gaststätten oder anderen Lokalitäten ruhig und unauffällig sein, Platz halten und keineswegs betteln.

- lernen, auch einmal alleine zu bleiben.

Dieses kleine Paket beinhaltet bereits alles, was für ein stressfreies Zusammenleben nötig ist – alles, was man braucht, um mit dem Bulldog alles unternehmen zu können. Und alles, damit die Haltung eines Hundes für einen selbst stressfrei und zugleich nicht zulasten anderer geht. Diese Einschränkungen der Freiheiten des Hundes ermöglichen ihm und uns erst die Freiheiten, ohne Leine zu laufen und praktisch überall willkommen zu sein.

Natürlich kann man seiner Bulldogge auch noch mehr Kommandos und sogar ganze Kunststücke bis hin zu Übungen bei Agility beibringen. Ob es immer sinnvoll ist, steht auf einem anderen Blatt. Letztlich muss das jeder selbst entscheiden. Die Grenze fängt an, wo der Respekt vor dem Hund aufhört.

Futter und Futterzeiten

Dass der Welpe aus seinem Napf frisst, muss man ihm nicht erst beibringen. Aber man sollte ihn gleich von Beginn an feste Futterzeiten gewöhnen. Zunächst einmal sollte man den Züchter gefragt haben, wie dieser fütterte und ihn um Rat bitten. Nach und nach kann man dann auf die Futterzeiten umstellen, die dem benötigten Rhythmus von Beruf, Familie und Freizeit entsprechen. Mehrere Mahlzeiten sind vorzuziehen, in der Regel sind drei feste Mahlzeiten am Tag ideal. Denn Bulldogs sind arge Schlinger. Eh man sich versieht, ist der Napf schon leer. Dabei wird alles, was ohne Kauen herunter geschlungen werden kann, auch so behandelt. Von daher ist es besser, wenn es mehrere kleine anstatt einer großen Portion sind, die so den Weg in den Bulldog-Bauch nehmen. Man sollte dabei sehr genau die Gewichtsvorgaben beachten und hierbei unbedingt auch die Leckerlis nebenbei mit einrechnen. Manchen »Liebhabern« und Züchtern des extremen Show-Bulldogs kann dieser nicht massig und fett genug werden, schon als Welpe. Das ist nichts anderes als Tierquälerei, denn so wird, ähnlich beim Menschen, nur eine lebenslange Disposition auf Übergewicht antrainiert, die die ganze Gesundheit belastet und in aller Regel auch die Vitalität und Lebenserwartung deutlich verringert. Achten Sie bitte sorgfältig darauf, dass Ihr Bulldog nicht zu viel Futter samt Leckerli erhält. Auch hier müssen Sie »Nein!« sagen können, denn Ihr Bulldog wird Sie mit flehenden Blicken gnadenlos großen Gewissenqualen aussetzen, sobald es um sein Futter geht.

Der Bulldog hinterlässt mit seiner Mimik immer den Eindruck, zu wenig bekommen zu haben und kurz vor dem Hungertod zu stehen. Beim Saufen ist das Ganze völlig unproblematisch, hier kann die Bulldogge zulangen, wie sie will und man sollte das besonders bei Welpen und alten Hunden auch im Auge behalten.

Es haben sich schon Neu-Bulldogger an uns gewandt, die vom Züchter einen merkwürdigen Rat erhalten hatten: Sie sollten ihren Welpen in den ersten Wochen und Monaten mit viel Sahne mästen und ihn möglichst wenig bewegen. Das würden dann richtige, »typvolle« Bulldogs. Da sollten

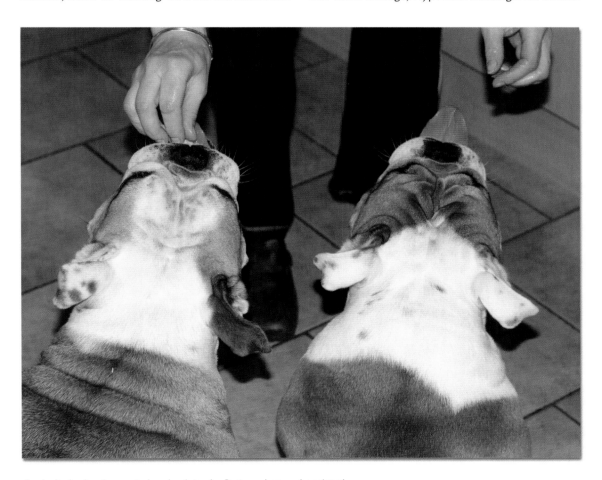

Auch die Leckerchen zwischendurch in der Rationsplanung beachten!

alle Halter ihren Verstand einschalten, wenn solche Ratschläge zur Tierquälerei kommen. Am besten zu solchen Züchtern großen Abstand halten! Auf jeden Fall hat man dann dem Falschen beim Welpenkauf vertraut.

Stubenrein

Was den Weg hinein gefunden hat, findet ihn einige Stunden später auch wieder hinaus. Welpen haben von Natur aus den Trieb, ihre Notdurft außerhalb der Wurfhöhle zu verrichten. Wölfe suchen hierzu eine Art Toilettenplatz auf. Hundewelpen suchen hierzu auch heute noch instinktiv eine Ecke oder ein geeignet erscheinendes Plätzchen. Hier sollte man sehr wachsam sein, diesen Moment abpassen, sich den Welpen schnappen und ihn dann draußen auf einer Wiese sein Geschäft verrichten lassen. Meist lernen die Bulldog-Welpen das Prozedere sehr schnell und gehen dann schon von selbst zur Tür. Natürlich können die Kleinen noch nicht lange einhalten und wir sollten ihnen die Frustration ersparen, alles richtig gemacht zu haben und doch in die Wohnung pinkeln zu müssen. Für Notfälle, auch wenn man mal den Welpen alleine zu Hause lassen muss, sollte man in einer Ecke alte Zeitungen oder Leinentücher auslegen. Diese werden als Ausweichstellen gerne in Anspruch genommen. In aller Regel werden Bulldog-Welpen sehr schnell und problemlos stubenrein, von kleinen Unfällen in der Anfangszeit einmal abgesehen. Sollte mal ein Geschäft im wahrsten Sinne des Wortes daneben gehen, den Welpen keinesfalls abstrafen. Es ist besser, selbst zu überlegen, was man falsch gemacht haben könnte. Der Welpe hat instinktiv das Bedürfnis, einen Löseplatz außerhalb der Wohnung aufzusuchen. Auf keinen Fall den Welpen in sein Pfützchen hineinstubsen oder andere Strafaktionen vollziehen. Er würde so nur das Vertrauen in den Menschen verlieren und sein Geschäft nicht mehr in Begleitung eines Menschen erledigen.

Trainieren, alleine zu sein

Wenn sich der Welpe nach einigen Tagen an die neue Umgebung gewöhnt und Vertrauen zu uns gefasst hat, sollte man ihn gezielt darauf trainieren, auch einmal alleine zu bleiben. Die Zeiten kann man dann nach und nach ausweiten. Das fängt mit dem Wegbringen des Mülls an und hört mit der Stunde Alleinesein zum Einkaufen nicht auf. Es ist für das ganze Zusammenleben enorm wichtig, dass der Bulldog schon als Welpe gelernt hat, dass es völlig normal ist, auch einmal ein paar Stunden alleine zu sein. Er lernt, dass er keine Angst haben muss und dass Herrchen oder Frauchen wieder zurückkommen. Später als erwachsener Bulldog wird er hie und da sogar die Zeit des Alleinseins genießen und in aller Ruhe sein Nickerchen zelebrieren. Normalerweise haben Bulldogs keinerlei Probleme, das Alleinesein zu lernen und zu akzeptieren. Der alte Hannibal hatte nie Probleme, alleine zu bleiben, während Frauchen und Herrchen zur Arbeit waren. Er hat diese Zeit für intensive Tiefschlafphasen genutzt. An Tagen, an denen seine Menschen überwiegend zuhause waren, fühlte er sich sichtlich gestört, da diese Phasen durch die Anwesenheit seiner Mitbewohner zur falschen Zeit nun unterbrochen wurden.

Knabbern und Beißen

Als Welpe allerdings ist der Tatendrang ungebrochen. Auch Milchzähnchen können Spuren hinterlassen. Welpen haben einen starken Drang, alles anzubeißen, auf Standfestigkeit zu prüfen und so kennenzulernen. Während bei uns oder anderen Hunden in aller Regel eine automatische Sperre die Bissstärke ganz fein dosiert, so dass es nicht weh tut, wird etwa bei Holz oder Leder hemmungslos zugelangt. So manches Tischbein oder mancher Schuh muss dran glauben, wenn ein Welpe im Haus ist. Aufpassen sollte man unbedingt bei Elektrokabeln, die am Netz hängen. Auf keinen Fall einen Welpen an ein solches Kabel las-

Kauknochen aus speziellem Gummit nimmt Berta gerne.

sen. Er wird es ohne weiteres anknabbern, wenn ihm danach ist – akute Lebensgefahr! Zweckmäßig sind auch Gitter, die man in den Türrahmen klemmen und dann wie eine Türe öffnen und schließen kann. So kann man den Aktionsradius des Welpen kontrollieren.

Leinenführigkeit

Leinenführigkeit ist die Hauptbedingung, um die große weite Welt draußen kennen zu lernen. Nur und erst dann, wenn der Welpe gelernt hat, an der Leine zu laufen, kann er viele weitere Dinge, etwa den Straßenverkehr oder die Begegnung mit anderen Hunden beim Spazieren gehen, lernen. Es ist unerheblich, ob nun Halsband oder Geschirr getragen werden. Der Hund soll ja nicht an der Leine ziehen. Und natürlich soll er auch keine Lasten ziehen, wofür die Inuit das Geschirr entwickel-

ten. Der Welpe muss erst einmal verstehen, was es mit Leine und Halsband auf sich hat. In der Regel lernen das Bulldog-Welpen auf Anhieb und ohne spezielle Übungen. Der derb und grob erscheinende Bulldog geht an der Leine bei Fuß leicht wie eine Feder. Wenn der Welpe an der Leine ziehen sollte, einfach stehenbleiben. Nie etwa an der Leine zerren oder rucken. Lässt der Welpe wieder locker, weitergehen.

Orte des täglichen Lebens

Nun kann man gezielt die Stellen aufsuchen, an die er für sein weiteres Leben gewöhnt werden soll. Wichtig ist zunächst einmal der Autoverkehr. Es ist ganz enorm wichtig, dass es der Hund verinnerlicht, dass er vor vorbeifahrenden Autos keine Angst haben braucht. Auch hier heißt es, nach und nach die Dosis steigern. Der Härtetest ist schließlich das Poltern eines schweren LKWs mit leerem Schüttgut-Auflieger. Natürlich sind die Temperamente verschieden, es gibt Bulldogs, die die Hektik der Straße locker an sich abperlen lassen und, eher seltener, auch Nervchen, die zunächst ängstlich, ja panisch zurückweichen. Weitere Orte für solche Übungen sollten Gaststätten, Restaurants, Fußgängerzonen oder, je nach Hund, der Gang durch einen Bahnhof sein.

Hundeschule ja oder nein?

In Deutschland müssen keinerlei fachliche Voraussetzungen nachgewiesen werden, um eine Hundeschule aufzumachen. So tummeln sich hier viele Anbieter mit zweifelhaftem Hintergrund. Außerdem gibt es Dutzende Theorien und Schulen der Hundeschulen. Dass wir Schulen ablehnen, die Gewalt als ein Mittel der Erziehung zulassen, liegt auf der Hand. Der Hund insgesamt und der Bulldog noch einmal ganz besonders brauchen keine Gewalt als Methode der Erziehung. Gewalt zerstört nur die Partnerschaft, zerstört jedes Vertrauensverhältnis. Glücklicherweise lehnen heute fast alle Schulen der Hundeerziehung Gewalt als Methode ab. Nur auf den Plätzen mancher Hundesport-Vereine meint man auch heute noch, ohne Elektrohalsband oder andere Gewaltmittel dem Schäferhund nicht beikommen zu können. Da aber die verschiedenen Hundeschulen zum Teil erbittert und mit gegensätzlichen Standpunkten um die richtige Methode der Hundeerziehung streiten, liegt es auf der Hand, dass man ganz unterschiedliche Ratschläge erhalten kann. Es gibt zum Teil haarsträubende Fehlleistungen mancher Schulen der Hundeerziehung, etwa wenn es als normal und hundgerecht bezeichnet wird, seinen Hund umzustoßen, um so als Herrchen anerkannt zu werden.

Andere Fragen der Erziehung müssen letztlich individuell entschieden werden. Der Autor selbst hat seine Hunde nie per Leckerlie für ein gezeigtes Verhalten belohnt. Sie taten es für den Zusammenhalt in Anerkennung seiner Autoriät. Wenn man meint, der Bulldog täte etwas nur wegen der un-mittelbar darauffolgenden materiellen Belohnung, schätzt man ihn gering, hat man vielleicht im Kern eine schlechte Meinung von ihm. Der Bulldog braucht solche Belohnungen nicht, um einem einen Gefallen zu tun. Von daher sollte man immer den eigenen Kopf einschalten, bevor man einen Hinweis zur Erziehung übernimmt. Schließlich sollte man beim Besuch einer Hundeschule immer bedenken, dass der Mensch und nicht der Hund die Hauptzielgruppe der Sozialisation des Hundes ist und auch sein muss. Das ausgelassene Spiel in der Welpengruppe gönnen wir unserem kleinen Bulldog allerdings von Herzen, wenn und solange es im Spaß macht.

Haftpflichtversicherung

Sie sollten unmittelbar nach der Anschaffung Ihres Bulldogs eine Tierhalter-Haftpflichtversicherung für ihn abschließen. In einigen Regionen ist dies sogar vom Gesetzgeber vorgeschrieben. Die Prämien für den Bulldog sind in aller Regel niedrig

Higgins

244

(zur Krankenversicherung siehe unten). Auch wenn von einem Bulldog kaum je ein aggressiver Schritt in Richtung Mensch zu erwarten ist, sollte man unbedingt auf diesen Versicherungsschutz setzen. Es muss sich ja nur ein Fahrradfahrer vor dem angeleinten Hund erschrecken und beim Umfallen verletzen. Oder der Hund rennt aus irgendeinem Grund auf die Straße und provoziert einen Unfall; nicht sehr wahrscheinlich, aber auch nicht hundertprozentig auszuschließen.

Die Erziehung des Bulldogs

Der Bulldog gilt weithin als Hund, der sich nicht sonderlich gut erziehen lässt. Diese Auffassung ist weit gefehlt. Sicher, wenn man unter Erziehung, Drill und Kadavergehorsam oder das Vorführen von Kunststückchen und Tanzschritten oder den Workaholic, der um Aufgaben bettelt, versteht, dann wird es wirklich nichts mit unserem Bulldog. Oft wird gerade solches von Hunden erwartet. Der Bulldog ist kein Diener und kein Befehlsempfänger und das war er noch nie. Schon 1860 stellte die auch heute noch existierende »Physikalisch-medizinische Gesellschaft« in Würzburg quasi amtlich fest, dass ein Bulldog »keiner Erziehung fähig« sei.[67] Doch keine Sorge, wir wissen es besser.

Der Bulldog ist einer der Hunde, der am besten und leichtesten für ein harmonisches Zusammenleben mit seinen Menschen und in unserer Gesellschaft zu erziehen ist! Durch seine Menschenorientierung, seinen Charakter und seine hervorragende Beobachtungsgabe erzieht er sich zu einem Teil selbst. Er versteht die Etikette seiner Menschenfamilie recht schnell, er spürt, was seine Menschen gut finden und was nicht, er erkennt die Abläufe eines Tages, die Do's und Don'ts. Die Welt der Kommunikation eines Hundes besteht viel weniger als beim Menschen aus der Sprache. Nonverbale Kommunikation ist der Trumpf der Hunde. Und in dieser Welt haben sie eine Fülle von Informationen, die uns Menschen ein Leben lang verschlossen sind, die Welt der Gerüche. Hund riechen unsere Stimmungen. Was wir per Sprache ausdrücken wollen, erriechen sich die Hunde. Die wesentliche Kommunikationsebene Mensch – Bulldog verläuft mit der Mimik, den Blicken, den Gesten, dem Verhalten und den Bewegungen. Ein kleines Geräusch am Autoschlüssel und in Sekundenbruchteilen blicken wir in erwartungsvolle Augen voller Tatendrang. Und selbst der älteste Senior wird auf seinem Sofa munter, wenn er das Öffnen des Kühlschranks vernimmt.

Reiches Mienenspiel

Seriöse Kynologen wollen festgestellt haben, dass die Mimik des Hundes gegenüber dem Wolf sehr verarmt sei. Mag ja für Hunde allgemein gelten, wobei auch da Zweifel aufkommen, aber bestimmt nicht für den Bulldog. »Ein Wolf verständigt sich mit über 60 verschiedenen Mienen«, sagt Dorit Feddersen-Petersen, Verhaltensforscherin am Kie-

Aus der Mimik des Bulldogs kann man ganze Bände lesen.

[67] *Würzburger medicinische Zeitschrift.* Hrsg. von der Physikalisch-medicinischen Gesellschaft, Band 1, 1860

ler Institut für Haustierkunde, »der Schoßhund hat nur noch vier bis fünf. Stattdessen hat er sich darauf verlegt, sich über die Stimme auszudrücken.«[68] Die Mimik des Bulldogs umfasst allerdings weit mehr als nur vier bis fünf Mienen. Aus der Mimik seines Bulldogs kann man ganze Bände lesen. Er hat ein außerordentlich reichhaltiges Mienenspiel und alleine die Augen verraten einiges. Der Bulldog kann mit seiner Miene das Herz erweichen oder auch demonstrieren, dass er nun gegen Regeln verstoßen will. Locker mehrere Dutzend verschiedene Mienen können aufmerksame Halter bei ihren Bulldogs unterscheiden. Im Grunde kann mehr als 90% der ganzen Kommunikation durch Mienen und von Seiten des Menschen zusätzlich per Gesten zuverlässig abgedeckt werden.

Reden ist Silber, Schweigen ist Gold

Im Wesentlichen kann ich also mit meinem Bulldog ohne Worte, das heißt nonverbal kommunizieren. Im Grunde brauche ich die Stimme lediglich, um ihn aus der Ferne abzurufen oder hie und da ein entschiedenes Abbruchsignal zu senden. Natürlich kann man auch gezielt mit dem Hund sprechen oder auch singen und so Stimmungen, Wünsche und Befehle mitteilen. Ansonsten orientiert sich der Bulldog durch Blicke an seinem Herrchen oder Frauchen. Gehe ich auf diese Art der Kommunikation bewusst ein, so erschließt sich mir eine ganz neue und reiche Ebene der Verbindung und des Austauschs von Informationen. Über Blicke und Gesten kann ich praktisch

---

[68] Dorit Feddersen-Petersen, zitiert in »Der Hund ist viel schlauer als gedacht« – Artikel auf *Welt-Online* vom 12.07.2007

alles vermitteln. Auch der Bulldog gebraucht nur äußerst selten seine Stimme zur Kommunikation. Hauptsächlich ist es das Grollen und Bellen, wenn er bei »Störungen« anschlägt. In der Kommunikation mit Herrchen oder Frauchen wird nur ganz selten die Stimme eingesetzt. Ein klar definierter Belllaut, der eine Bitte aus der Ferne ausdrückt oder ein spitzes Bellen, das eine energisch vorgetragene Forderung unterstreichen soll, gehören schon zu den wesentlichen Lautäußerungen des Hundes in der Kommunikation zum Menschen. Natürlich gibt es auch regelmäßig das spezielle Bellen als Spielaufforderung oder auch während eines Spiels, worauf wir noch zu sprechen kommen. Und natürlich kann man sich auch akustisch mit seinen Bulldoggen unterhalten. Besonders gut kommt an, wenn man zu einem gemeinsamen Ausflug etwa mit etwas Sing-Sang aufruft. Dann kommt eine prächtige Stimmung auf.

Manche Bulldogs haben aber auch die »Sprache« zur Kommunikation mit ihren Menschen entdeckt. Devil von Michael Maintke hatte sich auf Fiep- und Quitschlaute spezialisiert, die einmalig waren, mit denen er aber sehr präzise seine Stimmungen und Wünsche mitteilen konnte. Auch Connor von Mill-Rogels »singt« wahre Arien – es hört sich wie ein Sprechgesang an – wenn er auf sich aufmerksam machen will oder irgendetwas Besonderes haben möchte. So unterhält er regelmäßig alle Menschen im Wartezimmer des Tierarztes, weil er gerne mit den anderen Hunden spielen möchte, was aber meist nicht möglich oder nicht gewünscht ist. Dann tut er seinen Unmut über solche Restriktionen lautstark per Singen kund.

Die Welt der verbalen, besonders aber nonverbalen Kommunikation mit unserem Bulldog erschließt ein wunderbares Verhältnis zu ihm. Mit der Zeit lesen Sie Ihren Freund wie ein offenes Buch. Leider wird diese Welt allzu oft durch ständiges Gequatsche und Einreden auf den Hund zerstört. Bitte ersparen Sie Ihrem Bulldog eine ständige sprachliche Beschallung. Er wird sonst innerlich abschalten und das ständige Beredetwerden als einen Spleen, eine Störung oder Krankheit von Herrchen oder Frauchen interpretieren.

Wie alle Hunde nutzt der Bulldog als zusätzliches Mittel der nonverbalen Kommunikation sein Riechvermögen. Bulldogs können besser riechen als man ihnen nachsagt. Die Verkürzung der Nase wirkt sich sehr wahrscheinlich kaum auf die Leistungsfähigkeit des Geruchssinns aus. Der Geruchssinn ist ein Hauptsinn der Hunde. Hunde erschließen sich so eine Welt, die wir Menschen nur ganz diffus am Rande kennen. Es ist etwa so wie ein Adler und ein schwer Kurzsichtiger, der seine Brille vergessen hat, aber auf weite Entfernung wie der Adler eine Maus erkennen soll. Die Welt der Gerüche bleibt uns weitgehend verschlossen. Wir kennen nur einen ganz kleinen Teil der Oberfläche dieser Welt. Für die Hunde ist es ein wesentlicher Informations- und Kommunikationsstrang. Das gilt insbesondere für die Kommunikation der Hunde untereinander. Hunde kommunizieren untereinander wesentlich über den Geruchssinn und haben hier ein komplexes Kommunikationssystem vom Wolf übernommen. Hie und da spielt der Geruchssinn aber auch bei der Kommunikation mit dem Menschen eine Rolle. Hunde können uns riechen. Sie erriechen unsere wahren Stimmungen, auch wenn wir ihnen durch unsere Mimik und Gestik etwas anderes vortäuschen wollen. Sicher, der Bulldog ist kein ausgesprochener Fährtenhund, aber auch er kann gut riechen, selbst wenn sein Riechorgan in seiner kurzen Schnauze auf eine kleine Fläche gedrängt ist. Aber die reine Größe eines Organs sagt noch nichts über dessen Leistungsfähigkeit. Eine Deutsche Dogge kann auch nicht besser riechen als ein Kaninchen-Teckel, auch wenn deren Nasenmasse ein Vielfaches der des Winzlings ausmacht. Es gibt leider keine objektiven Informationen über die Leistungsfähigkeit der Bulldoggen beim Riechen. Auch wenn manche Tierärzte und Kynologen behaupten, Bulldogs könnten schlechter riechen als andere Hunde, so gibt es hierfür ebenfalls keinerlei Beweise. Meinen Beobachtungen nach können Bulldogs zumindest nicht wesentlich schlechter riechen als andere, nicht aufs Riechen spezialisierte Hunde; aber auch das ist nur ein subjektiver Eindruck.

Verstehen heißt noch nicht Befolgen

Die Kommunikationsmöglichkeiten sind das eine, das Verstehen und Befolgen der so übertragenen Botschaften das andere. Der Bulldog versteht besser, als er es in Taten zeigt. Der Bulldog versteht Herrchen und Frauchen sogar sehr gut. Aber er behält sich die letzte Entscheidungshoheit vor und wägt ab, was ihm als sinnvoll und zweckmäßig erscheint. Mein Willi war hier besonders kritisch. Ich muss immer schmunzeln, wenn ich an seine Miene denke, die er immer dann aufzog, wenn er meinem Wunsch nicht folgen wollte. Ein ganz bestimmter Blick, leicht hochgezogene Lefzen, eine ganz bestimmte Lage der Falten im Gesicht – nun war klar, dass man auf Granit biss. Anfangs versuchte ich hie und da, durch energische Gesten und erhobene, fast drohende Stimme zu demonstrieren, dass ich doch der Chef sei und Willi zu folgen habe. Solches Aufblasen perlte an ihm ab wie der Tropfen Öl auf einer Teflonpfanne. Auch die Geduldsnummer blockte er locker ab. Er hatte immer mehr Geduld, mehr Sturheit und wartete einfach ab. Ums Verrecken wurde ein Befehl nicht befolgt, wenn er sich hierzu einmal entschieden hatte. Und es ging hier nicht um irgendein neues Kunststück, sondern um Dinge, die er ansonsten problemlos tat, etwa ins Auto steigen oder einen bestimmten Weg gehen, alltägliche Dinge halt. Er konnte hundert Mal gut gefolgt sein, heute aber nicht, Miene aufgezogen, Schluss ist. Irgendwann versuchte ich es dann mit einer eindringlichen Bitte, mit einem Appell an unsere Freundschaft und der Zusicherung, dass er mir einen großen Gefallen täte. Und es funktionierte. Wie von einem Zauberstab getroffen entspannte sich der ganze Körper, die Schnute ging in einen Ausdruck der Freude, ja des Befrie-

digtseins über und Willi tat ganz leichtfüßig exakt das, um was man ihn vorher vergeblich gebeten hatte. Er hatte schon verstanden, was ich von ihm wollte, aber – warum auch immer – diesmal brauchte er einen besonderen Motivationsschub. Oder vielleicht wollte er uns genau das mitteilen, was hier aufgeschrieben ist. Und diese Beschreibung ist bewusst nicht übertrieben, eher im Gegenteil.

Wer in einer solchen Situation die Lösung in körperlichen Züchtigungen oder anderen Sanktionen sucht, hat den Bulldog nicht verstanden, ist noch keine Bulldogger und wird es wohl eher auch nie werden. Man muss sich auf den Bulldog einlassen, wie er sich auch auf seine Menschen einlässt und der Bulldog tut es gewiss. Natürlich muss man immer wieder auch einmal energisch das Wort erheben und seinen Bulldog abrufen. Hie und da muss man sich auch einmal mit Imponiergehabe als Chef inszenieren, und bei einem jungen Flegel kann auch schon mal ein leichter Klaps hilfreich, ja nötig sein. Es geht uns nicht um die Empfehlung einer völlig gewaltfreien, körperlosen Erziehung per Wattebällchen. Der Bulldog selbst ist ja auch nicht aus Zucker und gebärdet sich gerne als derber Bursche. Aber er hat ein sehr einfühlsames Herz und wir können nur dann erfolgreich eine Partnerschaft mit ihm aufbauen und diese auch pflegen und vertiefen, wenn wir sein Herz gewinnen.

Autorität

Der Bulldog kann verstehen und er will entscheiden. Hierzu lehnt er Druck als Hauptmittel ab. Der Bulldog braucht auch keine materiellen Anreize, um dem Verstandenen zu folgen. Wenn er es tut, tut er es aus Zuneigung zu seinem Menschen und auf Basis des Vertrauens zu ihm. Er erkennt und anerkennt diese Autorität des Menschen anhand solcher Qualifikation. Autorität entsteht weder durch Bestechungen noch durch Bestrafungen. Autorität entsteht auch nicht durch ständiges auf ihn Einreden. Und klar, jeder Bulldog braucht die Führung durch den Menschen und die Autorität des Menschen ist elementare Grundlage des Zusammenlebens überhaupt.

Konditionierung und materielle Anreize

Eine weit verbreitete und von vielen Hundeschulen und Hundetrainern praktizierte Erziehungsmethode ist die Konditionierung. Iwan Petrowitsch Pawlow entdeckte das Prinzip der klassischen Konditionierung wie auch deren physiologischen Grundlagen, wofür er 1904 mit dem Nobelpreis ausgezeichnet wurde. Und es funktioniert tatsächlich, auch bei uns Menschen.

Methoden der Erziehung per Leckerli oder anderer Belohnungen für gezeigtes Verhalten sind zwar effektiv, stoßen beim Verfasser aber auf Bedenken. Um den Hund wie einen Automaten ständig mit Leckerli vollzustopfen, werden sogar extra Jacken und Westen mit Futtertasche oder etwa spezielle Gürteltaschen angeboten. Es soll die persönliche Ermessenssache des Halters bleiben, ob er seinen Hund per Leckerli steuert. Ich habe nie das Verhalten meiner Hunde durch Bestechungen oder materielle Anreize oder gar Konditionierung gesteuert. Sie haben aber trotzdem gemacht, was ich von ihnen erwartete. Es entspricht nicht meinem Bild einer Partnerschaft, auch nicht der zu meinen Hunden, wenn diese auf einer materiellen Vorteilsbeziehung basiert. Die Hunde sollen das Erwartete tun, weil sie mich verstehen, mir vertrauen und meine Autorität als primus inter pares anerkennen, weil wir ein eingeschworenes Team sind, das zusammenhält. Und das tun sie auch. Alle Hunde, mit denen ich über fünfzig Jahre hinweg zusammenlebte, haben es so gehalten. Ich selbst habe es ebenso gehalten, zuerst instinktiv, dann aus eher ethisch begründeter Überzeugung, schließlich mit wissenschaftlicher Fundierung. Ich möchte meine Hunde nicht als Futterautomaten sehen, in die man ein Leckerli hineinwerfen muss, um eine Antwort zu erhalten. Natürlich erhalten auch meine Bulldogs Leckerli, aber nicht zur Belohnung eines gerade gezeigten Verhaltens. Ein getrocknetes Schafsohr oder ein Stück Rinderpansen gibt es als Leckerli zur Festigung der Bindung genauso, wie das Bürsten und Kämmen zugleich der Pflege der Beziehung gilt.

Der sichtbare Erziehungserfolg ist noch kein Nachweis für die Tauglichkeit einer Erziehungsmethode. Auch die zuweilen brutalen, hundeverachtenden Methoden auf manchen Hundeplätzen zeigen ihre Erfolge und bringen Hunde hervor, die Leistungsprüfungen mit Bravour bestehen. Das macht aber solche auf Gewalt basierenden Methoden nicht weniger ablehnenswert. Erziehungsmethoden auf Basis Konditionierung und materieller Anreize darf man natürlich nicht in einen Topf mit Gewaltmethoden werfen. Das ist eine andere Qualität. Für mein persönliches Verständnis raubt es dem Bull-

Zerrspiel - Athletik.

dog aber die Seele und mir den Respekt vor ihm, wenn ich ihn auf Basis materieller Anreize erziehe. Aber letztlich ist das eine persönliche Entscheidung.

Kunststücke und Leistungsprüfungen

Da der Bulldog sehr verfressen ist, kann man ihm auf Basis Konditionierung und materieller Anreize sogar relativ leicht einige Kunststücke beibringen. Auch kann er so durchaus erfolgreich in Agility oder anderen Mensch-Hund-Sportarten geführt werden, solange und sofern die Übungen seiner körperlichen Leistungsfähigkeit entsprechen. Es gibt auch in ganz seltenen Fällen Bulldogs, die einen ausgeprägten Arbeitstrieb haben, und auch ohne Konditionierung und materielle Anreize als Basis zu beachtlichen Erfolgen geführt werden können. Im Kapitel Portrait haben wir hier Butcher vorgestellt, der sich bei diversen Leistungsprüfungen durchaus mit Deutschen Schäferhunden messen konnte.

Kampf mit Herrchen

Gerade Bulldogs lieben es, mit Herrchen zu balgen. Manche Hunde-Psychologen mögen gleich die Nase rümpfen und hier böses Dominanzverhalten und Aggressionen diagnostizieren. Aber Bulldog ist nun einmal Bulldog. Und der hat schließlich über viele Hunderte von Jahren mit den Kampf-Shows der Antike und des Mittelalters sein Brot verdient respektive verdienen müssen. Kampfrituale sind bei Bulldogs Kult. Und für mich als Bulldogger sind sie auch Kult. Das was sagen wir bei einem seit Generationen als Begleithund gehaltenen Beagle noch an Nasenleistung erhalten ist, ist beim Bulldog zuweilen der Pit. Die »Kämpfe« Bulldog – Mensch sind in aller Regel körperlos. Sie ähneln dem Abtasten zweier Schwergewichtsboxer in den ersten Runden oder besser noch dem Kampf der Sumotori. Gelegent-

lich kommt ein abrupt, schnell und energisch vorgetragener Angriff mit einem angedeuteten Schlag, Verzeihung Biss. Das hierbei tösende Grollen und tiefe, kurze Bellen lässt Uneingeweihte Böses ahnen. Manchmal kommt es auch zu Wrestling-Einlagen. Irgendwie wird immer der Ring, der Pit simuliert, gleich wo. Ein Doppelbett ist wie geschaffen für eine Pit-Simulation, aber auf einer Wiese geht es ebenso. Junge Rüden neigen gelegentlich dazu, ein bisschen zu übertreiben. Dann sollte man sofort und unwiderruflich ein Abbruchsignal geben und den Kampf auch beenden. Das hilft. In all den Jahren habe ich noch nie einen auch nur ansatzweise ernsthaften Angriff erlebt. Auch untereinander kämpfen Bulldoggen gerne und mit Inbrunst. Solche Kämpfe werden aber ausschließlich unter Bulldogs ausgetragen, die miteinander vertraut sind und sich mögen. Hunde, die sich nicht leiden können oder in akuter Rivalität untereinander stehen, veranstalten nie solche ritualisierten Kämpfe. Man hat den Eindruck, die Bulldogs tragen bewusst einen Show-Kampf aus. Es ist immer wieder erstaunlich, wie wendig und beweglich diese Hunde sein können. Andere Hunde kommen mit ihrer Art des Kampfes meist nicht so zurecht. Mitten im Kampf kann es fließend übergehen in gegenseitige Liebkosungen, um dann abrupt wieder loszulegen. Ich habe den Eindruck, dass sie nach Ende des Kampfes den Applaus der Zuschauer erwarten.

Einer oder doch lieber zwei?

Nicht wenige Bulldogger haben ihn gleich doppelt, Bulldogs im Doppelpack. Aber hier gibt es keinen Königsweg. Ob einer oder zwei, es kommt zum einen ganz auf die Hunde-Persönlichkeiten selbst an, und beide Varianten haben ihre Vor- und Nachteile. Gabi Mill-Rogel hat beide Erfahrungen gemacht:
»Als unser Hannibal achteinhalb war, entschlossen wir uns, uns einen Welpen dazu zu nehmen. Hannibal zeigte die ersten Alterserscheinungen und

Klein Connor und Hannibal.

wir hatten immer wieder gehört, durch einen Welpen käme der Senior in einen zweiten Frühling.

Also zog Connor bei uns ein. Die ersten drei Tage zeigte sich Hannibal recht gastfreundlich, obwohl ihm der Kleine ganz schön zusetzte. Ständig wollte Connor spielen, traktierte ihn mit seinen Milchzähnen, annektierte das komplette Spielzeug, pieselte auf Hannibals Bettchen – kurz und gut, brachte Hannibals Leben völlig durcheinander. Nach den drei gastfreundlichen Tagen hatte Hannibal also die Nase gestrichen voll und zeigte sich nur noch von – einer uns bis dato sehr unbekannten Seite. Ständig war er auf Angriff, lief nur mit gekräuselten Lefzen und Dauerknurren herum.

Was haben wir also getan? Nie die beiden allein und aus den Augen gelassen. Alles Positive nur in Verbindung mit dem "Eindringling" in das bisher ungestörte Prinzen-Einzelkind-Idyll gestaltet. Trotzdem dauerte es rund drei Wochen, bis Hannibal sein Abwehrverhalten einstellte. Er hatte wohl endlich akzeptiert, dass Connor nicht nur zu Besuch war und auf jeden Fall bleiben würde. Danach ließ er sich auch schon mal zu einem kleinen Ringkampf herausfordern, und als er Connor dann nach einiger Zeit auf der Straße gegen einen anderen Hund verteidigte, da wussten wir, nun wird alles gut. Im Laufe der Zeit arrangierten sie sich zu einer guten Männerfreundschaft. Man(n) schlief gerne Nase an Nase oder Po an Po auf dem Sofa, kabbelte sich am Strand um das Strandgut und genoss vor allem das abendliche Kuscheln mit uns Menschen gerne gemeinsam.

... und ja, Hannibal kam durch Connor tatsächlich in seinen zweiten Frühling. Er nahm ab, wurde beweglicher und aktiver und – wohl wegen der Konkurrenz – zeigte sich plötzlich von seiner verschmusten Seite.

Wichtig ist, dass man sich vor der Anschaffung eines zweiten Hundes darüber klar sein muss, dass es keine Garantie dafür gibt, dass aus den Beiden

wirklich ein gutes Team wird. Bei manchen stimmt die Chemie sofort, bei anderen kostet es viel Nerven und Geduld, bis es klappt, bei anderen wird es nie etwas. Wir sind aber auf jeden Fall froh, diese Zeit durchgehalten zu haben. Gerade als Hannibal nun im Alter von zwölf Jahren von uns gegangen ist, war uns Connor eine große Stütze. Ob wir uns wieder einen Zweiten holen? Nicht sofort, aber irgendwann sicherlich.«

Der Bulldog ist ja ein ausgeprägt menschenbezogener Hund. Er genießt auch die Vorzüge, Bulldog im Korb zu sein und als Einzelkind umhätschelt zu werden. Zwei Bulldogs entfalten untereinander eine eigene Dynamik, die wieder ein ganzes Spektrum an neuen Seiten eröffnet. Beide buhlen auf ihre eigene Art um die Gunst von Herrchen und Frauchen. Der Bulldog selbst braucht keine zweiten im Haus, um glücklich zu sein, aber er ist deswegen auch nicht unglücklich. Schließlich sollte man bedenken, dass mit zwei Hunden all das noch ein bisschen schwieriger wird, was eh schon zuweilen für Hundehalter schwierig ist, sei es nun der Besuch in einer Gaststätte oder eine passende Ferienwohnung. Doch lösbar sind diese Probleme allemal.

Schwimmen lernen

Im Portrait haben wir, da auch anhand von Connor und Hannibal, gesehen, dass der Umgang mit Wasser höchst unterschiedlich gehandhabt wird. Doch im Allgemeinen lieben Bulldogs Wasser. Aber Vorsicht! Bulldogs gehören zu den ganz wenigen Säugetieren, die das Schwimmen erst erlernen müssen. Manche extrem gezüchteten, überschweren Show-Bulldogs versinken im Wasser wie ein Stein. Andere können auf Anhieb schwimmen und bewegen sich sogar sicher in der Meeresbrandung. Man kann einem Welpen oder Junghund leicht das Schwimmen beibringen, wenn er dann will. Meist begnügen sie sich aber mit flachem Wasser, da wo man noch stehen kann.

Bulldogs sind in der Regel keine geborenen Schwimmer.

Einige Tipps für das alltägliche Zusammenleben mit Bulldog

Zu den Grundvoraussetzungen der Wohnung, des Hauses und des Gartens haben wir bereits in Kapitel Sieben beim Thema Anschaffung Hinweise gegeben. Das soll hier nicht noch einmal wiederholt werden.

Geschirr oder Halsband

Halsband und Leine, und wenn der Bulldog ausgewachsen ist, davon mindestens zwei Paar, sind selbstverständliche Grundausstattung. Selbstredend ist auch, dass Stachelhalsbänder oder solche, die sich zusammenziehen können, absolut tabu sind. Bei einem Halsband besteht das Problem, es eng genug, aber nicht zu eng zu machen. Der Bulldog hat einen breiten Hals und er kann leicht mit seinem Kopf durch das Halsband entweichen,

wenn es allzu locker ist. Das kommt zwar extrem selten vor, kann aber bei dem Sturkopf gerade im entscheidenden Moment fatal sein. Bei einem Geschirr kann ein solches Entweichen nicht passieren. Ansonsten ist es eigentlich gleich, was man nun nimmt. Ein einigermaßen gut erzogener Bulldog geht eh ganz leichtfüßig an der Leine und zieht gewöhnlich nicht. Geschirre sind ursprünglich für Zug- und Schlittenhunde entwickelt worden.

Kennel

Es ist sinnvoll, den Bulldog schon früh an einen Kennel zu gewöhnen. So hat er immer einen vertrauten Platz, an den er sich zurückziehen kann. Zudem ist ein geeigneter Kennel das sicherste Transportmittel im Auto. Es gibt tragbare Stoffkennel, die man auch gut mit in ein Hotelzimmer nehmen kann.

Praktisch auf Reisen –
ein Stoffkennel.

Spielzeug

Bulldogs lieben Zerrspiele über alles. Da reichen im Grunde ein Stück robuster Stoff oder die im Handel angebotenen Tau-Enden. Auch wird mit größter Inbrunst ein Pappkarton zerlegt oder eine Zeitung zerrissen. Hier zeigt er oft das instinktive Verhalten, seine Beute zu Tode zu schütteln. Man sollte die Hunde nicht mit Spielzeug überladen. Neues Spielzeug wird allerdings bewusst zur Kenntnis genommen. Selbst als Zehnjähriger freute sich Willi noch wie ein kleines Kind über das neue Spielzeug zu seinem Geburtstag. Das neue Spielzeug wird wie eine gerade erheischte Beute stolz an einen sicheren Platz gebracht und dort erst einmal untersucht.

Bulldoggerin Ilona Tetzlaff, Frauchen von Henry, meint dazu: »Fakt ist: Es gibt kein bulldog-geeignetes Spielzeug. Mehr müsste man eigentlich nicht sagen, aber wir verweisen an dieser Stelle gerne auf die diversen Kisten und Körbe, in denen sich die von Henry getesteten Quietschbälle, Zerrknoten, Plüschtiere und einsame platte Bälle befinden – ein Zeugnis seiner nun mehr als neunjährigen Tätigkeit.

Kugeln, Plüschknochen und andere neckische Dinge, in denen man ein lustiges Quietsch-Teil eingebaut hat, bestehen meist bereits den ersten kräftigen Kautest nicht. Es platzt die Naht, es springt der Knoten und schwupps: Draußen ist es, das leichtsinnigerweise meist als kleines Kunststoffteil eingenähte Töne hervorrufendes Etwas. Danach weigert sich Henry beharrlich, das nun nicht mehr quietschende Spielzeug zu benutzen. Genauso ist es mit Plüschtieren, die es in unterschiedlichsten Qualitäten, Formen und Farben gibt. Henry hatte einen Hang zu grünen Plüschfröschen. Und NUR zu grünen Plüschfröschen. Das von Herrchen ab und an angebotene Elefantentier wird von ihm stets kräftig am Rüssel gezogen – eventuell sieht es dann einem Frosch ähnlicher. Plüschfrösche in rot oder blau oder gar grüne

Schildkröten, Krokodile oder Drachen werden mit absoluter Missachtung gestraft. Eventuell wird ein vorhandenes Quietsch entfernt, aber nicht kann seinen drei mittlerweile eher grau-grünen Plüschfröschen das Wasser reichen. Einen hat er zuhause, je einen weiteren in den beiden Büros, in denen er seine Tage verbringt. Natürlich muss immer auch ein Frosch mit in den Urlaub. Henry saugt intensiv daran und macht ab und ab kleine "Milchtritte" wie eine Katze – offenbar ein Trauma, dass aus der frühen Wegnahme der Mutter vom Wurf resultiert.

Spielzeug mit Augen ist nicht geeignet für Hunde, für Bulldoggen schon gar nicht. Augen-Operationen konnte er bereits mit einige Monaten Lebenserfahrung selbstständig durchführen. Dabei achtet er zwar sorgfältig darauf, die amputierten Augen hinterher aus seinen Lefzen wieder herauszusu-

chen, wir erinnern uns jedoch noch immer gerne an das Verschlucken von Lampen, die man als Augen vorne an eine Plüsch-Lokomotive genäht hatte...

Und dann gibt es da noch dieses amerikanische Kauspielzeug aus Gummi. Henry habe gleich die schwarze Variante bekommen, der nette Herr aus unserem Zoogeschäft empfahl dies für »Stark-Kauer«. Jeden Morgen nach meinem Frühstück bekommt er einen halben Kauknochen hinein und dann gehts los. Seinen ersten Kong haben wir bereits nach drei Wochen umgetauscht, weil Henry das untere Drittel abgebissen hatte. Aber drei Wochen immerhin – das ist Rekord!

Alles andere....überlasst HundeSPIELzeug den anderen Hunden, echte Bulldoggen brauchen was Stärkeres.«

Bulldog-Spielzeug muss besonders stabil und haltbar sein.

Im Rheinland gibt es den Spruch »Jede Jeck is anders« und beim Spielzeug sind unsere Bulldogs oft besonders jecke Jecken. Gabi Mill-Rogel berichtet von ihren vierbeinigen Jungs:

»Das meiste herkömmliche Spielzeug ist nicht für die Kauwut einer Bulldogge ausgelegt. Hannibal hat immer gerne gekaut, war aber nicht wirklich zerstörerisch. Connor jedoch – ein exzessiver Nager – hat schon als Welpe Rekorde im Zerlegen von Hundespielzeug aufgestellt und uns damit zu Dauerkunden in Hundezubehörläden gemacht. Quietschespielzeug zerteilte er innerhalb von Minuten in diverse Einzelteile. Das forderte von uns große Aufmerksamkeit, da er zum Verschlucken der Teile tendierte. Und manches Mal ist uns ein Teil abhanden gekommen, dem wir dann immer mit größter Spannung beim Gassigang entgegenfieberten. Selbst einen Basketball – den Hannibal schon Jahre in Arbeit hatte – hat er bereits als Welpe innerhalb einiger Tage geschreddert. Die nachfolgenden Bälle hielten meist nur Minuten. Wer Basketbälle kennt, der weiß, wie hoch diese Leistung einzuschätzen ist. Plüschspielzeug und Seilknoten wurden innerhalb kürzester Zeit in matschige Fadenknäuel verwandelt. Lediglich Kongs und Vollgummi-Noppen-Kauspielzeug haben eine längere Halbwertszeit. Eine Noppenhantel ist (neben einem großen dicken Ledertuch) sein absoluter Favorit – hier kann er sich regelrecht in Ektase kauen.

Aber all das wird uninteressant, wenn wir draußen unterwegs sind. Da kann das schönste Spielzeug nicht gegen die Natur ankommen. Connor ist von klein auf ein Ast-Fetischist. Bereits beim Verlassen des Kofferraums hat er meist schon einen Ast im Blick. Ist kein loser vorhanden, beißt er sich auch mal einen Ast vom Strauch ab. Er zerrt auch gerne kleinere Baumstämme aus dem Unterholz oder rettet Äste aus Bächen. Wir wissen, dass Holz gefährlich sein kann – splitternde Holzstücke können sich schnell in den Rachen bohren oder zwischen den Zähnen verkeilen. Bisher hatten wir aber

immer Glück und hoffen, dass es auch weiterhin so bleibt. Wir wollen Connor nicht seine größte Leidenschaft verbieten.«

Fellpflege

Regelmäßige Fellpflege fördert Gesundheit wie Wohlbefinden, sieht gut aus und festigt den Zusammenhalt. Zuerst mit einer groben Bürste, dann mit einer weichen durch das Fell gehen. Der Bulldog genießt es. In den Phasen, wo der Bulldog verstärkt haart, sollte man natürlich öfter durchs Fell gehen. Manche Bulldoggen haaren schon alleine bei Aufregung deutlich mehr. Ein gesunder und gepflegter Bulldog hat, individuell unterschiedlich, ein angenehm weiches Fell, das, wenn überhaupt, neutral riecht. Ich ziehe das Bürsten immer als Bulldog-Wellness-Veranstaltung auf. Schon das Zeigen einer der beiden Bürsten entlockte ihnen einen genüsslichen Gesichtsausdruck. Nach dem Bürsten gibt es zum Abschluss noch ein Leckerli. Es entfaltet sich bei ihnen wohl das gleiche Gefühl, wie bei einem kalten Bier nach dem Saunabesuch. Es stimmt einen zufrieden, die Bulldogs dann so zufrieden und entspannt zu sehen.

Das Baden eines Bulldogs ist absolut unnötig und meiner Auffassung nach sogar schädlich. Das Hundefell hat eine extrem wirksame Selbstreinigungs- und Schutzkraft. Durch das Einbringen von Seifen oder Kosmetika jeglicher Art wird dieser Schutz nur beschädigt. Wenn das Fell unangenehm riecht, stimmt etwas nicht mit Ernährung, Psyche oder Gesundheit. Das Fell ist nur Indikator, ähnlich der Haut beim Menschen. Wenn das Fell selbst krank ist, so ist das ein Fall für den Tierarzt und schon gar nicht für ein Reinigungsmittel, selbst wenn dieses vom Anbieter über den grünen Klee gelobt wird.

Hören wir noch einmal Ilona Tetzlaff: »Die Pflege spielt insbesondere in den kühleren Jahreszeiten eine große Rolle. Ein Bulldog darf nie frieren.

Hierzu bedarf es jedoch keineswegs eines lächerlichen Mäntelchens oder gar eines Strickpullovers, nein, die innere Wärme, verursacht durch ausreichend Nahrung, ist viel wichtiger. Auch Vitamine werden in Zeiten der Futterknappheit nicht gerne, aber immerhin genommen. Henry für seinen Teil hat mich mit Birne und Banane arrangiert, um abends zumindest auch noch etwas vom Nachtisch zu haben.

Offenbar hat er jedoch immer den Eindruck, sein Kalorienbedarf wird falsch berechnet, denn er hat immer Hunger. Und wehe, wir vergessen, dass er um Punkt 8.12 Uhr im Büro sein Frühstück möchte. Jeden Morgen erinnert er uns zunächst mit leisem Winseln, dann kräftigem Bellen und schließlich energischem Hochspringen daran. Aber zurück zur weiteren Pflege: Bulldoggen haaren nicht, so lasen wir es in einem Buch, bevor Henry als ganz kleiner Bulldogjunge bei uns einzog. Das war ein nicht gut informiertes Buch. Er haart nämlich ausdauernd und hinterlässt an allen Stellen, an denen er seine kleinen Schläfchen hält, kleine falbfarbene Unterwollhaar-Büschelchen. Gerade im Frühjahr wird er deshalb jeden Tag im Garten gestriegelt. Die Meisen warten schon auf weiches und so feines Material für den Nestbau. Ganze Generationen von Singvögeln sind schon auf seiner Unterwolle groß geworden...

Zur Pflege gehört auch das regelmäßige Öhrchenreinigen, das Henry mittlerweile geduldig über sich ergehen lässt. Nach eingehender Prüfung musste er doch feststellen, dass es auf Dauer angenehmer ist, wenn wir ihm den Dreck aus den Ohren machen, als wenn er damit herumläuft.

Herzhaftes Wälzen im frischen Gras!

Letzter Punkt zum Wohlbefinden eines Bulldogs ist ausreichende Ruhe. Henry achtet peinlich genau auf wirklich ausreichende Ruhe, also 22 Stunden Schlaf am Tag. Aufstehen ist für ihn ein Graus und oft brauchen wir Minuten, um ihn morgens zu wecken und ihn soweit zu haben, dass er zumindest an der Haustür steht.

Er schläft nachts im Korb in "seinem" Zimmer (eigentlich ein Gästezimmer, aber er hatte es sich ausgesucht, und nun schläft Besuch eben oben), tagsüber darf er aber in unser Bett. Nach seinen Gassigängen gibt es für ihn nichts Herrlicheres, als mit Matschfüßen in das weiche Bett seiner Lieben zu springen. Wo soll er sonst Erde, Sand und Dreck loswerden? Er schleicht also leise, leise die Treppe hinauf, hüpft ins Bett und streift das Grobe zu-

nächst einmal am Bettlaken ab, bevor er sich auf der weichen Decke trockenschläft.

Trocken und sauber entsteigt er dann nach einer angemessenen Zeit (nicht unter vier Stunden inklusive Schontrocknen) wieder dem Gemach und stattet seinen Lieben einen Besuch ab. Eventuell sind Lebensmittel in der Nähe, die zum sofortigen Verzehr geeignet sind... Nicht ganz spurlos ist auch seine Nebenbeschäftigung als Altpapier-Zerkleinerer. Praktischerweise sind Kartons, Pappe und leere Brötchentüten in Reichweite seiner Zähne abgelegt. Mit geschicktem Zug holt er sich die schönsten Dinge heraus und beginnt mit seiner Arbeit. Brötchentüten sind sehr gut zu zerkleinern, mit etwas Glück findet er sogar ab und an noch Krümel darin. Kartons lassen sich deutlich schwerer zerlegen. Hier bedarf es einer guten Halsmuskulatur und eines festen Standes beim Auseinanderreißen. Henry liegt das grobmotorische Arbeiten mehr, feinere Sachen wie das Zurücklegen der nunmehr kleinen Papierteilchen in den Korb überlässt er gerne und voller Stolz auf sein Werk, uns.«

Nicht jeder Bulldog hat ein eigenes Zimmer, wie Henry, sie brauchen es auch nicht. Die meisten Bulldoggen bevorzugen – auch wenn ihnen diverse in der Wohnung verteilte Schlafplätze zur Verfügung stehen – das Bett ihrer Familie. Meist sind sie die ersten, die im Bett sind und die letzten die es morgens wieder verlassen; meist erst nach Ertönen eines Zeichens für den Start des Frühstücks.

Donner und Silvester-Kracher

Fast allen Hunden ist lauter Lärm und Geräusche wie Donner unangenehm. Manche nehmen es cool, nicht wenige haben aber richtige Angst, manche geraten sogar in Panik. Das ist auch bei unseren Bulldogs ganz unterschiedlich. Mein Bulldog Willi war hier ein ganz Cooler. Ich führe es immer darauf zurück, dass ich ihn als Junghund erfolgreich desensibilisiert hatte. Willi war immun gegen Donner oder Silvesterkracher. Dafür drehte er sich nicht einmal um, dafür wurde noch nicht einmal ein Auge auch nur leicht geöffnet.

Willi war sechs Monate jung, da setzte ich mich mit ihm bei einem gerade aufziehenden, spätsommerlichen Gewitter draußen auf die Bank unter der Veranda. Das Gewitter kam, und es machte seiner Zunft durchaus Ehre. Mächtige Donnersalven und Blitze kamen hernieder. Klein-Willi saß ehrfurchtsvoll neben mir und schmiegte, was er sonst nie tat, seinen Körper leicht an mich. Ich hatte meinen Arm ganz zart wie einen Schutzmantel um ihn gelegt. Klein-Willi war wie versteinert. Er schaute ganz konzentriert dem Gewitter zu, höchste Anspan-

nung, gespannte Aufmerksamkeit, aber keinerlei Zucken oder andere Zeichen von Angst und Schrecken. Willi verfolgte jeden Blitz und suchte jeden Donner. Das Gewitter zog vorbei. Doch Willi hatte Gewitter verstanden. Angst hatte er keine mehr. Die Erregung stand noch in seinem Gesicht, doch es war eine entspannte Erregung in diesem Gesicht, das mich nun liebevoll anblickte. Es war einer der schönsten Momente mit ihm, ein Moment, der noch heute, viele Jahre später, in mir lebendig ist.

Drei oder vier Monate später ging ich mit ihm am späten Nachmittag des Silvestertages durch die leicht von Schnee überzogenen Straßen. Überall hörte man schon die ersten Kracher. Ich ging ganz locker mit ihm weiter, als sei nichts gewesen. Willi ging mit, unbeeindruckt. Er hatte Silvester verstanden.

Willi hatte sein ganzes Leben hindurch nie Angst vor Böllern oder vor Gewittern. Ob das nun wirklich an meinen Desensibilisierungs-Programmen lag, wer weiß. Vielleicht war Willi einfach so gestrickt, genau wie andere Bulldogs eben anders sind. Wenn ein Bulldog, warum auch immer, sogar panische Angst vor solchen Geräuschen entwickelt, sollte man auch über die Gabe von Beruhigungsmitteln nachdenken (siehe unten).

Bulldog auf Reisen

Bulldogs gehen gerne auf Reisen. Autofahren ist für viele eine ausgesprochene Leidenschaft. Manche schauen gerne aus dem Fenster, manche legen sich hin und nutzen die Fahrt für ein ausgiebiges Entspannungsschläfchen. Ausnahmen wie Noltes Emma-Bella-Lola sind selten. Aus dem Aspekt der Sicherheit ist ein Kennel zu empfehlen, den man fest auf der Ladefläche eines Kombis oder auf dem Hintersitz verankern kann. Er dient zudem als gewohnter Rückzugsort und kann so beruhigend wirken. Im Sommer, zur Reserve und sollte Klima-

anlage im Auto defekt sein, kann man auch Kühl-pads oder eine speziell hierfür angebotene Kühl-matte mitführen, die man, mit einem Handtuch bedeckt, unter ihn legen kann.

Wasser!

Was sollte man immer dabei haben? Wasser und Reserve-Wasser und natürlich einen Wassernapf aus Kunststoff. Das muss jedem Bulldogger mit der Zeit in Fleisch und Blut übergehen. Es gibt auch Näpfe die man zusammenfalten und platzsparend verstauen kann. Entscheidend ist, dass immer Was-ser zur Verfügung steht und dass – je nach Wetter und Typ – der Bulldog immer trinken kann. Eine Rolle Papiertücher ist ebenfalls immer hilfreich. Am besten im Auto irgendwo verstaut ein altes Halsband mit Leine als Reserve mitführen für den Fall, dass man das Eigentliche mal vergessen hat.

Für manche Bulldogs ist die Fahrerei allerdings so interessant und aufregend, dass sie kaum zu be-ruhigen sind. Dazu mehr im Abschnitt zum Thema Gesundheit. Reisen mit der Bahn oder per Flug-zeug sollten nur für den Notfall eingeplant wer-den. Hie und da sind Bulldogs von klein auf an das Bahnfahren gewöhnt worden, kennen das Treiben, sind nicht gestresst und benehmen sich selbstverständlich anstandslos.

Bulldogs lieben Schnee

Schnee ist für Bulldogs etwas Wunderbares. Durch frischen, hohen Schnee zu pflügen, zählt zu ihren Lieblingsspielen. Natürlich sollte man sie nicht zu-viel Schnee fressen lassen, da der Hund sich damit eine Erkältung oder Magenverstimmung holen kann. Wie Ilona Tetzlaff oben schon sagte, sind Mäntelchen bei einem gesunden und regelmäßig bewegten Bulldog völlig überflüssig.

Zur Sexualität der Bulldogs

Hündinnen haben für gewöhnlich zweimal im Jahr Hitze. Das ist die Zeit, in der sie aufnahmebereit und aufnahmefähig sind. Mit etwa dem 7. bis 10. Monat sollte die erste Hitze eintreten. In der Zeit der Hitze sollte man ein Auge auf seine Hündin werfen und sie nicht mit unkastrierten Rüden un-beaufsichtigt lassen oder überhaupt einen der zahlreichen Interessenten in die Nähe lassen. Die Scheide vergrößert sich. Die Hitze ist begleitet von einer Blutung. Es gibt spezielle Höschen für diese Zeit. Bewährt haben sich darin Slipeinlagen für Frauen. Man sollte die Hitze genau beobachten und den Verlauf nachhalten. Sollten Unregelmä-ßigkeiten auffallen, ist die Konsultation eines Tier-arztes angeraten. Die inneren Geschlechtsorgane der Hündin sind sensibel für Krankheiten und diese können dann schwerwiegende Folgen haben.

Die Rüden werden relativ spät reif. Zu einem »ge-standenen Mann« werden sie erst mit drei bis vier Jahren. Natürlich sind sie schon wesentlich früher geschlechtsreif. Der Penis kann enorme Ausmaße entwickeln. Der Rüde kann sich dann kaum noch bewegen. In seltenen Fällen kann es sein, dass sich sein Penis nicht mehr unter die Vorhaut zurück-ziehen will. Bitte ruhig bleiben und beruhigend auf den Knaben einwirken. Eventuell mit einem mit etwas kühlem Spüli- oder Fit-Wasser befeuchteten Tuch betupfen. Es kann locker eine halbe Stunde dauern, bis sein Glied nach und nach abschwillt und sich zurückzieht. Sollte sein Penis nach län-gerer Zeit immer noch nicht abschwellen und dunkelrot bis blau werden, den Tierarzt herbeiru-fen. Rüden haben im Schlaf zuweilen erotische Träume und gehen dann auch körperlich den gan-zen Ablauf mit durch, bis hin zur Erektion und sogar Ejakulation. Die meisten Bulldog-Rüden sind zu den Hündinnen charmant und zärtlich.

Thema Kastration

In Deutschland, Österreich oder der Schweiz gibt es keine Straßenhunde mehr. Hier kommt es bestenfalls durch unaufmerksame Halter zu ungewolltem Nachwuchs bei Hunden.

Man kennt medizinische und verhaltensbedingte Indikationen für eine Kastration. Bei Hündinnen ist es nicht selten die Gebärmutter, die ernste Probleme bereiten kann (siehe unten). Bei Rüden kennt man Hypersexualität und, beim Bulldog eher selten, auch mit Sexualhormonen verbundenes, übersteigertes Aggressionsverhalten, das eine Kastration notwendig machen kann.

Die heute in der Hundehalterwelt diskutierte Kastration hat allzu oft keine der oben angeführten Überlegungen zur Grundlage. Manche Hundehalter lassen ihre Hunde standardmäßig kastrieren, ohne dass ein medizinischer Grund oder eine Verhaltensauffälligkeit vorliegen. Manche meinen sogar, es sei in Ordnung, einen Hund vor dem Durchleben seiner Pubertät zu kastrieren.

Auch rein rechtlich gesehen sind solche Kastrationen eine Gratwanderung. Das deutsche Tierschutzgesetz verbietet das Amputieren von Körperteilen ohne ernsthaften Grund. Allerdings werden Ausnahmen gemacht, so auch wenn »zur Verhinderung der unkontrollierten Fortpflanzung oder − soweit tierärztliche Bedenken nicht entgegenstehen − zur weiteren Nutzung oder Haltung des Tieres eine Unfruchtbarmachung vorgenommen wird.« (TSchG §6 Abs1.5) Leider denken manche Tierärzte zuerst an ihren OP-Auftrag und führen Kastrationen ohne konkrete Indikation durch.

Kastrationen ohne konkrete Indikation sind ein unzulässiger Eingriff in ein anderes Lebewesen. Ich sehe in meinem Bulldog in erster Linie einen Partner. Und meinem Partner will ich auch Respekt entgegen bringen. Als menschlicher Freund will

ich seine ganze Persönlichkeit akzeptieren. Hierzu gehört selbstverständlich auch die Sexualität. Und ebenso der Schutz seiner körperlichen Integrität. Der Bulldog ist für mich keine vierfüßige Barbiepuppe, deren Körper ich nach Belieben verformen darf. Es ist eine anthropozentrische Sicht auf unsere Mitlebewesen, wenn man sich das Recht herausnimmt, diese nach eigenem Gusto zu gestalten und gesunde Organe einfach wegzuschneiden.

In den vielen Jahren, in denen ich mit Hunden, meist Bulldogs zusammenlebe, habe ich noch nie echte Probleme aufgrund der Sexualität der Hunde gesehen. Natürlich gehört es zum Leben mit Bulldog, dass sich zwei selbstbewusste Hündinnen auch einmal richtig zoffen. Aber hat es etwas mit Partnerschaft zu tun, wenn wir sie wegen dieser völlig normalen Reaktionen zu Eunuchen degradieren? Um die aus der Sexualität herrührenden Verhaltensweisen zu kontrollieren, bedarf es keiner besonderen Hundehalterkunst. Ein heißen Bulldog-Rüden oder -Hündin kann man heute problemlos am Streunern hindern. Sexualität und sexuell bedingte Aggression sind natürliche Facetten eines gesunden Hundelebens. Und gleichfalls sollte es dazu gehören, dass sich Hunde auch nur dann verpaaren müssen, wenn sie es wollen. Die Kehrseite der grundlosen Kastration ist die vom Menschen heute regelmäßig erzwungene Verpaarung oder sogar gleich künstliche Besamung, die, wie im Kapitel zur Zucht dargelegt, den Willen der Bulldog-Hündin übergeht und missachtet. Ich verstehe da von Partnerschaft etwas anderes.

Seinen Bulldog tragen

Es empfiehlt sich, schon den Welpen an das Getragenwerden zu gewöhnen. Es gibt mehrere Gründe hierzu. Zum einen hat man zuhause meist keine Waage, auf die man den Bulldog stellen könnte. So kann man ihn nur wiegen, indem man mit ihm auf die Waage steigt und dann die Differenz zum eigenen Gewicht ausrechnet. Zum anderen muss man den Bulldog auch einmal auf den Tisch des Tierarztes heben und es kann gerade im Alter notwendig sein, dass man ihn eine Treppe heruntertragen muss. Der Bulldog ist schwer genug und wenn er sich dann noch wehrt oder verspannt, erscheint er gleich doppelt so schwer. Es ist im Interesse der Sicherheit von Hund und Halter, wenn das Tragen ohne Widerstände vonstatten gehen kann. Auch ist es sinnvoll, wenn bei dem dann meist alten und kranken Bulldog keine Stresssituation durch das bereits gewohnte Tragen hervorgerufen wird. Am besten mit den Armen von vorne und von Hinten zwischen den Läufen unterheben und umfassen und den Bulldog dann schrägt vor dem Bauch tragen. Vorsicht, dass man nicht stolpert!

Die Ernährung des Bulldogs

Die Ernährung unserer Hunde ist ein Thema, dass sicherlich nicht im Rahmen einer Monographie zum Bulldog erschöpfend behandelt werden kann. Wir wollen daher lediglich einige Anregungen geben, die dem Bulldogger helfen können, sich selbst zu orientieren.

Fastfood

In seinem Buch *Katzen würden Mäuse Kaufen - Schwarzbuch Tierfutter* deckt der Journalist Hans-Ulrich Grimm eine umfassende internationale Vernetzung von Futtermittelproduktion, Fleischindustrie, Abdeckereien, Entsorgungswirtschaft und chemischer bzw. Pharmaindustrie auf.

Hundefutterwerbung 1974.

Hundefutterwerbung 1920.

Für Grimm ist das Fertigfutter in den Hochglanzverpackungen der Royal Canin®, Pedigree®, Purina®, Hill's &Co® keineswegs gesunde Nahrung. Er kommt zu dem zusammenfassenden Schluss: »Mit Aromen, Geschmacksverstärkern, Konservierungs- und Farbstoffen und dem ganzen Arsenal der Kunstnahrungshexenküche wird ein leckeres Menü für Waldi und Minka zubereitet. Und die Zukunft hat schon begonnen: Mit Biotechnologie und Hightech landen Bakterien und Pilze im Fressnapf unserer Lieblinge. Die Tiere leiden. Hunde und Katzen bekommen Diabetes, Herzkrankheiten und Krebs.« Grimm weist in seinem Schwarzbuch nach, dass weite Teile der Heimtiernahrungskonzerne nach der Maxime verfahren, aus den billigsten Rohstoffen den meisten Profit zu machen. Und der Begriff Rohstoffe ist hier sehr weit gefasst. Anderen Ortes würde man vieles einfach nur als Sondermüll aus Abdeckereien und der industriellen Agrar- und Nahrungsmittelproduktion für den Menschen bezeichnen. Ein extrem hoher Getreideanteil in industrieller Hundenahrung, ergänzt durch Glukose, Zuckerrübenschnitzel, Holzfasern oder Molke erklärt sich daraus, dass die Futterfabriken die Abfälle ihrer Mutterkonzerne, der Nahrungsmittelindustrie für den Menschen, per Hundefutter in bares Geld umsetzen sollen. Die Rezepte und Zutaten für Hundefutter werden oftmals danach zusammengestellt, was zur Entsorgung anfällt und weniger nach der Maxime für das Wohl der Hunde. Damit das Ganze vom Hund überhaupt gefressen wird, sind in Hundefutter ganz legal Zusätze wie Aromastoffe, Geschmacksverstärker, darunter alleine 52.000 Tonnen Glutamat, Farbstoffe, Antioxidanzien, Konservierungsstoffe und viele mehr verarbeitet, die als teils sehr kritisch zu beurteilen sind. Es werden nicht selten so viele Zusatzstoffe verwendet, »dass eine Kennzeichnungspflicht nicht praktikabel sei«, wie es das Berliner Bundeslandwirtschaftsministerium begründet.

Würden Sie sich selbst auch ausschließlich mit industriellen Fertig-Produkten von Mars &Co ein

Leben lang ernähren? Und Mars ist der größte Hundefutter-Produzent der Welt. Der Schoko- oder besser Zuckerriegel-Hersteller aus Virginia (USA) macht inzwischen mehr Umsatz mit Tiernahrung als mit seiner Zuckernahrung für den Menschen. Royal Canin®, das auch ein spezielles Bulldog-Futter anbietet, und Pedigree® sind dessen Hauptmarken beim Hundefutter. Mit diesen Marken ist Mars der Hauptlobbyist beim Verband für das Deutsche Hundewesen (VDH), dem Deutschen Tierschutzbund und praktisch allen Veterinär-Unis und Tierärzteverbänden. Keine Hundeausstellung oder andere Veranstaltung des VDH, die nicht massiv von den Mars-Marken gesponsert wird. In Berlin, Wien und Brüssel werden intensiv die Verbindungen in die Politik gepflegt und nicht wenige Politiker wie zuletzt Matthias Berninger, ehemals grüner Staatssekretär im Bundesministerium für Verbraucherschutz, Ernährung und Landwirtschaft, das auch für den Tierschutz und somit die Lage der Hunde zuständig ist, wechselten in die unmittelbaren Dienste des US-Multis. Es wundert nicht, wenn es dann kaum kritische Stimmen zur Pet-Fastfood aus Wissenschaft, Verbänden und Politik gibt, ja sie von Veterinären zuweilen als die einzig gesunde Ernährung propagiert wird.

Die Apothekerin und Ernährungsexpertin Gabriela Behling weist darauf hin, dass Bulldogs, wie schon bei Dalmatinern bekannt, Probleme mit dem Purin- und Eiweißabbau haben können. Das widerum fördert diese extreme Verfressenheit und begünstigt die Bildung von Nierensteinen.

Frische Nahrung

Über viele Jahre hinweg habe ich persönlich gute Erfahrung gemacht mit einer hauptsächlich frischen Ernährung. Muskelfleisch vom Rind oder Geflügel, Innereien aller Art, Schlund, Hühnerherzen, Leber, Pansen, Blättermagen geben eine gesunde Grundlage. Gerade wenn ich Willi regelmäßig mit ins Büro genommen hatte, bekam er auch Trockenfutter, dann aber solches frei von Zusatzstoffen, geringem Getreide- und mit hohem Frischfleisch-Anteil. Meine Hunde hatten nie Mundgeruch und bis in hohe Alter hinein gesunde und weiße Zähne, ohne dass je irgendwelche Mittelchen zur Zahnpflege gegeben werden mussten. Auch das Fell gesund ernährter Bulldogs riecht neutral - solange nicht irgendeine Krankheit oder eben falsche Ernährung anderes bewirkt. Meine jahrelangen Beobachtungen bei vielen anderen Bulldoggern lassen vermuten, dass eine Fastfood-Ernährung beim Hund mindestens genauso gesundheitsschädlich ist wie eine solche beim Menschen.

Früher wurden die Hunde mit eher minderwertiger, aber hundegerecht frischer Nahrung versorgt. »Hundegerecht frisch« meint, dass Hunde gerne auch ein Stück Fleisch verzehren, das für den Menschen bereits als gammelig, nicht schimmelig, entsorgt würde. Die Hunde vor hundert Jahren und mehr hatten Herausforderungen in ganz anderen Dimensionen zu bewältigen. Es waren robuste Nutztiere, die nur durch erbrachte Leistungen ihre Existenzberechtigung gegenüber dem Menschen nachweisen konnten. Das taten sie überzeugend und um diese Leistungen über Tausende Jahre hinweg zu bringen, brauchten sie keine »hochwissenschaftliche« Industrie-Nahrung von Konzernen wie Mars, Nestlé &Co.

In den letzten Jahren ist »Barfen« in Mode gekommen. Meine Eltern und Großeltern haben schon »gebarft«, lange bevor die US-Amerikanerin Debbie Tripp hieraus ein vermeintlich neues Konzept werbeträchtig auf den Markt brachte. Trotzdem ist eine naturnahe, artgerechte Ernährung nur zu empfehlen und wer es Barf nennen will, macht damit keinen Fehler. Die einschlägigen Werke geben allemal wertvolle Tipps.

Gabi Mill-Rogel empfiehlt: »Generell gebe ich gerne frische Kräuter ans Futter: Rosmarin (kräfti-

gend), Petersilie (frischer Atem), Melisse (stärkend, pilz- und bakterienhemmend). Rosmarin und Petersilie nicht an trächtige Hündinnen verfüttern - kann abtreibend wirken.«

Bulldogs sind sehr flexibel in ihren Vorlieben. Gabi: »Es klingt zwar unglaublich, aber Hannibal hätte für eine Banane jedes Wiener Würstchen liegen gelassen und auch Connor liebt Bananen und Äpfel über alles. Diese Vorliebe für Obst und Gemüse macht es übrigens sehr leicht, dem obligatorisch die Essenszubereitung überwachenden Bulldog immer ein gesundes Leckerchen zukommen zu lassen.« Bei Berta würde Gabi hier aber nicht weit kommen. Berta ist zwar durchaus als - freundlich ausgedrückt - überaus verfressen anzusehen, aber gerade bei Obst hält sie sich zurück. Ein Stück Banane landet in hohem Bogen auf dem Boden. Und, auch wenn es sicher gegen eine jede hohe Schule der Hundeernährung spricht, bei einer Leberwurstschnitte wird jeder Bulldog schwach und gestorben ist daran auch noch keiner!

Knochen & Co

So strittig wie die grundsätzliche Linie der Ernährung ist auch die Frage, ob Knochen erlaubt sind. Die Nahrungsmittelkonzerne wollen uns seit Jahren einreden, dass ein jeder natürlicher Knochen gefährlich sei und man lediglich Knabbersachen reichen solle, die in ihren Fabriken zusammengemixt und geformt wurden. Bei Fressnapf sieht man rote Schilder mit der Warnung vor Knochen. Dass Knochen per se schädlich für Hunde sein können, wurde jedoch erst um die Jahrtausendwende von der einschlägigen Industrie und deren Marketingagenturen entdeckt. Tausende Jahre vorher war das noch nicht bekannt und es war das normalste der Welt, dass Hunde an Knochen nagen. Selbst Wölfe wissen anscheinend noch nichts von der Gefährlichkeit der Knochen. Knochen samt deren Mark zählen selbstverständlich zur natürlichen Ernährung eines Wolfes wie Hundes, auch wenn damit nicht viel Geld zu verdienen sein mag. Bei unseren Bulldogs muss man aber trotzdem aufpassen. Nicht weil Knochen schädlich seien, vielmehr weil es viele unserer Hunde erst gar nicht gelernt haben, »fachgerecht« mit einem Knochen umzugehen. Die Entfremdung von natürlicher Nahrung hat unsere Hunde genauso erfasst wie uns selbst. Knochen von Geflügel und alle anderen Knochen, die splittern können, sollte man daher immer von einem Bulldog fern halten. Aber ein großer Rinderknochen sollte kein Problem bereiten, ganz im Gegenteil. Sinnvoll sind ferner die getrockneten Ochsenziemer, Pansenstreifen oder Schafsohren, an denen die Hunde eine zeitlang kauen und nagen können. Für das Gebiss wie auch das psychische Wohlbefinden ist es nötig, dass unsere Bulldogs regelmäßig etwas zum Abnagen erhalten. Aber jeder Bulldog ist auch hier anders. Man sollte seinen Bulldog mindestens bei den ersten Gaben genau unter Kontrolle halten.

Keine neue Rindersorte!

Und Vorsicht!

Bulldogs sind arge Schlinger. Sobald ein Stück klein genug erscheint, wird versucht, es im Ganzen herunterzuwürgen. Das kann bei diesen getrockneten Futtermitteln gefährlich werden. Hat der Bulldog lange genug auf einem Stück Ochsenziemer herumgenagt, so wird dieser weich. Manche Bulldogs versuchen nun, dieses weiche Stück herunterzuwürgen. Das ist sehr gefährlich und kann zur Erstickung führen! Man sollte seinen Bulldog beobachten und herausfinden, was für ein Nagertyp er ist. Manche gehen »fachgerecht« mit dem Knochen oder Kauteil um und verschlucken es erst in keine Teile zerkaut völlig problemlos. Andere versuchen es mit großen Stücken. Da muss man dann rechtzeitig das weichgekaute Teil wegnehmen und im Zweifelsfall aus dem Bulldogschlund herausziehen. Manche haben die Erfahrung gemacht, dass das Kauen an Schweineohren und Co. für ihre Bulldoggen nicht so ideal ist. Manche speicheln extrem, und da der Speichel oftmals sehr zäh ist, kann dies zu Atemproblemen führen. In solchen Fällen sollte man diese Kauspezialitäten nur unter Aufsicht geben. Andere Bulldoggen wiederum haben keinerlei Problem mit natürlichen Knochen aller Art und zerlegen diese genüsslich und ohne Probleme. Von splitternden Knochen ist trotzdem sicherheitshalber abzuraten und ich würde meinen Bulldoggen auch keine Nageteile reichen, wenn ich danach das Haus verlassen will.

Die meisten Bulldoggen fressen auch Gras und Kot, zum Beispiel von Pferden oder Schafen. Artfremder Kot gehört zur natürlichen Nahrung der Hunde. Das ist zunächst unbedenklich, aber es bringt Wurmbefall und erhöht das Risiko des Befalls mit weiteren Parasiten. Bei Junghunden kann die erstmalige Aufnahme zu Durchfall führen, da sich die Darmflora erst an die neuen Bakterien gewöhnen muss. Gras wird zur Reinigung der Därme verzehrt. Manchmal sieht es aus wie weidende Kühe, wenn die Bulldogs genüsslich an hochgewachsenem Gras fressen. Hier ist darauf zu achten, dass die Hunde kein Grün von einem Acker fressen, da hier die Belastung mit Chemikalien schädlich wirkt und in Einzelfällen zu akuten lebensbedrohlichen Zuständen führen kann.

Das leidige Thema: Gewicht

Wie bei Menschen, so gibt es auch bei Bulldogs gute und schlechte Futterverwerter. Verfressen sind sie (fast) alle. Schaut man seinen Bulldog nach einer Mahlzeit an, so erntet man nicht selten einen vorwurfsvollen Blick, »du meinst doch nicht im Ernst, dass das schon alles war!?« Bulldogs vermitteln einem immer den Zweifel, ob nicht doch die Futterration zu knapp bemessen war. Hier muss man hart bleiben, sich selbst und dem Bulldog gegenüber. Es nutzt nichts, seinen Bulldog zu mästen. Er will dann eh immer nur noch mehr. Das geht letztlich nur auf Kosten seiner Gesundheit und Lebenserwartung. Man sollte im Zweifelsfall den Bulldog regelmäßig wiegen. Als Faustregel gilt: Die Rippen sollte man nicht sehen, aber gut fühlen können. Das Rückgrat sollte man ebenfalls nicht sehen können, aber nirgends sollte eine Fettschicht entstehen.

Nochmal zum Thema Futterverwerter. Meine »dicke Berta«, eine großrahmige Hündin mit knapp dreißig Kilo, erhält über lange Zeit hinweg nur etwa zwei Drittel der Menge, die mein Rüde Bruno erhält. Während Berta immer mit Form und Übergewicht zu kämpfen hat, ist Bruno fernab von jenen Problemen und mit sechsundzwanzig Kilo standardgemäßem Gewicht ein muskulöser, kräftiger, aber drahtiger und sportlicher Bulldog ohne »ein Gramm zuviel«. Von der Bewegung her gibt es keinen nennenswerten Unterschied zwischen den Beiden. So ungerecht ist die Welt.

Hinweise zur Gesundheit

Bitte beachten!

Wenn hier einige Hinweise und Tipps zur Gesundheit und Pflege des Bulldogs gegeben werden, so stellt dies noch lange kein medizinisches Handbuch dar. Alle Hinweise wurden sorgfältig auf Basis langjähriger eigener Erfahrung als Bulldoghalter sowie aus Erfahrungen zahlreicher, langjährig bekannter Bulldoghalter von Christoph Jung und Gabi Mill-Rogel zusammengestellt. Die Hinweise zur Homöopathie stammen von Gabi - und nicht nur das. Es sind praktische Erfahrungen, die hier wiedergegeben werden. Unsere Hinweise ersetzen in keiner Weise die fachliche Kompetenz eines Tierarztes. Im Zweifelsfall sollte immer der Tierarzt konsultiert werden!

Der richtige Tierarzt

Es ist enorm wichtig, dass man den richtigen Tierarzt seines Vertrauens findet. Schließlich soll er zutreffende Diagnosen stellen und fachgerecht therapieren. Nicht wenige Bulldogs sind leider Stammgäste der Veterinäre. Für die Tierärzteschaft ist der missliche gesundheitliche Zustand der Rasse, wie auch vieler anderer Hunderassen, am Ende des Tages kein schlechtes Geschäft. Doch es gibt auch Tierärzte, die in ihrer berechtigten Abneigung von Qualzucht auch gleich den konkreten Hund ablehnen. Solche Tierärzte sollte man selbstverständlich meiden. Der Hund kann als Allerletzter für sein angezüchtetes Leiden in die Verantwortung genommen werden, ist vielmehr das erste Opfer dieser menschlichen Fehlleistungen. Deshalb gilt jedem Hund, einmal unter uns, dieselbe Fürsorge.

Aufgrund seiner besonderen Geschichte, der extremen körperlichen Ausprägungen und damit verbundenen Dispositionen zur besonderen Ausprägung von Krankheiten, ist es natürlich optimal,

wenn der Tierarzt bereits Erfahrungen mit Bulldogs hat. Es spricht aber nur für den Tierarzt, wenn dieser offen zu seinen Grenzen etwa aufgrund seiner mangelnden Erfahrungen mit Bulldoggen oder aufgrund der Ausstattung seiner Praxis steht. Da weiß man dann, wo man dran ist. So kann es sein, dass man einen guten Haustierarzt in der Nähe und darüber hinaus, wenn leider Bedarf, eine besonders Bulldog-kompetente Klinik weiter weg in der Betreuung hat. Da sie eher ruhig sind, nicht schnappen und sich die Spritze ohne mit der Wimper zu zucken geben lassen, sind Bulldogs problemlose Patienten.

Bulldogs sind aber auch spezielle Patienten. Ina Rengel berichtet von Bulldog-Lady Orphelia: »Meine Freundin Elke ist Tierärztin und seit Orphelia bei uns ist, gehen wir immer zu ihr. Durch unseren privaten Kontakt musste Orphelia niemals im Wartezimmer mit den anderen sitzen, sondern wir nutzen immer den Privateingang und halten uns erst einmal eine Weile in der Küche auf. Als Elke dann im Urlaub war und eine Praxisvertretung die Sprechstunde machte, saßen wir dann wie alle anderen im Wartezimmer. Orphelia fand dies äußerst ungewöhnlich und war damit überhaupt nicht einverstanden. Ihren Unmut äußerte sie dadurch, dass sie die ganze Zeit vor sich hin jaulte. Die anderen sahen alle zu uns herüber und verstanden gar nicht, warum der Hund so ungehalten war, sie zeigte nämlich keinerlei Anzeichen von Angst oder Nervosität. Schließlich wurde die Tür zum Sprechzimmer geöffnet und die Tierärztin warf einen Blick ins Wartezimmer, um zu sehen, wer dort solchen Lärm machte. Sie lachte dann nur und sagte zu den anderen Wartenden: Ach, das ist Orphelia. Die ist es nicht gewohnt zu warten - die ist nämlich Privatpatientin!« Und Ina merkt an, »ich finde diese Geschichte passt zu Orphelia, wir lachen immer wieder gern darüber. Sie hat auch einen Ehrenplatz im Wartezimmer (mit Bild) bekommen!« Auch Hannibal liebte die Besuche beim Tierarzt von Beginn an, aber nicht alles daran. Der normale Besuch gestaltete sich immer wie folgt: Hannibal sprang aus dem Kofferraum und rannte zum Praxiseingang. Im Wartezimmer schmiss er sich direkt vor die Tür zum Behandlungszimmer, egal wie viele Patienten vor uns warteten. Alle paar Minuten stand er auf, bummste mit dem Kopf an die Tür, bellte kurz und legte sich wieder hin. Zwischen einem Dutzend winselnder, zitternder Fellbündel sicherlich ein ungewöhnliches Verhalten. Wenn andere ins Behandlungszimmer gerufen wurden, mussten wir ihn immer zurückhalten, sonst drängelte er vor. Kamen wir dann endlich an die Reihe, sprang er auf, rannte am Tierarzt vorbei, setzte sich vor die Helferin und erwartete dort erst einmal einen Keks. Danach durfte der Tierarzt ihn vielleicht untersuchen, aber nicht überall. Der Po, die Ohren, das Maul, die Augen waren tabu. Abhorchen wurde grummelnd geduldet. Spritze ging auch, wenn gleichzeitig vorne zugefüttert wurde. Eins war aber immer sicher - auch wenn die Untersuchung unangenehm war, wenn es zum Schluss einen Riesenkeks gab, war damit für Hannibal die Sache gegessen und er freute sich schon aufs nächste Mal.

Connor sieht den Besuch etwas anders. Als Welpe waren wir einfach mal nur zum Üben in der Praxis und veranstalteten spontan mit mehreren Welpen und ihren menschlichen Begleitern eine kleine Spielrunde im Wartezimmer. Seither ist er der Meinung, im Wartezimmer müsse gespielt werden. Leider ist das seitdem nie mehr der Fall gewesen, weshalb er durch Gesang eine Rückkehr zu diesem Brauch fordert. Den Tierarzt selbst lässt er - zwar sichtbar wenig erfreut - alles machen; genau wie Hannibal in Erwartung des Riesenkekses, der obligatorisch am Ende überreicht wird.

Bulldogs stecken Schmerzen weg

Es ist ein Erbe ihrer Zeit als Gladiator in den Pits und Arenen des Tierkampfes, dass Bulldogs auch starke Schmerzen scheinbar mühelos wegstecken.

Es gibt allerdings auch die andere Seite, die des wehleidigen Patienten; bei ein und demselben Bulldog. Sie lassen sich halt gerne einmal umsorgen und betüddeln. Wenn man ein tiefes, partnerschaftliches Verhältnis zu seinem Bulldog hat, kann man vielleicht einiges an ihm lesen. Doch letztlich bringt nur die Untersuchung bei einem kompetenten Tierarzt Klarheit. Auch Bulldoggerin Otti Heermann beschreibt einmal den Bulldog als Patienten: »Jeder, der Erfahrung mit Bulldogs hat, weiß, dass er der geduldigste Patient und geradezu rührend im Ertragen von Schmerzen und Leiden ist. Oft ist es wichtig, beizeiten den Tierarzt zu holen, denn der Bulldog täuscht leicht heldenhaft Gesundheit vor, lässt sich nicht hängen, und ist doch oft schon viel kranker als er sich zeigt.«

Eine Krankenversicherung abschließen?

Zahlreiche Versicherungen bieten inzwischen Krankenversicherungen für Hunde an. Meist werden die Hunderassen in drei Risikostufen eingeteilt. Der Bulldog wird meist zusammen mit Dackel, Deutscher Dogge, Collie oder Deutschem Schäferhund in der mittleren oder selten auch der besonders risikoreichen Gruppe eingestuft. Die Prämien sind selbst für einen jungen Hund recht hoch. Oft gibt es Altersgrenzen, bei Bulldogs meist bis vier Jahren. Das ganze rechnet sich nur, wenn der Fall eintritt, dass der Bulldog operiert werden muss oder eine andere schwere Krankheit oder Verletzung hat. Wenn man sich für den Abschluss einer Krankenversicherung entscheidet, unbedingt mehrere Angebote einholen und ausführlich miteinander vergleichen. Die beste Krankenversicherung ist aber die Sorgfalt bei der Auswahl des richtigen Züchters, wie in Kapitel Sieben beschrieben.

Fieber messen

Bulldogs haben wie alle Hunde standardmäßig eine höhere Körpertemperatur als Menschen. Sie gilt zwischen 37,5-38,5°C als normal, bei Welpen liegt sie ein Grad höher. Hat der Bulldog Fieber, also eine Temperatur von 39° und mehr, so ist unbedingt der Weg zum Tierarzt angesagt.

Die Temperatur kann man mit einem handelsüblichen, digitalen Fieberthermometer leicht selber messen. Etwas Vaseline an das Gerät und den After und dann rektal einführen. Das Gerät zeigt an, wann die Temperatur gemessen worden ist.

Hier bitte nicht auf bekannte Faustregeln verlassen! Eine trockene oder heiße Nase oder andere Beobachtungen sagen nichts über die Körpertemperatur aus. Entweder selbst messen oder den Tierarzt zu Rate ziehen.

Verabreichen von Medikamenten

Die meisten Medikamente, die man dem Hund zuhause über eine gewisse Zeit oder dauerhaft geben muss, werden als Tabletten oder Tropfen gegeben - nur wie? Die meisten Bulldogs zeigen sich in solchen Situationen als wahre Feinschmecker und speien die nachlässig ins Futter gemischte Tablette in hohen Bogen mit verächtlicher Miene aus. Dasselbe gilt für mit Tropfen kontaminiertes Futter. Hier hilft nur noch eine List. Die Tablette oder die Tropfen müssen mit einem besonderen Leckerli getarnt werden. Aber das alleine reicht nicht. Der Bulldog wird schon ahnen, was Sie vorhaben und wird spätestens, wenn es einmal geklappt haben sollte (sollte!), beim zweiten Mal

Stella

270

das Leckerli genau auf versteckte Fracht prüfen. Nicht selten kommt die Tablette dann in hohem Bogen wieder heraus geflogen. Dabei wird das Maul plötzlich ganz lang und vorne ganz spitz, so dass man sich nur wundert, wie das mit einem ansonsten so breiten Maul geschehen kann.

Was wohl immer hilft: vier oder fünf Leckerlis zurechtlegen, zum Beispiel Hackfleischbällchen vom Rind. In das dritte die Tablette einschmuggeln. Dann eins nach dem anderen in kurzer Folge hintereinander geben. Ganz wichtig: nach dem dritten Leckerli mit der Tablette sofort Nummer vier und fünf geben. Mit Hilfe seiner Fressgier haben wir dann in der Regel den Bulldog überlistet. Vor lauter Leckerlis, um im Schlund schnell Platz für das nächste zu schaffen, wird aus purer Gier die exakte Prüfarbeit spätestens bei Nummer drei vernachlässig, weil nun Nummer vier und fünf warten. Der Bulldog wird also mit seiner eigenen, maßlosen Fressgier auf mehr und noch mehr überlistet. Das soll bei Menschen ja auch hie und da vorkommen, beim Thema Geld sogar bei den schlausten Akteuren.

Widerstandskraft

Gabi Mill-Rogel empfiehlt eine Frühjahrskur: was Mensch gut tut, das bekommt auch – oft – unseren Bulldogs gut. Wir alle machen also im Februar/März eine Frühjahrskur mit Löwenzahn- und Brennnessel- Heilpflanzensaft. Dazu gibt´s je einen Teelöffel von beiden Säften ins Futter. Brennnessel enthalten Histamin, Lecithin, viele Mineralstoffe, Vitamin A und C - sind stoffwechselanregend, fördern die Drüsentätigkeit und die Bildung roter Blutkörperchen. Löwenzahn enthält u.a. ebenfalls Vitamin C und viel Kalium - wirkt blutreinigend, appetitanregend, erfrischend, stärkend. Damit sind beide vor allem auch für ältere Hunde gut geeignet - sozusagen eine natürliche Verjüngungskur. Sind in der Natur schon früh frisch ausgetriebene Pflänzchen zu finden, nehme ich auch gerne diese. Ich lege mir für den Winter auch immer einen klei-

nen Vorrat an getrockneten Brennnesseln an. Die werden im Futter immer gerne gefressen. Toppen kann man das Ganze noch mit Hagebuttenmus (Vitaminbombe).

Liegt eine Erkältung in der Luft, so soll Echinacea die Widerstandskraft stärken.

Entscheidend für die Widerstandskraft des Hundes ist ein im Kern gesundes Gesamtpaket aus Ernährung und Psyche. Eine gesunde Ernährung, arttypische Bewegung, ein harmonisches Verhältnis zu seinen Menschen sind die entscheidenden Faktoren zur Ausprägung von Widerstandskraft.

Aufgeregtheit

»Phlegma und Leidenschaft« - so lautet eine historische Charakterisierung des Temperamentes unserer Bulldogs. Temporär können sich Bulldog außerordentlich und eindrucksvoll echauffieren, um dann schlagartig wieder ins Phlegma zu fallen. Bei manchen ist diese Aufgeregtheit über das rassetypische Maß hinaus als Störung ausgeprägt. Da erscheint die gerade anstehende Autofahrt und besonders das, was wohl Spannendes am Ziel zu erwarten sei, dermaßen aufregend, dass der Bulldog die ganze Fahrt hindurch hechelt. Oder nette Menschen kommen zu Besuch, oder eben das Donnern eines Gewitters - die Erregung nimmt kein Ende. Zudem sind nicht wenige schweratmend und dadurch nicht selten das Herz bereits angegriffen. Eine solche anhaltende Erregung ist dann durchaus ernst zu nehmen.

Man kann die auslösenden Situationen meiden. oder auch etwas Beruhigendes geben. Manchmal helfen handelsübliche Johanniskrautdragees. Gabi Mill-Rogel empfiehlt Rescue Tropfen von Bach. Gibt es mittlerweile auch direkt für Hunde. Gabi empfiehlt aber die »normalen« bei einsetzenden Stresssymptomen zu geben, besser natürlich noch früher (etwa an Silvester) regelmäßig 4 - 5 Tropfen direkt auf die Mundschleimhäute. Oder Globuli sowie DAP (Dog Appeasing Pheromones) als Zerstäuber oder für die Steckdose. Für Hannibals Ängste konsultierten wir eine Bachblüten-Therapeutin, die speziell auf ihn eine Mischung zusammen stellte. Diese Mischung hat - nach längerer Anlaufzeit - viele seiner Ängste abgebaut.

Atmung

Bei vielen heutigen Bulldogs ist die Atmung leider ein ernstes Problem. Es ist schon beschämend, dass der Mensch - und dieses Problem ist allein von Menschen in den letzten Jahrzehnten, und zwar wissentlich, hervorgerufen worden - ohne Not solche vitalen Funktionen durch die Zucht beschädigt und sehenden Auges damit weiter macht. Ganze Tierkliniken leben inzwischen davon, den Plattnasen das freie Atmen zu ermöglichen. Im Kapitel zur Zucht sind wir näher auf das Thema eingegangen. In vielen Fällen hilft nur der chirurgische Eingriff. Das Kürzen der Gaumensegel zählt mittlerweile zur Standard-OP bei einem Bulldog, auch wenn es nur in Einzelfällen nennenswert Linderung bringt. Die operative Öffnung der Atemwege im Nasenbereich ist dagegen eine aufwändige OP, die über Stunden andauert.

Bulldogs mit Atemproblemen atmen verstärkt durch das Maul. So kann aber die Luft nicht gefiltert werden. Infektionen der Atemwege treten daher gehäuft auf. Auch leiden solche Bulldogs in Folge gehäuft unter Erbrechen von Schleim und Futter.

Akute Atemprobleme können verschiedene Anlässe haben. Überanstrengung oder Überhitzung sind hier zu nennen (siehe unten). Gerade bei älteren Bulldogs sollte man ferner an schweres Atmen als Symptom einer Herzinsuffizienz denken (siehe unten). Wenn sich der Bulldog besonders nachts aufrichtet und den Kopf nach oben gerichtet nach Luft schnappt, sollte man das Thema

Herzinsuffizienz umgehend durch den Tierarzt abklären lassen.

Akute Atemprobleme, die sich dann sogar hochschaukeln, können unmittelbar lebensgefährlich sein. Spätestens wenn sich die Zunge beginnt, in Richtung blau zu verfärben, ist höchste Eile angesagt. Das ist ein echter Notfall, der dringend der Hilfe eines Veterinärs bedarf! (siehe auch unten bei »Vorsicht bei Hitze!«). Sollten solche akuten Atemprobleme häufiger vorkommen, muss man eine grundsätzliche Lösung, etwa eine OP, angehen.

Als Schleimlöser hat sich die Gabe von ganz normalem Acetylcystein in Form von ACC-Tabletten, im Trinkwasser aufgelöst, bewährt. Bei akutem Bedarf kann man eine eine halbe 200er Tablette geben. Man kann ACC auch vorbeugend über längere Zeit geben, etwa eine Viertel Tablette von einer 200er täglich. Gabi Mill-Rogel empfiehlt folgendes: bei einigen Bulldoggen helfen Gänseblümchen (8-10 Knospen je Tag). Bei unseren half/hilft besser Spitzwegerich. Von Frühjahr bis Herbst nehme ich frischen Spitzwegerich (1-2 Blätter - je nach Blattgröße - je Tag) klein geschnitten und etwas zerrieben. Dazu einen Löffel Honig. Für den Winter sammel ich rechtzeitig und trockne die Blätter, damit ich auch dann Naturprodukte zur Verfügung habe. Wer nicht selbst sammelt, kann aber auch auf Spitzwegerich-Hustensaft mit Honig aus der Apotheke zurückgreifen. Hilft ebenfalls gut und schmeckt sehr lecker. Vom Frühjahr bis Herbst nehme ich im Fall der Fälle frischen Spitzwegerich.

Verdauung

Normalerweise ist die Verdauung kein kritischer Punkt beim Bulldog. Da ist er robust und erledigt regelmäßig und ohne besonderen Befund sein Geschäft. Trotzdem kann es immer einmal zu Durchfall und Blähungen kommen. Manche Nervchen unter den Bulldog neigen verstärkt hierzu, psychisch bedingt.

Ansonsten hilft ein Tag Fasten meist sehr gut und schadet bei einem normalen Durchfall nie. Allerdings muss immer ausreichend Wasser gegeben werden. Eventuell das Wasser mit etwas Brühe aufwerten. Danach mit leichter Kost wieder aufbauen: gekochtes Hühnerfleisch mit Reis hat sich hier bewährt, später noch ein wenig Distelöl dazugeben.

Achtung: Sollte der Durchfall dauerhaft anhalten oder mit anderen Erscheinungen etwa Blut im Stuhl oder Erbrechen gekoppelt sein, so muss man umgehend den Tierarzt aufsuchen. Eine Virusinfektion oder Vergiftung kann man nicht mit Hausmitteln heilen!

Gabi Mill-Rogel empfiehlt ferner: Bei Unwohlsein mit kurzzeitigem leichtem Durchfall und/oder leichtem Erbrechen geben wir Nux Vomica D6 – drei Mal täglich fünf Tropfen. Bereits nach kurzer Zeit setzt meist eine Besserung ein.

Und: Bauchweh / Bauchgeräusche (ohne sonstige Symptome): da gibt's Kamillentee über das Futter. Wenn ich welche finde, dann pflücke ich auch frische Kamille und gebe einige Blüten mit etwas Honig über das Futter.

Appetitlosigkeit

Appetitlosigkeit ist bei einem Bulldog immer ernst zu nehmen. Da sollte man seinen Hund genau beobachten. Vielleicht hat er nur etwas Schlechtes gefressen. Manchmal ist es auch nur eine unerklärbare Stimmung, die wieder genauso aus heiterem Himmel verschwindet, wie sie kam. Ansonsten muss es unserem Bulldog schon arg unwohl sein, wenn er seine zweitliebste Tätigkeit vernachlässigt. Der Bulldog ist ein grober Klotz mit aber ganz sensiblem Innenleben. Psychische Ursachen können ebenso zu übertriebener, anhal-

tender Aufregung, als auch zu Erscheinungen wie Durchfall oder Appetitlosigkeit führen. Bulldogs, die Heimweh haben, die Herrchen oder Frauchen vermissen, aber auch Liebeskummer haben, können solche Symptome zeigen. Und - ein Fastentag oder eine ausgefallenen Mahlzeit haben noch keinem ansonsten gesunden Bulldog geschadet.

Augen

Viele Bulldogs neigen zu trockenen Augen. Oft durch Fehlbildungen der Augenlider bedingt, wird zu wenig Tränenflüssigkeit produziert oder diese läuft am Augapfel und Tränenkanal vorbei nach unten, zum Beispiel in eine Hautfalte. Ein Entropium, ein nach innen gestelltes Augenlid, oder ein Ektropium, ein nach außen zeigendes Augenlid, können durch kleine Eingriffe korrigiert werden. Liegt ein Entropium vor, so ist eine Korrektur unbedingt angeraten, da es ansonsten zu irreparablen Verletzungen des Auges kommen kann. Es ist zu hoffen, dass die Tiermedizin bald wirkungsvolle Mittel zur Befeuchtung geschädigter Augen anbieten wird, denn dauerhaft zu trockene Augen werden spätestens im Alter zu einem manifesten Sehproblem.

Nase

Normalerweise gibt es an der Nasenspitze keinen besonderen Handlungsbedarf. Im Falle eines besonders krustigen Nasenspiegels hilft am besten Vaseline; täglich dünn einschmieren.

Falten

Praktisch alle stärker am Kopf befalteten Bulldogs haben hiermit Probleme. In den unnatürlichen, angezüchteten Fellfalten bilden sich immer irgendwo feuchte Stellen. Hier sammeln sich Hautreste, Dreck, Reste von Tränenflüssigkeit. Ein idealer

Nährboden für Keime, die dann böse Entzündungen auslösen können. Die von den Augen nach unten führenden Tränenkanäle und die Hautfalten insgesamt bedürfen daher unserer sorgfältigen Begleitung. Die feuchten Stellen bedürfen praktisch täglicher Kontrolle und meist auch mehrfacher wöchentlicher Pflege. Mit einem ganz weichen Papiertuch - je nach Bedarf - ganz vorsichtig reinigen und trocken tupfen und, falls ständig feucht oder rötlich, dünn mit Penatencreme oder Pyolysinsalbe bestreichen. Oft hilft auch Silberpuder, wie es für die Nabelpflege bei Neugeborenen verwendet wird. Fast immer bilden sich irgendwo in den schwereren Falten Entzündungsherde. Sollten diese mit den hier angesprochenen Mitteln nicht verschwinden, bitte den Tierarzt konsultieren.

Verletzungen

Gesunde Bulldoggen haben eine robuste Heilkraft. Offene Verletzungen heilen meist von selbst gut ab. Man sollte lediglich eine Salbe zur Vermeidung von Entzündungen auftragen und den Verlauf der Heilung genau beobachten. Bei kleinen Verletzungen (Stauchungen, aber auch kleineren Blutungen) sofort Arnica D6 geben, entweder als Globuli (5 Stück dreimal am Tag) oder auch als Tropfen (5 Tropfen dreimal am Tag), empfiehlt Gabi Mill-Rogel.

Fell- und Hautkrankheiten

Hautkrankheiten sollten immer dem Tierarzt vorgestellt werden. Zum einen kann es sich um ursächliche in der Haut liegende Erkrankungen, beispielsweise durch Parasiten ausgelöste, handeln. Meist zeigen sich aber im Fell und an der Haut nur die Symptome eines tiefer liegenden Problems.

Ohren

Wenn ich meine Bulldogs wöchentlich bürste, so wird immer auch eine kleine Inspektion durchgeführt. Hierzu zählt auch die Kontrolle beider Ohren. Einmal herein schauen und einmal hinein riechen. Das einzige, was ich selbst am Ohr mache, ist eine ganz vorsichtige Reinigung des ganz äußeren Ohres mit einem weichen Papiertuch. Auf keinen Fall Ohrstäbchen nehmen oder tiefer in das Ohr hineinpuhlen. So wird nur der natürliche Ohrschmalz ins Innenohr gedrückt. Riecht das Ohr auffällig, ist der Weg zum Tierarzt angezeigt. Viele Bulldoggen lieben das Ohren-Reinigen regelrecht. »Bei uns wird Ohrenreinigen mit Nachdruck gefordert. Hannibal hat das Ohrenputzen immer genossen und ganz nebenbei fand er eine leichte Massage mit dem Finger im Ohr unheimlich entspannend, wie man seinem Gesichtsausdruck deutlich entnehmen konnte. Auch Connor ist ein großer Fan der Ohr-Massage. Er drückt seinen Kopf fest an den Finger und begleitet das Ganze mit wohligem Grunzen. So hatten und haben wir nie Probleme, wenn es ans Auswischen und Einträufeln der Ohren geht.« So die Erfahrung von Gabi Mill-Rogel. Wenn sich der Bulldog etwa in der Nähe der Kante eines Wohnzimmertischs schüttelt oder auch bei einer Beißerei, kann es zu einer bestimmten Verletzung des Ohrs kommen, dem Blutohr. Durch den Schlag auf die Kante platzen Blutadern unter der Haut des Ohrs. Dieser Bluterguss ist nur durch einen kleinen Eingriff des Tierarztes korrigierbar.

Gebiss und Maul

Das Gebiss eines Bulldogs zeigt sich regelmäßig wie die Requisite aus einem anatomischen Gruselstück. Meist ist es nicht vollständig und besonders die Schneidezähne sind krumm und schief. Manche Bulldogs zeigen zudem einen Vorbiss. Die Funktion für ein normales Hundeleben zur heutigen Zeit erfüllt das Bulldog-Gebiss jedoch klaglos und ohne irgendwelche Einschränkung. Die Beiß-kraft eines Bulldogs stellt die vieler anderer Hunde zudem immer noch in den Schatten.

Heute haben viele Hunde Zahnstein und andau-ernden Mundgeruch. Hier zeigt sich ein Teil der Folgen ungesunder Fastfood-Ernährung. Anstatt noch weiter in die Chemie abzutauchen und auf die Zahnmittel genau selbiger Industrie zu setzen, sollte man seinen Speiseplan und andere Rahmen-bedingungen gründlich überdenken.

Hunde, die frisch und gesund, wie oben beschrie-ben, ernährt werden, haben in aller Regel keinerlei Probleme mit Zahnstein und Mundgeruch bis ins hohe Alter hinein. Hat der Zahnstein ein bestimm-tes Maß allerdings bereits überschritten, so muss er vom Tierarzt mechanisch entfernt werden. Der Eingriff selbst ist harmlos, jedoch die hierfür not-wendige Narkose nicht unbedingt (siehe Hinweise unten).

Gangwerk

Bulldogs haben eine äußerst kräftige Muskulatur. So können auch Schwächen im Skelett zum Teil kompensiert werden. Ihr Bewegungsablauf belastet die vorderen Gliedmaßen relativ viel stärker als bei anderen Hunderassen und mildert damit die Fol-gen von Hüftgelenkdysplasie. So sind Einschrän-kungen infolge von HD wesentlich seltener als deren Auftreten beim Röntgen und spielt beim Bulldog als praktisches gesundheitliches Problem nur eine untergeordnete Rolle.

Trotzdem kann unser Bulldog hie und da auch mal hinken. Er ist ja nicht immer wählerisch auf seinen Wegen und geht auch schon mal mit dem Kopf durch die Wand. Wenn der Bulldog über mehr als zwei Tage unvermindert hinkt, sollte man ihn dem Tierarzt vorstellen. In der Regel verliert sich das Hinken nach dem ersten oder zweiten Tag ganz langsam von selber. Wenn man ein Hin-

Krumme und schiefe Schneidezähne sind bei Bulldogs häufig.

ken oder Lahmen feststellt, sollte man sich das Bein von unten nach oben genau anschauen. Steckt ein Fremdkörper im Fuß oder zwischen den Zehen? Kann man die Gelenke bewegen, ohne dass der Hund irgendwie Schmerzen zeigt? Gibt es eine offene Wunde?

Manche Bulldogs neigen zu Zwischenzehenzysten. Zwischen den Zehen bilden sich teils große Blasen. Diese können auf eine allergische Reaktion oder auf einen Fremdkörper zurückzuführen sein. Gerne sind Grannen von Getreidefeldern oder Gräsern die Bösewichte.

Mein Willi zeigte zunächst sehr oft solche Zwischenzehenzysten mit großen Blasen. Der eine Tierarzt verabreichte ihm ein Mittel per Kanüle direkt in die Blase, ein anderer versuchte es mit Salben. Nichts half wirklich. Dann erhielten wir den entscheidenden Rat. Mit ganz einfacher, lauwarmer Kernseifen-Lauge war das Problem behoben. Ein paar Mal darin den Fuß gebadet und die Blasen waren verschwunden. Ob durch diese Seifenlauge oder aus anderem Grund, das Problem verlor sich nach einigen Anwendungen ganz.

Im Winter sollte man es vermeiden, über gesalzene Wege zu gehen.

Bulldogs, die – etwa aus Altersgründen – wenig oder zu wenig bewegt werden, wachsen die Fußnägel zu lang. Diese muss man dann mit einer speziellen Zange, die man in jedem Fachgeschäft erhält, abknipsen. Aber Vorsicht! Nicht bis in die Nähe der meist sichtbaren Blutäderchen kommen! Im Zweifelsfall den Tierarzt aufsuchen. Der in verschiedenen Formen angebotene Kalk der Grünlippmuschel soll helfen, die Degeneration der Knochen zu verzögern. Man kann das Mittel ohne Bedenken geben.

Rute

Die Rute des Bulldogs ist ein Problem, seit Menschen, die sicher keine Tierfreunde und erst recht keine Bulldogger waren, auf die Idee kamen, ihm eine so genannte Korkenzieherrute anzuzüchten. Korkenzieherrute meint einen Schwanz, der sich im »Idealfall« wie ein Knopf oberhalb des Afters unmittelbar ans Fell einkringelt. Für einen arglosen wie ahnungslosen Menschen sieht das zunächst ganz nett aus. Doch worum geht es eigentlich? Die Verkrüppelung der Schwanzwirbel bringt regelmäßig auch eine Verkrüppelung der Wirbelsäule selbst mit sich. S-Förmige Wirbelsäulen, Spondylose, zählen hierzu. Durch den eng anliegenden Schwanz-Knubbel kann der Bulldog sogar bei seinem Geschäft behindert werden, so dass einzelne Bulldoggen nach jeder Verrichtung extra gesäubert werden müssen. Das ist aber eher selten der Fall. Unter dem Knubbel bildet sich eine von der Luftzirkulation abgeschnittene Tasche, die ohne weiteres und besonders an der unteren Seite fünf Zentimeter tief sein kann. Diese Tasche ist noch problematischer als problematische Falten am Kopf. Zum einen durch die Tiefe zum andern durch die Tatsache, dass hierein ja die Haare des Schwanzes wachsen und, wie außen auch, regelmäßig abfallen. Ohne intensive Pflege ein Todesurteil, mit intensiver Pflege aber zumeist gut beherrschbar. Der schlimmste Auswuchs dieser Tierquälerei ist eine eingewachsene, nach innen zeigende Schwanzspitze. Diese wächst zuweilen in das eigene Fleisch hinein. Es bedarf nicht viel Phantasie und auch keiner medizinischen Kenntnisse, um sich auszumalen, welcher ständigen Irritation der Bulldog ob dieses »schönen Schwanzes« ausgesetzt ist. Hier liegt ein ständiger, böser Herd, der auch mit sorgfältiger Pflege nicht geheilt werden kann. Da der Schwanzansatz so tief liegt, ist eine OP zur Amputation desselben mit dem Risiko behaftet, den Schließmuskel des Afters zu beschädigen – mit den bekannten Folgen. Nur wenige Tierärzte trauen sich an diese OP. Faustdicke Geschwüre kann die Spitze inzwischen erzeugt haben, von dem Leiden für den Hund ganz zu schweigen. Manche Tierärzte empfehlen angesichts solcher Zustände sogar eine Einschläferung, was aber angesichts vorhandener Spezialisten keineswegs angebracht ist. Auch Knickruten, die nur noch den Ansatz zu einer Korkenzieherrute haben, können solche tiefen Taschen erzeugen, die ständiger Beobachtung und Pflege bedürfen. Zur Pflege gilt hier im Wesentlichen das zu den Falten bereits gesagte. Darüber hinaus muss man ganz vorsichtig die ausgefallenen Haare aus der Tasche wischen oder auch ziehen, wenn diese mit Talg und Schweiß einen Klumpen gebildet haben. Die Taschen sind, besonders im Sommer, empfindlich für Entzündungen, daher hierauf sorgfältig achten. Bei Bedarf leicht mit Penaten, Pyolysin oder einer anderen entzündungshemmenden und hautberuhigenden Salbe eincremen. Sollte die Entzündung nicht weggehen, bitte den Tierarzt konsultieren.

Analdrüsen

Rechts und links vom After liegen die so genannten Analdrüsen. Das Sekret wird bei jedem Kotabsetzen selbigem als Botenstoff beigefügt. Aber je nach Stuhlbeschaffenheit entleeren sich die Drüsen nicht immer ordnungsgemäß. Fährt der Hund Schlitten - das heißt er rutscht mit seinem Hintern über den Boden - ist es durchaus möglich, dass seine Analdrüsen voll oder verstopft sind. Natürlich kann es auch sein, das »nur« die oben beschriebene Tasche unter der Rute juckt. Eine Entleerung der Analdrüsen sollte - schon aus geruchstechnischen Gründen - dem Tierarzt überlassen werden, der hierin Erfahrung hat. Wer es selbst machen möchte, sollte sich die richtige Methode vom Tierarzt zeigen lassen und unbedingt Gummihandschuhe dabei tragen.

Es kann aber auch durchaus vorkommen, dass der Hund - auch ohne dass die Drüsen voll sind - plötzlich an seinem hinteren Ende einen aufdringlichen, fischigen Gestank verströmt. Dies kann bei Stress und positiven wie negativen Erregungszuständen der Fall sein. Hannibal zum Beispiel hat damit immer die Urlaubsreisen beduftet. Innerhalb von Sekunden roch das Auto dann wie ein alter Fischkutter. Bei ihm war es sicherlich positive Erregung, da er für sein Leben gern Auto fuhr. Hier hilft nur, den Afterbereich mit reichlich Seife reinigen, was unterwegs meist schwierig ist, Nase zu und durch. Man kann insofern Entwarnung geben, als dass das Drüsensekret ein flüchtiger Stoff ist und schnell wieder verduftet, und zumal bei den meisten Bulldogs kaum je aktiviert wird. Bei den meisten Bulldogs gibt es also keinerlei Probleme oder Unannehmlichkeiten mit den Analdrüsen.

Parasiten

Viele Bulldogs fressen gerne artfremden Kot, was aus einem normalen Bedürfnis der Hunde herrührt. Mit dem Kot werden Parasiten aufgenommen. Schon alleine deswegen ist eine regelmäßige Wurmkur angezeigt. Beim Tierarzt erhält man hierfür Tabletten. Gabi Mill-Rogel gibt aber zu bedenken: Wir sind gegen die chemische Anti-Wurmkeule, daher gilt bei uns, Wurmbefall vorbeugen: wir geben regelmäßig Möhrenrohkost oder Möhrensaft, einen kleinen Schluck Apfelessig und mäßig Knoblauch zur Prophylaxe. Seit einiger Zeit fügen wir auch noch Kokosflocken zu; ist von unserer Züchterin empfohlen worden. Bei jedem Tierarzt-Besuch lassen wir stets den Stuhl auf Würmer untersuchen und geben nur bei positivem Befund eine Wurmkur, was allerdings sehr selten der Fall ist.

Zecken haben die erstaunliche Fähigkeit, selbst härteste Winter zu überstehen. Einige Tage nach zweistelligen Frostgraden sind sie bereits wieder aktiv. Schon während des Spazierengehens sollte man ein waches Auge auf das Fell haben und die Zecken schon hier nach Möglichkeit absammeln. Nach jeder Wanderung sollte man, am besten noch vor dem Einsteigen ins Auto, den Bulldog auf Zecken absuchen. Man wird kaum je alle finden und manche taucht dann erst ein paar Tage später, fett am Körper hängend, wieder auf. Manche Halter beherrschen es, die Zecke kurzerhand herauszuziehen, andere benutzen spezielle Pinzetten, die man in jedem Zoogeschäft erhält. Wichtig: nach dem Herausziehen immer kontrollieren, ob man auch die ganze Zecke erwischt hat. Sind Teile des Kopfes hängen geblieben, diese unbedingt sorgfältig herauspicken und danach eine entzündungshemmende Salbe geben.

Ein weiteres Problem kann durch Flohbefall entstehen. Zum einen ist das eine Belastung des Hundes, zum anderen kann es auch zu einer ernsten Gefahr für den Menschen werden. Im Zweifelsfall wird der Mensch als Wirtstier vom Floh auch nicht verachtet. Und Flöhe können sie explosionsartig vermehren. Sobald man einen Verdacht hat, diesem nachgehen. Ein Flohkamm bringt Klarheit. Flöhe kann man auch daran erkennen, dass sich im Fell oder auf dem Hundebett winzige schwarze Kügelchen finden lassen. Schüttelt man diese auf ein angefeuchtetes Papier und es breiten sich um die Kügelchen rötliche Spuren aus, dann ist es definitiv Flohkot. Sollte sich der Flohverdacht bestätigen, umgehend eine konsequente Behandlung von Hund, Halter und Wohnung veranlassen.

Vorhautkatarrh

Rüden haben oft einen gelblich bis grünlichen Ausfluss an der Penisspitze. Meist ist dieser die Folge eines Vorhautkatarrhs. Diesen Ausfluss sollte man mit einem weichen Papier regelmäßig wegwischen und den Bereich sauber halten. Eventuell mit etwas Kamillenlösungen eintupfen. Die von Tierärzten immer noch empfohlenen Spülungen mit Peroxid sind meist wenig erfolgreich.

Ausfluss aus der Scheide

Bei Hündinnen kann es zu einem eitrigen Ausfluss an der Scheide kommen. Dann ist höchste Eile angesagt. Bitte unbedingt und sofort einen Tierarzt aufsuchen! Im günstigen Fall ist eine Infektion der Harnwege die Ursache, die sich die Hündin etwa beim Wasserlassen in hohem Gras eingefangen haben kann. Es kann sich auch um eine Entzündung der Gebärmutter handeln, dann besteht akute Lebensgefahr! Rechtzeitig erkannt, kann das heute gut behandelt werden. Später ist oft eine Total-OP unumgänglich. Auch bei anderen Ausflüssen aus der Vulva sollten Sie unbedingt einen Tierarzt konsultieren.

Was, wenn eine OP nötig ist?

Eine OP mit Vollnarkose sollte man bei einem erfahrenen und hierfür gut ausgerüsteten Tierarzt durchführen lassen. Auf www.bulldogge.de und anderen Seiten im Internet findet man für Bulldogs empfohlene Tierkliniken. Gerade bei gesundheitlich belasteten Bulldogs mit Atem- und Herzproblemen sollte man nur erfahrene Praktiker bemühen. Eine weitere mögliche Ursache für Komplikationen ist als »Maligne Hyperthermie« beschriebene Erbkrankheit, die bei zahlreichen Hunderassen vorkommen und nur durch einen Gentest abgeklärt werden kann.

Wenn eine OP angezeigt ist, so ist der Narkose besondere Aufmerksamkeit zu widmen. Die oben genannten Kliniken verfügen zum einen über Erfahrung mit und Respekt vor den speziellen Anforderungen einer Bulldog-Narkose, zum anderen auch über die optimale technische Ausstattung. Ist eine längere oder tiefere Narkose notwendig, sollte unbedingt eine Inhalationsnarkose angewandt werden. Über einen Tubus wird das Narkose-Luft-Gemisch eingeführt und ist jederzeit präzise und vor allem zeitnah regelbar. Zugleich werden Puls und Atmung unserer Patienten überwacht. Sollten sich hier Probleme ankündigen, so kann der Arzt jederzeit die Narkose regulieren und anpassen.

Das ist bei einer Injektionsnarkose nur sehr bedingt möglich. Sie sollte deshalb, wenn überhaupt, nur bei gesunden Bulldogs und zugleich ganz kleinen Eingriffen oder Untersuchungen, wie zum Beispiel beim HD-Röntgen, zur Anwendung kommen.

Bulldoggen benötigen meist eine geringere Menge Narkosemittel in Bezug auf das Körpergewicht als andere Hunderassen. Genauso verhält es sich mit Beruhigungsmitteln, wie zum Beispiel Vetranquil, die nach Körpergewicht gegeben werden. Daher unbedingt mit dem Tierarzt abklären, wie groß die Dosierung wirklich sein muss und ob man eventuell auch weniger nehmen kann.

Es sind schon viel zu viele Bulldogs nicht mehr aus der Narkose aufgewacht. Die moderne Medizintechnik macht es heute möglich, dass wir vergleichsweise beruhigt und mit überschaubarem Risiko unseren Bulldog zu einer OP geben können, wenn es einmal sein muss.

Vorsicht bei Hitze!

Unsere Bulldogs mögen interessanterweise Hitze durchaus. Aber sie vertragen keine Belastung unter Hitzebedingungen. Hunde sind in aller Regel eher für Kälte denn für Hitze gebaut. Sie können nicht schwitzen wie ein Mensch. Der Wärmeaustausch läuft zu einem großen Teil über die Nase und die Schnauze. Bulldogs können genau das aufgrund ihres massigen Körperbaus und ihres züchterisch oft geschädigten Fangs noch einmal besonders schlecht. Zudem sind extreme Show-Bulldogs meist von Atmung und Herz her eh belastet und anfällig. Falsches Verhalten bei Hitze oder Über-

Wichtig an heißen Tagen: Rückzugsmöglichkeit in den Schatten!

erregung gibt ihnen dann nicht selten den Rest. Dabei kommen gesund gezüchtete Bulldogs mit Hitze erstaunlich gut zurecht. Das zeigt sich auch daran, dass Bulldogs weltweit vorkommen, auch in den heißen Zonen aller Kontinente. In der Regel wissen die Hunde selbst sehr gut, was richtig ist - Welpen und halbstarke Junghunde oder besondere Situationen wie etwa Besuch oder Treffen mit anderen Hunden einmal ausgenommen.

Bei großer Hitze beachten:

- Keine Belastungen aufdrücken

- Immer Wasser zum Trinken anbieten. Auch zum Pfotenkühlen oder Plantschen ist es hilfreich und ein feuchter Bauch kühlt den Bulldog ebenfalls gut ab. Das will aber jeder anders.

- Am besten tagsüber in der Wohnung lassen bzw. an einem schattigen Platz im Garten.

- Maximal kleine Spaziergänge, wenn dann in der Morgenfrühe vor acht Uhr

- Keine langen Autofahrten
  Wenn unbedingt nötig, nur mit Klimaanlage und an einer Stelle im Auto ohne direkte Sonneneinstrahlung, am besten nachts fahren; immer Wasser zum Trinken bereit halten.

- Nie im parkenden Auto lassen - auch nicht »mal eben« kurz. Denn was passiert, wenn Sie »mal eben« kurz aufgehalten werden?

Was tun bei Überhitzung oder Übererregung und damit verbundener akuter Atemnot (Dyspnoe)?

- Möglichst an eine ruhige, kühle Stelle zurückziehen.
- Ruhe, Ruhe, Ruhe - nur keine Panik, Hektik, Gekreische etc.

- Wasser anbieten, eventuell Lippen befeuchten und mit feuchten Tüchern kühlen - ohne Hektik.

- Keine abrupten Kühlungen wie etwa mit einem Eimer Wasser übergießen – Herzschlaggefahr.

- Am besten ganz langsam von den Füßen aufwärts mit kühlem, nicht eisigem Wasser langsam befeuchten.

- Geduldig abwarten, Ruhe, Ruhe, Ruhe.

- Fehler nicht wiederholen!

Achtung:

Sollte die Zunge blau anlaufen oder/und schweres Hecheln in Atemnot übergehen (wie kurzes gestocktes Atmen) oder starke Unruhe länger anhalten, unbedingt schnell den TIERARZT hinzuziehen! Akute Lebensgefahr!

Herzinsuffizienz

Gerade bei mehr oder weniger schwer atmenden Bulldogs sollte man mindestens jährlich das Herz vom Tierarzt kontrollieren lassen, auch wenn es keine Hinweise auf eine Herzerkrankung gibt.
Je schneller man eine Herzerkrankung erkennt, desto besser kann man sie »in den Griff« bekommen, was eine große Auswirkung auf die Lebensqualität und allgemeine Lebenserwartung hat. Und es kann nicht nur den Senior treffen, auch bereits jüngere Hunde können an einer Herzerkrankung leiden. Daher ist es ungeheuer wichtig, die Anzeichen zu erkennen, um möglichst früh ärztliche Hilfe in Anspruch zu nehmen.

Wie erkennt man einen Verdacht?

Einige Anzeichen, Veränderungen, Auffälligkeiten, die auf eine Herzerkrankung hinweisen sind: Mattigkeit und Müdigkeit, Wetterfühligkeit, Husten oder Kurzatmigkeit, Rasche Ermüdung bei geringer Belastung, nächtliche Unruhe, Atemnot bei geringer Belastung, Vermeidung jeglicher Belastung, Trägheit oder mangelnde Lebensfreude, Ohnmachtsanfälle, Appetitlosigkeit.

Exzessives Trinken kann indirekt auf eine Herzerkrankung hinweisen. Wenn das Herz die Organe nicht mehr ausreichend mit Blut versorgt, können auch die Nieren geschädigt werden. Der Körper versucht, durch vermehrtes Trinken die Schadstoffe auszuschwemmen. Wird das Herz in seiner Tätigkeit unterstützt, so werden auch die Nieren in der Konsequenz besser durchblutet. So war es bei Hannibal: Die Nieren regenerierten sich zu einem gewissen Teil und er trank wieder normal. Auch sind unsere Bulldoggen auf Grund des brachyzephalen Atemnot-Syndroms (BAS, siehe Kapitel zur Zucht) besonders anfällig für eine Herzinsuffienz. Sollte man oben angeführte Symptome bei seinem Hund entdecken, ist eine Abklärung durch den Tierarzt angeraten. Herzinsuffizienz bedeutet, dass das Herz nicht mehr für eine genügende Durchblutung des Körpers sorgen kann; die eigentliche Erkrankung, die diese Schwäche verursacht, ist damit noch nicht beschrieben. Bei Hunden kommt eine Herzinsuffizienz relativ häufig vor und kann genetisch vererbt oder im späteren Leben erworben sein. Beim Bulldog liegt der Hintergrund zumeist in der stetigen Überforderung des Herzens durch die Schädigung der Atemfunktionen.

Die Therapie

Wichtig ist eine schnelle und dauerhafte Behandlung. Nur so wird das Herz schonend und nachhaltig entlastet oder gestärkt. Der Tierarzt wird also für seinen vierbeinigen Patienten eine entsprechende Fundamental-Therapie zusammenstellen. Meist werden ACE-Hemmer eingesetzt, die den Blutdruck und den Widerstand in den Gefäßen senken, so dass das Herz nicht mehr gegen einen so starken Widerstand anarbeiten muss und ent-

lastet wird. Hat der Hund Probleme mit Wasser in der Lunge, wird der Tierarzt zusätzlich zum Herzmedikament auch noch Diuretika verschreiben, die helfen sollen, das Wasser abzuleiten.

Was kann der Halter noch zusätzlich tun?

- Bewegung: Ausreichende Bewegung ist sehr wichtig, allerdings sollten die Aktivitäten regelmäßig und gleichmäßig sein, keine plötzlichen Höchst- oder Ausdauerleistungen.

- Ernährung: Eine gesunde Ernährung und vor allem kein Übergewicht sind wichtige Faktoren zur Erhaltung der Lebensqualität eines herzkranken Hundes. Einige Nährstoffe und Nährstoffkombinationen haben herzschonende Eigenschaften und wirken sich positiv auf die Gesundheit aus.

- Stressvermeidung: dazu gehören alle Situationen, die den Hund belasten können – hohe Temperaturen, Aufenthalte in Tierpensionen oder Zwingern, je nachdem auch Reisen.

Zum Thema Herzinsuffizienz nach einem Artikel von Gabi Mill-Rogel im »Bulldogge-in-Not Info«

Wenn sich im hohen Bulldog-Alter, etwa nach dem zehnten Lebensjahr, eine Herzinsuffizienz zeigt, so ist das durchaus normal. Unter den hier genannten Therapien kann man damit aber gut leben. Wie weit man in der Diagnose gehen soll, um schließlich die Therapie optimieren zu können, ist bei einem alten Hund gut abzuwägen. Manche Herz-Untersuchungen wie Doppler- oder Duplex-Sonografie erfordern die Fixierung des Hundes auf dem Tisch. Eine solche Untersuchung hätte ich meinem alten Willi, im Nachhinein gesehen, gerne erspart. Noch heute ärgere ich mich zutiefst. Der alte, schon deutlich unter seinem schwach gewordenen Herzen leidende Bulldog wehrte sich mit aller Kraft gegen die Behandlung in der ihm unbekannten Klinik durch unbekannte Tierärzte und insbesondere gegen seine Fixierung auf dem kalten Tisch aus Edelstahl. Auf meine eindringliche Bitte, ja Forderung hin, wurde die Untersuchung dann abgebrochen. Mit einem sichtlich gebrochenen Willi verließ ich die Tierklinik. Es war schockierend. Er brauchte zehn Tage, um sich von dieser Anstrengung zu erholen. Das hätte man ihm nicht antun sollen; es hat ihn nur um den Genuss einiger seiner letzten Tage gebracht, vielleicht sein Leben verkürzt. Die dann erfolgte Diagnose brachte keine neuen Erkenntnisse. Wenn die Zeit gekommen ist, so muss man es hinnehmen. Mit seinen Medikamenten vom Haustierarzt ist er dann bis in seine letzten Tage gut zurecht gekommen.

Der alte Bulldog

Um das achte, neunte Lebensjahr etwa, bei dem einen früher, bei dem anderen später, geht der Bulldog so langsam in Rente. Er wird ruhiger und bedächtiger und manchmal bilden sich im Alter Marotten heraus. Warum sollte das beim Bulldog groß anders sein, als bei uns Menschen?

Der alte Bulldog ist an sich eine besonders schöne Phase des Zusammenlebens, wäre da nicht die langsam aufkeimende Angst vor dem bevorstehenden Verlust. Doch sollte man sich nicht durch das eh Unabänderliche diese schöne Zeit vermiesen. Inzwischen haben wir ein inniges, tiefes Vertrauensverhältnis zueinander aufgebaut. Man kennt sich blind und versteht sich ohne große Worte. Unser alter Bulldog schmiegt sich noch enger an uns an. Eine tiefe gegenseitige Zuneigung schmiedet zusammen. Man ist ein perfekt eingespieltes Team. Man kann ihm natürlich jeder Zeit viel Freude mit gutem Fressen machen und sollte es auch immer wieder tun. Aber selbst im hohen Alter ist seine Verfressenheit meist ungebrochen. Gerade auch angesichts des Alters sollte man daher auf seine Linie achten, auch wenn es jetzt besonders schwer fällt. Lieber viele kleine Malzei-

ten geben, damit Verdauung und Kreislauf nur mäßig belastet werden. Viel Trinken ist natürlich besonders wichtig. Der alte Bulldog schläft viel und lange. Aber man sollte unbedingt darauf achten, ihn zu fördern und – in Maßen – zu fordern. Spaziergänge, kleine Reisen, das Bad in einem Bach, all das hält unsere Senioren fit. Sie werden uns schon deutlich genug zeigen, wenn sie eine Aktivität nicht so toll finden.

Die Gedanken von Gabi Mill-Rogel zum alten Hannibal bringen diese Phase sehr gut auf den Punkt: Wann ist der Hund alt? Bei Bulldogs spricht man allgemein davon, dass er ab dem achten Jahr ein Senior sei. Das ist aber lediglich ein Richtwert. Es gibt welche, die schon früher recht behäbig sind, andere bleiben länger jung.

Eins ist klar, irgendwann kommt der Moment, wo einem klar wird, dass der ehemalige Welpe seinen Zenit überschritten hat. Man bemerkt ein Humpeln hie und da, vielleicht hört er auch etwas schlechter. Er hat ein wenig Hüftspeck angesetzt, springt nicht mehr so leichtfüßig ins Auto und macht lieber kürzere Spaziergänge.

Bei Hannibal war das erstmals mit etwa achteinhalb Jahren der Fall, weshalb wir auch auf den Rat hörten, ihm einen jungen Kollegen zu Seite zu stellen, um ihn mehr für seine Umwelt zu interessieren, ihn nochmal flott zu machen, was letztendlich ja auch gelang. Er bekam nochmal gut zweieinhalb Jahre aktive Phase geschenkt, bevor er neuerlich den Weg Richtung Senior beschritt. Ab seinem elften Geburtstag wurde er dann wirklich alt. Er hatte Probleme mit dem Herzen, Wasser in der Lunge. In dieser Zeit wurde er langsam grau um die Schnauze, die Muskeln wurden weniger – auch wenn er an der See auch mit elf und einem halben Jahr immer noch gerne Hechtsprünge machte, wenn wir Muscheln ins Wasser warfen – Hunde setzen eben auch Prioritäten – beim Vergnügen vergisst Hund schon mal, dass es irgendwo weh tut – er wurde träge, schlief viel.

Der alte Delius.

Leider war der Schlaf nicht immer sehr erholsam, da ihn zunehmend das Wasser in der Lunge belastete. Hatte er allerdings mal seine guten Tage – manchmal war die Lunge wunderbar frei –, dann schlief er wie ein Stein. Ab einem Monat vor seinem Tod schrumpfte Hannibal dann regelrecht in sich zusammen. Aus dem einst stattlichen Rüden war ein wackeliger – es fällt mir immer noch schwer es zu benennen – Greis geworden.

Ob mit oder ohne Jungbrunnen und egal wann das Altsein beginnt, ein alter Hund hat definitiv seine schönen Seiten. Nie war er so anhänglich, wie jetzt – Kontaktschlafen, häufiges Betteln um Streicheleinheiten gehörten plötzlich zu seinem Alltag. Das kannten wir in jungen Jahren nicht – da war Hannibal ein perfekter »Rühr-mich-nicht-an«. Auch kannte er uns mittlerweile in- und auswendig. Er las scheinbar unsere Gedanken; konnte Abläufe perfekt interpretieren. Anhand unserer, ich mag es eigentlich nicht als Rituale bezeichnen, es sind eher alltägliche Handlungen, wusste Hannibal ganz genau, es geht irgendwohin, wo es interessant ist. Er stand also schon an der Wohnungstür Schmiere, lang bevor wir überhaupt die Schuhe anzogen. Noch mehr klebte er an der Tür, wenn Koffer gepackt wurden. Ja, wir pflegten so etwas wie nonverbale Konversation. Am deutlichsten trat das ans Licht, wenn Hannibal aufs Sofa wollte. Er setzte sich davor, warf uns einen Blick über die Schulter zu, der uns genau sagte: »Hej, das Kissen stört aber arg. Könnt ihr das nicht weglegen? Und wenn mir dann bitte noch einer raufhelfen könnte. Das wäre toll«. Umgekehrt reichten aber auch Gesten und Blicke von uns und er wusste Bescheid.

Jedes Hundealter hat seine ganz speziellen Reize. Die Jugend ist aufregend durch das viele Neue auf beiden Seiten, das Lernen und Austesten. Das mittlere Alter ist eher bestimmt vom Teamgeist und gemeinsamen Aktivitäten. Das Alter ist wie eine tiefe Freundschaft, in der jeder den anderen nimmt, wie er ist und jeden Tag mit ihm genießt. Der Spaß hört nicht auf, er nimmt lediglich eine andere Form, eine andere Geschwindigkeit an. Wenn man sich auf seinen Hund einlässt, bietet das Alter ebenso viele Glanzlichter und Freude, wie die Jugend. Das Verhältnis wird inniger, wenn wir bereit sind, uns darauf einzulassen. Man erlebt eine Seelenverwandtschaft, die ohne viele Worte auskommt und die man einfach genießen sollte.

Kapitel 9
Der Abschied

Selbst zu der schönsten Freundschaft mit seinem Hund zählt immer auch der Abschied. Die Natur hat es so eingerichtet, dass die verschiedenen Arten verschiedene Lebenserwartungen haben. Wölfe werden in Gefangenschaft bis zu fünfzehn Jahre alt. Eine Gans kann dreißig Jahre alt werden, ein Esel vierzig Jahre, große Papageien erreichen locker sechzig Jahre. Es kommt uns als ungerecht vor, wenn wir nach spätestens zehn oder vierzehn Jahren von unserem geliebten Bulldog Abschied nehmen müssen.

Wenn ein Bulldog ein Alter von zehn Jahren und mehr erreicht hat, kann man sich heute bereits glücklich schätzen. Viele werden bei weitem nicht so alt. Die eh schon kurze Lebenserwartung des Hundes wurde durch die Fehlleistungen des heutigen Menschen noch einmal fast halbiert. Bulldoggen zählen inzwischen zu den Hunderassen mit der niedrigsten Lebenserwartung. Leider führen weder Tierärzte noch Zuchtvereine Buch über das erreichte Alter oder Krankheiten, die zum Tode führen. Es gibt daher nur wenig statistisches Material zur Lebenserwartung. In der großen nordamerikanischen Studie Vet School Data und einer weiteren der Biologin Kelly M. Cassidy wurden die Daten von insgesamt gut 100.000 Hunden untersucht.[69] Hiernach hat die Englische Bulldogge eine Lebenserwartung von nur fünf bis sechs Jahren, eine kürzere Lebenserwartung hat nur noch die Bordeaux-Dogge.

Wenn ein Bulldog hingegen gesund gezüchtet wurde, kann er auch heute noch durchaus ein hohes, nicht selten sogar sehr hohes Lebensalter erreichen – und das rüstig und gesund. Wir haben von der Zuchthündin Tiffany berichtet, die fast fünfzehn Jahre alt wurde. Glaubwürdige Quellen berichten immer wieder von solchen Methusalems auch aus deutschen, österreichischen oder Schweizer Zuchten. Fast alle Bulldogs, die wir hier im Portrait vorgestellt haben, wurden über zehn Jahre alt. Bei etwa dreizehn oder vierzehn Jahren hat die Natur allerdings eine Grenze gesetzt, die wir auch mit bester Zucht und bester Versorgung nicht mehr beliebig ausweiten können.

Gerade die Zeit, wo unser treuer Begleiter nun alt geworden ist, ist eine besonders intensive Zeit, eine Zeit tiefen Vertrauens und gegenseitigen Verstehens. Gerade erst scheint die Welpenzeit vorbei, da grunzt jetzt ein grauer Greis auf dem Sofa. Die Vorahnung, das nüchterne Wissen darum, dass die Stunde unausweichlich kommen wird, spukt bereits in unseren Gedanken. Manche Nacht denken wir daran, hie und da fließen erste, stille Tränen. Doch jeden Tag, jede Minute sind wir dankbar und freuen uns, dass er noch da ist. Sein vertrauter Blick streichelt unser Herz und immer wieder lässt uns sein Charme ein wenig schmunzeln.

Man sagt immer, der Hund sei unser Begleiter. Ist es nicht genau umgekehrt? Wir sind der Begleiter des Hundes, sein ganzes Leben hindurch. Er begleitet nur eine Dekade unseres vergleichsweise langen Lebens. Seit dem ersten Besuch an der Wurfkiste des Züchters begleiten wir unseren Bulldog nun durch sein ganzes Leben. Wir begleiten ihn durch ein Leben, das uns immer zu kurz erscheint, ob er uns nun früh verlässt oder ein stattliches Hundealter erreicht. Eben war es noch der etwas tollpatschig wirkende, verspielte, draufgän-

---

[69] Kelly M. Cassidy, Dog Longevity, users.pullmann.com/lostriver/breeddata.htm 2007 hier auch Vet School Data (Patronek 1997)

gerische Welpe, jetzt, einen Wimpernschlag später, ist es ein ruhiger, behäbiger, vertrauter Freund geworden. Wenn man weiß, dass die Zeit gekommen ist, wünscht man sich sehnlich, dass das Schicksal uns wenigstens eine letzte Entscheidung abnimmt. Es ist eine Entscheidung, die uns Angst bereit, die uns Sorgen macht. Wir wünschen uns, dass unser alter Freund friedlich einschläft, dass er uns diese Entscheidung erspart. Doch wir wünschen uns noch mehr, dass ihm eine letzte Leidenszeit erspart bleibt und wir sollten dafür auch Sorge tragen. Ein Siechtum ohne Hoffnung auf Besserung sollten wir ihm ersparen. Um die 90% aller Hunde werden endlich vom Tierarzt erlöst.

Wann ist es soweit?

Es ist gut, dass uns die Tiermedizin heute die Möglichkeit gibt, unseren Freund schmerzfrei und friedlich einzuschläfern. Wenn die Zeit soweit ist, sollten wir nicht zögern. Nur, wann ist es soweit? Wir sollten hier auf die Signale achten, die uns der Hund selbst gibt. Solange er noch Freude am Leben hat, freuen wir uns mit ihm. Solange er noch an unserem Leben teilnimmt, lassen wir ihn teilnehmen. In den letzten Tagen verwöhnen wir ihn mit den schönsten Leckereien, die es sonst nur in Ausnahmen gab. Und wir lassen ihn fressen, wie es sein Herz begehrt, wir gönnen ihm jede seiner letzten Freuden und erfreuen uns selbst hieran. Fressen ist oft die letzte Leidenschaft, die unseren alten Begleiter verlässt. Seine Leidenschaft für Herrchen und Frauchen wird ihn erst verlassen, wenn er uns bereits verlassen hat, wenn er dann in den ewigen Jagdgründen auf uns warten wird. Natürlich ist auch der Rat des Tierarztes wichtig, gerade wenn er uns noch begründete Hoffnung auf eine Besserung geben kann.

Vielleicht kann man mit seinem Tierarzt vereinbaren, dass er ins Haus kommt, wenn dann die Stunde gekommen ist. Nobelpreisträger Konrad Lorenz war dankbar, dass ihm diese Entscheidung erspart blieb: »Dazu kommen noch die schweren Seelenkrämpfe, die jeder Herr durchzustehen hat, wenn sein Hund schließlich an einer unheilbaren Alterskrankheit dahinsiecht und sich die finstere Frage erhebt, ob und wann man ihm die letzte Wohltat eines schmerzlosen Narkosetodes zuteil werden lassen soll. Ich danke dem Schicksal, dass es mir diesen Kampf bisher merkwürdigerweise erspart hat: mit Ausnahme eines einzigen Hundes sind alle in höherem Alter eines plötzlichen und schmerzlosen Todes gestorben.« Auch bei den Hunden des Autors war es so. Willi, von dem hier des Öfteren berichtet wurde, starb in der Nacht, wie immer zwischen Herrchen und Frauchen liegend. Man sah es ihm kaum an, dass er gerade über die Regenbogenbrücke gegangen war. Wie so oft, gerade im hohen Alter, hatte er seine schwere Schnute in Herrchens Hand eingegraben. Der gewohnte friedvolle, entspannte, wohlige Ausdruck, genüsslich schlafend, nun für immer. Sein starkes Herz war neben seinem eisernen Willen immer der große Trumpf seiner sonst eher labilen Gesundheit gewesen. Mit zehn Jahren war es nun schwach geworden. Kurz vor seinem elften Geburtstag blieb es einfach stehen und erfüllte uns und wohl auch Willi selbst einen letzten Wunsch. Der Schmerz war trotzdem unermesslich. Doch zumeist wird uns dieser letzte Wunsch nicht ganz erfüllt.

»Am 8. Januar hatten wir noch seinen zwölften Geburtstag gefeiert – mit Hundetorte und einem tollen Spaziergang im Schnee. Drei Tage später verließ ihn die Lebensenergie zusehends. Er lief nicht mehr, aß und trank nichts mehr, zeigte Anzeichen der Verwirrtheit. Zum Schluss konnte er sich noch nicht einmal mehr in seinem Bettchen drehen. Wir baten den Tierarzt um einen Hausbesuch, in der Hoffnung, dass eine Spritze oder ein Wunder unseren alten Herren noch einmal auf die Beine bringt. Aber das Wunder gab es nicht. Mit der Hilfe des Tierarztes starb Hannibal ganz ruhig in unseren Armen.

Wir sind dankbar für die Zeit, die Hannibal unser Leben begleitet hat. Es war eine wundervolle Zeit, die wir nicht missen möchten und wir werden ihn nie vergessen. Er lebt in unseren Herzen weiter, hat dort seine Pfotenabdrücke hinterlassen.« So heißt es im Nachruf für Hannibal von Günter und Gabi Mill-Rogel. Hannibal war noch bis einige Wochen vor seinem Tod fit und munter gewesen. Innerhalb weniger Wochen hatte er dann sichtlich abgebaut. Bei seinem zwölften Geburtstag war er schon sichtlich gealtert und gezeichnet. Seine Zeit war gekommen.

Wir dürfen trauern

Geht so ein Bulldog, ist das eine Zäsur in unserem Leben. Es ist ein Verlust, ein Schmerz, der verarbeitet sein will. Trauer um einen Hund, um ein Tier, war in unserer Gesellschaft aber lange Zeit verpönt und ist es zuweilen noch heute. Nur um Menschen durfte man trauern. Doch nur mit Trauerarbeit kann man die ja real vorhandene Trauer positiv wenden. Dazu müssen wir zuerst die Trauer in uns auch zulassen und akzeptieren. In der Geschichte der Psychologie ist dokumentiert, dass

Hannibals zwölfter Geburtstag.

287

Menschen schwere seelische Störungen erlitten, weil ihre Trauer um einen Hund gesellschaftlich tabu war. Diese Herausforderung unseres tiefsten Gefühlslebens war nicht nur durch die Umgebung geächtet, vielmehr auch durch das eigene, innere, von christlicher Erziehung geformte, Werte- und Moralverständnis. Man schämte sich ob der eigene Gefühle. Man wollte, man durfte solche Gefühle der Trauer nicht zulassen. So wurden ganze Gefühlsstrukturen abgekapselt und isoliert. In der Folge waren diese emotionalen Bereiche quasi außer Betrieb gestellt und selbst bei Verlust des menschlichen Lebenspartners nicht mehr aktivierbar. Diese Menschen waren zuweilen gefühlsmäßig gestorben, lange bevor sie dann tatsächlich starben. So führte die seit dem frühen Mittelalter herrschende Ideologie, die den Menschen als Ebenbild Gottes über, ja außerhalb der Natur stellte, nicht selten zu großen inneren Zerwürfnissen bei Menschen, die ihren Hunden sehr nahe standen, und nun mit einem schlechten Gewissen ob der eigenen Trauer auch noch um ihr Seelenheil fürchteten.

Zwei Kapitel
Bulldog-Geschichte.

Ein neues Kapitel aufschlagen

Diese Zeit scheint seit einigen Jahrzehnten überwunden. In der Psychologie ist belegt, dass in der Tiefe der Gefühle der Verlust eines Hundes, mit dem man jahrelang zusammenlebte, der Tiefe beim Verlust eines Menschen kaum nachsteht. Wir dürfen unsere Trauer zulassen. Wir sollten sie auch zulassen, denn nur so entsteht der Boden, auf dem die Freude auf ein neues Leben wachsen kann. Ein Welpe kommt wieder in unser Haus und lässt das Herz wieder höher schlagen. Den alten Hund wird man nie vergessen. Er wird immer in unserem Herzen bleiben und manche hoffen auf ein Wiedersehen. Unser Herz hat mehr Platz als nur für einen Hund. Es ist kein Verrat am alten Bulldog, wenn dann ein neuer Bulldog unser Herz erobert hat. Eltern mit mehreren Kindern lieben auch jedes einzelne und verraten durch ihre Liebe zu dem einen nicht dessen Geschwister. Unser alter Knabe, unsere alte Lady, die nun gegangen sind, würden mittrauern, wenn sie uns so traurig sehen würden. Sie würden sich freuen, wenn sie Herrchen und Frauchen wieder freudig sehen. Das haben sie schon immer so gemacht, zu der Zeit, als sie noch da waren. Sie gönnen uns die Freude mit unserem neuen Welpen. Denn unsere Bulldog-Geschichte hat mehrere Kapitel. Und jedes Kapitel beschreibt einen einzigartigen, unverwechselbaren Bulldog.

Konrad Lorenz, der Hunde sein ganzes Leben hindurch begleitet hat, hat diesen Wechsel mehrfach durchlebt und meint, dass er »es Menschen nicht ganz verübeln kann, wenn sie angesichts des unvermeidbaren schmerzlichen Abschieds von der Anschaffung eines Hundes nichts wissen wollen. Eigentlich aber verüble ich es ihnen doch. Denn es ist im menschlichen Leben einfach unabänderlich, dass alle Freude mit Leid bezahlt werden muss, und im Grunde betrachte ich jeden als einen erbärmlichen Knicker, der sich die wenigen erlaubten und ethisch einwandfreien Freuden des Menschenlebens verkneift, aus Angst, die Rechnung bezahlen zu müssen, die ihm das Schicksal früher oder später präsentiert.«

Heute brauchen wir es nicht nur zu spüren und zu fühlen. Was vielen Menschen eh schon lange bewusst war und als innerlich unstrittig galt, ist heute auch in trockener Wissenschaft nachgewiesen: Der Hund nimmt einen besonderen, engen, hervorgehobenen Platz bei uns Menschen ein. Und er hatte diesen bereits lange vor der Finsternis des Mittelalters über Jahrtausende hinweg bei unseren Ahnen. Unsere Vorfahren schätzten den Hund, unseren Vorfahren würdigten den Hund, unsere Vorfahren ehrten den Hund sogar mit Grabstätten, die die Hunde zumeist mit ihren Menschen teilten. So ist es keineswegs eine neuzeitliche Erscheinung oder gar Ausdruck gesellschaftlicher Dekadenz, wenn es heute wieder Tierfriedhöfe gibt oder unser Hund eingeäschert und die Urne mit seiner Asche zum Andenken aufbewahrt wird. Ganz im Gegenteil. Die Ehrung und das Gedenken an ein uns nahestehendes Tier ist der Normalfall in der Kultur unserer Ahnen, in der menschlichen Kultur und Geschichte.

Gemeinsame Gräber von Mensch und Hund

Etwa 14.000 Jahre alt sind die ältesten eindeutigen Zeugnisse der Archäologie von Hunden in Mitteleuropa. Auf dieses Alter wird auch das Doppelgrab der späten Cro-Magnon-Menschen in Oberkassel nahe Bonn am Rhein datiert. Hier fand man Reste eines Hundeskelettes, das ebenfalls im Grab dieser Menschen lag. Bei Ein Mallaha in Israel fand man das Grab einer Frau, die vor etwa 12.000 Jahren bestattet worden war. Außergewöhnlich an diesem Grab ist der Beifund. Neben ihr wurde ein drei bis fünf Monate alter Welpe bestattet. Ungewöhnlich ist auch die Geste der Toten; sie hatte die Hand auf den Körper des Welpen gelegt. Dies legt nahe, dass schon zur damaligen Zeit die starke und innige Bindung zwischen Mensch und Hund anerkannt wurde und bereits in unsere Kultur eingebunden war. Heute konstatieren Archäologen, dass die Grabungen in nahezu jeder großflächig untersuchten Siedlung Mittel- und Nordeuropas den Nachweis der Hundehaltung erbringen. Ausgrabungen auf einer Anhöhe an der Saale, nahe dem heutigen Salzmünde bei Halle, belegen Hundehaltung wie Wertschätzung des Hundes vor etwa 6.000 Jahren in unseren Breiten. Auch hier fand man zahlreiche Hunde, die neben ihren Besitzern beerdigt worden waren. Einige erhielten sogar ein eigenes Grab, wie ein junger Rüde aus der so genannten Schönberger Zeit. Die Archäologen des Landesamtes für Denkmalpflege und Archäologie Sachsen-Anhalt stellen zu den damaligen Kulturen fest: »Hunde scheinen dabei eine feste Rolle zu haben«. Unzählige Hundemumien sind aus dem alten Ägypten erhalten und gemeinsame Gräber von Mensch und Hund waren auch bei den alten Griechen und Römern durchaus üblich. Man fand nicht nur die Gräber. Auch sind zahlreiche Grabsteine mit Hundeabbildungen aus dieser Epoche erhalten. Der amerikanische Archäozoologe Darcy F. Morey hat in einer im *Journal of Archaeological Science* veröffentlichten Studie[70] bis in die Zeit von vor 14.000 Jahren nachweisen können, dass Hunde weltweit, in den verschiedensten Kulturen und zu allen Zeiten sorgfältig beerdigt worden sind. Erst das Mittelalter machte aus dem Hund einen Paria, einen Unreinen, einen Aussätzigen, einen Boten des Teufels.

Mit der Aufklärung erfuhr der Hund Rehabilitation, zumindest ansatzweise. Selbst ein Otto von Bismarck, der eiserne Kanzler und gewiss kein Träumer, bekannte sich ganz offen der Liebe zu seinen Deutschen Doggen. Seine Hunde wurden wieder wie zu Zeiten der Germanen in einem Grab auf dem Schloss beerdigt. Bismarck war ein Bewunderer der Fähigkeiten der Hunde und soll gesagt haben: »Ich habe große Achtung vor der Menschenkenntnis meines Hundes – er ist schneller und gründlicher als ich.« Noch auf dem Totenbett soll der erste Reichskanzler an seine Hunde

gedacht haben. Und es war kein Geringerer als Charles Darwin, der das Gefühl des ersten Reichskanzlers zu einer wissenschaftlichen Hypothese verdichtete: »Es lässt sich kaum bezweifeln, dass die Liebe zum Menschen beim Hund zu einem Instinkt geworden ist.«[71] Bereits 1899 wurde im Pariser Vorort Asnières-sur-Seine der erste neuzeitliche Hundefriedhof eröffnet. Mit rund hundert Tierfriedhöfen auf 82 Millionen Einwohner liegt Deutschland im internationalen Vergleich heute sogar ziemlich am Ende dieser Skala.

Wir stehen also in einer uralten, guten Tradition, wenn wir unserem alten Bulldog die letzte Ehre erweisen, ihm gedenken und unsere Trauer auch zum Ausdruck bringen.

Was Bulldogger seit langem nicht nur ahnten, vielmehr wussten, bestätigt heute die Wissenschaft. Es ist in der Forschung unumstritten, dass sich der Hund auf unser Herz, unsere Psyche, unsere Gesundheit positiv auswirkt. Und es ist längst nachgewiesen, dass der Hund ganz objektiv ein besonders enges Verhältnis zum Menschen hat, das einmalig in der Natur ist. Die Hundefreunde brauchen ihre Gefühle nicht zu verstecken und können offen bekennen, was ihnen ihr Hund wert ist. Und was hier für den Hund im Allgemeinen gilt, gilt für unseren Bulldog im Besonderen. Der Bulldog ist unter der menschenfreundlichen Spezies Hund wiederum der am meisten menschenfreundliche. Der Bulldog steht dem Menschen besonders nahe. Er ist bereits zu einem Symbol in unserer Kultur geworden. Der Bulldog als Spirit, als Label, als Symbol, als Markenzeichen, als Werbeträger ist weltweit präsent. Überall besticht sein einzigartiger Charme. Es ist wohl kaum übertrieben, den Bulldog als das Tier zu bezeichnen, das dem Menschen am nächsten steht. Vielleicht können Mops & Co hier noch mithalten, und es sei ihnen gerne gegönnt. Der Bulldog ist über Tausende Jahre vom Menschen in Extremen geformt und gefordert worden. Der Bulldog musste ganz dunkle Seiten der Menschheit ertragen. Er wurde

[70] Darcy F. Morey, Burying key evidence: the social bond between dogs and people, journal of Archaeological Science Volume 33, Issue 2, February 2006
[71] Emil Ludwig: *Bismarck Geschichte eines Kämpfers*, Paul Zsolnay Verlag, 1932
Charles Darwin: *On the origin of species by means of natural selection, or the preservation of favoured races in the struggle for life*. London: John Murray. 1st edition, 1st issue., 1859

zur Belustigung der Menschen in den tödlichen Kampf der Arenen geschickt. Der Bulldog hat das verziehen. Und es ergeht ihm heute kaum besser. Der Bulldog wird heute von einem Menschen seiner Gesundheit beraubt und an den Rand seiner Existenz gebracht, der auch noch beansprucht, Umwelt- und Tierschutz entdeckt zu haben und danach zu handeln. Trotzdem, der Bulldog steht dem Menschen noch immer in argloser Freundschaft, ja Liebe gegenüber – bis zu seinem letzten Atemzug.

Bleibt nur zu hoffen, dass der Mensch diesem treuen Freund endlich die Freundschaft erwidert und ihn auch tatsächlich wie einen Freund behandelt. Er jedenfalls hat unsere Freundschaft verdient.

Peter Koch-Weisgerber fasst unsere Zeilen über unseren Freund in
»Heavenly Creatures: Hommage an Pollux, Delius und Falstaff« zusammen:

Früher hatten wir einen Neufundländer, Pollux genannt, ein wirklich prachtvoller Kerl. Imposant war er und mit seinem Löwenkopf sah er aus wie eine majestätische schwarze Sphinx. Ich hatte ihn sehr gerne. Er war mein erster »Hund«.

Ein »English Bulldog«, so sollte ich später lernen, ist etwas völlig anderes. Als Erwachsener bekam ich meinen ersten.

Und das kam so:
Obwohl ich lange in der schönen Hauptstadt Großbritanniens, dem Mutterland unserer Hunde, gelebt hatte, so sah ich das erste Exemplar dieser skurrilen Rasse auf der Nordseeinsel Sylt. Dort, vor der berühmten Sansibar, lag ein Rüde, wie ein überdimensionierter Frosch ausgestreckt im Dünensand, unangeleint. Seine Familie war beim Lunch und hat ihn für die Dauer desselben draußen zurückgelassen. Bar jeglicher Verlassensängste lag er nun dort in der Sonne und kaute stoisch an einem riesigen Holzscheit.

Rings um ihn herum standen gut und gerne 25 staunende Leute, darunter auch ich, und beobachteten ihn mit offener Bewunderung beim meditativen Malmen. Er war vom Publikum gänzlich unbeeindruckt, schien durch nichts zu locken, aus der Ruhe zu bringen, zu bestechen zu sein.
»Unglaublich«, dachte ich, »welche Souveränität«.

Als seine Familie das Restaurant verließ, legte er das Holzscheit ab, stand auf und schritt durch den Kreis der verblüfften Zuschauer im bulldogtypischen wobbelnd − hüftschwenkendem Krebsgang, dabei durch dezente Kopfbewegung wie huldvoll grüßend.
Um mich war es geschehen!

»Der Englische Hochadel«, dachte ich.
Mir war klar: Ich brauchte dringend eine Englische Bulldogge.
Die Reaktionen im Bekanntenkreis waren, nun, »geteilt«.
»Denk doch mal an Deinen Pollux. Das war doch ein wirklich schöner Hund. Aber Englische Bulldoggen....hübsch-hässlich würd´ ich sagen, so degeneriert, da brauchst Du ja ein Abonnement beim Tierarzt.«

Was sollte ich erwidern??

Das Bild des Sansibarerweckungserlebnisses schob sich in mein Bewusstsein und ich beschloss, derlei Einwände einfach zu ignorieren. In den folgenden Nächten träumte ich einen immer gleichen Traum: Ein putziger, rot weißer Bulldogwelpe lief lachend in meine Arme...
Und nun wird´s noch kitschiger:
Einige Tage später las ich − in Realita! − von zwei Welpen, fuhr in irgendein Dorf in irgendeinem Hinterland, irgendjemand öffnete irgendeine Tür und: geradewegs in meine Arme lief, als hätte es mich längstens erwartet, ein kleines, tapsiges lachendes rot weißes Faltengetier und wollte seither

nicht mehr von mir lassen:
Es war, er wurde mein Delius, der mich danach fast neun Jahre lang Tag und Nacht begleitete. Er wurde zum besten Freund, schlief mit mir ein, wachte vor mir auf, um Tag für Tag rechtzeitig für den neuen gemeinsamen Morgen zu danken.

Unsere Beziehung war bedeutend enger als die zwischen mir und meinem lieben Pollux. Er, Pollux, roch, tickte und verhielt sich wie ein »Hund.«

Delius hingegen hatte ein weiteres, nennen wir's höheres Bewusstsein. Ihm schienen nur noch die Stimmbänder zu fehlen – und, vielleicht, die Daumen. Er hatte – und ich glaube, Englische Bulldoggen haben grundsätzlich dieses Potential – eine Fähigkeit, die man Tieren gemeinhin abspricht: Die der Empathie!

Er wusste um meine gelegentlichen Schmerzen und – auch wenn es ziemlich durchgeknallt klingt: – er wusste sie auch präzise zu lokalisieren und zu behandeln. Bei meinen durchaus nicht seltenen Stimmungsschwankungen war er ein heilsames Korrektiv, indem er mir liebevoll zeigte, was wirklich zählt im Leben... Bei fast allen meiner Aktivitäten war er still zugegen, bei Hauskonzerten etwa, oder literarischen Lesungen. Sobald der Applaus einsetzte, machte er sich auf, lief nach vorne, um Künstlern oder Referenten durch heftiges Schnaufen und ebensolche Bewegung des Hinterteils für die gelungene Darbietung zu danken. Die Freude im Auditorium war grenzenlos.

Der Anekdoten gäbe es unzählige, viel zu viele für eine solche Glosse.
Jedoch: »Das Geheimnis der Liebe ist größer als das Geheimnis des Todes...« So singt die Prinzessin Salome in Richard Strauss / Oscar Wildes aufregender Oper.

Ob sie dabei auch an ihren Hund denkt, ist nicht mit Bestimmtheit zu klären. Doch wir, als Hundehalter, werden wohl oder übel mit beiden Geheimnissen konfrontiert.
Das Leben unserer geliebten Vierbeiner ist leider ungerecht kurz.

Delius starb.

Und anders als seine freundlichen Tierärzte, die mich zu überzeugen suchten, der Hund sei ganz gesund und die meine Befürchtungen noch am Tag seines Todes abtaten, wusste ich auch das Wochen zuvor. Er hat es mir auf seine tiefe, innige, nonverbale Weise mehrfach mitgeteilt.
Meine Trauer war dennoch riesig.
Heute aber kommt immer wieder sein lachendes Bild mir in den Sinn und er scheint mir zu sagen: »Peter, Du kennst doch die Worte jenes berühmten jüdischen Lyrikers... Du weißt es doch und ich wusste es eh: `Die Liebe, die Liebe, höret nimmer auf`.«
Delius bleibt mir immer nah. –

Mein neuer Vierbeiner heißt Falstaff, benannt nach Shakespeares rundlichem Ritter. Knuffig ist er und wie sein Namensgeber aus Windsor hat er, und macht er »allen Spaß auf Erden«.
»Wieder eine Englische Bulldogge?«
»Well, of course, dear.«

Literaturhinweise

Standardwerke zur Geschichte des Bulldogs

Farman, Edgar: *The Bull Dog*. 1899 – Der Klassiker der Historie des Bulldogs und Protokoll der ersten 60 Jahre Vereinsgeschichte. Wird in fast allen Bulldog-Büchern zitiert und kopiert, aber nur selten als Quelle genannt.
Strebel, Richard: *Die Deutschen Hunde*, in 2 Bänden, 1903/1904, Nachdruck Kynos-Verlag 1986

Historische Werke der Kynologie

Gratius Faliscus: *Cynegetica.*
Cynegeticon, Übersetzung von Friedrich Christian Gustav Perlet, 1826
De Langley, Edmund: *Mayster of Game*, um 1400
Caius, John: *Of Englishe dogges: the diversities, the names, the natures, and the properties*, (in Latein), 1576, übersetzt von Abraham Fleming, 1880
Harrison, William: *A Description of Elizabethan England*, 1577
Fletcher, Giles: *Of the Russe Common Wealth: Or Maner of Governement by the Russe Emperour*, 1591
Strutt, Joseph: *The sports and pastimes of the people of England*, 1645
Paullini, Christian Franz; Caius, John: *De canibus britannicis*, 1685
Fryer, John: *A new account of East-India and Persia*, 1698

Gesner, Conrad, »Von den Hunden und den Wolff,« in: Tieger, Gerhild (Hrsg.): *Allgemeines Thier-Buch* von 1669, edition tieger im Autorenhaus Verlag, 2008

Richardson, H.D: *Dogs: their origin and varieties: directions as to their general management, and simple instructions as to their treatment under disease*, C.M. Saxton and company, 1857

Fitzinger, Leopold: *Die Raçen des zahmen Hundes*, 1867

Settegast, Hermann: *Die Thierzucht: Mit 134 Abbildungen*, 1868

Shaw, Vero Kimball: *Das Illustrierte Buch vom Hunde*, 1881

Shaw, Vero Kimball: *The Encyclopaedia of the Kennel*, 1913

Briggs Lee, Rawdon: *A History and Description of the Modern Dogs of Great Britain and Ireland. (Non-Sporting Division.)*, 1894

Turner, John Sydney: *The Kennel Encyclopaedia, 1907*

Brehm: *Brehms Tierleben*, Zwölfter Band, 1915

Von der Werden, Heinrich: *Der Englische Bulldog*, Verlag des Sportblatt Kern & Birner, 1903

Fowler, F. Barrett: *Bulldogs And All About Them*, Henry St John Cooper, 1925

Rich, Wynn: *History of Mastiff*, 1886

Bylandt, Henri Graf von: *Dogs of all Nations*, Bd. 2, 1897, S. 413f.

Historische Literatur, auch den Bulldog betreffend

Jonson, Ben: *Epicoene*: or, The silent woman. A comedy, 1606

The dramatic works of Thomas Dekker: now first collected with illustrative notes and a memoir of the author, Band 4 S.419/420, 1622

Chamberlain, John: *Description of Great Britain*, 1741

Cotgrave, Randle: *A French and English dictionary*, 1611

Müller, Eduard: *Etymologisches Wörterbuch der Englischen Sprache*, 1866

Moderne Literatur zur Geschichte des Bulldogs

The Bulldog Club (Hrs.): *The Bulldog*, Jahresheft

Cooper, H.St. John: *Bulldogs und Bulldog Breeding*, 1905

Hinz, Wilhelm: *Die Zucht des englischen Bulldogs*, Hannover H.&M. Schaper, 1914

Sturgean, A.G.: *Bulldogdom*, 1924

Deacon. Sydney H.: *Show Bulldogs*, 1933

Hilzheimer und Wegner: *Die Chincha-Bulldogge*, 1937

Hanes, Bailey C.: *The New Complete Bulldog*, 1966

Wolfsjäger, Kari: *Der Englische Bulldog*, 1976

Fleig, Dr. Dieter: *Kampfhunde*, Band 2, 1995

Moderne Untersuchungen zu Abstammung und Entwicklung des Hundes

Parker, Heidi et al., »Genetic Structure of the Purebred Domestic Dogs«, in: *Science*, 304, 2004

Vilà, Savolainen et al., »Multiple and Ancient Origins of the Domestic Dog«, in: *Science*, 276, 1997

Savolainen, Zhang et al., »Genetic evidence for an East Asian origin of domestic dogs,« in: *Science* 298, 2002

Leonhard, Wayne et al., »Ancient DNA Evidence for Old World Origin of New Word Dogs«, in: *Science* 298, 2002

Pang, Savolainen et al., »mtDNA Data Indicate a Single Origin for Dogs South of Yangtze River, Less Than 16,300 Years Ago, from Numerous Wolves«, in: *Molecular Biology and Evolution* 26, 2009

Boyko, Adam R., Parker, Heidi G. et al., »Complex population structure in African village dogs and its implications for inferring dog domestication history«, in: *PNAS*, August 3, 2009.

Lindblad-Toh, Kerstin et al., »Genome sequence, comparative analysis and haplotype structure of the domestic dog«, in: *Nature* 438, 2005

Gray , Sutter , Ostrander, Wayne, »The IGF1 small dog haplotype is derived from Middle Eastern gray wolves«, in: *MC Biology* 2010

Germonpré, Mietje et al., »Fossil dogs and wolves from Palaeolithic sites in Belgium, the Ukraine and Russia: osteometry, ancient DNA and stable isotopes«, in: *Journal of Archaeological Science* 2008.09.033

Napierala, Hannes und Uerpmann, Hans-Peter: *A 'new' palaeolithic dog from central Europe*, 2010

Über den Bulldog, Haltung, Zucht, Erfahrungen

McDonald Brearley, Joan: *The book of the Bulldog*, 1985

Daws, Judith: *Bulldog*. Kynos Verlag, Mürlenbach, 2001

Angehrn, Imelda: *English Bulldog*, Kynos Verlag, Mürlenbach, 1993

Dokumentation zum Kampf um den neuen Bulldog-Standard auf www.bulldogge.de 2008–2010

Dokumentation zu »Socke« auf www.bulldogge.de 10/2009

»Pedigree Dogs Exposed«, BBC 2008

Reports urges health certificates for puppies after Crufts scandal, The Times Nov 3, 2009

Oechtering et al., »Strukturelle Besonderheiten der Nase brachyzephaler Hunderasse in der der Computertomographie«, in: *Tierärztliche Praxis* 35, 2007

Oechering, »Brachycephalic Syndrome – new information of an old congenial desease«, in: *Veterinary Focus* (Royal Canin /Mars) 2010

Koch, Arnold et al., Brachycephalic Syndrome in Dogs, in: *Comp Cont Educ Pract Vet* 2003; 25:48–55

Koch, Daniel: Neue Erkenntnisse zum Brachycephalensyndrom beim Hund, Abstrakt, 2004

Wiestner, Koch et.al., Evaluation of the repeatability of rhinomanometry and its use in assessing transnasal resistance and pressure in dogs, Abstrakt, Zürich, 2007

Noeller, Claudia: Brachyzephales Atemnotsyndrom, Abstrakt, Leipzig 2008

Hueber, Johanna P.: Impulsoszillometrische Untersuchung des intranasalen Atmungswiderstandes vor und nach laserassistierter Turbinektomie zur Therapie des Brachyzephalen Atemnotsyndroms beim Hund, Diss. med.vet., Leipzig 2009

King und Clarke, »Notfallbehandlung bei akuter Atemnot«, in: *Veterinary Focus* (Royal Canin /Mars) 2010

Trautmann, Astrid: Retrospektive Untersuchung von Geburtsstörungen und der Notwendigkeit von Kaiserschnitten, Diss. med.vet., Hannover 2003

Bartels und Wegner, *Fehlentwicklungen in der Haustierzucht*, Enke 1998

Bartels et al., Gutachten zur Auslegung von § 11b des Tierschutzgesetzes (Verbot von Qual-Züchtungen), Berlin 1999

Wachtel, Hellmuth: *Hundezucht 2000*, Kynos und Gollwitzer, 1999

Erzählungen um den Bulldog

McCracken, Herold: *Bully*, 1951
Gregor-Grieshaber, Riccarda: *Meine englischen Bulldoggen*, 1963
Eitner-England, Lita: *Bullmina, the courageous Bulldog*, 2004
Fischer, Renaldo: *The Shaman's Bulldog*, 1998
The Dog Scrapbook – Bull Dog Edition, um 1930
Michaelis, Gabriel: *The Legendary Bulldog*, 2006

Literatur zum Thema Hund

Grimm, Hans-Ulrich: *Schwarzbuch Hundefutter*, 2007
Jung, Christoph: *Schwarzbuch Hund – Die Menschen und ihr bester Freund*, 2010
Jung, Christoph (Hrsg.): *Unsere Stimmen für den Hund – Anmerkungen zur Lage des Rassehundes*, 2009
Bloch, Günther und Radinger, Elli H.: *Wölfisch für Hundehalter: Von Alpha, Dominanz und anderen populären Irrtümern*, 2010
Wegner, Wilhelm: *Kleine Kynologie*, 1995
Haucke, Gert: *Hund aufs Herz*, 1997
Lorenz, Konrad: *So kam der Mensch auf den Hund*, 1967
Miklosi, Adam: *Dog Behaviour, Evolution, and Cognition*, Oxford Biology, 2009
Bloch, Günther, »Wolf und Rabe«, in: *Wolf-Magazin 3/2009*
Coren, Stanley: *Die Intelligenz der Hunde*, 1997
Schönberger, Alwin: *Die einzigartige Intelligenz der Hunde*, 2007
Radinger, Elli H.: *Der Verlust eines Hundes - und wie wir ihn überwinden*, 2007
Behling, Gabriela: *Frisches Futter für ein langes Hundeleben: Expertenwissen und Rezepte für eine gesunde Hundeernährung*, 2010

Studien zur gesundheitlichen Lage der Hunde

Bateson, Sir Patrick: *The Independent Inquiry into Dog Breeding*, Cambridge 2009
Cassidy, Kelly M.: *Dog Longevity*, 2007
Armstrong, John B.: *Longevity in the Standard Poodle*, 2000
Gubbels, Ed. J., »Genetisch beheer van rashondenpopulaties«, in: *Proceedings Centennial Conference of the Dutch Kennelclub*, Amsterdam, July 2, 2002 – Ed.J.Gubbels, mei 2002
Bonnett et al., »Mortality in over 350,000 Insured Swedish dogs from 1995–2000: I. Breed-, Gender-, Age- and Cause-specific Rates«, in: *Acta Veterinaria Scandinavica* 46, 2005
Sallander et al., »Demographic Data of a Population of Insured Swedish Dogs Measured in a Questionnaire Study«, in: *Acta Veterinaria Scandinavica* 42, 2001
Malm, Sofia: Breeding for Improved Health in Swedish Dogs, Abstrakt, Uppsala 2006
Egenvall et al., »Bone tumors in a population of 400 000 insured Swedish dogs up to 10 y of age: incidence and survival«, in: *Can J Vet Res.* 71, 2007

Weitere Literatur zum Thema

London, Jack: *Wolfsblut*

Leonard, R.M. (Hrsg.): *The Dog in British Poetry*, The British Library, 2010

Theodore Roosevelt's Letters to His Children: Four Sheepish Small Boys, 1919

Seiler / Hannon: *Damn good dogs*, 2006 (über Universitäts-Maskottchen)

Kossak, Ernst: *Berliner Federzeichnungen*, Band 3, 1861

Würzburger Medicinische Zeitschrift: Hrsg. von der Physikalisch-medicinischen Gesellschaft, Band 1, 1860

Bailey, Johann und Fahrenkrueger, Anton: *Bailey-Fahrenkrüger's Wörterbuch der englischen Sprache: in zwei Theilen*, Band 1

Landwirthschaftliches Centralblatt, Band 6, Von Baden Zentralstelle für die Landwirtschaft

Jagd-Zeitung, Band 9, Wallishausser, 1866

Fliegende Blätter, Band 72, Ausgabe 1797 – Band 73,

Fehringer, Otto: *Wildtiere und Haustiere*, Kosmos, Gesellschaft der Naturfreunde, 1936

Index